WIZARD

「SMART」アセットアロケーションの最適化 「Portfolios」

A practical guide to building and maintaining
intelligent investment portfolios
by Robert Carver

ポートフォリオの構築とメンテナンスのための
統合的アプローチ

ロバート・カーバー[著]

長岡半太郎[監修]　山下恵美子[訳]

Smart Portfolios :
A practical guide to building and maintaining intelligent investment portfolios
by Robert Carver

Copyright © Harriman House Ltd.

Originally published in the UK by Harriman House Ltd in 2017, www.harriman-house.com.
Japanese translation rights arranged with Harriman House Ltd
through Japan UNI Agency, Inc., Tokyo

監修者まえがき

　本書は英国の大手ヘッジファンドであるAHL（Man Group）出身のロバート・カーバーが著した"Smart Portfolios : A practical guide to building and maintaining intelligent investment portfolios"の邦訳である。カーバーはAHLでの経験に基づいて、定量的な運用戦略の構築法について、以前に『**システマティックトレード――独自のシステムを開発するための完全ガイド**』（パンローリング）を書いている。それはシステマティック運用に関する驚異的に優れた解説書であり、この分野では機関投資家が読むべき唯一の一般書と言ってよいが、本書はさまざまな意味で今後資産運用にかかわるすべての人々が読むべき書籍の一つに挙げられると思う。

　株式や債券といった有価証券投資における近年の大きな変化の一つは、人間の裁量によるアクティブ運用の衰退である。前世紀までは、ファンドマネジャーやアナリスト、ブローカーといった狭いサークルの人たちだけが、発行体の情報への優先的なアクセスや、組織が持つ設備や立場によって、市場から利益を得る仕組みが成立していた。それは一般の投資家には手が届かない世界であり、したがって、彼らが高い管理報酬・成功報酬を取ってファンドや投資一任勘定を運用することは、理屈としては分からないでもなかった。

　しかし現在では、それはほとんど絵空事、砂上の楼閣にすぎないことが明らかになっている。まず、ごく一部の例外を除き、アクティブファンドの運用成績はその手数料にまったく見合わないことが、多くの学術研究で明らかになっている。また、インターネット後の情報伝播の民主化と手数料の自由化によって、投資ギルドの利権を守っていた構造は急速に破壊されてしまった。これは歴史的に不可逆的な変化であり、世界的なフェア・ディスクロージャー・ルールの導入や欧州

におけるMiFID2（第二次金融商品市場指令）がその展開をより強固なものにしている。さらに実務家の観点から言えば、資産運用の世界でリアルタイムに進行している人間と機械（AI）との戦いにおいて、人間の生存は絶望的だ。どう考えてもアクティブ運用に未来はない。

こうした動きを受けて、すでに北米では多くのバイサイドがアクティブ運用に見切りをつけ、インデックスファンドやスマートベータ、ETF（上場投資信託）にビジネスのかじを切っている。これらは結果として、各アセットクラスや運用スタイルのイクスポージャーを低コストで投資家に提供することになったが、同時に資産運用におけるアジェンダも、個別銘柄のピックアップや運用者の能力の選定から、アセットクラス間、もしくは運用スタイル間のアセットアロケーション（資産配分）の巧拙に移ることになった。つまり、資産運用で儲けられるか否かは、どのように銘柄や運用者を選ぶかではなくて、どのように資産やリスクを配分するかにかかっているのである。

幸い、資産運用ポートフォリオにおけるアセットアロケーションは個別銘柄やファンドの選定とは異なり、合理的で再現性のある方法論が存在する。本書は機関投資家だけではなく、一般投資家にも分かりやすく書かれた初めての解説書である。多くの方に読まれることを心から願うものである。

最後に、翻訳にあたっては以下の方々に感謝の意を表したい。山下恵美子氏は正確な翻訳を行っていただいた。そして阿部達郎氏には丁寧な編集・校正を行っていただいた。また、本書が発行される機会を得たのは、パンローリング社の後藤康徳社長のおかげである。

2019年5月

長岡半太郎

CONTENTS

CONTENTS

監修者まえがき　　1

まえがき　　13
　本書の読者対象　　14
　用語について　　16
　本書の内容　　17

序論　　21
　今日の投資　　21
　本書を読まなければならない理由　　26
　本書はまだ有効か　　30

プロローグ――われわれは何を知っているか　　31
　おそらく私たちが知らないこと――将来の平均リターン　　31
　おそらく私たちが知っていること――類似性とリスク　　36
　私たちが確実に知っていること――コスト　　38
　私たちが知ることができるかもしれないこと――リターンの予測　　39

第1部　スマートポートフォリオの理論　　43

第1章　ベストなポートフォリオとはどんなポートフォリオなのか　　45
　本章の概要　　45
　幾何平均リターン　　47
　期待値　　50
　リスクと投資期間　　52
　コスト　　54
　実質リターン　　54
　困惑――絶対リターンと相対リターン　　56
　通貨　　57
　純粋に金融的な判断　　59

	重要なポイント	60
第2章	**不確実性と投資**	**63**
	本章の概要	63
	投資ゲーム	64
	統計学的モデリング	71
	不確実な過去	79
	重要なポイント	85
第3章	**最良のポートフォリオを見つける**	**87**
	本章の概要	87
	ポートフォリオの最適化はシンプルに	88
	不確実なリターンと不安定なポートフォリオ	106
	なぜ将来は過去と同じではないのか	113
	重要なポイント	117
第4章	**最良のポートフォリオを見つけるためのシンプルで、スマートで、安全な方法（コストは無視）**	**121**
	本章の概要	121
	異なるリスク選好をどう扱うべきか	122
	リスクウエーティング	146
	ハンドクラフト法	151
	ポートフォリオアロケーションに関する実務上の問題	164
	重要なポイント	175
第5章	**コストのスマートな考え方**	**179**
	本章の概要	180
	コストはなぜ重要なのか	180
	コストを測る	183
	異なるETFのコストの比較	200
	ETFポートフォリオの分散にかかるコスト	202
	コストを比較するうえでの注意点	205

CONTENTS

コストを削減するためのスマートな戦術	205
重要なポイント	210

第6章　分散の不確実な便益と確実なコスト　213

本章の概要	214
分散――どんなメリットがあるのか	214
分散すべきか	221
ETFと個別株のコストの違い	229
ハンドクラフト法か、均等加重か、時価総額加重か	236
指数のすべてを買うべきか、一部を買うべきか	249
任意の国に投資するスマートな方法	253
複数のファンドを買って分散することに意味はあるのか	258
重要なポイント	260

第2部　スマートポートフォリオの構築　263

第7章　スマートポートフォリオを構築するためのトップダウンアプローチ　265

本章の概要	265
なぜトップダウンアプローチはスマートな方法なのか	266
トップダウンポートフォリオ	268
ロードマップ	277
考慮すべき問題点	280

第8章　アセットクラス　283

本章の概要	283
どのアセットクラスに投資すべきか	284
アセットクラスはどのように分ければよいか	285
どれくらいのリスクに耐えられるか	286
アセットクラスのスマートな重み付け	288

　　　　小口投資家はポートフォリオをどのように重み付けし、アセッ
　　　　トクラスへのイクスポージャーをどのようにとるべきか　　　294
　　　まとめ　　　　　　　　　　　　　　　　　　　　　　　　　296

第9章　オルタナティブ　　　　　　　　　　　　　　　　　　301
　　　本章の概要　　　　　　　　　　　　　　　　　　　　　　　301
　　　さまざまなオルタナティブ　　　　　　　　　　　　　　　　302
　　　純正なオルタナティブ　　　　　　　　　　　　　　　　　　303
　　　株式のようなオルタナティブ　　　　　　　　　　　　　　　309
　　　債券のようなオルタナティブ　　　　　　　　　　　　　　　316
　　　ETF投資家のためのオルタナティブ　　　　　　　　　　　　318
　　　まとめ　　　　　　　　　　　　　　　　　　　　　　　　　328

第10章　株式のさまざまな国や地域へのアロケーション　　　　331
　　　本章の概要　　　　　　　　　　　　　　　　　　　　　　　331
　　　株式サブポートフォリオの構成　　　　　　　　　　　　　　332
　　　株式のトップダウンアロケーションのフレームワーク　　　　335
　　　まとめ　　　　　　　　　　　　　　　　　　　　　　　　　350

第11章　各国における株式のアロケーション　　　　　　　　　355
　　　本章の概要　　　　　　　　　　　　　　　　　　　　　　　356
　　　各国の各セクターへのアロケーション　　　　　　　　　　　356
　　　セクター内での個別株へのアロケーション　　　　　　　　　366
　　　倫理的な投資　　　　　　　　　　　　　　　　　　　　　　371
　　　まとめ　　　　　　　　　　　　　　　　　　　　　　　　　374

第12章　債券　　　　　　　　　　　　　　　　　　　　　　　379
　　　本章の概要　　　　　　　　　　　　　　　　　　　　　　　380
　　　債券の世界　　　　　　　　　　　　　　　　　　　　　　　380
　　　債券へのイクスポージャーのとり方　　　　　　　　　　　　384
　　　債券のウエートの決め方――理論上　　　　　　　　　　　　385
　　　アメリカの投資家のための債券のウエートの決め方　　　　　386

	イギリスの投資家のための債券のウエートの決め方	395
	まとめ	401
第13章	すべてをまとめてみよう	405
	本章の概要	406
	例1──サラ（アメリカの機関投資家）	406
	例2──デビッド（イギリスの投資家。資金50万ポンド）	416
	例3──ポール（アメリカの投資家。資金4万ドル）	421
	例4──パトリシア（イギリスの投資家。資金5万ポンド）	426
	まとめ	428

第3部　リターンの予測　431

第14章	リターンの予測とアセットの選択	433
	本章の概要	433
	リスク調整済みリターンの予測はなぜ難しいのか	434
	スマートな予測モデルを使ってポートフォリオを構築する方法	441
	2つのスマートな予測モデル	443
	トップダウンのハンドクラフトポートフォリオで予測モデルを使う	452
	モデルを使わずにポートフォリオウエートを調整する方法	484
	モデルがないときの銘柄選択	488
	まとめ	489
第15章	アクティブファンドマネジャーは本当に天才なのか？　スマートベータは本当にスマートなのか？	491
	本章の概要	492
	アクティブファンドマネジャー	492
	スマートベータ	504
	ロボアドバイザー	514
	まとめ	517

第4部　スマートリバランス　　519

第16章　リバランス理論　　521
- 本章の概要　　521
- なぜリバランスが必要なのか　　522
- ウエートを調整するだけの価値はあるのか。あるとすればどれくらい調整しなければならないのか　　534
- ファンドや株式を丸々入れ替えるべきときと、入れ替えるべきではないとき　　551
- 税金　　563
- まとめ　　569

第17章　ポートフォリオのメンテナンス　　571
- 本章の概要　　571
- 毎年の見直し　　572
- 外部イベントに対する対応　　573
- ポートフォリオの定期的なウエート調整　　575
- ポートフォリオのメンテナンスにかかる税金　　576
- リバランスの例　　580
- まとめ　　596

第18章　ポートフォリオの修復　　597
- 本章の概要　　597
- ポートフォリオの修復とは何か　　597
- ポートフォリオを修復する6つのステップ　　599
- 修復するときの注意点　　603
- ポートフォリオの修復例　　606
- まとめ　　621

エピローグ　　623

CONTENTS

付録A──参考文献	625
付録B──コストとリターンの統計量	629
付録C──専門的なこと	641
用語集	665
参考資料	687
謝辞	699

「汝一箇の分を七また八にわかて、そは汝如何なる災害の地にあらんかを知ざればなり」――（旧約聖書、伝道の書11章2節）

「一つだけ忠告しておこう。分散せよ」
「そしてもう一つ忠告するとするならば、将来は必ずしも過去と同じにはならないことを覚えておくことだ。だから、分散しなければならないのだ」――ハリー・マーコウィッツ（ポートフォリオ理論の先駆者）

「ファンドコンサルタントは『ロング・ショート』『マクロ』『国際株』といった運用スタイルボックスを好むが、わがバークシャーでは唯一の運用スタイルボックスは『スマート』である」――ウォーレン・バフェット（バークシャー・ハサウェイの株主に宛てた年次レター、2011年2月）

まえがき

　本書は一見簡単そうに見える3つの質問に答えるために書かれたものだ。3つの質問とは、

1．「何」に投資すべきか。
2．それぞれの投資対象に「いくら」投資すべきか。
3．さらなる買いや売りによって投資に「変更」を加えるべきか。

　これらの質問はすべて「トレードオフ」を伴うものだ。投資の世界にはフリーランチというものは存在しない。ケーキは食べればなくなるのだ。
　例えば、期待リターンが最大のポートフォリオに投資すべきなのだろうか、それとも最小のリスクを持つポートフォリオに投資すべきなのだろうか、それとも適度なリターンと適度なリスクを持つポートフォリオに投資すべきなのだろうか。2～3の投資ファンドを買うだけで十分なのだろうか、それとも何十あるいは何百というファンドや個別株に分散されたポートフォリオを構築すべきなのだろうか。最大リターンを目指すためには常に売買する必要があるのだろうか、それともブローカーに手数料を支払わなくてもよいように何もしないほうがよいのだろうか。アクティブファンドのコストが高いのは、高いリターンを上げるからだろうか。
　賢明な投資の意思決定をするということは、「不確実性」について考えるという意味でもある。ジャーナリストや経済学者やファンドマネジャーのように、自分は金融の専門家だと思っている人は、明日、翌週、あるいは翌年に金融市場で何が起こるかを常に自信を持って予測する。しかし、将来は不透明だ。したがって、将来を予測するのは至

難の業なのである。

　翌年は債券が株式をアウトパフォームすることを100％確実に知っているならば簡単だ。しかし、債券が株式をアウトパフォームする確率がわずか55％だったらどうすべきなのか。その確率はどのように計算するのだろうか。

　本書の目的は、現実世界のトレードオフや不確実性を考慮に入れながら、スマートポートフォリオを構築・管理する実用ガイドを提供することである。本書には派手な公式が出てくることはなく、金融理論や統計学の知識も不要だ。ポートフォリオの構築や管理にロケットサイエンスなど不要なのだ。少しだけ「スマート（賢明）」であればよい。

　あなたはどのくらいのリスクだと安心できるのか。どのくらいの資金を投資すべきなのか。どういったファンドや株を買うことができるのか。将来のリターンはどのくらい予測可能なのか。本書ではこうしたことにかかわらず、あなたにぴったりのポートフォリオを構築する簡単な方法を紹介する。

　投資の世界は以前よりもずっと広くなったが、それと同時にかつてないほど複雑化している。本書は投資の世界のナビゲーションガイドとしてきっとあなたの役に立つはずだ。

本書の読者対象

　本書で述べる一般原理はほぼすべての国の投資家に当てはまる。実例はアメリカとイギリスのものを使用しているが、それはこれらの国ではいろいろなETF（上場投資信託。ETFは普通の株式と同じように売買したり所有したりすることができる投資ファンド。例えば、ある株価指数のETFを買えば、その指数を構成する全銘柄を一気に買うのと同じ効果があり、その株価指数そのものに投資できる。また、購入価格も比較的安価）が入手可能で、私もこれらの国での経験が豊富だ

からだ。しかし、本書で紹介するテクニックは世界中どこででも通用する。

　本書は主として、ファイナンシャルアドバイザー（数万ドルあるいは数万ポンドといった小口口座を運用）、プライベートバンカー、ウエルスマネジャー、機関ファンド（最低1000万ドルまたは1000万ポンドの大口口座を運用。機関投資家が投資するファンド）のような、他人の資金を運用することで報酬をもらっているプロのために書かれたものだが、経験豊富な個人投資家も本書で紹介するアプローチに大きな価値を見いだすはずだ。

　さらに本書は、すべての投資家にとって、小さなポートフォリオと大きなポートフォリオの運用の違いを理解するうえで役立つと思っている。したがって、本書で用いるポートフォリオ例は数百ドルや数百ポンドから始まり、10億ドル規模まで増えていく。また、本書では随所で、個人向けブローカーへの手数料の支払いや大きな機関ファンドの運用について説明する。

　本書は経験のある投資家を対象としているため、株の買い方やETFなどのファンドの仕組みについては説明しない。本書を読むうえで補助的な読書が必要な人は、**付録A**の参考文献を参照してもらいたい。不足する知識を補ううえで役立つはずだ。

　本書はポートフォリオ構築の専門家にも役立つはずだ。金融に用いられるモデルは間違った危険な前提をベースにしていることを忘れてはならない（聡明な読者を飽きさせないために、説明が必要と思った用語などについてはそのあとにカッコを付けて解説した）。

　最後に、本書で紹介するテクニックは1つ以上のアセットを含むどういったタイプのポートフォリオにも適用することができる（したがって、プロの機関投資マネジャーはこのテクニックを使って1カ国の株式からなるポートフォリオを構築したり、世界中の株式にアロケーションすることもできる。しかし、このテクニックが最も効果的なの

は、まずどのアセットクラスに投資するかを決め、次にそれらのアセットクラス間でのアロケーションを決め、最後に各アセットクラス内でアロケーションを行うときである）。特に、ETFなどのファンドへの投資方法や個別株への直接投資の方法については詳しく説明し、さらにこれらの投資をいつ、どのように組み合わせればよいのかについても説明する。

用語について

専門用語はなるべく使わないようにしたが、まったく使わないというわけにはいかない。長ったらしくて複雑な文で説明するよりも、1～2語からなる短い言葉を使ったほうが分かりやすいことも多い。専門用語はこんなときに便利なものだ。専門用語は初出のときに定義する。読んでいて定義を忘れたときには巻末の用語集を参照してもらいたい。

鍵となる概念のなかには、用語集だけでは説明不足になるものもある。こういった概念については、下記のような「概念ボックス」を使って説明する。

概念——概念の名称
　　概念の説明

このボックスに含まれる概念は非常に重要な概念なので、必ず理解する必要がある。一方、余談は必ずしも理解する必要はない。

> **余談──余談の名称**
> 　余談の説明

　余談ボックスは興味深い話題を紹介するものだ。面白いと感じる読者もいるだろう。でも、時間がなければ必ずしも読む必要はない。

本書の内容

　本書は4部からなる。第1部では重要な「理論」について説明する。理論と言ってもあわてることはない。本書の目的は、基本的なことを直感的に理解してもらうことであって、公式攻めにすることではないので、難しい理論的なことは最小限にとどめた。とはいえ、なぜあるポートフォリオがほかのポートフォリオよりも優れているのかや、不確実性は最高のポートフォリオの選択にどんな影響を及ぼすのかや、コストはこうした意思決定にどのように影響するのかといった基本的なことを理解するのは重要だ。

　第2部では、これらの理論を使ってポートフォリオを「トップダウン」で構築する。トップダウンプロセスとは、まず大きな意思決定をしたあと、小さな意思決定をすることを言う。大きな意思決定とは、どの「アセットクラス」（債券と株式）を保有したいのかを決め、それらのアセットクラス間でどのように配分するかを決めることを言う。小さな意思決定とは、そのポートフォリオのなかの株式を買うのにどのような銘柄にするのか、また債券はどのような債券を買うかを決めることを言う。詳しくはこのあと説明するが、トップダウンアプローチはあなたが持っている資産を最もよく分散したポートフォリオを取得する最高の方法である。

第1部と第2部では、将来のリターンは予測不可能であること、そしてポートフォリオのすべてのアセット間でリターンが同じであると仮定する（リスク調整済みリターンはすべてのアセットで同じであると仮定しているが、第3章を読めば実際には異なることが分かるはずだ）。しかし、第3部では「将来のリターンがある程度予測可能である」とした場合、どうすべきかについて議論する。

第3部では、リターンを予測するのに私が使っている予測モデルについて説明し、その使い方についても説明する。また、あなた自身の判断をポートフォリオ選択に安全に組み込む方法についても説明する。さらに、アクティブ運用（対するパッシブ運用の一例としては、S&P500やFTSE100といった指数に投資するETFがある。ETFは年間管理料が安いため、比較的安価だ。一方でアクティブ運用のファンドマネジャーは、指数とは異なるポートフォリオを買って、指数をアウトパフォームしようとするため、コストは高くなるのが普通）の投資信託やユニットトラストの評価方法を説明し、そうした投資信託をあなたの投資バスケットに含む価値があるかどうかを判断する方法についても説明する。第3部の最後には若干の専門用語が登場する。「スマートベータ」とは何なのか。「ロボアドバイザー」とは何なのか。そしてこうした流行の新しいトレンドを評価する方法について説明する。

第4部では、ポートフォリオを構築したあと何をすべきかについて見ていく。じっと座って見ているだけで投資した資金が増えていけばよいが、人生はそれほど甘くはない。ポートフォリオのバランスを保つには何らかのトレードが必要になることもある。これを「リバランス」と言うが、ブローカー手数料やほかのコストを伴わずにリバランスする方法について説明する。また、税金を最少化する方法についても説明する。

付録Aでは役立つ参考文献やウェブサイト、データソースを紹介する。**付録B**ではコストといろいろなアセットの振る舞いについて、本

書で私が使った仮定について説明する。**付録C**では本書で紹介した基本的なテクニック以上のことを望むスキルのある熱心な読者のために少し専門的なことを説明する。

　本書の最後には便利な表やほかの情報を再掲した参考資料があるので、ぜひ利用してもらいたい。

　本書のウェブサイトは、https://www.systematicmoney.org/smart/。ウェブサイトでは、さらなるポートフォリオ例のためのスプレッドシートへのリンク、あなたのポートフォリオを構築するためのそのほかのシートへのリンク、**付録C**のテクニックを実行するためのリンクを提供している。

序論

今日の投資

　投資について書かれた本で私が最も好きなものの1つは、リチャード・オールドフィールド著の『シンプル・バット・ノット・イージー(Simple But Not Easy)』だ。投資が簡単であった試しはないが、投資はシンプルなものだ。

　25年前の投資家には選択肢がほとんどなかった。ほとんどの人は資金運用をプロのファンドマネジャーに任せるしかなく、マネジャーたちは専門知識を提供する見返りとして莫大な手数料を取っていた。リターンが高ければ、莫大な手数料を課されても問題はなかった。年間10%のリターンがあれば、マネジャーに対する2%の手数料は適切なように思えた。

　一方、勇者は独力でやることを決意し、株式ポートフォリオに直接投資した。しかし、売り買いのクオートのスプレッドが大きく、ブローカーの手数料が高かったため、この選択肢もけっして安いものではなかった。特にポートフォリオを頻繁に売り買いすれば、手数料は非常に高いものについた。しかし幸いなことに、頻繁に売り買いするのにかかる余分なコストは、ファンドの管理手数料と同じように、株式市場の上昇によって相殺された。

　ほとんどの投資家は自国の市場に過剰に投資する傾向があった。外国市場の株式を買うよりもはるかに簡単なうえ、投資リターンは十分すぎるほど大きかったからだ。学術研究者はこれを「ホームバイアス」と呼ぶ。

　未亡人や孤児や神経質な人々は債券を好んだ。株式カルトに洗脳された弟子たちは、彼らの月並みなリターンを見てあざ笑った。学術研

究者が提唱する債券と株式の混合ポートフォリオを持とうという人はほとんどいなかった。経済学の教授がポルシェに乗っていたのを最後に見たのはいつのことだろうか。

　ヘッジファンドのようなもっと難解な投資はどうかといえば、これは金持ちでコネのある人々のための排他的領域だった。

　あれから時代は明らかに進歩した。タイムマシンで、当時のウォール街やシティーの投資家を現在に生き返らせたらどうなるだろう。いくつかの摩天楼やフォーマルではなくなった服装以外に、彼らは何に気づくだろうか。

　最初に気づくのは、投資が以前よりもはるかに安価にできるようになったことだろう。技術革新や激しい競争のおかげで、ブローカーの手数料は以前よりもかなり安くなった。アメリカでは特にそうだ。しかし、一見素晴らしく思えるこの事実は危険でもある。市場評論家の絶え間ないおしゃべりとオンラインブローカーの優雅な広告は有毒な化合物だ。あなたをいとも簡単に不必要な売買に誘う。皮肉なことに、手数料が安くなったのは多くの人々による過剰売買のせいだ。スーパーマーケットで半額セールが行われると、買い物客はショッピングカートがあふれるほど買い物をする。それとまったく同じである。

　もちろん、コストが安くなるのは良いことだ。最近ではファンドマネジャーの手数料も非常に安くなっている。今や、投資家たちが選ぶことができるS&P500やFTSE100のような指数に連動する安いパッシブファンドは山のようにある。パッシブマネジャー間の競争もアクティブ投資の手数料を低下させるのに一役買った。

　ここまでは良いニュースだ。悪いニュースは期待リターンがこれまでよりも大幅に低下し、これまでよりも予測不可能になったことである。絶対コストは低下しているが、低いリターンのことを考えれば、コストはまだまだ高いのである。

　期待リターンはなぜ下がったのだろうか。インフレ率が大幅に低下

したのも要因の1つだろう。インフレ率が下がったのは理論的には良いことだが、過去の高いインフレ率によって投資家は健全なリターンは生得権であると信じ込まされてきた。アセット価格が毎年上昇していくことを想定するのはもはや安全とは言えない。

株価は25年にわたって右肩上がりに上昇してきたが、これまで大きく下落したときが2回あった。2001年のハイテクバブルの崩壊と2008年の株式市場大暴落だ。これに対して、債券はこの数十年にわたって上昇し続けてきた。これは債券投資のリスクが低いことを考えると驚くべきことだ。しかし、これは長くは続かないだろう。本書執筆の時点では、多くの債券の利回りは非常に低いかマイナスに転じている。そして、避けられない金利上昇の恐怖に市場はおびえている。

金融市場の動きを予測するのはこれまでも簡単ではなかったが、今ではさらに不確実性を増している。

とはいえ、この数十年にわたる債券価格の上昇のおかげで、債券と株式の分散ポートフォリオへの投資は過去25年にわたって成功してきた。市場では投資の選択肢が増えたため、こういったポートフォリオを買うのは以前よりもずっと簡単になった。特に1993年にETF（上場投資信託）という新しいタイプのパッシブ投資ファンドが登場してからはそうである。

ETFによって株式や債券、そして25年前には平均的な投資家がまったく気づかなかった多くのアセットを簡単に買えるようになった。

パッシブETFは、高い手数料の割にはさえないパフォーマンスのアクティブファンドに比べるとはるかに安価だ。過去からのタイムトラベラーはアクティブファンドがまだ存在していることに驚くだろう。おそらく残っているのはパッシブファンドの猛攻撃を生き抜いた少数のスーパースターファンドマネジャーだけだと思うかもしれないが、アクティブマネジャーがいまだに市場の70％以上をコントロールしていることを知ってショックを受けるだろう。高いリターンを約束するが、

そのファンドに本当にそれだけのプレミアム価格を支払う価値があるのかどうか分からないでいる投資家たちを、アクティブファンド業界は幻惑させ続けている。

またETFによっていろいろな国のイクスポージャーも簡単に取れるようになった。したがって、理論的にはホームバイアスは過去のものとなったはずだが、実際には自国の株式やファンドに安心感を抱く人々が多い。

私はETFの大ファンだ。しかし、ETFには重大な欠点が1つある。それは、各証券のウエートが特定のメソドロジーによって定められている特定の指数（S&P500やFTSE100）のリスクをとることになるからである。これらの指数は通常、時価総額加重だ。つまり、時価総額の高い株ほど大きなウエートが割り当てられるというわけだ。これが最良の重み付けかどうかは、学術研究者の間や業界内部で激しい議論が繰り広げられている。

指数における株式の重み付けにはほかの方法もあり、ETFは最近ではそういったほかの方法を採用するようになった。例えば、多くの国では均等加重ファンドを選択することができる。これは大きさにかかわらず、すべての株式が同じウエートを割り当てられるというものだ。

最近では多くの資産運用会社がスマートベータと呼ばれるものを提供するようになった。スマートベータはスマートが付く分少し複雑で、アクティブ運用とベータ（市場平均連動性）を得るために特定の指数に連動する運用の中間的な位置づけにある。スマートベータについては第3部で詳しく説明する。

ETFには通貨ヘッジ型ETF、レバレッジ型（ブル型）ETF、インバース型（ベア型）ETF、ターゲットリタイアメントETF（定年退職する年に合わせて自動的に投資してくれるETF）、ロングショートETF（ロングショート戦略で運用するETF）、コモディティETF（商品に投資するETF）、ボラティリティETF（ボラティリティ指数に連動する

ETF）などがある。見逃したものがあるかもしれないが、本書を読むころにはおそらくは新たな種類のETFが登場しているはずだ。

このように選択肢が増えたことは良いことだが、過去からのタイムトラベラーはこのようにバラエティーに富んだETFが提供されていることに驚いて身動きもできなくなるだろう。おそらくは現在の考え深い投資家も同じように感じるはずだ。

さまざまな国々の株式と債券に投資した高度な分散ポートフォリオは以前よりも買いやすくなった。しかし、こうしたポートフォリオを入手する最良の方法はどんな方法だろうか。ファンドを買うのか、それとも個別株を買うのか。アクティブファンドに投資するのか、それともパッシブETFに投資するのか。時価総額加重型のパッシブ運用か、あるいはオルタナティブ投資か。バイ・アンド・ホールドか、それともアクティブにトレードするのか。どれが最良の方法なのだろうか。

また、高度に分散されたポートフォリオとはどういったものなのだろうか。こういったポートフォリオには株式や債券、ほかのアセットはどのくらいの比率で組み込むべきなのだろうか。各国や各業種にどのくらい配分すればよいのだろうか。個別株に投資したほうがよいのだろうか。これらの選択肢にはコストと便益の間で必ずトレードオフがある。どれがベストなのだろうか。

永遠に上がり続けるかに見えたブル相場という安心感がなくなった今、将来のリターンは以前にも増して不確実なものになったように思える。この不確実性をポートフォリオに組み込むにはどうすればよいのだろうか。

過去からのタイムトラベラーたちは頭が混乱して、タイムマシンに舞い戻ってドアを閉める。彼らは安心できる単純な過去に戻ろうと必死だ。

本書を読まなければならない理由

　絶えず変化し、より一層複雑になった多くの投資の選択肢からどれを選べばよいのか。こうした判断を下す投資家を手助けする本がこの20年の間にたくさん書かれてきた。こうした多くの本があるなか、なぜ私は本書を書いたのだろうか。そして、なぜあなたは本書を読まなければならないのだろうか。

スマート——それほど複雑なわけでもなく、シンプルすぎることもない

　多くの本はポートフォリオの構築方法について2つの極端な考えに偏っている。1つは、ポートフォリオの構築は高度な数学を必要とするブラックアートであるという考え方で、もう1つの考え方はそれは取るに足らない問題で、どのくらい投資すべきかにかかわらず、小さなETFポートフォリオを買うだけでよいというものだ。しかし、実際にはそれほど単純なことではない。

　最良のポートフォリオを構築する標準的な方法は実際には複雑だ。しかし、そんなものを使う必要はないし、使えば危険な場合さえある。手持ち資金が数百ドル、あるいは数百ポンドしかない場合は少数のETFからなるポートフォリオを買ってもよいが、もっと多くの資金を持っている投資家にはもっと良い方法がある。

　前述の2つの極端なアプローチに対して、本書は「スマート」にやろうと考えている。過度に専門的でもなく、シンプルすぎることもない。関連する金融理論を直感的に理解するのはスマートだ。これについては第1部で説明しているので参照してもらいたい。正しい理論に沿った簡単な手法を使うのもスマートだし、シンプルな経験則を使って意思決定を行うのもスマートだ。本書には手法や経験則がふんだん

に紹介されている。これらは実例を使って詳細に説明している。

　本書ではポートフォリオを構築するスマートなテクニックだけでなく、構築したポートフォリオを最も効率的な方法でリバランスする方法も提示している。ポートフォリオに株式を含まなければならないわけも理解できるようになるだろう。しかし、100％株式のポートフォリオではダメだ。スマートポートフォリオにとって最も重要な要素が分散である理由についても説明し、さらに分散する最良の方法についても説明する。

ポートフォリオの構築には１つの統合的アプローチを使うべき

　株式投資、アセットアロケーション、ETF投資、アクティブファンドマネジャーの選び方について書かれた素晴らしい本はたくさんある。しかし、投資家が本当に必要とするのは、ポートフォリオ全体で機能するフレームワークを持つ１つの統合的アプローチだと私は思っている。本書はそういったアプローチについて書かれたものだ。イギリスの投資家もアメリカの投資家も複数のアセットを含むポートフォリオの構築にこのアプローチを使うことができる。これらのポートフォリオはETF、アクティブファンド、株式、あるいはこれらのすべての組み合わせからなる。

　また、本書では株に直接投資すべきか、それともETFに投資すべきかを判断するうえでのシンプルなルールを紹介し、どのくらいのファンドや株を買えばよいのかも指南する。さらに安いパッシブETFと高いアクティブファンドの比較方法も提示する。

　最良のETFはどのようにして選べばよいのか。いろいろなETFのコストとそのほかの特徴はどのように比較すればよいのか。最新のスマートベータETFは買う価値があるのか。インバース型ETF、レバ

レッジ型ETF、コモディティETF、通貨ヘッジETFの隠された欠点とは何なのか。ロボ投資には報酬を払う価値があるのか。十分な分散を図るには何銘柄を買えばよいのか。そしてそれらの銘柄はどのように選べばよいのか。オルタナティブアセットには投資すべきか。もしそうならどのように投資すべきなのか。こういった重要な疑問についても議論する。

また異なるリスク水準のアセットを組み合わせる方法、投資家の許容リスク水準に合ったポートフォリオを構築する方法についても説明する。

不確実性

ほとんどの投資本でほぼ完全に見落とされている重要な要素が1つある。それは不確実性である。未来を予測するのは考えている以上に難しい。リターンのヒストリカルデータにはあなたが期待するほど便利な情報は含まれていない。本書ではリターンを予測するのがなぜそれほど難しいのかについて説明する。さらに、インフレが数十年にわたって下落してきた緩やかな経済トレンドの重要性と、それによってなぜ過去は現在とそれほど大きな関連性がなくなるのかについても説明する。

世界を不確実性という言葉で考えるようになって初めて、正しい意思決定を下すことができるようになる。例えば、アクティブファンドは手数料がパッシブベンチマークよりも高いにもかかわらずパッシブベンチマークをアウトパフォームする。しかし、それは運によるものなのだろうか、それともスキルによるものなのだろうか。本書ではこうした疑問に答えるためのツールも提供する。

未来は不確実ではあるが、不確実性には度合というものがある。将来のリターンは予測しやすいものもあれば、予測しにくいものもある。

例えば、アセットがどのくらいリスキーかとか、アセットのパフォーマンスはどのくらい類似しているかといった特徴は比較的予測は簡単だ。ポートフォリオを構築するときにこうした信頼のおける情報をどのように使えばよいかも示していく。そして、未来を予測するとき、システマティックな予測アルゴリズムと人間の直感をどのように使えばよいかも示していく。

コスト

　つい最近までほとんどの投資家はリターンの上昇ばかりを重視して、コストを無視してきた。しかし、今多くの人がコストの重要性を認識し始めている。ポートフォリオのリターンを上げるには、予測可能とは言え非常に不確実なリターンに頼るよりも、コストを削減することのほうがより確実な方法だ。コストをあまり払いたくない投資家にはパッシブETFをお勧めする。

　これはかなり良いアドバイスだが、正しい投資の意思決定をするうえでコストにはより重大な意味がある。まず第一に、正しい意思決定をするには正しいデータが必要だ。したがって、通常無視されるか隠されている目に見えないコストを含め、投資にかかわる真のコストを高い精度で計算する方法について説明する。第二に、コストが個人投資家と機関投資家に及ぼす異なる影響を理解する必要がある。第三に、コストと不確実な潜在的便益の間のトレードオフを考える必要がある。

　重要なトレードオフには、分散のコストと便益や高い手数料を考えた場合、スマートベータファンドやアクティブファンドは買う価値があるかどうか、投資ポートフォリオのサイズを考えた場合、ファンドや株式はどのくらい買うべきか、がある。こうしたトレードオフについても議論する。

　さらに、スマートリバランス戦略を使ってトレード量を減らすこと

でトレードコストを削減する方法や、スマート実行戦略を使って各トレードのコストを削減する方法についても説明する。

本書はまだ有効か

　私が本書を書き上げたのは2017年の夏である。私が本書で述べていることが、本書が絶版にならないかぎり、2027年、2037年、そしてその先でも有効であることを願うばかりだ。例えば、さまざまなアセットクラスの将来のリターンについてはいくつかの仮定を設けているが、これらの仮定は私が示す結果を読者が簡単に理解できるようにすることが目的であり、任意の数値にすぎない（重要なのはリスク調整済み相対リターンなのだが、これらのリターンは予測不可能なので、さまざまな資産クラス間で同じであると仮定している）。ただし、私の出した結果は異なる仮定を使っても変わるわけではない。

　しかし、廃れていくものもある。例えば、いくつかのETFを上げたが、このなかには将来的にはなくなるものもあり、代わりにもっと良いファンドが現れる可能性もある。新しいETFをどのように調べればよいのか、またどういった特徴に注目すべきかについても説明する。ETFを選ぶうえでの詳細なアドバイスは参考資料のところで述べているので参照してもらいたい。

　本書で行った意思決定の多くはコストの多寡をベースにしたものである。コストはもっと高いブローカーを使えば違ってくるし、将来的にブローカーのコストが変われば違ってくる。そこで、異なる手数料を使った場合、私の結果をどのように調整すればよいかも説明している。

プロローグ——われわれは何を知っているか

　投資というものはリスクを伴うビジネスだ。投資を行うとき、私たちが額に汗して稼いだ資金を不確実な未来に託す意思決定を行わなければならない。こうした意思決定を行う前に、私たちは何を知っているのか、何を知らないのか、そして将来的には何が起こるのかを考えてみる価値はある。

おそらく私たちが知らないこと——将来の平均リターン

　結婚式やパーティー、洗礼式、成人式で新しい人と知り合いになると、大概は次のような会話が交わされる。

新しい知人　それであなたのご職業は？
私　昔はヘッジファンドで働いていましたが、今は自分の資金をトレードしたり、本を書いたり、コンサルタントをやったりしています。
新しい知人　では金融の専門家ですね。もしよければ……。
私　（急いで言葉をさえぎって）いえ、特に専門家というわけでは……。
新しい知人　（聞いていない）……何かアドバイスをいただけないでしょうか？

　以下に示すのは友人、親戚、パーティーなどの社交行事でたまたま知り合った人々から本当に聞かれた質問だ。

● 「ギリシャでは何が起こるのでしょうか」「債券市場は反発するでしょうか」

- 「ところで、日本をどう思いますか。日本の投資信託は売ったほうがよいでしょうか」
- 「竹に投資したほうがよいと思いますか」（これが作り話だったらどんなによかっただろう）

彼らが専門家からは専門的なアドバイスがもらえると思っているのは確かである。通常、私はやんわりと断るのだが、人々は驚き、気分を害する人もいる。

これは専門家に共通する問題だ。心理学者でありトレーダーでもあるナシーム・タレブの『まぐれ――投資家はなぜ、運を実力と勘違いするのか』（ダイヤモンド社）には次のような下りがある。

> 「ある日、父の友人が……ニューヨークを訪問中に私を尋ねてきた……彼は金融市場について私に助言を求めてきた……私は『私は市場には興味はありません（私はトレーダーだから）し、予測もしません』と答えた……これであやうく関係にひびが入るところだった……その紳士は父に次のように苦情の電話をかけてきたのだ。『弁護士に法的な質問をすると、彼は丁寧に正確に答えてくれる。医者に医学的な質問をすると、彼は自分の意見を言ってくれる……ところがおたくの無精でうぬぼれの強い29歳の息子は気難しくて、市場の方向性について答えてくれなかった』」

ナシームや私が「専門家」の意見を言うことを拒んだのはなぜだろうか。もう一度上記の質問を見てみよう。若干手直ししたものが以下のものである。

- 「ギリシャの債券価格は将来的にどうなるのか予測せよ」
- 「日本の投資信託の価格は将来的にどうなるのか予測せよ」

● 「竹の価格は将来的にどうなるのか予測せよ」

　私が専門家の意見を言うには、アセット価格の将来を予測しなければならない。これは不可能だ。市場価格や経済データの将来を予測するのは、法的な問題や医学的な問題に答えるよりもはるかに難しいのである。

　21世紀といえども、経済的な予測や金融上の予測は18世紀の医学的な予測レベルにある。医者はヒルに患者の血を吸わせる（医学の世界ではヒルによる治療で患者が治るかもしれないが、私は個人的には避けたい治療だ）。もし患者が回復すれば、医者は自分の功績だと主張する。でも、患者が死ねば、それは「不運」だった、あるいは「予見できない状況」だったと言う。21世紀の経済的な予測や金融上の予測はこんなものなのである。

　同様に、現在のマーケットの評論家は彼らが正しいときには優雅に拍手喝采を受けるが、過ちは認めようとしない。予見できない状況はもはや医学においては言い訳としては通用しない。しかし、経済の予測者はいまだにそんな言い訳を使っている。しかも、たびたび。確率の法則によれば、選ばれた少数の人が幸運続きだったのは彼らの頭上に幸運の女神が輝いたおかげである。これを正しく理解している人もいるが、大概の人はそれを自分のスキルと勘違いする。

　医学とは違って、金融上の予測は経済学者のアダム・スミスが『国富論』を著し、近代経済学が確立されたときから240年の間ほとんど進歩していない。これに対して、医学界はヒルに患者の血を吸わせる治療から格段に進歩した。

　間違った予言のなかでも、特にひどいものは以下のとおりである。

「株価は、恒久的に高い高原のようなところに到達した」——アービング・フィッシャー（エール大学経済学教授。アメリカ史のなかで最

も壊滅的な株式市場暴落である1929年の暗黒の木曜日の3日前に予言）

「株価は今、一生に一度の上昇期の真っただ中にあり、ダウは3万6000ドル近くまで上昇するだろう」——ジェームズ・グラスマンとケビン・ハセット（1999年の共著のなかで。その直後、ダウは1万1500ドルの少し手前まで上昇したが、その後、7600ドルにまで下落した）

「良識の範囲内で考えれば、これらのすべての取引で1ドルでも失うというシナリオは、冗談でもなければあり得ないことだ」——ジョセフ・カッサーノ（米保険大手AIGの金融商品部門の責任者。2007年に予言。この予言から1年後、AIGは破綻し、1800万ドルの政府の救済を受けた）

「目下のところ、FRBは景気後退はないと見ている」——ベン・バーナンキ（当時のFRB［連邦準備制度理事会］議長で、世界トップクラスの経済学者。2008年1月10日に予言。それから数カ月後、全米経済研究所はこの発言がなされたときにはアメリカはすでに不況にあったと発表）

　金融予測や経済予測は医学診断のような正確さには到達することはないと私は思っている。しかし、価格を予測するのはなぜそんなに難しいのだろうか。
　第一に、金融市場は複雑である。もちろん、医者も経済学者も多くの数の要素からなる複雑系を研究している。それぞれの要素は、医学の場合は器官や細胞を意味し、経済学では企業や個人を意味する。両者の違いは、経済を構成する何十億という人々は自由意思を持つとい

うことだ。そのため、彼らの行動やそれによって生じる相互作用は極端に予測不可能なのである。

　一方、人間の体のさまざまな部分は毎日毎日何も考えずに同じことを行う。人間の体には感染と自動的に戦う機能が備わっており、比較的重篤な病人や高齢者のみが医学的な介入を必要とするだけである。エンジニアに言わせれば人間の体は安定した自己修正システムなのである。

　これとは対照的に、上の予言からも分かるように、金融市場は非常に不安定で、しばしば自殺を試みる。金融市場では大きなバブルが発生して市場は壊滅状態に陥り、実体経済への影響を和らげるために政府による巨額の救済が必要になる（物事はある程度は改善された。世界政府の2008年の株式市場大暴落に対する反応は完璧なものではなかったが、1929年以前の無力な努力に比べればはるかに良かった。しかし、変わらなかったのはそれがやって来ることを予測できた者がいなかったことである。これを医学に例えるならば、経済学者とは、患者が死にそうなので心臓を生き返らせるために除細動器を使ったが、患者が死の縁に来るまで何が問題なのかがまったく分からない医者のようなものだ）。

　第二に、価格を予測するのが難しいのは、未来を予測しなければならないだけでなく、だれよりも完璧に未来を予測する必要があるからである。今の市場価格は今入手可能なすべての情報に基づく世界中のあらゆる投資家の集団的予測をすでに織り込んでいるのである（これからは効率的市場仮説の香りを感じるかもしれない）。

　サムスンの株価が安いのは、スマートフォンの1機種が自然発火するという不具合によるものに違いないと思うかもしれない。しかし、ほかのだれもがそのことを知っており、サムスンの株価にはその情報がすでに織り込み済みだ。他人が知ることのできない内部情報を知ることなしに、価格が今後どうなるかを正確に予測することはできないの

である。

　イギリスがEU（欧州連合）を脱退したり、ドナルド・トランプがアメリカの次期大統領になるといった特殊なイベントが将来発生すれば、アセット価格がどうなるかは予測できると思うかもしれないが、こういったことが起こる確率をだれよりも正確に予測できなければ、すぐに金持ちにはなれない。

　したがって、ギリシャの債券価格がどうなるのか、日本の投資信託の価格がどうなるのか、竹の価格あるいはそのほかの金融資産の価格がどうなるのかを予測するのは非常に難しいのである（将来の価格の動きを予測できると言う金融の専門家には私は懐疑的だが、価格を予測する一定の価値を持つシステマティックな方法は存在する。これについてはのちほど説明する）。スマートな投資家は、人間がこれまでに行ってきた市場予測がひどいものであったことは知っているため、市場を予測できると主張する人々には極めて懐疑的だ。私は安全第一を考え、第1部と第2部では、私たちは将来のリターンは予測できないと仮定する（リスク調整済みリターンはすべてのアセットで同じであると仮定する）。

おそらく私たちが知っていること──類似性とリスク

　どんな投資家も、1つのバスケットにすべての卵を入れるべきではないことは知っている。たった1つのタイプのアセットしか買わないということは、そのアセットの劇的な下落リスクにさらされていることを意味する。全資産をギリシャの債券、日本の投資信託、あるいは竹に投資するよりも、分散を図り、投資ポートフォリオを買うべきである。

　理想的には、これらの投資対象はできるだけ違ったもののほうがよ

い。20銘柄からなるポートフォリオは高度に分散されているように見えるかもしれないが、これらの銘柄がすべてイギリスの衣料品小売業者だとすると、あなたは依然としてイギリスのアパレル市場の下落リスクにさらされていることになって危険だ。もっといろいろなタイプの銘柄に分散投資する必要がある。

　幸いにも、過去に似たようなリターンを持つアセットは将来的にも似たようなリターンになる傾向がある。類似性は金融市場では比較的予測可能な特徴だ。

　また私たちはある投資はほかの投資よりもリスクが高い傾向があることも知っている。例えば、ノルウェーの１年物国債を買うことで、ノルウェー政府に12カ月間資金を貸すのは非常に安全だ。ノルウェー経済は大きな石油備蓄に支えられ、原油価格が下落しても、比較的少ない人口を支えるだけの十分な余力がある。債券が償還されない可能性はゼロに近い。さらに、ノルウェーの金利は債券価格にも影響を及ぼすが、１年のうちに大きく変化する可能性は低い。

　ここで、投機性の高いインターネットビジネスの新興企業を考えてみよう。この会社は数人からなる会社で、オフィススペースは賃貸だ（だれも以前に会社経営の経験はない）。しかも、ビジネスプランは貧相で、ウェブサイトアドレス（gr8tplacetobuy5teteo.or.tv）はタイプしにくくて、覚えにくい。こうしたベンチャーの株を買うのは非常にリスクが高い。この会社が次のフェイスブックやアマゾンになる可能性は無限小で、投資した資金をすべて失う可能性は非常に高い。

　投資資金が2000ドルあったとすると、ノルウェーの債券にいくら投資し、gr8tplaceにはいくら投資すればよいのだろうか。ギャンブル症でもないかぎり、全資産をgr8tplaceに投資することはないだろう。リスク許容量が非常に高い人でも、gr8tplaceに資産の半分も投資すべきではない。投資すれば、全資産の50％を失うことはほぼ確実だ。おそらくは資産の半分以上はノルウェーの安全な債券に投資したほうがよ

い。

　類似性と同様、リスクも比較的予測可能である。少なくとも平均リターンよりははるかに予測可能だ。将来的に何が起きても、安定した政府が発行した債券は投機的要素の高いインターネット株よりははるかにリスクは少ないだろう。

　スマートな投資家は将来のリターンの類似性とリスクは予測可能だと仮定する。本書では、どのポートフォリオに投資すべきかを決めるときにこれら2つのファクター——おそらくあなたが知っていること——をどう使えばよいかについて説明する。

私たちが確実に知っていること——コスト

　世界中のファイナンス入門コースでは学生は世界中のトレーダブルなアセットで構成される理論ポートフォリオ（資本資産価格付けモデルのマーケットポートフォリオ）について学ぶ。このポートフォリオではすべての株式、すべての債券、すべてのファンドが1日中、年間を通じて毎日トレードされることになる。実際には、こんな完璧なポートフォリオを持つことは不可能だ。現実世界では、売買するたびにコストがかかる。

　取引のサイズにかかわらずコストの多くは固定コストだ。イギリスでは、イギリスの小売業者であるマークス＆スペンサーの株を1株買うのに現在かかる手数料は6ポンドだ。現在、ロンドン証券取引所に上場している2400銘柄のそれぞれを1株ずつ買うだけでブローカー手数料として1万4000ポンドを超えるコストがかかる。株を買う代金よりもコストのほうが高い。毎日これらをトレードすれば年間で何十万ポンドものコストがかかることになる。しかも、これは複数の国、あるいはほかのアセットクラスに投資する以前のコストだ。

　コストが一定だと何百という銘柄で構成されたポートフォリオを持

つのは手が出ないほど高くなる。したがって、個別銘柄を買うよりも、投資信託やユニットトラスト、投資トラスト、ETF（これらのファンドの違いについてはのちほど説明する）といったファンドを買ったほうがよい。これらは集団投資ファンドと呼ばれ、投資家グループは資金をプールしてポートフォリオの少数口分を買うことができる。

しかし、これは理想的とは言えない。なぜなら、ファンドは必ずしもあなたが個別銘柄を直接買うときと同じ比率でそれらの銘柄を買うとは限らないからだ。おそらくファンドマネジャーはあなたが望むような方法では売買しないだろう。第6章では原資産に直接投資するときとファンドに投資するときのコストと便益を評価する方法について説明する。

固定コストはあなたが裕福になり大金を投資できるようになれば、それほど問題にはならない。数千ドルしか持っていないおばあちゃんはいくつかのファンドしか買えないが、数億ドルの大金を持っている大きな年金ファンドは何千という個別株を簡単に買うことができる。本書では数百ドルまたは数百ポンドから1億ドルまで、異なる資産水準ではどういったポートフォリオがベストなのか例を使って説明する。

これまで述べてきたように、アセットのリターン、リスク、類似性は完璧に予測することは不可能だ。スマートな投資家はコストは予測が比較的簡単で、投資の意思決定で最も重要なのはコストをいかに少なくするかであることを理解している。

私たちが知ることができるかもしれないこと──リターンの予測

私はリターンを予測する自分の能力に関しては非常に悲観的だ。でも、ほかの人も同じようなものだろう。しかし、例外がある。本書の第3部では、将来のリターンがある程度予測可能なとき、ポートフォ

リオの選択をどう調整すればよいかについて説明する。

こうした予測可能性は、よく知られる金融市場のアノマリーに由来する。例えば、昔は小企業は常に大企業よりもパフォーマンスが良かった。過去12カ月に株価が上昇した銘柄は将来的にも上昇し続けることが多い。PER（株価収益率）が低いか配当利回りの高い会社はこの逆の会社よりも業績が良い。ファイナンスの学術研究者はこうした付加的なリターン源をリスクファクターと呼ぶ。彼らによれば、余剰利益が出るのは余分なリスクをとったからである。

こうしたファクターを利用する方法はいくつかある。1つ目は、システマティックな予測モデルを使って将来のリターンの予測能力を向上させることである。このモデルを使ってポートフォリオのウエートを調整し、一定の銘柄を選択する方法について説明する。

2つ目の方法として、あなたに代わってだれか別の人にやってもらうという方法もある。スマートベータファンドはリスクファクターから付加的リターンをとらえようとするものだ。今流行のスマートベータファンドはごく普通のパッシブインデックスファンドよりも手数料が若干高いが、アクティブファンドよりは安い。こうしたファンドの評価方法についても説明する。

あなたは余分なリスクをとらなくても市場を打ち負かすことができると確信しているかもしれない。私をどんなに疑ってもこの確信は変わらないだろう。そこで、価格がどうなるのかが分かったとして、ポートフォリオのウエートを調整する方法について説明する。そしてもっと重要なのは、どのくらい変更すればよいかである。第2部のあとであなたが保有することになる見事に構築されたポートフォリオを台無しにすることなく、あなたの銘柄選択スキルを使ってあなたの好みの銘柄をポートフォリオに組み込む方法についても説明する。

あなたは個人では市場を打ち負かすことはできないけれども、株式をアクティブに売買するプロのファンドマネジャーならできると信じ

ているかもしれない。アクティブマネジャーはあなたに余剰リターンを与えてくれるかもしれないが、それは不確実なものだ。そうなるとコストは確実に高くなる。どちらを重視すればよいのだろうか。それを判断するうえでのアドバイスも提供する。

第1部

スマートポートフォリオの理論
Part One : Theoy of Smart Portfolios

「予測をするのは難しい。特に未来を予測するのは」──ヨギ・ベラ（野球コーチ）

　第1部では、本書を通して用いる概念、テクニック、見識について説明する。

　第1章では、一見簡単な質問──「ベストなポートフォリオとはどのようなポートフォリオなのか」──に答えていく。

　第2章では、将来のリターンの不確実性について議論する。

　第3章では、ベストなポートフォリオを見つけようとするときに直面する不確実性が生みだす問題について議論する。

　第4章では、こうした問題を解決しながらポートフォリオを構築するときに用いる実用的な手法を紹介する。

　第5章では、コストについて考える。投資を売買するときにかかるコストと、ETF（上場投資信託）のようなファンドの年間管理料といった保有コストの両方について見ていく。

　最後の第6章では、ポートフォリオの分散による便益とコストを評価する方法について説明する。

　第2部では、こうした手法を使ってスマートポートフォリオを構築

する方法について見ていく。

第1章
ベストなポートフォリオとはどんなポートフォリオなのか

What is the Best Portfolio?

　ポートフォリオを構築するときには、どのアセットを含むべきか、そして各アセットにどのくらいの資産を配分すればよいか——これをポートフォリオウエートと言う——を決めなければならない。しかし、最良のポートフォリオウエートとはどういったウエートなのだろうか。
　複雑な商品の場合、何がベストなのかを定義するのは必ずしも簡単とは限らない。車は複雑だ。ベストな車とは燃費が最も良い車なのだろうか。速く走れる車なのだろうか。エンジンの馬力の高い車なのだろうか。見栄えの良い車なのだろうか、それとも安い車なのだろうか。それはあなたが車に何を求めるかによって違ってくる。ポートフォリオも同じである。ある人にぴったりの投資は、別の人にとってはまったく的外れな場合もあるのだ。

本章の概要

　ベストなポートフォリオは以下のように定義する。

　任意のリスク水準および任意の期間において、特定の投資通貨によるコスト差引後の実質幾何絶対期待トータルリターンが最も高いポートフォリオ。

45

長ったらしくて分かりにくいので、これを細かく分解して考えてみよう。

- **幾何平均リターン**　将来および過去のリターンを評価するときに用いる平均法の1つ。
- **期待値**　投資とは将来的に何が起こるかを予測することである。どのようなことが起こる可能性があるのかをどのように予測すればよいのか。
- **リスクと期間**　ベストなポートフォリオはあなたのリスク許容量によって異なる。さまざまな期間にわたって発生する潜在的な損失にあなたはどのくらい耐えられるか。
- **トータルリターンと配当**　リターンを価格の上昇、または配当、あるいはその両方から得ることに違いはあるのか。
- **コスト差引後**　投資にはいろいろなコストがかかる。投資を評価するときにはコストを考慮する必要がある。
- **実質リターン**　インフレの影響を考えることが重要。実質リターンはインフレ率を差し引いたリターン。
- **通貨**　投資で重要なのは将来の支出に対して一連の収益、または資本を提供することである。したがって、あなたが将来資金を使う通貨でポートフォリオが成長する必要がある。しかし、ベストなポートフォリオは幅広く分散されているため、ポートフォリオを通貨レートの変動の影響にさらすことなく国際的な分散を図ることはできない。通貨の逆行に対する保護対策を取るべきか。
- **絶対リターンと困惑および相対リターン**　投資家の多くはパフォーマンスが他人と比べてどうなのかということを気にする。コンセンサスから逸脱し、間違ったことをやってしまう困惑を無視することはできない。
- **金融以外のこと**　以上のことはすべて金融にかかわることだが、現

代の投資家は自分が下した投資判断に対する道徳的・倫理的な結果を考えるようになった。

本章ではこのあとこれらの項目について詳しく見ていく。

幾何平均リターン

　過去や将来のリターンの平均を考えるとき、私は一般によく使われる算術平均ではなくて幾何平均を使う。なぜなら幾何平均のほうが長期的な実際の収益をよく表すことができるからである。

　例を見てみよう。100ドル投資して、次の3年間のリターンが＋30％、＋30％、－30％だったとしよう。算術平均は年間リターンの合計を年数で割って算出するので、（＋30％＋30％－30％）÷3＝10％となる。したがって、3年後には30ドルの利益が出ていることが期待できる。もしかすると複利効果によってもっと多くの儲けが期待できるかもしれない。

　しかし、実際にはいくら儲かったのだろうか。**表1**を見てみよう。3年後の口座残高は118.30ドルにしかなっていない。期待した額よりも少ないではないか。複利効果は素晴らしいが、これは利益だけではなく損失も増幅してしまうのだ。

　次に**表2**を見てみよう。年次リターンは**表1**よりもはるかに低く、年間わずか5.76％だ。しかし、年次リターンは3年にわたって一定である。3年後の最終口座残高を見ると、**表1**と同じ118.30ドルである。リターンの幾何平均は一定の値で、最終口座残高は**表1**と同じだ（もっと厳密な定義については、**付録C**の「幾何平均、標準偏差、シャープレシオ」を参照）。つまり、3年間の年次リターンが30％、30％、－30％のとき、幾何平均は年間5.76％になる。

　算術平均を幾何平均に換算する方法については第2章で説明する。

表1 ばらつきのあるリターン

	1年目	2年目	3年目
その年の期初の口座資産	$100	$130	$169
算術平均リターン	30%	30%	－30%
リターン（ドル）	$100 × 30% = $30	$130 × 30% = $39	$169 × -30% = －$50.70
その年の期末の口座資産	$100 + $30 = $130	$130 + $39 = $169	$169 － $50.70 = **$118.30**

表2 一定のリターン

	1年目	2年目	3年目
その年の期初の口座資産	$100	$105.80	$111.85
幾何平均リターン	5.76%	5.76%	5.76%
リターン（ドル）	$100 × 5.76% = $5.76	$105.80 × 5.76% = $6.09	$111.85 × 5.76% = $6.45
その年の期末の口座資産	$100 + $5.76 = $105.76	$105.76 + $6.09 = $111.85	$111.85 + $6.45 = **$118.30**

　幾何平均は算術平均よりもリターンのより現実的な姿をとらえることができる。極端な例を考えてみよう。3年間のリターンが200％、200％、－99％だったとしよう。算術平均は100％だ。なんという素晴らしい投資だろうか。しかし、幾何平均は－55.2％で、これよりもはるかに低く、しかもマイナスだ。3年後には最初の投資額の10分の1以下になってしまい、実質的には何も残らない（当初資金は100ドルで、1年目のリターンは200％なので1年後には口座資産は300ドルになり、2年後には900ドルになる。3年目は99％の損失なので、3年後には口座

第1章 ベストなポートフォリオとはどんなポートフォリオなのか

図1 アメリカ株とアメリカ債券の算術平均リターンと幾何平均リターン

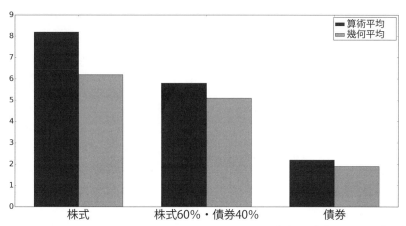

1928〜2016年までの年次リターンに基づく

資産は9ドルになる。これに対して3年間一貫して毎年55.2％の損失を出すと、1年後には口座資産は44.80ドルになり、2年後には20.07ドルになり、3年後には9ドルになる）。

年次リターンがすべて同じでないかぎり、幾何平均は必ず算術平均よりも低くなる。算術平均と幾何平均の差はボラティリティの高いアセットでは大きくなる（幾何平均の概算値は算術平均からリターンの分散の2分の1を引いた数値になる。分散は標準偏差を二乗したもの。この近似計算については次章で紹介する）。**図1**を見てみよう。これは1928〜2016年までのアメリカにおけるS&P500と10年物国債の平均実質リターン（インフレ率を差し引いたもの）を示したものだ。前者は8.2％で後者は2.2％である。しかし、幾何平均は株式が6.2％で、債券が1.8％である。

リスクの高いアメリカ株式市場の幾何平均リターンは算術平均リターンよりも25％も低い。これに対して、比較的安全な米国債はわずか8分の1（12.5％）低いだけである。一方、株式60％、債券40％のポ

ートフォリオ（毎年リバランスする）の平均リターンは5.8%で、株式のみのリターン（8.2%）より3分の1（33.3%）低い。しかし、このポートフォリオの幾何平均リターンは5.1%で、株式だけのリターンよりもわずか18%低いだけである。幾何平均リターンで考えれば、株式だけのポートフォリオは分散ポートフォリオよりも魅力は低下する。

　強調したいのは、平均リターンとして幾何平均リターンを使えば分散の魅力は増すということである（幾何平均リターンを最大化するのが正しいことなのかどうか、また分散によって得られた利益はコストの上昇分を賄うことができるのかどうかについては意見は分かれる。将来のポートフォリオ価値の期待値の分布を評価するのに、平均ではなくてメジアンを使えばこの問題は解消する。**付録C**の「幾何平均、標準偏差、シャープレシオ」を参照）。

期待値

　水晶玉を持っている人はだれもいない。これは本書の中心的テーマである。あなたは未来を見ることなんてできないのだ。あなたにできることは、今入手可能な情報と予測に基づいて最良の意思決定をすることだけである。予測は通常、過去に起こったことから導き出される。

　予測は定数になることもある。例えば、「インフレ率を差し引いたイギリスの株式リターンは1900年以降、平均で5％だった（出所は「2016年のバークレー・エクイティ・ギルド・スタディ［Barclays Equity Gilt Study］」）。したがって、来年のリターンも5％になるはずだ」。これはバカバカしく聞こえるかもしれないが、多くの人々は不確実性のことを少しも考えようとせずに市場を定数として予測してしまう。これは次のコイン投げは絶対に表が出ると予想するのと同じくらい空しい。予測は外れる確率が50％あるのだ。

　予測の別の方法としては結果の範囲を指定する統計学的モデルを使

う方法もある。コイン投げの場合、統計学的モデルは「表が出る確率は50％で、裏が出る確率は50％」となる。面白いのは、マーケットの専門家は絶対確実だと思われたいため、不確実性が含まれていることを示唆するような予測をする人がほとんどいない。

　ヒストリカルデータに基づいてイギリス株の期待リターンモデルを構築するにはどうすればよいのだろうか。1900年以降、インフレ率を差し引いたあとの株式リターンは年間およそ５％だった（この例では算術平均と幾何平均の違いは無視できるので、算術平均を使っている）。そして、90％の時間帯で年次リターンは－16％～＋40％だった。

　将来が過去と同じようになると仮定すれば、統計学的モデルは構築することができる――「イギリスの将来の実質株式リターンはインフレ率差引後は年間平均で５％になるだろう（年次リターンの90％は－16％と＋40％の間の数値を取る）」ということになる。モデルには期待平均リターン（＋５％）と期待分散、つまりその平均周りのリスク（年次リターンの90％は－16％と＋40％の間の数値を取る）が含まれている。

　統計学用語ではこれらの数値のことをモデルのパラメーターという。このあとの章を見ると分かるように、統計学的期待値のモデルはベストなポートフォリオを見つけるときの鍵となる入力量になる。

　しかし、これはしょせんモデルにすぎない。つまり、これが正しいという保証はないのである。第一に、これは間違ったモデルかもしれない。最悪のリターンと最良のリターンを無視し、残りもそれほど詳細ではなく、シンプルすぎる。

　第二に、モデルパラメーターは正確な数字で示したが、変動する可能性もある。これをパラメーターの不確実性という。リターンが最悪だった10年（1905～1915年まで株式市場は平均で年間0.2％下落）と最良の10年（1975～1985年まで株式市場は年間＋11％上昇）を見ると、平均リターンは違ってくるだろう。

最後に、将来は過去とは違う。パラメーターもモデルそのものも新たな現実を反映するように変更する必要がある。次の第2章ではこうしたモデルの不確実性を予測にどのように織り込めばよいかについて説明する。

リスクと投資期間

リスクはとらえにくい概念だ。しかし、定義は比較的簡単に書くことができる。

リスクとは損をする確率のことをいう。

しかし、問題が2つある。1つは、リスクを測定する方法がたくさんあることである。もう1つは、人によって好みが違うため、リスクの許容水準についてのコンセンサスがないことである。

測定の問題については、私の好みのリスク測度（リターンの期待幾何標準偏差）を使う。これは第2章で説明する。さらに、あなたのリスクに対するとらえ方を私の使うリスク測度に対して調整できるように、リスクを異なる期間における起こりそうな結果に変換する方法についても説明する。

しかし、リスク許容量は特定の値に固定して設定することはできない。期待リターンが高くなれば、あなたはもっとリスクの高いポートフォリオを好むかもしれないし、もっと低いリターンでもよいからリスクも低いほうがよいと思うかもしれないからだ。第4章では、ポートフォリオを異なるリスク許容量に対して調整する方法について説明する。

第1部と第2部では、リターンはトータルリターン（投資対象の価格の増減＋配当金）で考えることを想定している。こうすれば私の説

明も計算も簡略化することができる。しかし、これはだれにでも合うわけではないので、第３部では投資対象の価格の上昇よりも配当金収入を好む投資家に対して、高い利回りをもたらすポートフォリオの設計方法について説明する。

概念──分配金再投資型ファンドと定期分配型ファンド

収益やトータルリターンに対するあなたの好みに合わせてポートフォリオを調整する１つの簡単な方法は、分配金再投資型ファンドや定期分配型ファンドを使うことである。ファンドの多くはどちらのタイプも存在する。

分配金再投資型ファンドは分配金は支払われない。ファンドの運用によって得られた利益（配当金や債券のクーポン）は再投資に使われる。したがって、ファンド価格は定期分配型よりも速く上昇する。分配金が支払われないので分配金に対する課税はないが、売るときは多額のキャピタルゲイン税を支払わなければならない。もちろん、課税額を最少化するために売る時期を選ぶことはできる。これについては第４部で説明する。

一方、定期分配型ファンドはファンドの運用によって得られた利益はすべて投資家に支払う。収入が欲しい投資家にはこちらのほうが合う。ただし、配当金には税金がかかる。しかし、ファンドの価格は下がっているので、売るときのキャピタルゲイン税ほどの額にはならない。

注意 ファンドの過去のリターンを見るときには注意が必要だ。ファンドの価格の増減だけで分配金再投資型ファンドと定期分配型ファンドを比較してはならない。これは定期分配型ファンドにとっては不利になる。公正に比較するには、分配金を含めたうえ

で比較しなければならない。

コスト

　第2章、第3章、第4章では、投資にコストが含まれない理論世界について述べる。悲しいことにこれは空想の世界だ。現実世界では、売買するたびにコストがかかる。ウォーレン・バフェットのようにけっして売らない（もちろん、現実世界ではウォーレン・バフェットだって売る。例えば、2016年には彼はウォールマートの株を5000万株以上も売った。バフェットといえども彼の理想的なアプローチに奴隷のように従うわけではない）という理想的なアプローチを使ったとしても、最初の投資金はしぶしぶ出さなければならないし、投資してからは管理手数料がかかるし、配当も再投資しなければならない。

　リターン同様、コストも期待コストを使うのがよい。幸いにもコストはリターンよりも予測が簡単だ。コストのなかにはファンド管理手数料やブローカー手数料のように目に見え、確実に知ることができるコストもある。ほかのコストは隠された目に見えないコストだが、リターンに及ぼす影響を予測するのは重要だ。いろいろなコストについては第5章で詳しく説明する。

実質リターン

　投資は投資そのものが目的でやるものではない。もちろん、私のようにオタクで数字をガリガリやるのが好きだという人はいるかもしれないけれど……。投資とは、将来的に物を購入するための一時金や一連の収益を生成することを目的とするものである。したがって、将来的な物価変動――インフレ――を考える必要がある。

物価変動の影響（インフレ）を含めない名目リターンだけでは物事の真の姿は見えてこない。したがって、名目リターンではなくて、期待インフレ率を差し引いた実質リターンを使わなければならない。

インフレ率はアセットのリターンと同様、予測不可能だ。おそらくはアセットのリターンよりも予測は難しいだろう。インフレ連動債でも買わないかぎり、実質リターンがどのくらいになるのか事前に知ることはできない。インフレ連動債はどの国についても買えるわけではなく、買えたとしても高い。つまり、リターンが低いということである（本書執筆の時点の2017年初めでは、イギリスの20年物インフレ連動国債の利回りは－0.9％で、これに対してインフレに連動していない債券の利回りは2.1％である。インフレ連動債が適正に価格付けされるには、将来のインフレ率はおよそ３％でなければならない。これは現在のインフレ率の0.5％を大幅に上回り、イングランド銀行のインフレターゲットである２％をも上回る）。

インフレ率を予測するのは非常に難しい。でも、インフレ率や実質リターンは正確に予測する必要はないので心配は無用だ。事実、最初の２つの部ではリターンの予測は一切行わない。

インフレが示唆することはほかにもある。私たちが気にするのは実質リターンなので、「無リスク」投資は存在しないということである。資金をキャッシュで持っていたり、銀行口座に預けておけば、その資金はインフレの影響を受けて確実に減る（本書執筆の時点の2017年初めでは、経済大国の多くではインフレ率はほぼゼロであるが、デフレ［インフレ率がマイナス］の時期が長く続くとは思えない。もしそうなれば、銀行はマイナス金利になり、政府は国民が巨額のキャッシュを抱え込むことを禁じる策に出るだろう。つまり、現金を使うことが禁止されることさえあるかもしれないということだ）。インフレのことを考えると、資金を投資しないで「安全」なキャッシュで持つことは、結果的には非常にリスクが高いのである。

困惑——絶対リターンと相対リターン

　本章ではこれまで、他人のリターンのことは一切気にせずに自分のリターンのことだけを考えていると仮定してきた。金融界の専門用語では、このことを「相対リターンを無視して絶対リターンを好む」と言う。しかし、相対リターンが困惑するほど低いとき、相対リターンは非常に重要になる。市場をアンダーパフォームすることは困惑を生じさせる。たとえほかの人がそのことを知らなくても、自分のバカさ加減にうんざりするはずだ。

　市場が全般的に下落しているのにあなただけ儲かっているとき、うれしい気持ちよりも困惑する気持ちのほうが先に立つ。大衆と一緒に損をしたほうが、あなたは安心できるのだ。

　この気持ちは機関投資家では特に強い。「IBMを買ってクビになった者はいない」ということわざもあるくらいだ。体制に従うほうが危険を冒すよりも安全なのである。市場全体が下落したのであなたも損失を出したと顧客に説明するのは比較的簡単だ。しかし、市場が上昇しているのにあなたのファンドが下落したときはどう説明すればよいのか。

　機関投資家は自分たちのリターンとベンチマークとを比較することで、そこから生じる困惑について自分たちの許容能力をきちんと数値化しなければならない。あなたのリターンとベンチマークとの差をトラッキングエラーという。トラッキングエラーがプラスのときはあなたのほうがアウトパフォームしているわけだからよいが、トラッキングエラーがプラスでもマイナスでもとにかく大きいときは、あなたはベンチマークから大きく乖離していることになる。

　トラッキングエラーがどのくらいであれば安心できるかを決めておくことは重要だ。また、トラッキングエラーの測定方法も決めておく必要がある（トラッキングエラーを簡単に測定するには、ポートフォ

リオとベンチマーク間の相対リターンの標準偏差を計算すればよい。これは複雑なテーマなので、ジョン・クリストファーソン、デビッド・カリノ、ウエイン・ファーソンの『ポートフォリオ・パフォーマンス・メジャメンント・アンド・ベンチマーキング（Portfolio Performance Measurement and Benchmarking）』の一読をお勧めする）。

リスク許容量は人によって違うことはすでに述べたが、他人と違うことに対する困惑に対する許容能力もまた人によって異なる。他人と違うことに対する困惑に対する許容能力の高い人は、標準から大きく外れてもそれほど気にすることはない。こうした選好をポートフォリオにどのように組み込めばよいかについては第4章で説明する。

通貨

投資とは将来の支出のために一時金や一連の収入を生成することを目的とするものであることはすでに述べたが、これはあなたが将来、資金を使う通貨でポートフォリオの期待成長を測定する必要があることを意味する。

私は投資において最も重要なのは分散だと思っている。異なるアセットクラス間での分散、異なる国間での分散が必要だ。しかし、多くの国にわたってポートフォリオを分散すれば、為替レートの変動にさらされることになる。あなたの国の通貨があなたが投資した国の通貨に対して上昇すれば、リターンは悪くなる。逆に、あなたの国の通貨があなたが投資した国の通貨に対して下落すれば、リターンは上昇する。

このリスクは通貨ヘッジや、通貨ヘッジを行っているファンドを買うことで避けることが可能だ。例えば、あなたがETFを使って韓国のKOPSI株価指数に投資しようとしているアメリカの投資家だとしよう。最も安い非ヘッジ型ETFの1つがHKORである。あるいは、通貨ヘ

ッジ型ETFであるDBKOを買ってもよいだろう。

　韓国ウォンが米ドルに対して下落しても、KOPSI株価指数が同じ水準にあれば、ヘッジ型のDBKOの損失からは保護されるが、非ヘッジ型のファンドでは損失が出る。これを阻止するには金融技術を使って、イクスポージャーをヘッジするためにファンドマネジャーは通貨デリバティブをトレードすることになる。しかし、韓国ウォンが米ドルに対して上昇すれば、ヘッジ型ETFでも損失は避けられない。

　実例を見てみよう。2016年にイギリスがEU（欧州連合）脱退を問う国民投票を行い、僅差でEU脱退がEU残留を上回ったとき、私の非ヘッジ型外国株ETFは価格が下がっているにもかかわらず、英ポンドが崩壊したため英ポンド換算では上昇した。もし通貨ヘッジ型ETFにしていれば、価格下落の影響をもろに受けていただろう。

　投資家は通貨ヘッジが大好きだ。リターンは確実に予測できるが、通貨の動きは予測できないと思っているからだ。ヘッジすることで通貨を方程式から取り除いてしまおうというわけである。市場を正しく予測しても、通貨による損失を出してしまうことほど困惑することはないと彼らは思っているのだ。

　私は個人的には通貨ヘッジの必要性については懐疑的だ。理由はいろいろある。まず第一に、ヘッジをしてもコスト差引前のリターンは上昇しない。長期的に見れば、通貨のリターンは非常にランダムなので、ヘッジをしてもシステマティックに何かを得ることも失うこともない。また、ヘッジをすれば通貨の相関が高くなるため、複数の通貨でポートフォリオを分散する効果は薄れてしまう。

　また、コストの問題もある。通常、通貨ヘッジ型ファンドは非ヘッジ型ファンドよりも管理手数料は高い。前に述べた韓国の株式ファンドはその典型例だ。非ヘッジ型のHKORは年間管理手数料は0.38％だが、ヘッジ型のDBKOはそれよりもはるかに高く0.58％である（これはファンドマネジャーによって課される明示的な手数料だ。これ以外

にもETFを保有するのにかかる別のコストもある。これについては第5章で説明する）。

ローリングコストはヘッジを維持するために通貨のヘッジポジションを定期的にトレードするのにかかるコストだ。キャリングコストは、ヘッジャーが支払うヘッジする通貨と投資する通貨との金利差のことを言い、金利が高い新興国市場では特に高い。例えば、私の使っているブローカーではアメリカで資金を借りるのにかかる手数料は0.4%だが、韓国で資金を借りるのにかかる手数料は1.25%である（金利に加え、スプレッドを支払わなければならないのでヘッジはより一層高いものにつく。しかし、ETFマネジャーの手数料は比較的安い。レートは2017年2月現在）。したがって、韓国市場に投資して、米ドルでヘッジしているファンドはキャリングコストによってパフォーマンスは年間0.85%（1.25%－0.4%）低下することになる。

このようにヘッジは高い割には便益はあまりない。したがって、ほかに方法がなかったり、絶対にヘッジの必要がある場合を除き、通貨ヘッジ商品は避けたほうがよいだろう。

純粋に金融的な判断

ベストなポートフォリオは、これまで述べてきたようないろいろな条件はあるものの、最高の金融リターンを提供してくれるものだ。しかし、段々とそうではなくなりつつある。投資家の多くはただ単に利益を追いかけるだけでなく、正しいことをしたいと思うようになった。倫理的な問題や環境問題が重視されるようになったからだ。

例えば、世界最大のノルウェーの政府系ファンドは2015年、パーム油と石炭関連の株を売り、倫理的に問題のある米小売大手ウォルマートに投資することを拒んだ。

こうしたファイナンス以外の要素に基づく意思決定は複雑で、本書

の範疇を超えるものだ。しかし、第11章では、特定の銘柄をポートフォリオから外したときの金銭的な影響について考える。これは正しいことをする場合のマイナス要素を数値化するうえで役立つはずだ。

自分の小さい利害を超えて、社会にとって役立つポートフォリオに投資することは当然ながら意味のあることだ。備蓄が減少しつつある枯渇性エネルギーに依存する会社や、顧客が逃げていくような風評被害リスクのある会社のように、倫理ポートフォリオから排除される会社は長い目で見ればおそらくは悪い投資だろう。

重要なポイント

- **正しい平均を使う** 平均リターンを正しく測定するには幾何平均を使わなければならない。より安全でより分散したポートフォリオは、リターンを幾何平均を使って測定した場合、利益は上昇する。
- **将来を予測することはできない** 過去が将来も繰り返すという保証はないが、意思決定をするには将来についての予測が必要になる。将来を予測するとき、定数予測よりも統計学的モデルを使ったほうがよい。ただし、モデルは現実を正しく反映しないこともあるので、その欠点に注意することが重要だ。
- **あなたのリスク許容量はどのくらいか** 安心できるポートフォリオを構築するには、損失やリターンの減少に対してあなたはどのくらい耐えることができるのかを正直に見積もることが重要だ。
- **コストは重要** コストは人が避けたがる問題だ。無視されるか見過ごされることが多いが、コストはきわめて重要だ。将来のリターンとは違ってコストは予測が比較的簡単だ。投資判断を行うときはかかると思われるすべてのコストを含めて考えることが重要だ。
- **安全で無リスクな投資など存在しない** インフレを考えれば、キャッシュも必ずしも安全とは言えない。安定した国が発行するインフ

レ連動債は長期投資家にとっては無リスク投資に近いが、物価上昇率によっては投資額を回収できないこともあるので注意が必要だ。
- ●**困惑に対する許容能力**　コンセンサスから外れ、アンダーパフォームしたときに感じる困惑をどのくらい許せるかについて正直にならなければならない。これはポートフォリオを選ぶときにどのくらい勇敢になれるかに影響する。
- ●**通貨ヘッジ商品は避けよ**　通貨ヘッジは高くつくうえ、メリットはほとんどない。ヘッジ以外に選択肢がなかったり、ヘッジしないことによって困惑を感じる可能性がある場合を除き、通貨ヘッジ商品は避けたほうがよい。

第 2 章

不確実性と投資

Uncertainty and Investment

　投資はリスクを伴うビジネスだ。将来何が起こるのかは不透明で、それがあなたが買おうとしている株やファンドにどんな影響を及ぼすのかも分からない。将来はどれくらい予測可能なのだろうか。過去に起きたことは将来を予測するのにどのくらい役立つのだろうか。本章は絶対確実な水晶玉の作り方を説明するものではない。本章では、世界はどれくらい不確実なのか、そしてそんな不確実性にスマートに対処するにはどうすればよいのかについて見ていく。

本章の概要

- **投資ゲーム**　投資ゲームはシンプルなゲームだが、プレーするのは非常に難しい。このゲームを学べば、実際に投資するときに将来のリターンの不確実性について考えるのに役立つはずだ。
- **統計学的モデリング**　投資ゲームを成功させるための統計学的モデルの使い方——過去のデータを分析し、それを使って将来を予測する。
- **不確実な過去**　統計学的モデルには重大な欠陥がある。それは不確実な過去に依存しているということである。この概念については本章の最後に説明し、これについて何をすべきかも説明する。

投資ゲーム

　ギャンブルと投資は、あなたの資金を不確実な結果にさらすという意味で非常によく似ている（ギャンブルは悪く、投資は良く、トレードはその中間だと言う人もいるが、私はそうは思わない。資金をリスクにさらし、結果が不確実という意味ではどれも同じだ。平均的に見て確実に負けることが分かっているときに賭けをしたり、特定の賭けに多くの資金を投じすぎるのが悪いことなのだ。プロのポーカープレーヤーはこんなことはしないが、アマチュアギャンブラーやトレーダーはこういったことをよくやる。自分が何をやっているのかがよく分かっていて、勝つ見込みがないときに賭けないかぎり、ギャンブルも投資もトレードも悪いことではないのだ）。例えば、エドワード・ソープを考えてみよう。彼は1960年代初期の有名なギャンブラーで、ブラックジャックのカードカウンティングでカジノを打ち負かしたのはおそらくは彼が最初の人物だろう。ソープがブラックジャックをプレーしているのを想像してみよう。彼がカジノのテーブルに座ったとき、彼は大量の情報を手にしている。彼は1組のカード（デックという）のなかに含まれる組（パック）の数を知っている（1961年以前は、ラスベガスのカジノでは1デックを使っていた。したがって、カードカウンティングは比較的簡単だった。しかし、それ以降は複数デックを使うのが普通になった。今では、6デック、7デック、8デックさえも珍しいことではない）し、各パックは4枚のエース、4枚のキング……からなることも知っている（簡単にするために、これはシャッフルされたばかりのカードと仮定する）。例えば、4デック使っているとする（4×52＝208枚）と、エースの数は4×4＝16枚ということになる。したがって、最初のカードでエースが配られる確率は16÷208＝7.6％と簡単に計算できる。

　たとえソープが完璧にプレー（いわゆる「基本戦略」。これについて

第2章　不確実性と投資

はエドワード・ソープの『**ディーラーをやっつけろ！**』［パンローリング］や過去50年に出版されたブラックジャックについて書かれた書籍を参照）したとしても、カジノには小さなハウスエッジがある。合理的なプレーヤーならシャッフルされたばかりの最初の手でプレーしようとはしないだろう。なぜなら、平均的に言って負ける確率が高いからだ。ブラックジャックでは、特定の手をスキップすることはできないが、そんなときは小さく賭ければよい（カジノはだれかがテーブルの周りをうろついて、配られるカードを見て、ゲームに参加する前にデックが自分に有利になるのを待つといった行為を嫌がる）。ソープは最初の手をプレーしながら、配られるカードをすべて見ている。だから彼はデックに残っているカードを推測することができ、したがって自分が特定のカードを引く確率がどう変わるのかを知ることができるのである。

彼はこれをカジノの従業員に悟られることなくすべて頭のなかでやらなければならない。そこで彼が思いついたのは、すべてのカードを頭のなかでカウントするのではなくて、カードカウンティングシステムを使って重要なカードを追跡し続けることだった。私たちトレーダーにはそういった制約はないため、配られたすべてのカードの分布を見ることができる。想像上のゲームで最初に配られた32枚のカードは**図2**に示したとおりである。それぞれのカードが何枚配られたのかを分かりやすく示すために、順に並べてある（ブラックジャックではカードのマークは無関係なので、ここでは便宜上すべてスペードで示している）。

エースは残りの176枚（［4×52］－32＝176）のカードのなかに15枚（［4×4］－1＝15）残っている。したがって、エースを引く確率は8.5％（15÷176＝8.5％）に上昇した。カードがたくさん引かれるほど、デックのなかに残っているカードは明らかになり、したがってカードカウンターはカジノに勝ちやすくなる（ブラックジャックでは各プレ

図2　カードを数字ごとに並べると分布が目で見て分かりやすくなる

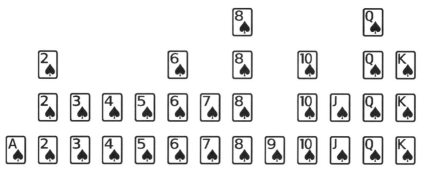

4デックを使ったときに最初に配られた32枚のカード

ーヤーはディーラーと対決する。ディーラーは事前に決められた戦略を使わなければならないため、どのカードが残っているかを知っても有利にはならない）。

　カードカウンターを使って残っているカードについてより多くの情報を得たソープは、儲かると思われる手を最大限に利用するために賭け金を変更することになる。彼はカードを正確に数えることができるため、ハウスのエッジは減少し、ソープが少しだけ有利になる。

投資ゲーム入門

　ブラックジャックでちょっとした財産を築いたあと、ソープは彼の手法を本にした『ディーラーをやっつけろ！』を出版した。これに反応したカジノはカードカウンティングをやりにくくするようにルールを変更し、ソープを含め有名なカードカウンターをカジノから締め出した。

　しかし、ソープは新天地を求めてプリンストン・ニューポート・パ

ートナーズというヘッジファンドを設立して大きな富を築き、その後エド・ソープ・アンド・アソシエーツを設立した。リスクとリターンが与えられたときにいくら賭けるかを決めるのにソープが使ったテクニックは、初期のころのギャンブルとヘッジファンドを設立してからもまったく同じだった。賭博をするのと投資の意思決定をするのはあなたが考えるよりも似ているのだ。

これを私が発明したカードゲーム——投資ゲーム——を使って説明しよう。ゲームは非常にシンプルなものだが、これは現実世界での投資の意思決定を賢明な方法で行う方法を学ぶのに非常に役立つ。このゲームは極端に大きなデックから始まる。デックの内容は秘密で、多くのラウンドからなる。各ラウンドでは、プレーするかしないか、そしていくら賭けるかを決めなければならない。

プレーするしないにかかわらずカードは配られ、それによってもしあなたがプレーをしていたらあなたの賭けがどういったパフォーマンスを上げたかが決まる。第2ラウンドでもプレーするかしないかを決めなければならない。ゲームはこの調子で永遠に続く。

例えば、第1ラウンドで100ドル賭けると決めたとしよう。そして、次のようなカードが配られたとする。

$$+6.1\%$$

これは「＋6.1％」と書かれたカードが配られたら、賭けた100ドルと、それに加えて6.1％の利益が得られることを意味する。つまり106.10ドル手に入るということである。もちろん、負の数値が書かれたカードもある。例えば、次のような数値の書かれたカードが配られたら、100ドルの賭け金のうち戻るのは98ドルということになる。

$$\boxed{-2.0\%}$$

　そこで問題になるのがいくら賭ければよいかである。元手をすべて賭けるべきなのか。賭け金を決めるには次に来るカードがどんなカードになるかを予測する必要がある。これはブラックジャックと同じだ。例えば、次に来るカードが「＋100％」と書かれたカードだと分かれば、元手をすべて賭けるべきである。

　これは第1章で見た定数予測である。次に何が起こるか確実に分かっているので、不確実性はゼロである。次に来るカードがどんなカードになるか分からなければ、予測しようと躍起になるだろう。予測の方法には統計学的モデルを使う方法もある。第1章で、モデルには期待平均と結果のばらつきが含まれると言ったのを覚えているだろうか。

　例えば、投資ゲームで100枚のカードからなるデックがあったとする。あなたはどんなカードが含まれているのかのぞき見しようとするが、ディーラーは背中を向ける。でもあなたは、51枚のカードには「－1％」と書かれ、49枚のカードには「＋1％」と書かれていることに気づく。

　ディーラーはカードをシャッフルするので、どのカードが最初に来るかは分からない。第1ラウンドは勝つ確率よりも負ける確率のほうが若干高いので、このラウンドはパスする。最初のカードの期待平均値は［(49×1％＋(51×－1％)］÷100＝－0.02％だ。統計学的モデルには結果のばらつき、つまりリスクという概念も含まれるが、これについてはあとで説明する。

　ブラックジャックとは違って、投資ゲームでは賭けをしなくても、これまでにプレーされたカードを見ることができる。その株にまったく投資しなくても、株価履歴は簡単にダウンロードできる。したがって、

最初の何枚かのカードがどんなカードになるのかを見るのに、賭けをする必要はない。

　最初に来た3枚のカードはすべて「－1％」だったと仮定しよう。したがって、－1％のカードの残りは48枚（51－3＝48）で、＋1％のカードは最初と同じ49枚残っていることが分かる。新たな期待平均は〔(49×1％)＋(48×－1％)〕÷97＝＋0.01％だ。期待値が正なので、第4ラウンドをプレーするのは理にかなっている。わずかなエッジなので、大きな賭けはしたくはない。いくら賭ければよいかについてはあとで説明する。

　ブラックジャックと同様、カードに印をつけてズルでもしないかぎり、次のカードがどんなカードになるのかを確実に知ることはできない。しかし、ちょっとだけズルをしてカードをこっそり盗み見したので、あなたは最初のデックのカードを知ることができたし、どんなカードが残っているのかも知ることができた。これらの情報は小さなエッジを得るのに十分である。

　これはブラックジャックと投資ゲームとの主な違いだ。投資ゲームではズルをしなければ、最初にデックに含まれるカードを知ることはできない。つまり、何枚か配られたあと、どんなカードが残っているか知ることはできないということである。

　ブラックジャックとは違って、投資ゲームではカードカウンティングは時間のムダのように思える。別の言い方をすれば、過去のリターンのパターンを調べても、将来のリターンについては何の情報も得られないということである。つまり、その手をプレーすべきかどうかを知る方法はないということである。ナシーム・タレブは『ブラック・スワン——不確実性とリスクの本質』（ダイヤモンド社）のなかで次のように述べている——「カジノは確率が既知……つまり計算可能……である唯一の投機だ……現実世界では確率は知ることはできないため、発見するしかない……」。

ブラックジャック

```
┌─────────────┐     ┌─────────────┐     ┌─────────────┐
│  最初のデック  │     │  配られたカード │     │  残りのカード  │
│ （知っている） │  －  │ （分かっている）│  ＝  │ （予測可能）  │
└─────────────┘     └─────────────┘     └─────────────┘
```

投資ゲーム

```
┌─────────────┐     ┌─────────────┐     ┌─────────────┐
│  最初のデック  │     │  配られたカード │     │  残りのカード  │
│ （分からない） │  －  │  過去のリターン │  ＝  │ 将来のリターン │
│             │     │ （知っている） │     │      ？     │
└─────────────┘     └─────────────┘     └─────────────┘
```

　解決不可能と思えるこの問題にはどう対処すればよいのだろうか。選択肢はいろいろあるが、実際の投資で最もよく使われる方法は、歴史は繰り返すと仮定することである。つまり、将来来るカードのパターンは過去に来たカードのパターンと同じになると仮定するのである。そのためには、すでに来たカードはデックに残っているカードを代表するものでなければならない。最初のデックが極端に大きい場合、何枚来ても、残りのデックは最初のデックとほぼ同じだ。

　投資ゲームでは、ブラックジャックや最初のデックが既知のゲームをプレーするときに使う戦略とはまったく違った戦略を使わなければならない。ブラックジャックでは配られたエースの数が多ければ、次にエースが来る確率は減る。しかし、投資ゲームでは、値が正のカードがたくさん来ると、将来的にも値が正のカードが来る確率は高くなる。

仮定を設けた場合の投資ゲーム

| 最初のデック
（分からない）
配られたカードと同じパターン | − | 配られたカード
過去のリターン
（分かっている）
最初のデックの代表 | = | 残りのカード
将来のリターン
（予測）
最初のデックとほぼ同じ。つまり、配られたカードと同じパターン |

配られたカードは最初のデックの代表であると仮定する。したがって、将来配られるカードは過去に配られたカードと同じになる

　現実世界の投資では、この仮定は次のように解釈される――将来のリターンは過去のリターンと同じになることが予想される。免責事項には過去のリターンは将来のリターンを表すものではないと書かれているが、ほぼすべての投資家や金融業界で働いている人は暗黙的にこのように仮定している。

　投資家の振る舞いを見るだけでも、この仮定は広範にわたって蔓延していることが分かる。ファンドマネジャーの実績は金融ジャーナリストによって研究され、予言的な力を持つと考えられている。いろいろなアセットの過去のリターンは小数第1位、2位、あるいは3位まで正確に測定されるが、これが将来の意味のあるガイドにならなければ無意味でしかない。数学の得意な投資の専門家たちは、複雑な統計分析を行うために大きな過去のデータを見つけようとしのぎを削っている。

　市場にかかわるほぼだれもが過去を重視しているのは明らかだ。

統計学的モデリング

　投資ゲームをプレーするスマート戦略は以下のとおりである。

1．配られたカードを分析する（過去のリターン）。
2．配られたカードのパターンは最初のデックと同じだと仮定する。
3．配られたカードを分析して得られた統計学的モデルを使って、まだ配られていないカードを予測する（過去のリターン）。
4．まだ配られていないカードの統計学的モデルに基づいて、賭けをするかどうか、賭けをするならいくら賭けるかを決める（将来のリターン）。

それでは投資ゲームを始めたと想像しよう。何枚かのカードが配られた。あなたは配られたカードの分布を調べるために、**図2**のソープのブラックジャックゲームでやったのと同じように、それらを順に並べる。これを示したものが**図3**である。

－0.4、＋0.5、＋0.6のカードはまだ配られていないことに注意しよう。これを視覚的に見るにはヒストグラムが便利だ（**図4**）。これは**図3**と同じ情報を示しているが、個々のカードを並べる必要はない。ヒストグラムのリターンのパターンを分布とも言う。

特定のカードが配られる確率を考えるのは非常に複雑なので、さまざまなパラメーターの推定値を使って分布を表す。これらのパラメーターは統計学的モデルのパラメーターになり、将来のリターンを予測するのに使うことができる。

では、どんなパラメーターを使えばよいのだろうか。あなたが知りたいのは、①次のラウンドをプレーすべきかどうか、②どれくらい賭けるべきか——である。

まず、次のラウンドをプレーすべきかどうかを決めるには、平均期待リターンを知る必要がある。この値が負の場合、次のラウンドはパスして、平均期待リターンがプラスになるまで待ったほうがよい。**図4**の分布では算術平均リターンは0.08571％である。幾何平均リターン

第2章 不確実性と投資

図3 投資ゲームを35ラウンド行ったときの配られたカードの分布

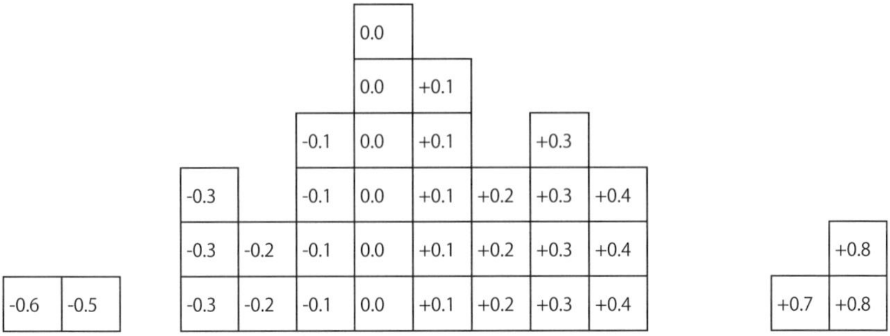

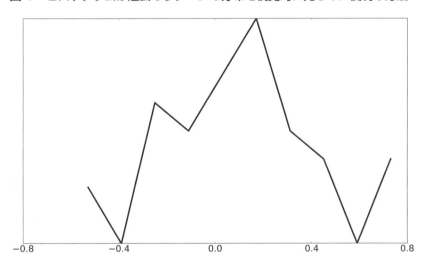

リターンは%で表されている（+0.1は0.1%を表す）

図4 ヒストグラムは過去のリターンの分布を視覚的に見るのに便利な方法

はこれよりも若干低く、0.08521％である。数値が正なので、次のラウンドはプレーしてもよい。

　次は、どれくらい賭ければよいかである。正しい賭けのサイズは期待リターンの変動によって違ってくる。平均期待リターンが正であっても、運悪く次に非常に悪いカードが来ることもある。−0.5％のカー

73

ドや−1％のカードが来る確率が高ければ、あまり多くは賭けたくはないはずだ。このようにいろいろな結果が出るリスクはどのように測定すればよいのだろうか。

測定方法はいろいろあるが、私が好んで使っているのが標準偏差、つまり平均リターンから平均的にどれくらい乖離しているかである（標準偏差はすべてのリターンを使って計算されるので、最大損失［最大ドローダウンとも言う］やテールを重視するバリュー・アット・リスクよりも堅牢な統計量だ。しかし、最大の利点はそのシンプルさである）。**図4**のリターンの標準偏差は0.3220％である。

概念——標準偏差

標準偏差とはデータの平均まわりの分散具合を測定したものだ。したがって、アセットのリターンの場合、そのアセットがどれくらいリスクが高いかを示す測度になる。リターンの標準偏差を表すのに私はボラティリティという言葉をよく使う。

株式の場合、リターンの標準偏差は年間でおよそ25～30％である（新興国市場の株式はこれよりも少し高く、先進国の株式はこれよりも少し低い）。債券は満期にもよるが株式よりも安全だ。安全な国が発行した2年物国債の年次ボラティリティはおよそ1.5％で、10年物国債はおよそ8％だ。

標準偏差の値については**付録B**にあるので、自分で計算する必要はない。知識の豊富な高度な読者向けに、ボラティリティの公式を**付録C**の「標準偏差」に示してある。しかし、スプレッドシートを使って計算できるので、わざわざ公式を使う必要はない。スプレッドシートを使ってボラティリティを計算する方法については**付録C**を参照してもらいたい。

標準偏差はリスクを測定する方法としては非常に抽象的な方法のように思えるかもしれない。第4章では、ポートフォリオの標準偏差の違いが期待パフォーマンスの違いを生むことについて説明する。これでどれくらいの標準偏差が適切なのかを知ることができる。

本書では幾何平均を使っているので、標準偏差も幾何標準偏差を使う。しかし、幾何標準偏差と算術標準偏差は同じだと仮定したほうが安全だ。例えば、**図4**に示したリターンの幾何標準偏差は0.3219％だが、算術標準偏差は0.3220％で幾何標準偏差とほぼ同じだ。本書の残りでは2つの標準偏差を区別しないが、標準偏差と言ったときは幾何標準偏差を意味するものとする。

概念──幾何平均の概算値

算術平均と標準偏差が与えられた場合に幾何平均を計算する便利な公式がある。

幾何平均＝算術平均－0.5×（標準偏差）^{2}

例えば、**図4**の算術平均リターンは0.08571％で標準偏差は0.3220％だ。したがって、幾何平均リターンは次のように計算することができる。

幾何平均リターン＝0.0008571－0.5×（0.003220）^{2}＝0.0008520

これは正しい数値（0.08521％）とほぼ同じである。実用目的で

はこの近似式を使えば事足りる。本書ではこの近似式を使う。

それではゲームに戻ろう。あなたは悪いカードが出る確率を調べようとしている。図3を見ると、0.5％以上の損失を被る可能性はおよそ6％だ（35枚のうち、0.5％以上の損失を出すカードは2枚）。しかし、1％の損失を被る可能性はどれくらいあるのだろうか。これはこれまでにまだ発生していないので、確率はゼロ％なのだろうか。

これに答えるには、統計学的モデルに抜けている要素を加える必要がある。それが将来の期待リターンだ。リターンは特定の統計学的分布に従っていると仮定する必要がある。よく使われる分布はガウスの正規分布で、これはその形状からベルカーブとも呼ばれている。

図4と同じ平均と標準偏差を持つガウス分布を示したものが図5で、これは元々の分布に重ねて描かれている。元々の分布とガウス分布はかなりよく一致していることが分かる。

リターンがガウス分布に従うのであれば、一定のリターンが発生する確率は平均と標準偏差だけあれば計算できる。表3を見ると、±1標準偏差の範囲内に68.2％のデータが収まり、±2標準偏差の範囲内に95.4％のデータが収まり、＋2標準偏差より大きなデータは2.3％しかなく、またガウス分布は左右対称的なので、－2標準偏差よりも小さなデータも2.3％しかないことが分かる。

具体的には、算術平均が0.0857％で、標準偏差が0.322％のデックから1000枚のカードが配られたものと仮定する。したがって、1000枚のうち682枚（1000枚の68.2％）が±1標準偏差の範囲内（－0.24％と0.41％の間。0.0857％－0.322％＝－0.2363％、0.0857％＋0.3220％＝0.4077％）に収まり、およそ23枚（1000枚の2.3％）が0.72％（＋2標準偏差）を上回り、23枚が－0.56％（－2標準偏差）を下回る（0.0857％＋［2×0.3220％］＝0.7297％、0.0857％－［2×0.3220％］＝－0.5583％）。

図5　ゲームの元々の分布とそれに対応するガウス分布

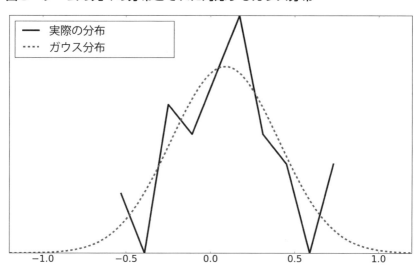

表3　ガウス分布

	左の標準偏差よりも小さな値を取る確率	左の標準偏差よりも大きな値を取る確率	例のなかの数値
＋2標準偏差	97.7%	2.3%	0.72%
＋1標準偏差	84.1%	15.9%	0.41%
平均	50%	50%	0.09%
−1標準偏差	15.9%	84.1%	−0.24%
−2標準偏差	2.3%	97.7%	−0.56%

「例のなかの数値」は算術平均0.0857%と標準偏差0.322%に基づく

　図5に示したリターンの統計学的モデルを使えば、この投資ゲームで0.5%の損失を出す確率を算出することができる。0.5%の損失は、平均の0.0857%を0.5857%下回る［0.0857% −（−0.5%）＝0.5857%］。し

たがって、0.5％の損失は、0.5857％÷0.322％＝1.82で、平均から1.82標準偏差下回った位置にある。したがって、正規分布でこれが発生する確率は3.4％である（これらの計算をスプレッドシート関数を使って行う方法については**付録C**の「ガウス分布」を参照）。したがって、将来的にカードが1000枚配られるたびに、0.5％よりも悪い数値を持つカードは34枚出ることが予想される。

　これは投資ゲームの例で配られるカードとは若干異なる。ゲームでは35枚のカードのうち2枚が0.5％以上の損失を持つカードだった。こういったカードが出る確率は5.7％である（1000枚配られるごとに57枚）。実際の過去のリターン（**図3**、**図4**、または**図5**の実線）と過去のリターンの統計学的モデル（**図5**の点線）との間には違いがある。平均と標準偏差は同じだが、分布が異なるからである。**図5**の点線で示された分布はガウス分布だが、実際の分布は**図5**の実線で示された分布であり、見て分かるように両者は異なる。

　さらに、1％を上回る損失を出す確率を求めることもできる。これは**図3**の実際のリターンにはなかった損失だ。まず－1％と平均である0.0857％の差を求める。これは1.0857％だ（0.0857％－（－1％）＝1.0857％）。これは3.37標準偏差を意味する（1.0857％÷0.322％＝3.37）。正規分布でこれが発生する確率は0.04％だ。つまり、1％より悪いリターンのカードは1万枚カードが配られるごとにわずか4枚しか配られないということになる。

　これらの結果には大きな警告が伴うので注意が必要だ。ガウスモデルは金融市場の極端なリターンをモデル化するのは不得意だ。ガウス分布では4標準偏差下落する日は3万1500日でわずか1日（およそ1世紀に1日）しかないが、1914～2014年までの間にダウ平均が4標準偏差の下落を記録したのは30回を上回る。

　ガウス分布に基づく統計学的モデルを使うのは非常に楽だ。なぜなら、平均と標準偏差という2つのパラメーターを予測するだけでよい

からだ。しかし、こういった統計学的モデルは現実を完璧かつ厳密に表すものではないことを忘れてはならない(歪度や尖度といったもっと高次のモーメントを含むもっと複雑な分布を使うことも可能だが、複雑な分布を使っても万能というわけではない。まず第一に高次モーメントの推定誤差はかなり大きくて、１つか２つの外れ値に左右される。第二に、これはもっと重要なのだが、非常に複雑なモデルは間違った安心感を与える可能性がある。モデルがどんなに複雑でも、予測不可能な極端なブラックスワンが発生する確率をとらえることはできないのである［ナシーム・タレブの『ブラック・スワン――不確実性とリスクの本質』〈ダイヤモンド社〉より］。私は個人的には欠点が明らかなシンプルなリスクモデルを使うのを好む)。

不確実な過去

過去のリターンに基づく統計学的モデリングは非常に便利だが、重大な欠陥があり、出来上がったモデルにも不確実性がある。

まず、①分布の形状についての仮定が正しいかどうかは分からない、それは本当にガウス分布なのだろうか、②期待平均や期待標準偏差の推定値が正しいかどうかは分からない、③これまでに配られたカードが残りのデックを代表しているかどうかは分からない。

現実世界では、分布やパラメーターが時間とともに変化するかどうかも分からない。これは投資ゲームのディーラーがデックの残りのカードを、だれにも言わずにまったく異なるデックと置き換えるようなものだ。少なくともブラックジャックではディーラーがシャッフルし直していることを知ることができる。

まとめると、統計学的モデルを使えばアセットのリターンのボラティリティがどれくらいか推定することはできるが、それは不確実なものであり、モデルを完全に信じることはできない。

ほとんどの場合、肩をすくめて、こうした予測不可能なリスクと付き合うしかないのが現実だ。予測不可能なリスクもあることを心の片隅にとどめておくことは重要だが、こうしたリスクにシステマティックな方法で対処するのは難しい（少なくとも、こうしたリスクに対処するには比較的複雑なテクニック——高次モーメントを持つより多くのパラメーターを含む複雑な分布、異なる分布を持つ複数状態モデル、小さなサンプルが大きな母集団を代表するものであるかを判断するためのベイジアンモデル——が必要になる。しかし、パラメーターの不確実性による予測不可能なリスクのほうが予測の不確実性にははるかに大きな影響を及ぼす。ここでその点を重視しているのはそのためである）。しかし、1つだけ例外がある。統計学的モデルにおけるパラメーターの推定値がどれくらい不確実なのかを数値化するのは比較的簡単だ。なぜなら、これらの推定値は過去のデータから導き出されるからである。

概念——過去の不確実性

「……経済予測は何もないよりもましだが、その起源は部分的に知られた過去を未知の現在と未知の将来を通して外挿することから始まった……」——デニス・ヒーリー（1974～1979年までイギリスの財務大臣）

　未来は不確実であることはよく知られているが、過去もまた不確実だ。
　投資ゲームではどのカードがこれまでに配られたかはもちろん知ることができる。それについては不確実性はない。しかし、過去のことをすべて知ることは不可能だ。カードが引かれる前の最

初のカードの組は見ることができなかったし、将来的にもそれは不可能だ。あなたにできるのは、最初の組がどんな組だったかを推測することだけである。

これと同様に、株価履歴は簡単にダウンロードできる。ここにも不確実性はない。しかし、投資の意思決定を行うには、これらの株価はいくつかのパラメーター（平均と標準偏差）を持つ統計学的モデルによって生成されたと仮定する必要がある。

しかし、あなたが観測しているヒストリカルリターンを生成した可能性のあるパラメーターはたくさん存在する。どのパラメーターを使えばよいのかははっきりとは分からない。あなたにできるのは、パラメーターの値の範囲を見て、ヒストリカルデータが与えられた場合、どのパラメーターが最も適切な候補になるのかを決めることだけである。どのパラメーターの値がヒストリカルデータを生みだしたのかは百パーセント確実に言うことはできない。

不確実なのは将来だけではなく、過去もまた不確実である。しかし、将来は過去と同じになると仮定すれば、将来をどれくらい確実に予測できるかは過去の不確実性によって決まる。

それでは質問に戻ろう。投資ゲームでこれまでに配られた35枚のカードが**図3**のようなものだったら、次のラウンドをプレーすべきだろうか。残りのゲームの平均値が正になることが確信できればプレーすべきである。しかし、デックは非常に大きいので、残りのカードはゲームを始める前のデックのカードパターンと実質的に同じであることを思い出そう。

そこで、この質問は次のように言い変えることができる――すでに配られたカードが分かっているとき、デックの残りのカードの平均リ

ターンが正になる可能性はどれくらいあるか。

この質問に答えるには、最初のデックの期待平均を予測する必要がある。これは簡単だ。これはすでに配られたカードの算術平均または幾何平均に等しい。しかし、推定値がどれくらい確実なものであるかを知る必要もある。

概念――平均の不確実性を推定する

ヒストリカルデータが母集団を代表するものであると仮定した場合、期待平均リターンを推定するのは簡単だ。しかし、その推定値はどれくらい確実なものなのだろうか。

これを知るのに私が使ったのはブートストラップ法という統計学的テクニックである。まず、ヒストリカルデータを準備する。この場合は**図3**と**図4**に示したリターンである。次に、ヒストリカルデータ（元データ）から標本を復元抽出する。このとき標本の大きさは元データの大きさと同じである（この場合は35）。復元抽出するたびに平均リターンを算出する（あとで分かるように、リスクやシャープレシオといったほかの統計量を計算してもよい。複数のソースからのリターンがあれば、相関やリターンの平均差を計算することもできる。これについては詳しくは**付録C**の「ブートストラップ法と標本分布」を参照）。

このプロセスを何千回も繰り返すと、**図6**に示したような平均の推定値の分布が得られる。

図3に示したように35枚のカードが配られたと仮定すると、最初のデックの平均リターンはおおよそ**図6**に示したようなものになる。こ

図6　35枚のカードがすでに配られたとした場合、最初のデックの平均値の分布はどのようになるか

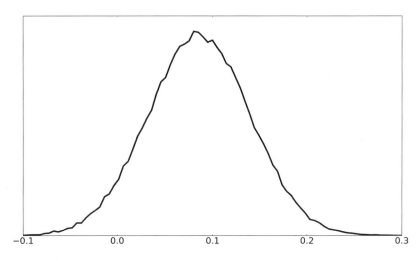

れは**図4**に示したすでに配られた過去のカードの分布とは異なる。これは**図5**に示したような統計学的モデルによる将来の分布を示すガウスの正規分布とも異なる。これは統計学的モデルのパラメーターの1つ（平均）の不確実性を示すものだ。

　予想どおり、この分布の平均はすでに配られたカードの算術平均と同じ0.0857％である。復元抽出した標本の半分では平均はこれよりも大きくなり、残りの半分ではこれよりも小さくなる。さらに、最初のデックの算術平均が−0.023％と0.195％の間の数値を取る確率は95％であることも分かる（平均分布の標準偏差は、すでに配られたカードの標準偏差である0.322％をカード数［35枚］の平方根で割った0.0544％。2標準偏差は0.109％。したがって、平均である0.0857％まわりでデータが−0.0232％と0.1946％の範囲内の数値を取る確率は95％。ガウス分布では、これは±2標準偏差の範囲内にデータが含まれる確率とほぼ同じである）。

これは範囲としてはかなり広い。これは、私たちが見たカードは35枚しかないため、最初のデックがどんなだったかについてはそれほど確信が持てないという事実を反映したものだ。これは、次のカードが−0.023％と0.195％の間の数値を取る確率が95％という意味ではないことに注意しよう。最初のデックの平均値がこの範囲内にあった確率が95％だったことを意味する。また私たちが設定した仮定によって、将来的に配られるカードの平均値がこの範囲内の数値を取る確率が95％であることも意味する。

最初の質問に戻ろう。私の計算によれば、最初のデックの平均がゼロを上回る確率は94.2％である（計算方法について**付録C**の「ブートストラップ法と標本分布」を参照）。これはかなり高い。もし私があなただったら、このゲームをすぐに始めるだろう。

ついでに言えば、リターンの標準偏差の推定値の不確実性も計算することができる。最初のデックの標準偏差が0.24％と0.40％の間の数値を取る確率は95％である（標準偏差の標本分布の標準偏差［何とややこしい］は0.72に最初のデータの標準偏差である0.322％を掛けて、最初のデータに含まれる数値の数［35］の平方根で割った0.0392％である。標本が十分に大きいときはこの近似が使える。95％の範囲にある数値は、配られたカードの標準偏差である0.322％に推定値の2標準偏差をプラスマイナスして算出したもの。0.322％＋（2×0.0392％）＝0.40％、0.322％−（2×0.0392％）＝0.24％）。平均よりも標準偏差のほうが正確度は高い。

別の言い方をすれば、リターンよりもリスクのほうが確実な推定が可能ということである。

これらの結果は、次の第3章でヒストリカルなアセットのリターンが実際にどれくらい役に立つのかを考えるときに役立つ。

重要なポイント

- **市場はカジノではない**　市場はカジノよりも最悪だ。少なくともカジノではプレーする前に確率を知ることができる。
- **将来は過去とは同じにはならない**　将来のリターンは過去のリターンと同じであると仮定するのが一般的だ。しかし、過去の歴史からは翌年何が起こるかは確実に推定することはできない。
- **過去に基づく統計学的モデルは役立つ**　過去のパターンが将来的にも繰り返すと仮定すれば、統計学的モデルからは将来の平均リターンとその変動（標準偏差）を知ることができる。
- **しかし、過去もまた不確実**　過去のデータは統計学的モデルのパラメーター以上にあいまいなものだ。スマートな意思決定を下すには、過去がどれくらい不確実だったかを測定することで、モデルの予想をどれくらい信じられるかを数値化する必要がある。

第3章
最良のポートフォリオを見つける

Trying to Find the Best Portfolio

　第2章では将来のリターンのパターンを予測するための統計学的モデルの構築に、ヒストリカルリターンが使えることが分かった。本章では、最良のポートフォリオウエートを決めるための標準的な最適化テクニックについて見ていく。しかし、これらのテクニックは正しく使うにはコツが必要で、また常軌を逸した忠告を伴い、統計学的モデリングに付き物の過去の不確実性問題にも対応できない。

本章の概要

- **ポートフォリオの最適化はシンプルに**　ポートフォリオウエートを決めるための標準的なテクニックを最小限の理論を使って説明する。
- **不確実なリターンと不安定なポートフォリオ**　最良のポートフォリオウエートを決めるとき、過去の不確実性はどんな影響を及ぼすか。
- **なぜ将来は過去と同じにはならないのか**　将来のリターンの現実的な期待値を使ったほうが賢明なわけ。

　本章ではポートフォリオの最適化の問題点と難しさについて説明する。次の第4章では、これらの問題の現実的な解決方法について議論する。

ポートフォリオの最適化はシンプルに

本章の目的は、標準的な手法を使ってポートフォリオを最適化する方法について説明することではない。ポートフォリオの最適化について書かれた本はたくさんある（例えば、フランク・ファボッツィの『ロバスト・ポートフォリオ・オプティマイゼイション・アンド・マネジメント［Robust Portfolio Optimization and Management］』）が、そうしたテクニックを使う必要はないし、危険ですらあると私は思っている。

そんなテクニックを使うよりも、最適化プロセスから役立つ洞察を導き出し、第4章ではそれを使ってポートフォリオをよりシンプルで信頼のおける方法で構築する方法を創出したいと思っている。本章では標準的なモデルがどんなふうに機能するのか、そしてその欠点とは何なのかを直感的に理解してもらいたい。

最適化を実際にやってみよう

ポートフォリオを最適化するには、まずポートフォリオに含めるアセットのリストを作成し、アセットの将来のリターンを推定することから始める。次に、いろいろなポートフォリオウエートを試し、最良のポートフォリオを決定する。

第1章では、最良のポートフォリオとは、任意の期待リスクに対する期待幾何平均リターンが最大になるようなポートフォリオのことを言うと述べた。第2章では、リスクをリターンの標準偏差と定義した。幾何平均と標準偏差の期待値は第2章で見てきたような統計学的モデルを使って予測する。

それでは具体例を見てみよう。2つのアセットからなるポートフォリオを最適化することを考えてみよう。2つのアセットとは、S&P500

表4 アメリカのアセットの実質リターンの過去の年次平均と標準偏差

	算術平均	幾何平均	標準偏差
米10年物国債	2.20%	1.86%	8.27%
S&P500株価指数	8.20%	6.23%	19.80%

1928～2016年までの年次リターンに基づく

株価指数と10年物国債だ。これらのアセットへのイクスポージャーはETF（上場投資信託）を通して取ると仮定することもできる。

統計学的モデルのパラメーターを予測するための分析には、およそ100年分のヒストリカルデータを使う。ヒストリカルデータの実質トータルリターンから算出した幾何平均と標準偏差の推定値は**表4**に示したとおりである。

最良のポートフォリオとはどういったポートフォリオのことを言うのだろうか。最良のポートフォリオは、期待リターンの高いアセットの比率が大きいポートフォリオのことだろう。したがって、株式のウエートが高くなる。しかし、ポートフォリオのリスクを低くすることも魅力的だ。したがって、債券ポートフォリオのほうが良いようにも思える。

期待リターンが高く、リスクが低いという2つの目的は明らかに相反する。リターンが高く、かつリスクが低いアセットを含むのが良いのは分かるが、現実はそれほど甘くはない。

各アセットのベストウエートを見つけるには、リスク調整済み期待リターンが最大のポートフォリオを見つける必要がある。これを計算する方法はたくさんあるが、ここではリスク調整済みリターンとして最も簡単なシャープレシオを使う。

概念──シャープレシオ

シャープレシオ（SR）はアセットのリスク調整済みリターンを測定したものだ。シャープレシオは大きいほどよい。なぜなら、シャープレシオが大きいということは、期待リターンが高いことを、あるいはリスクが低いことを意味するからだ。

シャープレシオは特定の期間における期待平均リターンを同じ期間のリターンの標準偏差で割って算出する。したがって、年次のシャープレシオは平均年次リターンを年次リターンの標準偏差で割ったものである。算術リターンの場合は、

算術シャープレシオ＝算術平均リターン÷標準偏差

となる。

厳密に言えば、リターンから無リスクレートを差し引く必要があるが、ここではこれは無視する。これによって物事を簡単にすることができるが、本書執筆の2017年初期の時点では、金利が低いため、無リスクレートを差し引かなくても大きな違いはない（第1部と第2部ではシャープレシオはすべてのアセットで同じであると仮定しているため、無リスクレートを差し引かなくても結果には何の影響も及ぼさない。第3部では相対シャープレシオを考える）。

表4から米国債のシャープレシオは平均リターンの2.20％を標準偏差の8.27％で割った0.266になる。

本書ではシャープレシオの計算には幾何平均リターンを使う。

幾何シャープレシオ＝幾何平均リターン÷標準偏差

再び**表4**から、債券の幾何シャープレシオは幾何平均リターンの1.86％を標準偏差の8.27％で割った0.225になる（前章では、算術標準偏差と幾何標準偏差は実質的に同じであると述べた）。幾何シャープレシオは通常、算術シャープレシオよりも低いが、これは幾何平均が算術平均よりも低いからである（これは0.70を上回る算術シャープレシオの場合は当てはまらない）。

シャープレシオが完璧ではないのには理由がいくつかある。第一に、これは不完全なリスク測度（標準偏差）を使うことが挙げられる。標準偏差は利益と損失が対称的であることを仮定するが、これは非現実的だ。また、標準偏差は価格の非常に大きな上昇や下落は比較的まれであることを前提とするが、実際には価格の大きな上昇や下落は非常によく発生する。1987年の株式市場の大暴落は20標準偏差のイベントだった。これがどれほどまれなイベントだったかは、7標準偏差のイベントは30億年に1回しか起こらないイベントであると言えば分かってもらえると思う。

第二に、シャープレシオはすべての投資家のリスク選好に合うわけではない。シャープレシオでは、リターンが2％上昇すれば、平衡を保つためにリスクも2％上昇することを想定するが、こうした高いリスクに神経質になる投資家もおり、これは彼らが望むトレードオフとは言えない。この問題に関しては次の第4章で説明する。

このようにシャープレシオは不完全な測度ではあるが、計算が比較的簡単で理解しやすいというメリットがあるため、本書ではリスク調整済みリターンとしてはシャープレシオを使う。

表5は私たちのシンプルなポートフォリオの2つのアセットのシャープレシオを示したものだ。株式のほうがシャープレシオが高いし、幾何平均も高い。これはつまり、最良のポートフォリオ

は株式のみで構成したほうがよいということなのだろうか。そうなれば、本書の次の数百ページは時間のムダになってしまう。しかし、これはノーだ。100%株式に投じれば分散されなくなってしまう。リスクを低減するには分散が不可欠だ。分散はあなたのできる最も賢明なことの1つなのである。

表5 アメリカのアセットの過去のシャープレシオ

	幾何術平均	標準偏差	シャープレシオ
米10年物国債	1.86%	8.27%	0.225
S&P500株価指数	6.23%	19.80%	0.315

1928～2016年までの年次リターンに基づく。シャープレシオは幾何平均リターンを算術標準偏差で割って算出。算術標準偏差は幾何標準偏差とほぼ同じ

　それでは説明しよう。ポートフォリオのリスクはそれを構成するアセットのリスクに依存する。リスクの高いアセットの配分を少なくすれば、ポートフォリオはより安全なものになるが、リスクの高いアセットの配分を多くすれば、ポートフォリオは危険なものになる。しかし、ポートフォリオのリスクは、各アセットのリターンの類似性にも依存する。

　ポートフォリオに含まれるアセットが似通ったものなら、ポートフォリオのリスクは上昇する。例えば、アメリカの自動車メーカーのみからなるポートフォリオは、アメリカの自動車市場が下落すれば大きなリスクにさらされる。一方、異なるアセットで分散したポートフォリオのリスクは低くなる。いろいろなアセットクラスやいろいろな国で分散すれば、アメリカ車の所有者がいきなりトヨタに鞍替えしても影響を受けることはない。

　第1章で説明したように、リスクが低下すれば幾何平均は上昇するので、分散されたポートフォリオの幾何平均リターンは分散

しないポートフォリオよりも若干高くなる。もちろん、これは算術平均リターンがそれほど下落しないことを想定している。

いろいろなアセット間におけるリターンの類似効果をとらえるには、統計学的モデルにもう１つパラメーターを追加する必要がある。それが相関である。

概念──相関

相関とは２つのアセット間のリターンの類似性を測定したものである（詳しくは、**付録C**を参照）。相関係数は－１と＋１の間の数値を取り、アセットのリスクが違っていても算出・比較ができるように標準化されている。

例えば、次の架空のリターンを考えてみよう。

	月曜日	火曜日	水曜日
マイクロソフト	5%	－2.5%	3%
アップル	10%	－5%	6%
ゼネラルモーターズ	－5%	2.5%	－3%

相関係数が＋１ということは、アセットのリターンの大きさは違っていても、完璧に同じ動きをすることを意味する。マイクロソフトの日々のリターンはアップルのちょうど半分である。したがって、アップルのリスクはマイクロソフトの２倍だが、相関係数は＋１で株価は完全相関の関係にある。

相関係数が－１ということは、リターンの動きは常に逆であることを意味する。GM（ゼネラルモーターズ）のリターンはマイ

クロソフトのリターンの動きとは逆の動きをする。GMのリターンはアップルのリターンのちょうど半分で、動きは逆だ。したがって、GMはマイクロソフトともアップルとも相関係数は−1である。

相関係数がゼロのとき、2つのアセットの間には線形関係がないことを意味する。

相関係数をまとめたものが**表6**の相関マトリックスだ。

表6　相関マトリックスの非常に非現実的な例

	マイクロソフト	アップル	ゼネラルモーターズ
マイクロソフト	1	1	−1
アップル	1	1	−1
ゼネラルモーターズ	−1	−1	1

各アセットはそれ自身との相関は常に1.0であることに注意しよう（対角線上の数値）。また、相関マトリックスは左右対称（対角線の両側で数値が同じ）であることにも注意しよう。したがって、本書の残りでは相関マトリックスの半分だけを表示する（**表6**で重複している1行目の2列と3列と2行目3列に当たる部分は省略）。

現実世界では相関係数が−1や+1のような極端な相関は見ることはないが、マイクロソフトやアップルのように同じ国、同じ業種の会社の株式のように類似したアセットの場合、高い正の相関を持つ。同じアセットクラスではなく、同じ国、同じ業種のアセットではない場合、アセットには類似性がないため相関は低くなる。

相関係数を自分で計算する必要はない。このあとで紹介するポ

表7　最適化例におけるリターンの相関

	債券	S&P
米10年物国債	1	
S&P500	0.05	1

1928～2016年までの年次リターンに基づく

　ートフォリオの構築では、相関係数の明示的な推定値は必要とはしない。しかし、興味のある方は、**付録C**の「相関」にスプレッドシートを使った相関係数の計算方法を示しているので参照してもらいたい。

　表7は今使っている2つのアメリカのアセットの相関の推定値を示したものだ。

　ここでポートフォリオウエートを変えると、リスクとリターンにどんな影響を及ぼすかを見ていくことにしよう。ポートフォリオのリスクとリターンを計算するには標準的な公式を使うが、あなたはここで使っているような厳密な公式を使う必要はない。興味のある方は**付録C**に「ポートフォリオの最適化」に関連する公式を掲載しているので参照してもらいたい。この時点ではコスト差引前のリターンにのみ注目する。コスト差引後のリターンについては第5章と第6章で見ていく。

　図7は株式と債券からなるいろいろなポートフォリオの幾何平均リターンを示したものだ。**図8**と**図9**も同じフォーマットでプロットしている。x軸は債券の比率を示しており、左から右に向かって0％から100％に増えていく。ポートフォリオには2つのアセットしか含まれていないので、株式の比率は左から右に向かって100％から0％に減少

図7　債券の比率を高めると幾何平均リターンは減少していく

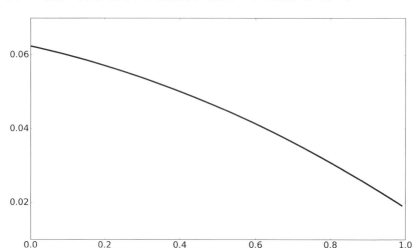

y軸は株式・債券ポートフォリオの幾何平均リターンを示し、x軸は債券の比率を示している（残りは株式の比率。x軸が0のときは株式に100％投資、1.0のときは債券に100％投資）

していく。今のところは、ポートフォリオにキャッシュは含まない。これについては次の第4章で説明する。

S&P500の幾何平均リターンは最も高いので、リターンだけを見れば、株式に100％投資したときが最良のポートフォリオアロケーションになる（図7の左端）。

図8は株式と債券のポートフォリオウエートの組み合わせを変えたときのリスクを示したものだ（リスクは年次標準偏差で示している）。株式の比率を減らして債券の比率を増やすとリスクは減少する。興味深いのは、債券に100％投資したポートフォリオのリスクが最小にはならないことである。ある程度の株式を含ませたほうがリスクは減少する。株式はボラティリティは高いが、ポートフォリオに含むと分散効果によってポートフォリオの全体的なリスクは減少する。

最後の図9はシャープレシオ（幾何平均リターン÷標準偏差）を示

図8　債券を加えるとリスクは減少するが、株式をある程度含ませたほうがポートフォリオの安全度は高まる

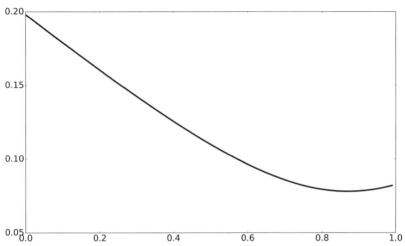

y軸は株式・債券ポートフォリオの標準偏差を示し、x軸は債券の比率を示している（残りは株式の比率。x軸が0のときは株式に100％投資、1.0のときは債券に100％投資）

図9　一定量の債券と株式を組み合わせたときにシャープレシオは最大になる

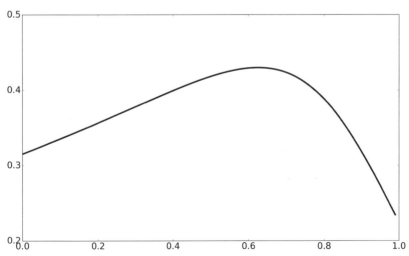

y軸は株式・債券ポートフォリオの幾何シャープレシオを示し、x軸は債券の比率を示している（残りは株式の比率。x軸が0のときは株式に100％投資、1.0のときは債券に100％投資）

図10 どれがベストなポートフォリオなのかは分からない

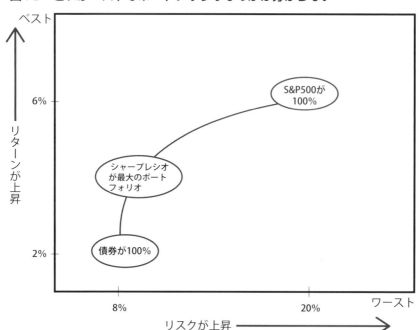

したものだ。x軸を左端（株式に100％投資）から右端（債券に100％投資）と見ていくと興味深いパターンが見られる。債券を加えていくと、平均リターンは減少するが、リスクはそれ以上に減少し、シャープレシオは上昇する。ある地点までいくと、リスクの減少速度は遅くなり、幾何平均リターンの大幅な減少によってシャープレシオも減少する。

シャープレシオが最大のアロケーションは債券が60％、株式が40％のときである。そのときのこのポートフォリオの期待幾何平均リターンは4.1％だが、これは100％株式のポートフォリオ（6.2％）よりもおよそ3分の1（33％）低い。

図10はこれを視覚的に表したものだ。左上のコーナーが最良のポー

トフォリオで、このときポートフォリオのリターンは最大で、リスクは最小になる。残念ながら、これら2つのアセットではここに解は存在しない。右下のコーナーが最悪のポートフォリオだ。債券はリターンは低いがリスクも低い。これに対してS&P500はリターンは高いがリスクも高い。債券が100%のポートフォリオは左下側に位置し、株式が100%のポートフォリオは右上側に位置する。

2つのアセット間の曲線は2つのアセットの組み合わせをいろいろと変えたポートフォリオを示している。曲線になっているのは2つのアセットが分散効果を持つことを示している。S&P500と債券の相関係数が＋1なら、この線は直線になる。

曲線のどこにいるのが一番良いのかはよく分からない。シャープレシオが最大のポートフォリオは株式と債券の1つの組み合わせにすぎない。シャープレシオが最大のポートフォリオを目指すべきなのか、リターンは高いがリスクも高いポートフォリオを目指すべきなのか、まったく別の選択肢を目指すべきなのかどうかについてはまだ答えは出ていないが、今のところはシャープレシオが最大のポートフォリオを目指しているものと仮定する。この問題については次の第4章で詳しく説明する。

いくつかのシンプルなポートフォリオ

これから紹介するのはいくつかの非常にシンプルなポートフォリオだ。これらのポートフォリオを通して、標準的なポートフォリオ最適化プロセスがどんなもので、その欠点がどんなものかを直感的に理解してもらいたい。各ポートフォリオに対して統計学的モデルを構築し、それを最適化し、結果として出てくるウエートを検証する。繰り返しになるが、本書では正式な最適化は行わず、最適化の詳細についても説明しない。最適化の結果だけを示す。

ポートフォリオ1　平均と標準偏差が同じで、高い相関性を持つ

相関マトリックス

	A	B	C
A	1		
B	0.9	1	
C	0.9	0.9	1

	リターンの算術平均	リターンの標準偏差
A	4%	8%
B	4%	8%
C	4%	8%

最適化

	最適ウエート（幾何シャープレシオが最大になるウエート）
A	33%
B	33%
C	33%

　ポートフォリオはすべて3つの仮想的なアセットを含むものとする。3つのアセットをA、B、Cとする。これらのポートフォリオはすべて同じフォーマットで表示し、相関マトリックス、リターンの推定算術平均リターンと標準偏差、そして結果である最適ポートフォリオウエートを示す。最適ウエートとは最大幾何シャープレシオを与えるウエートである。

　それでは**ポートフォリオ1**から見ていこう。これは含まれるアセットの相関が高いポートフォリオだ。含まれるアセットは、アップル、グーグル、マイクロソフトといったすべて同じ国、同じ業種のハイテク株のような株式だ。すべてのアセットは平均リターンが同じで、標準偏差も同じだ。最適ウエートはすべてのアセットで同じで、各アセットにはポートフォリオの3分の1ずつが配分されるが、これは当然だろう（ここでは数字を丸めているため、ウエートの合計は100％にはな

ポートフォリオ２　平均と標準偏差は同じだが、相関性はない

相関マトリックス

	A	B	C
A	1		
B	0.0	1	
C	0.0	0.0	1

	リターンの算術平均	リターンの標準偏差
A	4%	8%
B	4%	8%
C	4%	8%

最適化

最適ウエート（幾何シャープレシオが最大になるウエート）

A	33%
B	33%
C	33%

らないこともある）。

ポートフォリオ２のウエートはポートフォリオ１とまったく同じだが、アセットは完全無相関（相関係数がゼロ）である。**ポートフォリオ１**と**ポートフォリオ２**から導き出される結論は、相関、期待平均リターン、標準偏差が同じなら、ポートフォリオのウエートは均等に配分するのがよいということである。これは各アセット間の相関係数が同じなら、相関が高い場合も低い場合も同じである。

これは非常に重要な結論だ。これは次章でハンドクラフト法（ポートフォリオウエートを決める私の好みの手法）を説明するのに使う。

次に、相関マトリックスが変わるとどうなるかを見てみよう。２つのアセット（AとB）は非常によく似ているが、これら２つのアセットはアセットCとは相関はない。この**ポートフォリオ３**ではA、Bと相関性のないCのウエートがおよそ半分を占めており、残りのウエー

ポートフォリオ３　平均と標準偏差は同じだが、相関が異なる

相関マトリックス

	A	B	C
A	1		
B	0.7	1	
C	0.0	0.0	1

	リターンの算術平均	リターンの標準偏差
A	4%	8%
B	4%	8%
C	4%	8%

最適化

最適ウエート（幾何シャープレシオが最大になるウエート）

A	27%
B	27%
C	46%

ポートフォリオ４　平均は同じだが、相関性はなく、標準偏差が異なる

相関マトリックス

	A	B	C
A	1		
B	0.0	1	
C	0.0	0.0	1

	リターンの算術平均	リターンの標準偏差
A	4%	8%
B	4%	8%
C	4%	12%

最適化

最適ウエート（幾何シャープレシオが最大になるウエート）

A	40%
B	40%
C	18%

ポートフォリオ5　平均は同じだが、相関性が高く、標準偏差が異なる

相関マトリックス

	A	B	C
A	1		
B	0.9	1	
C	0.9	0.9	1

	リターンの算術平均	リターンの標準偏差
A	4%	8.0%
B	4%	8.0%
C	4%	8.5%

最適化

最適ウエート（幾何シャープレシオが最大になるウエート）

A	50%
B	50%
C	0%

トはAとBに均等に配分されている。

ポートフォリオ4は含まれるアセットの間に相関性はないが、標準偏差を変えた。アセットCはほかの2つよりもリスクが高い。したがって、Cのウエートは減らした。オプティマイザーがウエートをどのように決めたのかは分からない。そのために私はリスク調整加重を用いるポートフォリオの構築方法を好む。これについては第4章で説明する。

ポートフォリオ5は再び相関性の高いポートフォリオだが、Cがほかの2つのアセットよりもほんの少しだけリスクが高い。したがって、Cはポートフォリオから除く。相関性の高いポートフォリオでは、期待標準偏差が少し異なるだけで極端なウエートになる。

ポートフォリオ6も**ポートフォリオ5**とほぼ同じだが、このポートフォリオでは平均が少しだけ違う。したがって、アセットCにすべて

103

ポートフォリオ6　標準偏差は同じだが、相関性が高く、平均が異なる

相関マトリックス

	A	B	C
A	1		
B	0.9	1	
C	0.9	0.9	1

	リターンの算術平均	リターンの標準偏差
A	4.0%	8%
B	4.0%	8%
C	4.5%	8%

最適化

最適ウエート（幾何シャープレシオが最大になるウエート）

A	0%
B	0%
C	100%

のウエートを配分する。一般にポートフォリオの最適化は不安定だ。入力量が少し違うだけで極端なウエートになることが多い。特に、アセット間の相関性が高い場合はそうである。これについては詳しくはこのあとで説明する。

ポートフォリオ7は平均が少しだけ違うので不安定だが、相関性がないためそれほど不安定ではない。Cのパフォーマンスが少しだけ良いので、ウエートは若干高いが、ポートフォリオ6とは違ってほかのアセットをポートフォリオから締め出すまでには至らない。

まとめ

本セクションは内容が盛りだくさんだったので、重要なポイントをまとめておこう。

ポートフォリオ7　標準偏差は同じだが、相関性はなく、平均が異なる

相関マトリックス

	A	B	C
A	1		
B	0.0	1	
C	0.0	0.0	1

	リターンの算術平均	リターンの標準偏差
A	4%	8%
B	4%	8%
C	6%	8%

最適化

	最適ウエート（幾何シャープレシオが最大になるウエート）
A	26%
B	26%
C	47%

　相関性が高いとき、期待平均や標準偏差が少し違うだけでウエートは極端なものになる。本章でこのあと出てくる「不確実なリターンと不安定なポートフォリオ」では、これが重大な問題になるわけを説明する。

　最良のポートフォリオは任意のリスク水準に対してリターンが最大になるポートフォリオだが、それはどの程度のリスクなのだろうか。シャープレシオを最大にすることがすべての投資家が目指していることなのだろうか。この問題に関しては第4章で賢明な回答を示す。

　リターンの標準偏差が高くリスクの高いアセットはウエートは減らすべきだが、得られるウエートの解釈は難しい。第4章ではこの問題に対処するもっと賢明な方法——リスクウエート——について説明する。

　平均と標準偏差が同じ場合、ポートフォリオウエートは相関が同じ

ならアセット間で均等に配分される。相関が少しだけ異なる似たアセットの場合も、ポートフォリオウエートは均等に配分される。第4章ではこの結果を使って、ポートフォリオウエートを決めるときに使うハンドクラフト法について説明する。

不確実なリターンと不安定なポートフォリオ

本章ではこれまで過去のデータに基づく統計学的モデルを使ってきたが、第2章の終わりで議論した過去の不確実性問題は無視してきた。しかし、現実世界ではこうした統計学的モデルのパラメーターがどうあるべきかは確実に述べることはできない。

これは正しいポートフォリオを見つけるときに使う標準的な最適化モデルの能力にどんな影響を与えるのだろうか。**ポートフォリオ5**と**ポートフォリオ6**で見たように、期待リターンと標準偏差が少し違うだけでウエートは極端なものになることもある。相関性が高い場合は特にそうである。**ポートフォリオ5**では期待標準偏差が0.5%異なり、**ポートフォリオ6**では期待幾何平均が0.5%違っていたが、この違いはオプティマイザーが1つか2つのアセットの配分をゼロにするのには十分なのである。

しかし、ウエートを極端な数値にしてすべての卵を比較的少ないバスケットに入れるのは危険だ。ポートフォリオを1つのアセットにのみ配分して、そのアセットの価格が急落したらどうなるのだろうか。推定値が正確でなければ、ポートフォリオオプティマイザーが生成したウエートを使えば多くの資金を失うことになるかもしれない。

私たちは典型的な金融アセットの幾何平均や標準偏差を0.5%以下の精度で知ることは可能なのだろうか。

第2章の「平均の不確実性を推定する」という概念にもあるように、幾何平均と同じように、統計学的パラメーターの推定値の不確実性も

図11　幾何平均の推定値の違い

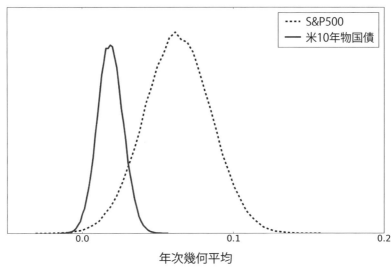

過去のデータから知ることができる。そのためには、データから何度も復元抽出して、得られた標本の幾何平均を算出する。これらの測定値の分布から統計学的モデルのなかで使っている幾何平均の推定値にどれだけばらつきがあるのかを知ることができる。標準偏差、相関、シャープレシオなどの統計量についても同じことが可能だ。

図11はS&P500と米国債の幾何平均の推定値のばらつきを示したものだ。用いたデータは本章で使ったヒストリカルデータである。

株式の平均幾何平均は6.23％で、債券の平均幾何平均は1.86％であることが**表4**から分かる。しかし、これらの推定値はどれくらい信用のおけるものなのだろうか。残念ながら、それほど信用のおけるものとは言えない。株式の平均幾何平均は10％を上回ることもあれば、マイナスになることもある。債券は安全なアセットなので、平均幾何平均のばらつきは株式ほど大きくはない。しかし、その不確実性は依然として、ポートフォリオの極端なウエートをもたらす「0.5の平均のズ

図12　アセットクラス間では標準偏差は大きく異なる

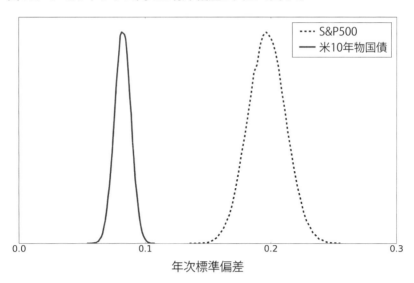

　レ」の何倍も大きいのである。
　次はリスクについて考えてみよう。**図12**を見てみよう。これは２つのアセットの標準偏差の分布を示したものだ。
　これを見ると株式が債券よりもリスクが高いことは明らかだが、これについてはすでに分かっている。**図12**には注目すべき別の特徴がある。それは、幾何平均における不確実性よりも標準偏差における不確実性のほうが小さいということである。両者の分布には重なりがないため、過去の不確実性を考慮しても、株式のほうが債券よりもリスクが高いのは明白だ。
　最良のポートフォリオはリスク調整済みリターンが最大のポートフォリオであることはすでに述べたとおりである。そして、株式のほうが債券よりもリスクが高いことも分かっている。しかし**図11**でも分かるように、株式のほうが債券よりも幾何平均は高い。これは株式のボラティリティの高さを補ってあまりあるものだろうか。

図13 シャープレシオが異なるかどうかはほとんど判別がつかない

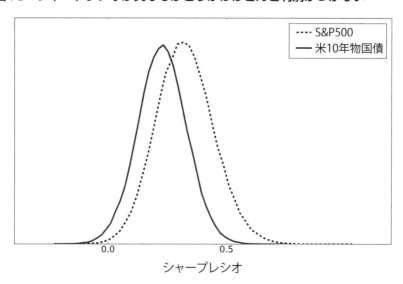

　幸いにも私たちはリスク調整済みリターンを計算する方法を持っている。それはシャープレシオだ。**図13**は株式と債券のシャープレシオの分布を示したものだ。**図13**と**図11**の違いに注目しよう。**図13**ではシャープレシオを計算することでリスクを調整したので、株式と債券の間では差はほとんどない。株式のほうが期待シャープレシオは若干高いが、分布はほぼオーバーラップしている。つまり、ヒストリカルなシャープレシオは株式と債券とではほとんど同じということである。

　シャープレシオの推定値にもかなりの不確実性が含まれている。これは幾何平均の推定値が不確実であることによる。

　図14はシャープレシオの差の分布を示したものだ。この図では、正の値はリスク調整ベースでは株式が債券をアウトパフォームすることを示している。ここにも大きな不確実性が含まれる。どちらのアセットがヒストリカルなリスク調整済みリターンが高かったのかを確実に

図14 シャープレシオの差の分布

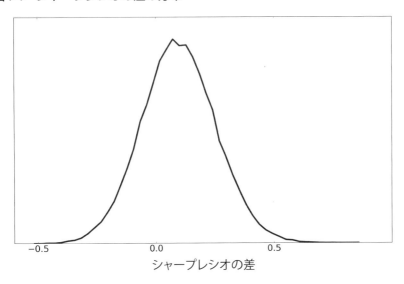

図15 相関推定量の分布

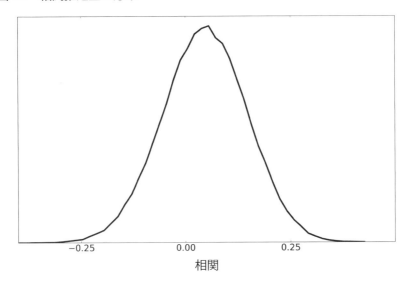

言うのは不可能だ。

　この分析の締めくくりは**図15**の相関推定量の分布である。ボラティリティ同様、相関の不確実性は小さく、期待リターンよりも小さい。それではこれまでに学んだことをまとめてみよう。

- **●リスク調整済みリターン**　過去の不確実性が最も大きいのはリスク調整済みリターンである。2つのアセットの推定相対シャープレシオは95％の信頼度で0.5シャープレシオ単位の範囲内に収まる（信頼区間は相関性の高いアセットでは狭くなる。しかし相関性が高ければ、最適化によって極端なウエートが生成される可能性が高い。これは私の出した結論にほぼ一致する）。アメリカの株式と債券の場合、この不確実性の範囲は－0.16～0.36である。これは大きな推定誤差だ。つまり、私たちのシャープレシオの推定値は無意味ということになる。
- **●標準偏差**　標準偏差の推定値の不確実性はシャープレシオよりもはるかに低い。これはアセットがどれくらいリスクが高いかにもよる。債券の場合、95％の信頼度でおよそ2％の年次標準偏差の範囲内に収まる（実際の範囲は7.1％から9.2％）。株式の場合は、およそ5％だ（実際の範囲は17.2％から22.2％）。
- **●相関**　一般的な金融データでは、債券と株式の相関推定量は95％の信頼度でおよそ0.3の範囲内に収まる（実際の範囲は－0.12から0.21）。

　これらの不確実性は標準的なオプティマイザーが生成するポートフォリオウエートにどんな影響を及ぼすのだろうか。これを調べるために3つの実験を行った。各実験では、元のデータの統計量は同じだが、一度に1つのパラメーターだけを変えた（相対シャープレシオ［株式の算術平均を微調整して正しい値を算出］、標準偏差［範囲が大きいので株式のボラティリティを変更］、相関のいずれかを変更）。

表8 どのパラメーター推定量を使うかによってポートフォリオウエートは大きく異なる

		債券	株式
変更なし	表4と表7の数値に基づく	60%	40%
相対シャープレシオの高い株式	株式のシャープレシオ＝0.57	44%	56%
相対シャープレシオの低い株式	株式のシャープレシオ＝0.05	92%	8%
標準偏差の高い株式	株式の標準偏差＝22.2%	68%	32%
標準偏差の低い株式	株式の標準偏差＝17.2%	55%	45%
高い相関	相関＝0.21	56%	44%
低い相関	相関＝－0.12	63%	37%

1928〜2016年までの年次リターンに基づく。パラメーター推定量は変更がある場合を除き、表4と表7のものを使用。選んだポートフォリオウエートは幾何シャープレシオを最大にするウエート。標準偏差はアセットのリターンの年次標準偏差

　そして各パラメーターについて、各パラメーター推定値の95％信頼区間の上の極値と下の極値に一致するポートフォリオを作成した。
　その結果を示したものが**表8**である。相対シャープレシオの過去の不確実性が最適ポートフォリオウエートに与える影響は驚くほど大きい。過去のデータは、株式のウエートは95％の信頼度で8％から56％の範囲内にあることを示している。これはかなり大きなばらつきだ。標準偏差と相関の不確実性によっても異なるポートフォリオウエートが生成されるが、ばらつきはシャープレシオほど大きくない。
　債券と株式の相関は比較的低いので、これはかなり安全なシナリオだ。これらのアセットの相関が高ければ、シャープレシオや標準偏差が少し違っただけで、ポートフォリオウエートは、**ポートフォリオ5**と**ポートフォリオ6**で証明されたように、もっと極端なものになったはずだ。

注意すべきことは、これらの結果はパラメーターの不確実性のみを考慮したものであるということである。間違った統計学的モデルを使ったり、パラメーターが将来的に変わる可能性があるといったモデルの不確実性は含まれていない。したがって、**表8**のポートフォリオウエートはかなりばらつきはあるものの、リターンの将来の予測可能性については非常に楽観的だ。

　こうした問題を解決するために3つのスマート戦略を使う。1つ目は、異なるボラティリティを持つアセットに対して敏感なポートフォリオウエートを生成する戦略で、これにはリスクウエートという方法を使う。2つ目はハンドクラフト法という手法で、相関に関する情報を賢く使って堅牢なポートフォリオを構築する。リスクウエートとハンドクラフト法については第4章で説明する。

　最後に、これは非常に重要で、リスク調整済みリターンはすべてのアセットで同じであると仮定する。**図13**をもう一度見てみよう。2つのシャープレシオの分布はほとんど重なっているので区別はつかない。つまり、リスク調整済みリターンの過去の推定量には、将来のリスク調整済みリターンに関する意味のある情報は含まれていないということである。賢明な投資家なら水晶玉などないことは知っている（リスク調整済みリターンはすべてのアセットで同じであるという仮定は第1部の残りと第2部で用いるが、第3部ではリスク調整済みリターンは予測可能であると仮定し、それがポートフォリオウエートにどんな影響を及ぼすかについて議論する）。

なぜ将来は過去と同じではないのか

　過去が不確実であるという問題は、過去のデータに基づく統計学的モデルを使うときだけ問題となるわけではない。過去のデータをやみくもに外挿してはならないのは、ほとんどのアセットクラスの将来の

リターンは過去よりもかなり低くなる可能性があるからである。

概念——将来のリターンの現実的な期待値

　400の機関投資家について調査した2016年の報告書（「ビルディング・ブリッジス［Building Bridges］」。ステート・ストリート・グローバル・アドバイザーズが2016年にフィナンシャル・タイムズに発表。https://www.ssga.com/investment-topics/asset-allocation/2016/ft-remark-survey-us-building-bridges.pdf を参照）によれば、彼らは債券ポートフォリオから5.5％の利益を期待し、株式からは10％、不動産からは10.9％、ポートフォリオ全体からは10.9％の利益を期待していることが分かった。これらの数字はインフレ率を含まない名目リターンの算術平均である。これらの数字は顧客の資金を運用する人々に関する憂慮すべき事実をあらわにしている。

　第一に、1つのアセットクラス——不動産——にすべての資産を投じないかぎり、あるいはレバレッジを使わないかぎり、ポートフォリオ全体で10.9％の利益を得ることは数学的に不可能である。機関投資家の多くはポートフォリオ理論の背景にある基本的な数学を理解しているとはとても思えない。

　第二に、これらの数字は非常に楽観的なように思える。**表4**を再び見てみよう。米国債とアメリカ株式の過去の実質リターンはそれぞれ2％と8％をわずかに上回る程度である。報告書にあるようなリターンを得るためには、インフレ率がおよそ3％でなければならない。本書執筆の2017年の時点では、イギリスとアメリカのインフレ率の平均は1％を下回っている。アメリカのインフレ率は将来的にもおよそ1.7％（2016年9月にセントルイス連銀が

発表した、今日から5年後に始まる5年にわたる期待インフレ率）にしかならない。

つまり、投資家の言う数字はインフレ率を含まない過去の名目リターンなのである。過去のインフレ率は高かったため、彼らの期待リターンは高いままなのである。もし**表4**の実質リターンがインフレ率1.7％で繰り返されれば、名目リターンは報告書の期待値を下回るはずだ。

しかし、それでもまだ楽観的だ。**表4**にあるような実質リターンは非現実的だ。過去40年以上にわたる株式と債券の素晴らしい実質リターンはマクロ経済的なトレンドによって生みだされたものだが、そういったトレンドが繰り返されることはない。特に、アセットの価値はインフレ率の大幅な下落によって上昇した。そして、インフレ率が低下することで金利は下がり、PER（株価収益率）は上昇した。例えば、S&P500のPERは1980年初期には7だったが、2017年初期の今ではおよそ26に上昇している。こうしたPERの上昇によって、過去36年にわたる平均年次リターンはおよそ3.5％上昇した。

先進国のインフレ率はゼロから1％の間で推移しているため、こうした価格改定が続く可能性は低い。実際、インフレ率が上昇すれば、リターンはおそらくは引き下げられるだろうし、それによってPERは低下（したがって、株価も低下）し、債券の利回りは上昇（債券価格は下落）するだろう。

将来のリターンは現実的に見積もることが重要だ。それにはいくつかの理由がある。

●推定リターンを低くすれば、コストが非常に重要になる。例えば、リ

ターン予測が５％だとすると、0.5％のコストを支払うのと１％のコストを支払うのとではその違いは大きい。0.5％コストが上がれば、将来のリターンは10分の１減少することになる。過去の高いリターンが続くのであれば、コストはそれほど重要ではない。
●非現実的な期待はオーバートレーディングにつながる。例えば、ポートフォリオのリターンが10％だと思っていたのに５％のリターンしか得られなければ、トレード回数を増やしたり、高いリターンを追いかけてより多くのリスクをとりたい誘惑にかられるだろう。
●株価が上昇すると思えば、株式を買い増しし、分散のことは忘れてしまう。

　この問題に対処するために、もっと現実的な期待値を反映するように、これまで使ってきたアメリカ株と債券のリターンのヒストリカルデータを調整し、すべてのアセットの幾何シャープレシオが同じであるとする仮定も見直した（まず、現在の評価額と将来的なインフレ率を考慮して、各アセットの算術平均を計算し、両方のアセットの幾何シャープレシオが同じになるまで数値を微調整した。微調整した算術平均と元のデータの算術平均の差を計算し、各ヒストリカルリターンからこの差を差し引いた）。微調整した平均、標準偏差、シャープレシオの値は**表９**に示したとおりである。
　注目すべきことは以下のとおりである。

●より現実的な期待値を反映すれば、幾何平均リターンは**表４**の値よりも低くなる。
●今のところは幾何シャープレシオは両方のアセットで同じ。
●微調整しても標準偏差は**表４**の元のデータと同じ。また微調整しても相関係数は0.05で変わらない。

表9　アメリカの株式と債券の将来の期待実質リターン

	算術平均	幾何平均	標準偏差	シャープレシオ
米10年物国債	1.6%	1.3%	8.27%	0.15
S&P500	5.0%	3.0%	19.80%	0.15

1928〜2015年までの年次リターンに基づくが、より現実的な期待値と幾何シャープレシオが同じという仮定を反映するように微調整した。シャープレシオは幾何平均を標準偏差で割ったもの

　微調整することでシャープレシオが最大のポートフォリオは、債券が68％、株式が32％のポートフォリオになった。株式の幾何シャープレシオは債券と同じ（以前は株式のシャープレシオは債券よりも少しだけ高かった）なので、株式のウエートは元のヒストリカル推定量を使ったときよりも少なくなった。このポートフォリオは期待幾何平均が2.31％、標準偏差が8.7％、幾何シャープレシオは0.266である。

　次の第４章では標準的な最適化テクニックよりももっとシンプルでもっと堅牢な手法を使って最良のポートフォリオを見つけていくが、そのときにはこれらの調整した統計学的パラメーターを使う（第２部を読んだあとではアメリカの株式と債券だけを含むポートフォリオよりもリスクの低い株式・債券の分散ポートフォリオを手にすることができているだろう。つまり、ここで使っている標準偏差は、アセットアロケーションについて議論する第８章で用いる標準偏差とは異なることを意味する。しかし、推定値は保守的なほうがよいので、グローバルに分散したポートフォリオよりもリスクが高いと思われるアメリカのリターンのみを使って予測しても悪いことではない）。

重要なポイント

●ポートフォリオの最適化は間違ったやり方をすると危険。これは専

門家に任せたほうがよい　ポートフォリオの最適化テクニックは評判が悪い。ほとんどの人にとってはちんぷんかんぷんで、スキルのある専門家でも恐ろしいほどに間違った結果を生みだす可能性が高い。特に、最適化モデルに入力する入力量が少し違っただけで、極端なポートフォリオウエートが生成されることがある。将来のリターンを正確に予測できれば最適化は意味を持つが、将来のリターンを正確に予測することなどできない。しかし、最適化テクニックをすべてあきらめてしまうことはない。これらのモデルを使っての実験は役立つ洞察を与えてくれるので、それを使ってもっと賢明かつ安全な方法でポートフォリオを構築することができる。

●**過去は確実ではない**　よく観察すると金融市場の動きのデータにはノイズが多い。リターンの統計学的モデルが少し違ってくるだけで、ポートフォリオウエートは大きく変わってくる可能性があるのと同様、これは危険だ。特に、リスク調整済みリターンを予測するのは非常に難しい。過去のシャープレシオの統計学的分布はアセット別でほとんど違いが分からない。したがって、リスク調整済みリターンは（少なくとも第2部までは）すべてのアセットで同じであると仮定すべきである。リターンとは違って、アセットのリスク、つまりボラティリティは比較的予測しやすい（もちろんボラティリティは時間とともに変化する。特に2008年のような危機のときには劇的に上昇した。しかし、ポートフォリオを構築するときに重要なのは相対ボラティリティだ。通常、株式は債券よりもリスクが高く、満期の長い債券は満期の短い債券よりもリスクが高く、新興国市場は先進国市場よりもリスクが高い。この関係は将来的にも変わらない可能性が高い。ポートフォリオにレバレッジをかけないかぎり、絶対ボラティリティの短期的な変動はそれほど重要ではない）。同様に、アセットのリターンがどれくらい同じように動くかを表す相関もリターンよりも予測が簡単だ（相関も時間とともに変化する。過去100

年においてはアメリカの債券と株式の相関は符号が何度も変わったし、2008年の金融危機のときにはそれまで相関性のなかった多くのアセットの相関性が高まった。しかし、ボラティリティと同様、重要なのは相対相関であり、これらは比較的予測が簡単だ。アップルとIBMの相関は時間とともに変化するとはいえ、アップルとIBMの組み合わせはアップルと韓国の3年物国債の組み合わせよりも常に相関性は高い）。次の第4章では、アセットの比較的予測しやすい特徴を使って最良のポートフォリオを見つける方法について説明する。

第4章
最良のポートフォリオを見つけるためのシンプルで、スマートで、安全な方法(コストは無視)

Simple, Smart, and Safe Methods to Find the Best Portfolio (Without Costs)

　第3章では、最良のポートフォリオを見つけるための標準的な最適化手法には深刻な欠点があることを指摘した。アセットの推定リターンが非現実的なほどに正確でなければならないのである。これでは相関が高いとき、ボラティリティの小さな差異に適切に対応することはできない。最適化においてリスクとリターンの間のトレードオフがだれにとっても適切であるというわけではない。

　これまで私は1つの解決法しか示してこなかった。それは、すべてのアセットのリスク調整済み期待リターンが同じであると仮定することである。これは便利な仮定ではあるが、ポートフォリオの最適化問題を解くうえでは十分とは言えない。本章では、最良のポートフォリオを見つけるためのほかのスマートな方法を紹介する。

本章の概要

- **異なるリスク選好をどう扱うべきか**　あなたのリスク許容量に合ったポートフォリオを構築することが重要。
- **リスクウエート**　同じポートフォリオに異なるボラティリティ水準

のアセットをどう組み込めばよいか。
- **ハンドクラフト法** 私が本書でポートフォリオを構築するのに用いるシンプルで安全な方法。
- **実際の問題** 現実世界の問題に対処するために私のポートフォリオ最適化テクニックを若干手直しする。

本章ではコストという重要な問題は無視する。コストについては次章で説明する（また、本章ではポートフォリオウエートを初期水準に近い水準に維持するためのプロセス——リバランス——も無視する。これについては第4部で説明する）。

異なるリスク選好をどう扱うべきか

リスク許容量がだれにとっても同じであれば、本書を書くのはもっと簡単だっただろう。リスク許容量が同じなら、どの読者にも合う最良のポートフォリオは1つしかないからだ。しかし、リスク許容量がどの人も同じということはあり得ない。高いリターンを欲する、あるいは高いリターンを必要とする人もいて、そんな人は高いリスクをとることができる。一方、何としても資産を守ろうとする人もいる。

まず3つのポートフォリオを定義する。今後もこの3つのポートフォリオを使っていく。本章の後半では、これらのポートフォリオをあなたのリスク選好に合わせてどう調整すればよいかについて説明する。

3つのポートフォリオは以下に示したとおりである。

- **幾何リターンが最大のポートフォリオ** リスク許容量が高い人向けのポートフォリオ。このポートフォリオには株式が多く含まれ、債券は少ない。期待シャープレシオは低いが、幾何平均は高い。幾何

平均リターンが最大のポートフォリオの例としては、債券に20％配分して、S&P500に80％配分したポートフォリオが挙げられる。第3章の最後（**表9**）で導き出したより現実的な推定値を使えば、最良のポートフォリオは幾何平均が3.0％、標準偏差が16.0％、シャープレシオが0.190のポートフォリオになるだろう。本章の後半では、100％株式に配分したポートフォリオを保有すべきではない理由を説明する。

●**シャープレシオが最大のポートフォリオ**　これは期待シャープレシオが最大のポートフォリオだ。これを達成するには、債券のように低リスクのアセットの配分を多くする必要がある。ただし、高リスクのポートフォリオよりは幾何平均は低くなる。リターンのより現実的な推定値を使えば、シャープレシオが最大のポートフォリオは債券が68％、S&P500が32％で、期待幾何平均は2.3％、標準偏差は8.7％、シャープレシオは0.266になる。本章の後半で説明するように、これよりも低リスクのポートフォリオを構築したい場合、債券にこれ以上配分する必要はない。最良のアプローチは、資金をシャープレシオが最大のポートフォリオとキャッシュとに配分することである。

●**妥協ポートフォリオ**　上で述べたような極端な配分の中間のポートフォリオが妥協ポートフォリオだ。妥協ポートフォリオの一例としては、債券に40％、S&P500に60％配分したポートフォリオが挙げられる。この場合、期待幾何平均は2.9％、標準偏差は12.5％、シャープレシオは0.229になる。

図16はこれら3つのポートフォリオを視覚的に表したものだ。

図16 異なるリスク水準のポートフォリオ

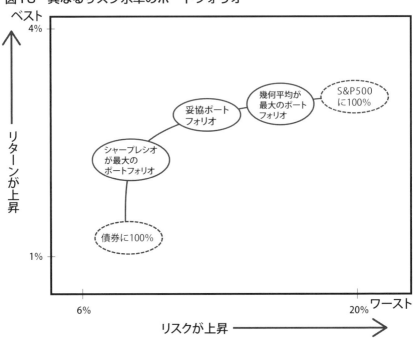

あなたに合うポートフォリオ

　これらのポートフォリオのどれが、どの投資家に合うのかを見極めるのは簡単ではない。なぜなら、リターンの年次標準偏差はリスクを見る非常に抽象的な方法だからだ。任意の期間にどれくらい損をする可能性があるのかを考えたほうが、あるいはもし本当に不運ならどれだけ損をする可能性があるのかを考えたほうがより自然だ。任意のポートフォリオが良いパフォーマンスを上げる確率、あるいは損をする確率を考える必要がある。

概念――ポートフォリオのリターンの不確実性を推定する

第2章と第3章では、リターンの統計学的モデルのパラメーター推定量の不確実性を判断するのにブートストラップ法という統計学的テクニックを使った。このテクニックは、ポートフォリオのリターンの不確実性を数値化するのにも使える。

まず、ヒストリカルデータを用意する。これは1928～2016年までのアメリカの株式と債券の年次リターン（より現実的な性質を持たせるように**表9**に示したように調整）だ。次に、ヒストリカルデータ（元データ）から標本を復元抽出する。復元抽出した各標本の長さは同じで、分析するシナリオによって5年または20年だ。

標本を1つ復元抽出するには、データセットから年をランダムに選び、それぞれの年の債券と株式のリターンを見つける。例えば、1987年の場合は、その年の調整済み株式リターン（－1.1％）と債券リターン（－8.9％）を使う。そして、適切なポートフォリオウエートを使って、復元抽出した各標本（ポートフォリオ）の平均幾何平均を計算する（詳しくは**付録C**を参照）。

このプロセスを何千回も繰り返せばポートフォリオの幾何平均の分布が得られる。

ここで**図17**と**表10**を見てみよう。

図17は4つのポートフォリオの20年間における平均年次幾何リターンの分布を示したものだ。4つのポートフォリオとは、すべて株式のポートフォリオ、幾何平均が最大のポートフォリオ（80％が株式）、妥協ポートフォリオ（60％が株式）、シャープレシオが最大のポートフォ

図17 20年間の幾何リターンの分布

株式のみのポートフォリオ
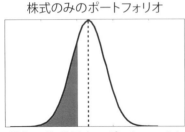

妥協ポートフォリオ
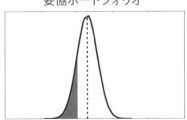

幾何平均が最大のポートフォリオ
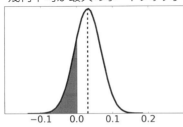

シャープレシオが最大のポートフォリオ
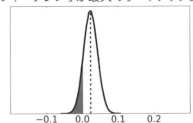

表10 20年にわたるリターンに基づく4つの異なるポートフォリオの幾何平均リターン分布の統計量

	メジアン	最悪の5％のケース	損失を出す確率
株式のみ	3.1%	−4.5%	24.7%
幾何平均が最大のポートフォリオ	3.1%	−2.9%	20.0%
妥協ポートフォリオ	2.9%	−1.7%	15.0%
シャープレシオが最大のポートフォリオ	2.3%	−0.8%	11.0%

1928〜2016年までのアメリカの株式と債券の年次リターンのブートストラッピングに基づく。最初の列は復元抽出によるすべての標本の平均幾何平均を示し、2列目は最悪の5％のケースで、平均リターンがその値よりも悪いことを示している。3列目は20年でポートフォリオが損失を出す確率を示している

リオ（32％が株式）だ。

　これは1928年以降のアメリカの債券と株式のヒストリカルリターンを、すべてのポートフォリオでシャープレシオが同じになり、**表9**に示したように、より現実的な統計量になるように調整したものだ。各分布のグレーの部分は、20年間の平均リターンがマイナスになる確率を示している。各分布の点線は、幾何リターンのメジアンを示している。**表10**はこれらの分布の重要な統計量を示したものだ。

　まず、株式のみのポートフォリオを見てみよう。最大平均幾何平均は3.1％だが、5％の確率で20年の平均リターンは−4.47％を下回る。株式のみからなるポートフォリオを20年間保有したとすると、損をする確率はおよそ25％だ。

　これに対して、幾何平均が最大のポートフォリオは幾何平均は株式のみのポートフォリオと同じだが、最悪の損失は株式のみのポートフォリオほど悪くはなく、損失を出す確率も低い。株式のみのポートフォリオを勧めないわけはこれで分かってもらえたと思う。株式のみのポートフォリオは、幾何平均を使った場合、幾何平均が最大のポートフォリオに勝る点は何一つなく、リスクは高いし、最大損失も大きい。

　図18はどうしてこうなるのかを説明したものだ。この図は株式のみのポートフォリオ（左端）から債券のみのポートフォリオ（右端）までの幾何平均の変化を示したものだ。これは、この図がシャープレシオが同じ調整済みデータを使っている点を除けば、前の**図7**に似ている。今回は、株式のみのポートフォリオに債券を加えても、20％加えるまでは幾何平均には何の効果もない（目を凝らしてみれば、幾何平均が最大になるのは債券を10％加えたときであることが分かるはずだ。しかし、第3章でも述べたように、幾何平均の推定量は非常に不確実性が高い。したがって、幾何平均の最大がどこになるのかは正確に言い当てることはできない。したがって債券が0％から20％のポートフォリオの幾何平均はすべて同じであると仮定できる。債券が0％から

図18 いくらか債券を加えても幾何平均にはほとんど影響を及ぼさない

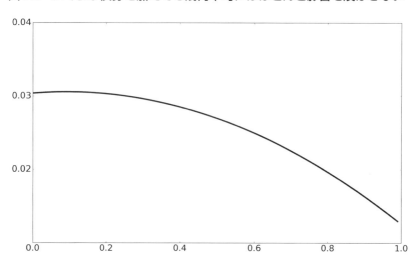

20％のポートフォリオでは、最もボラティリティが低いのは債券が20％のポートフォリオだ。債券に20％以上配分すれば、幾何平均は低下していく）。これは幾何平均が最大のポートフォリオで、株式のみのポートフォリオと幾何平均は同じだが、リスクは低い。債券の配分をこれ以上下げても幾何平均にはほとんど影響はない。

株式のみのポートフォリオはリスクが非常に高い。債券に少しだけ配分すればリスクは低下するが、幾何平均には影響はない。

シャープレシオが最大のポートフォリオは幾何平均のばらつきが少なく、より安全だが、平均リターンは低下する。20年の間で損失を出す確率は11％と低い。

だれもが20年も待つことができるわけではない。私の経験によれば、多くの人々は自分は長期投資をしていると言うが、それでもポートフォリオを頻繁に見直すことが多い。これと同じことを5年間のリターンで行えば結果は大きく違ってくる（**図19**と**表11**を参照）。

図19　５年間のポートフォリオの幾何平均の分布

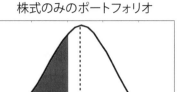
株式のみのポートフォリオ

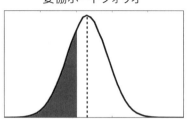
妥協ポートフォリオ

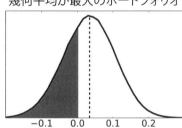
幾何平均が最大のポートフォリオ

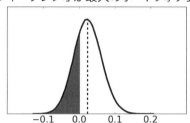
シャープレシオが最大のポートフォリオ

表11　５年のリターンに基づく４つの異なるポートフォリオの幾何平均リターン分布の統計量

	メジアン	最悪の５％のケース	損失を出す確率
株式のみ	3.4%	−11.9%	35.1%
幾何平均が最大のポートフォリオ	3.4%	−8.82%	32.4%
妥協ポートフォリオ	3.03%	−6.24%	29.6%
シャープレシオが最大のポートフォリオ	2.33%	−3.82%	27.2%

1928～2016年までのアメリカの株式と債券の年次リターンのブートストラッピングに基づく。最初の列は復元抽出によるすべての標本の平均幾何平均を示し、２列目は最悪の5％のケースで、平均リターンがその値よりも悪いことを示している。3列目は５年でポートフォリオが損失を出す確率を示している

図20　幾何平均が最大のポートフォリオの価値の分布

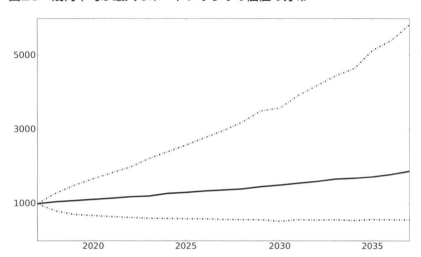

投資は2017年に始めたものとする。実線は幾何平均が最大のポートフォリオに1000ドル投資した場合、この期間にわたって1000ドルが平均でどれくらい増えるかを示している。点線は最高5％のポートフォリオと最悪5％のポートフォリオを示している

　これから分かることは、長期にわたって投資しないかぎり、ポートフォリオのリターンはばらつきが大きくなるということである。そして、投資期間が長いほど、とれるリスクは大きくなる。少なくとも理論的には（例えば、毎月一定額を生活費として引き出す必要がある場合、物事は複雑になる。その場合、とるリスクは減らさなければならない。定年退職が近づき、投資から年金受給に転換したい場合も、とるリスク量を減らす必要がある）。これはまた別の方法で見ることも可能だ。それは、口座資産の期待分布が時間とともにどう変化するかである。

　図20を見てみよう。これは高リスクポートフォリオ（債券に20％、株式に80％）に1000ドル投資した場合のポートフォリオ価値の変化を示したものだ。ただし、2017年に投資を始めたとする。これはブート

図21　シャープレシオが最大のポートフォリオの価値の分布

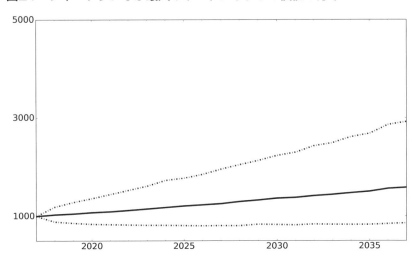

投資は2017年に始めたものとする。実線はシャープレシオが最大のポートフォリオに1000ドル投資した場合、この期間にわたって1000ドルが平均でどれくらい増えるかを示している。点線は最高5％のポートフォリオと最悪5％のポートフォリオを示している

ストラップ法で構築したポートフォリオだが、ここでは異なる期間にわたる1つのポートフォリオの結果のみを示す。

実線はポートフォリオの期待平均価値がどのように変化するかを示している。これは復元抽出した多数の標本の平均であることに注意しよう。実際にはこれほどスムーズなラインにはならない。なぜならポートフォリオのボラティリティはもっと高くなるはずだからだ。点線は各時点における最悪5％のポートフォリオと最高5％のポートフォリオの分布を示している。

例えば、メジアンのラインを見てみると20年後にポートフォリオは1850ドルに増えていることが分かる。しかし、最初の投資額よりもはるかに少ない520ドルになる確率は5％ある。逆に、5650ドルになる確率も5％ある。

図21はシャープレシオが最大のポートフォリオの同様のグラフを示したものだ。20年でおよそ1600ドルになることが分かる。幾何平均が最大のポートフォリオに比べると、損失を出す確率は低いが、利益も限定的だ。

有名なことわざにもあるように、投資の意思決定は恐怖と強欲に支配される。各投資家にとってどのポートフォリオが最適なのかは、どのくらいの資金を失う覚悟があるのかと、どれくらいのリターンを望むのかによって変わってくる。本セクションは一定のリターンとリスク選好に対してどういったポートフォリオを買えばよいのかを判断するのに役立つのではないだろうか。

さまざまな投資家のタイプ

私が示した3つのポートフォリオはどんな投資家のリスク許容水準もカバーできるのだろうか。残念ながらノーである。本セクションでは、個人のリスク選好に基づいてこれら3つのポートフォリオを調整する賢明な方法について説明する。

● **超安全志向の投資家**
①リスク許容量はきわめて低く、レバレッジは使わない。
②例──定年退職した投資家が大部分を占めるクローズド型年金プラン。

● **注意深い投資家**
①リスク許容量は低く、レバレッジは使わない。
②例──少ない年金を補うために投資する高齢の定年退職者。

● **平均的な投資家**
①リスク許容量は中くらいで、レバレッジは使わない。
②例──年金額が少ない、定年退職間際の中年労働者。

● **勇敢な投資家**
　①リスク許容量は高く、レバレッジは使わない。
　②例――債務はなく、投資によるキャッシュフローも必要としない比較的若くて収入の高い投資家。

● **借り入れ可能な投資家**
　①リスク許容量は中くらいから高く、レバレッジを使う。
　②例――銀行家や株式ブローカーのように、比較的若くて収入が高く、金融の知識が豊富な投資家。

超安全志向の投資家

　超安全志向の投資家は、シャープレシオが最大のポートフォリオさえ好まない。本章で示した最後のいくつかのグラフを見て、恐れおののいた人はこのタイプの投資家だ。こんな投資家はどうすればよいのだろうか。おそらくはリスクの低い債券に全額を投資したほうがよいだろう。本当に怖いのであれば多少のキャッシュは残しておいたほうがよいかもしれない。

　しかし、リスクは同じで高いリターンを望めるもっと良い方法がある。少しばかりのキャッシュを残しておいて、残りをシャープレシオが最大のポートフォリオに投資するのである。

　信じられない？　例えば、ターゲットボラティリティを年6％としよう。**表12**の1行目は、28％のキャッシュ（リスクはゼロと仮定。この仮定についてはのちほど説明する。さらに、キャッシュに対するリターンはゼロであるとも仮定している。ただし、これは結果にはあまり影響しない）を残して、残りを債券（リスクは8.3％）に投資することで、6％の標準偏差を達成できることを示している。

　しかし、これよりもさらに良い方法がある。**表12**の2行目を見てみよう。これを見ると、シャープレシオが最大のポートフォリオに69％投資して、31％をキャッシュで残すことで、同じ6％の標準偏差を達

表12　6%のリスク目標を達成するための2つの方法

	ポートフォリオ ウエート		ポートフォリオ			比率		最終的な数値	
	債券	S&P	期待幾何平均リターン	期待標準偏差	キャッシュのリターン	ポートフォリオ	キャッシュ	期待幾何平均リターン	期待標準偏差
キャッシュと債券	100%	0%	1.26%	8.3%	0%	72%	28%	0.97%	6.0%
キャッシュとシャープレシオが最大のポートフォリオ	68%	32%	2.31%	8.7%	0%	69%	31%	1.68%	6.0%

表7と表9に示したアセットの統計量（現実的な将来予測）を使用。キャッシュの実質リターンはゼロであると仮定

　成できることが分かる。しかも、このポートフォリオのリターンは前のポートフォリオよりも高い。債券とキャッシュの組み合わせを選ばなければならない理由なんてないのだ。

　具体的には、このポートフォリオは22％（69％のうちの32％）を株式に投資し、47％（69％のうちの68％）を債券に投資し、残りの31％をキャッシュで残しておく。リスクが怖い投資家でも、幾分かは株式に投資したほうがよい。

　図22は**表12**のポートフォリオを図示したものだ。

　注意点が1つある。第1章で述べたように、キャッシュのリスクはゼロではないということである。将来のインフレ率を確実に知ることはできない。したがって、実質リターンでパフォーマンスを測るならば、無リスクアセットなど存在しないのである。

　この事実は、超安全志向の投資家のポートフォリオのリスクとリターンにはどういった影響を及ぼすのだろうか。アメリカTビルの実質リターンのヒストリカルデータを使ってこれを考えてみよう。アメリカTビルはキャッシュの良い代替手段である。Tビルのリターンには若干のリスク（およそ3.7％の標準偏差）が含まれ、債券とは相関があ

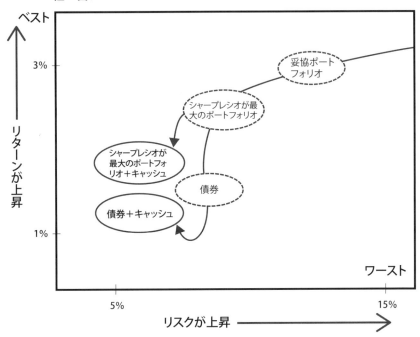

図22 超安全志向の投資家はキャッシュと低リスクのポートフォリオを組み合わせるのがよい

「債券＋キャッシュ」は債券が72％、キャッシュが28％のポートフォリオ。「シャープレシオが最大のポートフォリオ＋キャッシュ」はシャープレシオが最大のポートフォリオに69％、キャッシュに31％投資したポートフォリオ。どちらのポートフォリオもリスクは同じ。幾何平均が最大のポートフォリオは示していない（このグラフでは描ききれないため）。キャッシュは実質リターンがゼロで、リスクもゼロと仮定する

る（相関は0.49）が、株式との相関はない（相関は0.08）。また、実質リターンは低い（第3章の終わりにほかのアセットに対して行ったのと同じように、現実を反映するために調整したあとの算術平均リターンは0.4％）。

安全なキャッシュ（リスクはゼロ、リターンもゼロ）をＴビルと置き換えた場合の結果は**表13**に示したとおりである。

表13の1行目は、安全なキャッシュとシャープレシオが最大のポートフォリオを組み合わせることで年次ボラティリティ6％を目指した

表13　リスクのあるキャッシュに投資したときの影響

	ポートフォリオ		キャッシュ		比率		最終的な数値	
	期待幾何平均リターン	リターンの期待標準偏差	期待幾何平均リターン	リターンの期待標準偏差	ポートフォリオ	キャッシュ	期待幾何平均リターン	リターンの期待標準偏差
安全なキャッシュ＋シャープレシオが最大のポートフォリオ	2.31%	8.7%	0%	0%	69%	31%	1.68%	6.0%
リスクのあるキャッシュ＋シャープレシオが最大のポートフォリオ	2.31%	8.7%	0.33%	3.7%	61%	39%	1.62%	6.0%
最も安全なポートフォリオ	N/A	N/A	0.33%	3.7%	0%	100%	0.33%	3.7%

最初の行ではキャッシュの実質リターンはゼロで、リスクもゼロと仮定。2行目と3行目ではキャッシュは正の実質リターンとリスクを持つと仮定。2行目のリスクは最初の行のリスクと同じ。3行目は100%をリスクのあるキャッシュに投資。アセットの統計量としては表7および表9に示したもの（現実的な将来予測）を使用

前出のポートフォリオと同じだ（**表12**の2行目）。2行目は理論的に安全なキャッシュを現実的なリスクのあるキャッシュに置き換えた場合のポートフォリオを示したものだ。リスクを1行目と同じ水準にするには、より多くのキャッシュに投資する必要がある。キャッシュのリターンは正だが、キャッシュには若干のリスクがあるので、ポートフォリオのリターンは若干低下する。

3行目はあなたが保有することのできる最も安全なポートフォリオを示したものだ。すべてキャッシュに投資しているにもかかわらず、リスクは3.7%と比較的高い。資金を失うのが嫌な投資家でも、リスクから完全に逃れることはできないことを知るべきである。隠れる場所はないのである。

もちろん、投資期間が比較的短い場合は、資産の大部分を紙幣、硬貨、普通預金、Tビルといったもっと安全なアセットに投じたほうがよい。しかし、長期的に見れば、こういった形態で保有しても価値が

変わらないことを保証することはできない。大部分をキャッシュに投じたポートフォリオでも、もし将来的にインフレになれば損をすることになる。

注意深い投資家

注意深い人はリスクをあまりとりたがらないため、全資産をシャープレシオが最大のポートフォリオに投資するのがよい。債券のような安全なアセットとそれよりもリスクの高い株式を組み合わせたポートフォリオに投資することで、標準偏差は債券だけのポートフォリオよりも若干高まる程度だが、リターンはかなり向上する。**表7**と**表9**に示したリターンの将来の現実的な推定値を使えば、シャープレシオが最大のポートフォリオの標準偏差は8.7％（債券だけのポートフォリオの場合は8.3％）、幾何平均リターンは2.3％（債券だけのポートフォリオの場合は1.3％）だ。

平均的な投資家

リスク許容量が平均的な投資家は妥協ポートフォリオに投資するのがよい。このポートフォリオはシャープレシオが最大のポートフォリオよりも株式への配分が高いが、幾何平均が最大のポートフォリオよりも株式への配分は低い。この投資家は注意深い投資家よりも多くのリターンを手にすることができるが、そのためにはとるリスクは高くなる（そして、シャープレシオは低下する）。妥協ポートフォリオにはいろいろなものがあるが、ここでは債券に40％、株式に60％のポートフォリオを使う。

勇敢な投資家

勇敢な投資家は幾何平均が最大のポートフォリオに投資するのがよい。この投資家のリターンは注意深い投資家や平均的な投資家よりも

表14 幾何平均が最大のポートフォリオから株式のみのポートフォリオに移行すればボラティリティは上昇するが、リターンは上昇しない

	ポートフォリオウエート		ポートフォリオ	
	債券	S&P	期待幾何平均リターン	期待標準偏差
幾何平均が最大のポートフォリオ	20%	80%	3.04%	16.0%
株式のみ	0%	100%	3.04%	19.8%

アセットの統計量としては表7および表9のもの（現実的な将来予測）を使用

高くなるが、同時にリスクも高くなるためシャープレシオは低下する。幾何平均が最大のポートフォリオにも若干の債券は含まれる。その配分は20％だ。

これについては前にも述べたが、もう一度繰り返す──株式のみのポートフォリオに投資してはならない。株式のみのポートフォリオは幾何平均が最大のポートフォリオよりもリスクは高くなるが、期待幾何平均が向上することはない。**表14**はこれを示したものだ。

借り入れ可能な投資家

一部の投資家は資金の借り入れをすることでポートフォリオにレバレッジをかける（レバレッジをかける方法としては、ポートフォリオマージン［ポートフォリオ価値の数倍の資金を借りる］、イギリスのスプレッドベッド、先物、差金決済取引、すでにレバレッジのかかったファンドを買う［これについてはのちほど説明する］といった方法がある）ことができ、低リスクのポートフォリオよりも高いリスクを許容することができる。この種の投資家は資金を借りて、シャープレシオが最大のポートフォリオに投資するのがよい。シャープレシオが最大のポートフォリオはリスクとリターンの最良のトレードオフが達成

表15　高いリスク目標を達成するための２つの方法

	ポートフォリオウエート		ポートフォリオ			比率		最終的な数値	
	債券	S&P	期待幾何平均リターン	期待標準偏差	キャッシュのリターン	ポートフォリオ	キャッシュ	期待幾何平均リターン	期待標準偏差
幾何平均が最大のポートフォリオ	20%	80%	3.04%	16%	N/a	100%	0%	3.04%	16%
シャープレシオが最大のポートフォリオ＋借り入れ	68%	32%	2.31%	8.7%	0%	184%	−84%	3.67%	16%

アセットの統計量としては表７および表９に示したもの（現実的な将来予測）を使用する。レバレッジポートフォリオでは84％の追加資本を０％で借り入れるものと仮定する。借り入れた資金はシャープレシオが最大のポートフォリオに投資する

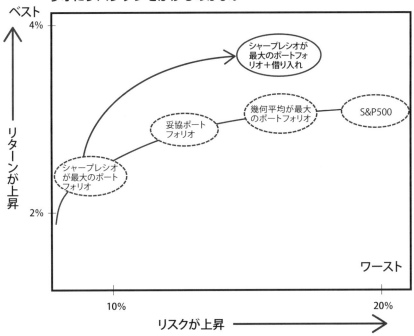

図23　リスク許容量が高い投資家はシャープレシオが最大のポートフォリオにレバレッジをかけるのがよい

「シャープレシオが最大のポートフォリオ＋借り入れ」はシャープレシオが最大のポートフォリオにレバレッジをかけたもの。債券のみのポートフォリオはグラフに描ききれないので示していない

できるため、幾何平均が最大のポートフォリオよりも期待幾何平均は高いが、リターンの標準偏差は変わらない。これを示したものが**表15**と**図23**である。

ここでは資金を実質金利０％で借りることができると仮定した。これは非現実的だが、実質金利が0.75％より低ければ、ここに示したリターンを考えると資金の借り入れは理にかなっている。

残念ながら、ほとんどの投資家は借り入れをすることができないかする気はなく、デリバティブも使いたがらない。レバレッジポートフォリオの運用は、損失が出ればポジションを減らす必要があるため、高度の注意を要する（これについては私の最初の本である『**システマティックトレード――独自のシステムを開発するための完全ガイド**』［パンローリング］の第９章を参照）。本書ではレバレッジポートフォリオについては言及しない。

安全な資産の危険性

次のセクションに進む前に、ポートフォリオの数学にはおかしな点があることを理解しておく必要がある。

表16は**表9**の再掲で、アメリカの将来的なリターン予測を示したものだ。ただし、**表16**では新しいアセット（より安全な債券）を加えた。

ここで１つの提案をしたいのだが、あなたはきっと拒絶するに違いない。

私の提案は、これまで使ってきた10年物国債をより安全な債券に置き換えるというものだ。より安全な債券のリスクは10年物国債のおよそ４分の１だ。さらに良いことに、幾何シャープレシオは10年物国債よりも高い。リスクは低く、幾何シャープレシオは高い。これは一生に一度のチャンスか。

それはあなたのリスク選好度による。超安全志向の投資家や借り入

表16　アメリカの株式と債券の将来の期待実質リターン

	算術平均	幾何平均	標準偏差	シャープレシオ
米10年物国債	1.6%	1.30%	8.27%	0.15
より安全な債券	0.4%	0.38%	2.07%	0.18
S&P500	5.0%	3.00%	19.80%	0.15

表9に「より安全な債券」を付け加えた

れ可能な投資家はきっとこの提案を受け入れるはずだ。しかし、妥協ポートフォリオや幾何平均が最大のポートフォリオに投資している人にとって、これは良い提案とは言えない。安全な債券といえども、リターンが低下するのではシャープレシオが上昇してもあまり魅力的とは言えないからだ。

しかし、シャープレシオが最大のポートフォリオに投資している人はどうだろう。1つのアセットのシャープレシオが向上するのだから、これは良い提案なのだろうか。最も賢明なのは、この提案を拒否することである。

表17の1行目は、10年物国債を使ったシャープレシオが最大のポートフォリオを示している。ここで10年物国債をより安全な債券と置き換えてみよう。2行目はより安全な債券を使ったシャープレシオが最大の最適ポートフォリオを示したものだ。

良いニュースと悪いニュースがある。良いニュースは、より安全な債券を使えばシャープレシオが向上するということである（10年物国債を使ったときは0.266だったのが、より安全な債券を使うと0.295に上昇）。悪いニュースは非常に悪いニュースだ。このポートフォリオの幾何平均は大幅に低下したのである（10年物国債を使ったときは2.31％だったのが、より安全な債券を使ったら0.86％に下落）。

でも心配はいらない。最大シャープレシオというこだわりを捨てれ

表17 低リスクのアセットはシャープレシオが最大のポートフォリオのリスクを引き下げる

	ポートフォリオウエート		ポートフォリオ	
	債券	S&P	期待幾何平均	リターンの期待標準偏差
10年物国債と株式	68%	32%	2.31%	8.7%
より安全な債券（シャープレシオが最大のポートフォリオ）と株式	89%	11%	0.86%	2.9%
より安全な債券（リターンは最初のポートフォリオと同じ）と株式	46%	54%	2.31%	10.8%
より安全な債券（リスクは最初のポートフォリオと同じ）と株式	57%	43%	2.00%	8.7%

最初の行は10年物国債を使ったシャープレシオが最大のポートフォリオを示している。2行目から4行目はより安全な債券を使ったポートフォリオを示している。2行目はより安全な債券を使ったシャープレシオが最大のポートフォリオ、3行目はより安全な債券を使い、リターンが最初の行のポートフォリオと同じポートフォリオ、4行目はより安全な債券を使い、リスクが最初の行のポートフォリオと同じポートフォリオを示している（期待幾何平均とリターンの期待標準偏差は表16のデータに基づく）

ばよい。すると妥協ポートフォリオがにわかに魅力的に思えてくる。最良のポートフォリオにこだわらなければ期待幾何平均として2.3％を達成できるのだ。

　3行目のポートフォリオはより安全な債券を使った（リターンは1行目のポートフォリオと同じ）ポートフォリオだ。最初のポートフォリオよりも株式の配分を増やしたが、これにはコストを伴う。リスクは最初のポートフォリオよりも高くなっている（最初のポートフォリオが8.7％だったのに対して10.8％に上昇）。10年物国債をボラティリティの低い債券と置き換えることで、ポートフォリオをより安全にすることはできるが、同じリターンを達成するためにはより多くのリスクをとらなければならない。

　この問題を解決するために、最後にもう1つ別のポートフォリオを

作成してみよう。リターンを最初の行と同じにするのではなくて、ウエートを変えてリスクを同じにするのである。これが4行目のポートフォリオだ（より安全な債券を使った、リスクが1行目のポートフォリオと同じポートフォリオ）。このポートフォリオは最初のポートフォリオとリスクは同じだが、幾何平均は低下している。このポートフォリオのシャープレシオもまた低下している（最初のポートフォリオが0.266だったのに対して0.232に低下）。つまり、シャープレシオの高いより安全なアセットを加えれば、リスクは同じだが、シャープレシオは低下するということである。

つまり、10年物国債をより安全な債券に置き換えるのは間違いということになる。低リスク・低リターンのアセットは、レバレッジを使えないシャープレシオの最大化を目指す投資家は避けなければならないのである（これはレバレッジは無リスクレートで自由に使えるとする資本資産価格付けモデル［CAPM］の仮定とは異なる。空論的な資本資産価格付けモデルでは、シャープレシオが高くリスクの低い債券のようなアセットはポートフォリオに両手を広げて迎え入れられるが、現実世界では借り入れのできない投資家はリスクとリターンのトレードオフだけでなく、リターンの絶対水準を考えなければならないのである）。なぜなら、キャッシュが限定的だからだ。リターンの低い安全なアセットに投資すれば、限りあるキャッシュを効率的に使うことはできない。

この問題の解決法はたくさんある。以下に私の好きな順に提示する。

● **低リスクのアセットは避ける（推奨）**　最も賢明な選択肢は、リスクの非常に低いアセットを避けることである。例えば、満期の短い債券は満期の長い債券よりもリスクは低い。どちらかを選ぶとするならば、満期の長い債券を選ぶ。満期は最低でも5年、理想的にはこれよりも長いものがよい。また、社債や新興国市場の債券は比較的

リスクが高い。安全な国債に加えこういった債券をポートフォリオに加えれば、債券の平均標準偏差は上昇する。

- **リスクの高いアセットの比率を上げる**　低リスクのアセットにこだわれば、最適シャープレシオ（リスクの低い）ポートフォリオから離れて、リターンを高く維持するために株式への配分を増やさなければならない。これは**表17**の3行目の「より安全な債券（リターンが最初のポートフォリオと同じ）」に匹敵する。しかし、とるリスクは高くなる。私だったらこれは避ける。
- **ファンドを通してレバレッジを取る**　もう1つの選択肢は、レバレッジ型ETF（上場投資信託）、投資信託、内部レバレッジのかかったイギリスの投資トラスト、ヘッジファンドといった集団投資ファンドを使ってレバレッジを取ることだ（ヘッジファンドのアロケーションについては第7章で説明する）。こうすることで満期の短い債券のようなボラティリティの低いアセットに投資することができるが、リスクは高まる。レバレッジ型ファンドを使うのは魅力的に思えるが、これもまた危険をはらんでいる。これについてはこのあとの余談（レバレッジ型ETF）を参照してもらいたい。レバレッジ型ETFは、短期的な賭けをすることだけが目的で、長期投資には向かないので絶対に避けたい。
- **自分でレバレッジを取る**　ポートフォリオのリターンとリスクを理想的な水準に引き上げるためにレバレッジを使う。これは借り入れ可能な投資家の選択肢であり、レバレッジを使うことができるスキルを持った経験豊富な投資家にのみ向く。

余談——レバレッジ型ETF

レバレッジ型ファンドを使えば原資産から得られる2倍、3倍

のリターンが取得可能だ。例えば、プロシェアーズが提供するSSOというアメリカのETFは、S&P500のリターンの2倍のリターンを得ることができる。レバレッジ型ファンドは人気が高く、SSOだけでも運用資産はおよそ15億ドルだ（このほかにもショート型［インバース型］ファンドもあり、これは価格が下落すると利益になる。しかし、これは意味があるとは思えない。私は本書ではアセット価格は長期的には上昇すると仮定している。しかし、オルタナティブアセットに属するショートボラティリティタイプのファンドについては第7章で簡単に説明する）。しかし、レバレッジ型ファンドは危険で、有毒ですらある。

第一に、レバレッジ型ファンドにはレバレッジがかかっているため、本質的にリスクが高い。投資するのに資金を借り入れれば、ポートフォリオは価格の動きにより敏感になり、損失を出すリスクは高まる。

第二に、レバレッジ型ファンドには、日々の値洗いによって原資産価格が変わらなくても損をする可能性があるという隠れた属性がある。例えば、S&P500が100ドルから105ドルになり、再び100ドルになったとすると、S&P500に連動する普通のETFの価格は変わらないが、レバレッジが2倍のタイプのETFは0.5％の損失を出すことになる（まず原資産の価格が100ドルから105ドルに上昇すると、ETFは2倍のレバレッジがかかっているので10％の上昇になって価格は100ドルから110ドルになる。そのあと原資産の価格が105ドルから100ドルに下落すると4.76％の損失になるが、ETFは2倍のレバレッジがかかっているので損失は9.52％になり、価格は110ドルから99.52ドルになる。したがって、最初の100ドルに対して0.48ドルの損失になる）。大した損失には思えないかもしれないが、ボラティリティの高い期間が続けば、レバレッジ型ファンドは非レバレッジ型ファンドを大幅にアンダーパフォームす

る。

さらに、レバレッジ型ファンドは高額だ。例えば、レバレッジ型SSOのエクスペンスレシオ（経費率）は0.92％だが、最も安い非レバレッジ型S&P500ETFのエクスペンスレシオは0.1％を下回る。またお金の借り入れにも利息がかかる（ファンドが先物のようなデリバティブを使っている場合、資金調達コストはデリバティブ価格のなかに含まれているのではっきりしないが、リターンを引き下げることは明らかだ）。

最後に、これらのファンドは実際には何も保有していない。先物のような上場デリバティブを使うファンドもあるが、銀行との契約を通してイクスポージャーをとるファンドもある。この場合にはカウンターパーティーリスクや流動性リスクが発生する。

賢明な人はレバレッジ型ETFは断じて避けるべきだ。

リスクウエーティング

第3章では標準偏差をポートフォリオの最適化のための入力量として使ったが、これには問題があった。

- **解釈が難しい** 標準偏差の高い高リスクなアセットのウエートは低くなるが、結果として得られるウエートの解釈は難しい。
- **オプティマイザーの危険性** 相関が高い場合、期待標準偏差が少し違うだけで、極端なウエートになる。
- **過去の不確実性** 標準偏差の推定量がどれくらい確かなのかははっきりとは分からない。この不確実性はアセットがどれくらいリスクが高いかによって異なる。株式は債券よりもボラティリティ推定量の不確実性は高い。

ポートフォリオ8　標準偏差は異なり、相関性はなく、幾何シャープレシオは同じ

相関マトリックス

	A	B	C
A	1		
B	0.0	1	
C	0.0	0.0	1

	算術平均	リターンの標準偏差	シャープレシオ
A	4.00%	8%	0.46
B	4.00%	8%	0.46
C	6.25%	12%	0.46

最適化

	最適ウエート（幾何シャープレシオが最大）
A	37.3%
B	37.3%
C	25.4%

　こうした問題に対処するために、ポートフォリオウエートを決定する新しいテクニック——リスクウエーティング——を紹介する。簡単な例（**ポートフォリオ8**）から見てみることにしよう。この**ポートフォリオ8**は3つのアセット（A、B、C）からなり、各アセットは相関性はなく、幾何シャープレシオは同じだが、アセットCのリスクはほかの2つよりも高い。

　これまで使ってきたのはキャッシュウエーティング（資産配分）だ。キャッシュウエーティングは文字どおり、各アセットに投資するキャッシュ（投資額）のウエート配分を示したものだ。したがって、1万ドルのポートフォリオの60％の資産ウエートは、6000ドルに相当する株式、債券、あるいはファンドを買うことを意味する。しかし、ここ

表18　シャープレシオを変えることなく、標準偏差が同じになるように リターンを再正規化する

	算術平均リターン	標準偏差	シャープレシオ	目標標準偏差	新たな算術平均リターン	新たなシャープレシオ
	A	B	$(A - 0.5B^2) \div B$	D	E	$(E - 0.5D^2) \div D$
A	4.00%	8%	0.46	8%	4%	0.46
B	4.00%	8%	0.46	8%	4%	0.46
C	6.25%	12%	0.46	8%	4%	0.46

平均リターンはアセットCの標準偏差が変わってもシャープレシオは変わらないように計算し直す。
シャープレシオは幾何平均の近似値を標準偏差で割って算出

で使うのはリスクウエーティングである。リスクウエートとは、各アセットの持つリスクで正規化したウエートのことを言う。

この例でリスクウエートを計算するためには、幾何シャープレシオは変えずに、標準偏差が同じになるように、まずすべてのアセットのリターンを正規化する必要がある。**表18**はその結果を示したものだ。この例で変更の必要のあったものはアセットCのみである。

算術平均と幾何シャープレシオが非線形関係にあるため、計算は必ずしも簡単というわけではないが、自分で計算する必要はない。この例ではシャープレシオはすべてのアセットで同じだが、必ずしも同じでなければならないわけではない。

これですべてのアセットの幾何平均が同じで、標準偏差も同じで、相関も同じポートフォリオが出来上がった。オプティマイザーがこのポートフォリオに対して何をするのかはもうお分かりのはずだ（**ポートフォリオ1**と**ポートフォリオ2**を参照）。均等ウエートを算出するだろう。

しかし、これらのポートフォリオウエート（均等ウエート）は最適

表19 リスクウエートから資産ウエートへの変換（ポートフォリオ8）

	標準偏差 B	目標標準偏差 F	比率 G = F÷B	リスクウエート H	資産ウエート（近似）J = H×G	トータルウエート（近似）K = Jのトータル	正規化ファクター L = 100%÷K	最終資産ウエート J×L
A	8%	8%	1	33.3%	33.3%	88.9%	1.12	37.5%
B	8%	8%	1	33.3%	33.3%	88.9%	1.12	37.5%
C	12%	8%	0.66	33.3%	22.2%	88.9%	1.12	25.0%

目標標準偏差（F）は任意。正規ファクターを掛けることで最終資産ウエートの合計は100％になる。数値は丸めた数値を使っているものもある

リスクウエートだ。なぜなら、各アセットのボラティリティが同じになるように変更したあとでウエートを算出したからだ。リスクウエーティングでは各アセットをどれくらい買えばよいのかは分からない。そこで**表19**に示したように、リスクウエートを資産ウエートに変換する必要がある。

最後の列の資産ウエートは**ポートフォリオ8**のウエートとほぼ同じであることに気づくはずだ。相関があまり高くない場合、リスクウエートは資産ウエートの最適化から得られるウエートに極めて近いものになる。しかし、まず正しいリスクウエートを計算して、それを資産ウエートに変換したほうがよりスマートで簡単で直感的にも分かりやすい。

相関が高いときもリスクウエーティングのほうが安全だ。ポートフォリオ5を再び見てみよう。ボラティリティはわずかしか変わらないのに、極端なウエートになっている。リスクウエーティングを用いればこんな極端なウエートにはならない。

本書ではまずリスクウエートを計算して、そのあとで資産ウエートに変換する。このプロセスはしっかり理解しておこう。

リスクウエートから資産ウエートへの変換プロセスは以下のとおりである

① **リスクウエートの計算**　プロセスの第1ステップでは標準偏差は無視して、すべてのアセットが同じボラティリティを持つものと仮定する。これを念頭に置いて、最良のポートフォリオを与えてくれるリスクウエートを計算する。リスクウエートは、すべてのアセットのリスクが同じであることを仮定して計算したウエートであることを覚えておこう。本章ではこのあとハンドクラフト法について説明する。この手法を使えばリスクウエートは直接算出することができる。

② **アセットのボラティリティを計算する**　第2ステップでは、各アセットのボラティリティを計算する。**付録C**の「標準偏差」の公式を使ってヒストリカルデータに基づいてポートフォリオの各アセットの標準偏差を推定する。あるいは**付録B**にある標準偏差の概算値を用いてもよい。アセットが似ている場合はボラティリティが同じであると仮定してもよい。これは資産ウエートとリスクウエートが同じであることを意味する。資産ウエートとリスクウエートが同じになる可能性については本章でこのあと議論する。

③ **目標ボラティリティを設定する**　目標ボラティリティはすべてのアセットで同じで、任意の数値を使うことができる。最後のステップでウエートを合計すると必ず100％になるので、どんな数値でも構わない。どんな値を設定すればよいか。推奨したいのは、アセット間の平均ボラティリティ、最大ボラティリティ、または最小ボラティリティ。

④ **ボラティリティレシオを計算する**　ボラティリティレシオとは目標ボラティリティを各アセットの推定ボラティリティで割った値である。

⑤**資産ウエートの概算値を算出する** 各アセットのリスクウエートにボラティリティレシオを掛けたものがそのアセットの資産ウエートの概算値になる。この資産ウエートを足し合わせても100％にはならないこともある。

⑥**正規化ファクターを算出する** 資産ウエートの概算値を足し合わせて、100％を概算値の合計で割る。したがって、資産ウエートの概算値の合計が25％だとすると、正規化ファクターは100％÷25％＝4になり、概算値の合計が250％だと正規化ファクターは100％÷250％＝0.4になるといった具合だ。

⑦**資産ウエートの正規化** 各アセットの資産ウエートの概算値に正規化ファクターを掛けたものが最終的な資産ウエートになる。この資産ウエートを足し合わせると必ず100％になる。

ハンドクラフト法

すべてのアセットでリスク調整済みリターンが同じであると仮定し、前のセクションで行ったようにリスクウエーティングを使えば、ポートフォリオの最適化からはより良いウエートが得られるが、標準的な最適化手法では極端なポートフォリオウエートが生成される可能性があるため、必ずしも適切な結果が得られるとは限らない。

この難問を解決するにはいくつかの方法がある（2つの主な手法はブートストラップ法とシュリンケージ。ブートストラップ法は過去のデータを繰り返し復元抽出することで最適化を行う方法で、シュリンケージは最適化の入力量を変えることでより良い結果を得る方法。これらの手法については**付録C**の「ポートフォリオ最適化のほかの方法」でも簡単に説明している。これら2つの手法はハンドクラフト法よりもはるかに複雑だが、ハンドクラフト法よりも格段に良い結果が得られるわけではない）が、私の好みの方法は非常にシンプルで、ポー

フォリオの最適化は一切含まないが、非常に信頼のおけるポートフォリオウエートが得られる方法だ。

アセットのワイルドな群れをよく組織されたポートフォリオに囲い込むために私が使っているのがトップダウンと呼ばれる方法で、私はこれをハンドクラフト法と呼んでいる。

トップダウンのハンドクラフト法

2013年に金融業界を離れる前、少しばかり時間があったので私は自分のポートフォリオを構築した。私は長年、イギリスの株式のみに投資してきた。海外の株式を調べて買うといった面倒なことはやりたくなかったし、イギリス債券の個人投資家向け市場は発展途上の状態にあった（今もそうだ）。戦略はシステマティックと言えるようなものではなく、はやりそうなものを見つけては手当たり次第ポートフォリオに放り込んだ。ポートフォリオの銘柄数が100を超えることもあったほどだ。

そしてイギリスにもETFが登場すると、私はETFに手を出し始めた。このときも明確なプランというものはなかった。社債が過小評価されているという研究結果が目に入ると、社債ETFを買った。めちゃくちゃな株式ポートフォリオに加え、ETFポートフォリオも巨大化してカオスの様相を見せてきた。

私のポートフォリオはまさにカオス状態にあり、定量的ファイナンスの知識のある人には恥ずべきポートフォリオに映ったことだろう。もう少し良識を持つべきだった。私は多くの過ちを犯した。最大の過ちはポートフォリオを「ボトムアップ」で構築したことだった。各アセットクラスや異なる国へのイクスポージャーはよく考えたうえで決定したわけではなく、すでに買うことを決めていたものを買っただけだった。

本書ではこれとは逆の方法である「トップダウン」を推奨する。それでは簡単なトップダウンアロケーションの例を見てみよう。まず、どのアセットクラス（株式とか債券とか）に投資するかを決める。次に、各国への配分を決める（アメリカ、イギリス、日本など）。次に、同じ国の異なる業種の株式に対する配分を決める。例えば、米ハイテク株へはどれくらい、米公益事業株へはどれくらい配分するかを決める。最後に、各国の特定の業種の株式に対する配分を決める。例えば、米ハイテク株のなかのグーグル、アップルなどの配分を決める（第2部で述べるように、アロケーションプロセスはこれほど簡単ではないが、トップダウンの基本はここに示したとおりである）。

プロセスの各ステップでは必要なイクスポージャーをどのようにして取得すればよいかを決める。ETFのような集団投資ファンドを使うのか、個別株を買うのか。これによって分散とコストの最高のトレードオフを持つポートフォリオを手に入れることができる。

私が使っているポートフォリオの構築方法はハンドクラフト法というものだが、これは危険なポートフォリオ最適化ソフトウェアをむやみやたらに使ったりしないし、直感でウエートを走り書きするようなものでもない。これはポートフォリオ最適化テクニックをどう使うのがベストなのかを調査した結果に基づくシンプルなプロセスだ。一定のプロセスには従うべきだが、人間の判断が入る余地もある。

直感でポートフォリオを構築するのは、切れないノミを使って椅子を作る怒りっぽい職人と同じである。本物のプロなら美しい家具を作ることができるだろうが、私たちのほとんどはその足元にも及ばない。コンピューターアルゴリズムを使って作成したポートフォリオは、大量生産された安っぽい家具のようなものだ。あなたには合わないかもしれないし、座ることもできないほどもろいといった隠れた欠点を持っているかもしれない。

しかし、ハンドクラフト法を使って作成したポートフォリオは、近

代的な電動工具を駆使して、堅牢でデザインも素晴らしくあなたの要望に合ったカスタムメイドの椅子を作り上げる腕の立つ職人を思わせるものがある。

ハンドクラフト法の方法

　ハンドクラフト法は例を使って説明したほうが分かりやすい。この前のいくかの章で使った2つのアセット——アメリカ株式と米国債——を再び考えてみよう。話を面白くするために、これに3番目のアセット——イギリス株式——を加える。

　まず標準的な最適化と本章で述べた方法を使って最良のポートフォリオを決定する。次に、ヒストリカルデータを使って相関推定値を計算し、すべてのアセットの標準偏差が同じと仮定するリスクウエートを使ってウエートを決め、すべてのアセットで幾何シャープレシオを均一にする。

　最適化から得られたウエートは**ポートフォリオ9**に示したとおりである。ウエートは**ポートフォリオ3**とまったく同じだ。

　ハンドクラフト法を使ってポートフォリオを最適化するプロセスは以下のとおりである。

- **●似たようなアセットは同じグループに分ける**　アセットをグループ分けする。似たようなアセット（相関性の高いアセット）は同じグループに分ける。できたグループは次の2つ。
  - ①株式グループ（アメリカ株とイギリス株）
  - ②債券グループ（米10年物国債）
- **●各グループにウエートを均等に配分**　株式グループに50%のウエートを配分し、債券グループにも50%のウエートを配分。
- **●各グループ内のアセット間でウエートを均等に配分**　株式グループ

ポートフォリオ9　シャープレシオが同じ３つのアセットからなるポートフォリオのウエートをリスクウエートを使って決定する

相関マトリックス

	A	B	C
A	1		
B	0.68	1	
C	0.00	0.00	1

	算術平均	標準偏差
A	4%	8%
B	4%	8%
C	4%	8%

最適化

	最適ウエート（幾何シャープレシオが最大）
A	27%
B	27%
C	46%

内ではアメリカ株に50％のウエートを配分し、イギリス株にも50％のウエートを配分。債券グループにはアセットが１つしかないので、そのアセット（米10年物国債）に100％のウエートを配分。

● **ポートフォリオ全体におけるアセットのウエートを算出**　ポートフォリオ全体における各アセットのウエートはグループ内のウエートとグループ間のウエートを掛け合わせたものになる。したがって、２つの株式のウエートは50％（グループ間のウエート）に50％（グループ内のウエート）を掛け合わせたものになり、債券のウエートは50％（グループ間のウエート）と100％（グループ内のウエート）を掛け合わせたものになる。これを計算すると各アセットのウエートは次のようになる。

①イギリス株　　25％

②アメリカ株　　25％
③米国債　　　　50％

　結果として得られたウエートは**ポートフォリオ９**のウエートに非常に近い。つまり、私のスマートでシンプルなハンドクラフト法は、「正式」な最適化の結果とほぼ同じウエートを導き出したということになる。ウエートはまったく同じではないが、期待シャープレシオはハンドクラフト法を使っても正式な最適化を使ってもほぼ同じである（正式な最適化では0.713、ハンドクラフト法では0.710）。相関推定量については常に不確実性がある（幾何シャープレシオが同じで、標準偏差も同じ［リスクウエーティングによる］なので、相関だけで最適なポートフォリオウエートは決まる）ため、ハンドクラフト法によるウエートは正式に最適化された、シャープレシオが最大のポートフォリオのウエートに非常に似ている（ちなみに、ハンドクラフト法によるウエートと正式な最適化によるウエートは、２つの株式市場の相関が1.0の場合はまったく同じになる）。

　これはリスクウエートなので、実際に使う前に資産ウエートに変換する必要がある。

ハンドクラフト法の利点

シャープレシオが最大のポートフォリオを作成することができる

　ハンドクラフト法では各グループ内のアセットは均等ウエートに設定される。第３章でも述べたように、幾何平均、標準偏差、相関がグループ内で同じなら均等ウエートのポートフォリオ（ポートフォリオ１と２）が最適ポートフォリオ（シャープレシオが最大）になる（各グループ内で相関が異なる場合、もっと複雑なハンドクラフト法を使

うことも可能。これについては拙著『**システマティックトレード**』［パンローリング］の第4章を参照）。均等ウエートのポートフォリオがなぜシャープレシオが最大のポートフォリオになるのかを理解するのは重要だ。

　幾何平均はリスクを調整した算術平均だ。したがって、すべてのアセットが同じ標準偏差（リスクウエーティングによる）を持ち、同じ幾何平均を持つ（私が設けた仮定による）場合、これはすべてのアセットが同じ算術平均を持つことを意味する。ポートフォリオの算術平均とは、それを構成するアセットの算術平均の加重平均を取ったものである。したがって、ポートフォリオのなかでアセットをどのように組み合わせても算術平均は同じになる。

　つまり、ポートフォリオのシャープレシオに影響を及ぼすのはリスクのみということになる。実際、リスクが低ければポートフォリオの幾何平均（シャープレシオの分子）は上昇し、標準偏差（シャープレシオの分母）は減少する。すべてのアセットの標準偏差は同じなので、ポートフォリオのリスクはそれがどれだけ分散されているかによって決まる。分散されているほどリスクは低くなるため、シャープレシオは大きくなる。

　相関はすべて同じなので、均等ウエートのポートフォリオが最も分散されたポートフォリオということになる。したがって、私たちが設けた仮定に基づけば、均等ウエートのポートフォリオがシャープレシオが最大のポートフォリオということである（均等ウエートというのはグループ内のアセットのウエートが均等という意味だが、各グループのサイズが大きく異なる場合、グループ間のウエートには若干の問題が生ずる。各グループのサイズが大きく異なる場合、サイズの大きな［アセットの数が多い］グループにはサイズの小さなグループよりより大きなウエートを配分しなければならない。債券［グループに含まれるアセットは1つのみ］に対する最適シャープレシオウエート［46

%］がハンドクラフト法によるウエート［50％］よりも若干低いのはこのためだ［このあとの議論を参照］。グループ内の相関がほかよりも低いグループがある場合も同じような問題が生ずる。どちらも大した影響は及ぼさないが、これの修正方法については**付録C**の「異なるグループサイズを扱う正式な方法」を参照）。

しかし、これらの仮定は現実的と言えるのだろうか。

- **●標準偏差が同じ**　ハンドクラフト法ではリスクウエートを用いるので、すべてのアセットは自動的に期待標準偏差が等しくなる。標準偏差の推定量は比較的不確実性が低いため、比較的予測が可能。
- **●幾何平均が同じ（シャープレシオが同じ）**　標準偏差が同じなので、シャープレシオが同じなら幾何平均も同じになる。シャープレシオが同じになることを仮定した理由についてはすでに説明済み（各アセットのシャープレシオを予測することができるとまだ思っているのであれば、第3章の**図12**と**図13**をもう一度見直そう。**図12**と**図13**を見ても考えが変わらないときは、本書のこれまでのところをもう一度読み直してもらいたい。これによってシャープレシオを予測することを断念してくれればよいのだが［少なくとも今のところは。シャープレシオが予測できることについては第3部で説明する。またそれに応じてハンドクラフト法によるウエートを調整する方法についても説明する]）。
- **●相関が同じ**　各グループ内のアセットが似通っているかぎり、この仮定は妥当だ。同じグループ内のアセットが高い相関性を持つ（例えば、同じ業種の株式）場合も、この仮定は正しい。しかし、異なるアセットクラスに属しているため無相関の場合もまたこの仮定は正しい。同じグループに相関性の高いアセットと無相関のアセットが混在している場合、この仮定は現実味を失う。しかし、グループ分けを正しく行っていればこんなことは起こらないはずだ。

データに対して堅牢

ハンドクラフト法ではパフォーマンスの推定量は使わない。ハンドクラフト法は期待平均リターンや相関あるいは標準偏差が少しくらい変化しても大きな影響を受けることはない。過去の不確実性にも過度に振り回されることはない。パラメーターを再評価するのに新しいデータを使っても、数カ月ごとにポートフォリオが劇的に変化するわけではない。

高度なコンピューターソフトも不要（私が高度なコンピューターソフトを使ってハンドクラフト法を検証したことを知るとあなたは喜ぶに違いない。技術的なことに興味のある人のために言っておくと、グループを自動的に作るのに使ったのはクラスタリングアルゴリズムと呼ばれるもので、過去のデータのみを拡大バックテストウィンドウで使った。アウトオブサンプル・パフォーマンスはもっと高度なテクニックのパフォーマンスに近かった。そして、インサンプルのパフォーマンスはアウトオブサンプルデータで検証しても低下することはなかった）で、紙と鉛筆だけで実行することができる。ただし、スプレッドシートを使ったほうが速いかもしれない。

危機の影響を受けにくい

2008年のときのような市場危機のときは、すべてのアセットの価格は下がり（第9章では危機のときにもうまくいけば分散効果をもたらすオルタナティブアセットについて説明する）、相関は1に近づき、分散はほとんど効果がなかったことがよく知られている。しかし、ハンドクラフト法は予想どおりには分散されないようなアセットに依拠する。これは問題だろうか。

危機のときに相関の上昇が問題になるのは、相関が低いことを想定してポートフォリオにレバレッジをかけているときだけである（次の余談を参照）。それで分散効果がなくなれば損失を被り、もはや取り戻

すことはできないだろう。投資家にとって重要なのは長期にわたる平均相関だ。レバレッジをかけていなければ、一時的に相関が上昇して大きな損失を被ってもポートフォリオを売る必要はなく、物事が平常に戻れば分散から大きな効果を期待することができる。

また、ハンドクラフト法によるポートフォリオは通常の最適化によるポートフォリオに比べると、相関を推定し間違えても大きな影響を受けることはない。たとえ、非現実的なほど高い相関推定量になったとしても、標準的な最適化手法のように極端なウエートになったりはしない。

余談――リスクパリティファンド

リスクパリティファンドは今人気のファンドだ。リスクパリティファンドは資本を配分するのではなくて、ポートフォリオに含まれるすべてのアセットのポートフォリオリスクに対する貢献度が同じになるようにリスクを配分する。

リスクウエーティングを使ってハンドクラフト法でポートフォリオを構築すると、リスクパリティファンドに似たポートフォリオが出来上がる（ちょっと知識を披露するならば、リスクウエートを使えば、リスクパリティとまったく同じではないが、非常によく似たボラティリティパリティポートフォリオが出来上がる。また、リスクパリティポートフォリオではポートフォリオ全体のリスクに対する各アセットの貢献度は同じだ。つまり、各アセットクラス内で内部的な分散が行われているということである）。通常のリスクパリティファンドの場合、株式と債券のリスクウエートは同じになり、債券は低リスクであるため配分される資産は大きくなる。ハンドクラフト法によるポートフォリオとリスクパリテ

ィファンドの大きな違いは、リスクパリティファンドは債券低リスクを補うためにレバレッジを使っていることである。

この数年はリスクパリティファンドは大きな批判にさらされてきた。同じ批判は本章で紹介するポートフォリオにも当てはまる。しかし、批判の多くは偏見に満ちたものだ。

もちろん、レバレッジをかけたリスクパリティファンドは相関が上昇したり、分散効果がなくなれば影響を受けるが、これはどういったレバレッジ型ファンドにも言えることである。事実、ほとんどのヘッジファンド戦略はリスクパリティよりもはるかに大きなレバレッジを必要とする。アセットが完全相関でないかぎり、分散のメリットは必ずある。ハンドクラフト法を使うほとんどの人は、以前述べた借り入れ可能な投資家タイプの人を除いて、レバレッジは使わない。

もう1つの批判は、リスクパリティファンドとシャープレシオが最大のポートフォリオは債券に対する資産ウエートが高いということである。30年にわたる債券のブル相場が終わった今、これはクレイジーだという人もいる（2012年のフィナンシャル・タイムズの記事。本書執筆の時点ではこの記事が投稿されてから5年たつが、興味深いことに債券利回りはほとんど変わっていない）。

しかし、リスクの低いアセットの資産ウエートは高くすべきである。高いリターンが欲しければ、株式のリスクウエートを高くする（妥協ポートフォリオと幾何平均が最大のポートフォリオ）のが妥当だが、これによってリスクが上昇することも忘れてはならない。

しかし、本書執筆の2017年初期の時点では、金利の上昇によって債券のパフォーマンスが下がるのではないかと危惧されている。あなたが懐疑的でリスク調整済みリターンは予測することはできないと思うのであれば、こういったことに不安を抱く必要はない。

でも心配な人のために、第3部では金利の変動や金利水準に関する情報を使ってポートフォリオウエートを調整するためのシステマティックモデルを紹介するので安心してもらいたい。

複数レベルでのアロケーションが可能

ハンドクラフト法の最初の例では、ウエートを2段階に分けて配分した。まず、アセットをアセットクラスごとにグループ分けし、グループ間でウエートを配分（第1段階）。次にアセット内でウエートを配分（第2段階）した。しかし、ポートフォリオの規模が大きい場合、ウエートの配分をさらに細かいレベルに分けることができる。つまり、トップダウン方式ではいかなるサイズのポートフォリオも構築できるということである。これについては第2部で説明する。

ここでは4段階のウエート配分について説明する。第1段階では、株式や債券といったアセットクラスに対するウエートを決める。次に、アセットクラス内で各国に対するウエートを決める（第2段階）。そして次は各国の各業種内での株式のウエートを決める（第3段階）。そして最後に、各国の各業種における個別株のウエートを決める（第4段階）（第2部で述べるように、アロケーションプロセスはこれほど単純ではないが、基本的なトップダウン方式は理解してもらえたことと思う）。

制約を含めることも可能

ポートフォリオアロケーションには制約がある場合があるため、均等ウエートが常に適切であるとは限らない。しかし幸いなことに、トップダウンのハンドクラフト法ではそういった制約にも対応可能だ。

例えば、新興国市場の株式に対するリスクウエートを25％に制限したいとしよう。こういった場合は、まず株式のアセットクラスを2つのグループに分ける——新興国市場と先進国市場。新興国市場のリス

クウエートは25%なので、先進国市場のリスクウエートは残りの75%になる。最後に、2つのグループ内のおのおので配分を行う。

リスク水準の異なるポートフォリオの計算方法

ハンドクラフト法は一定の仮定の下でシャープレシオが最大のポートフォリオを見つけるものである。しかし、そのポートフォリオはだれにでも適しているわけではない。

本章の最初に3つのポートフォリオ——シャープレシオが最大のポートフォリオ（シャープレシオは高いが、リターンが高いわけではない）、幾何平均が最大のポートフォリオ（リターンは高いが、シャープレシオは低い）、妥協ポートフォリオ（これら2つの中間）——を推奨した。投資家にとって正しいポートフォリオはその投資家のリスク許容量によって違ってくる。

ハンドクラフト法ではシャープレシオが最大のポートフォリオを構築するが、幾何平均が最大のポートフォリオや妥協ポートフォリオにしたい場合はどうすればよいのだろうか。これにはポートフォリオの制約を使う。

手順は以下のとおりである。

● **低リスクのアセットを同じグループにまとめる**　トップレベルのグループ分けでは、低リスクのアセットを1つのグループにまとめ、高リスクのアセットを別のグループにまとめる。例えば、トップクラスのグループとして債券と株式を使っている（第8章では、これを拡張してトップレベルのアセットに別のアセットクラスを含む方法について説明する）場合、低リスクのグループには債券がグループ分けされ、高リスクのグループには株式がグループ分けされる（もちろんこれは過度に単純化したものだ。ブルーチップ銘柄は満期が

何十年も先の利回りの高い新興国市場の社債よりもリスクははるかに低い。しかし、こうした単純化を使うことで物事が簡単化されるし、最終的なポートフォリオウエートにも大きな影響はない)。

●**低リスクのグループに適切なウエートを設定する**
　①幾何平均が最大のポートフォリオ——低リスクのグループに10%配分する。これは低いように感じるかもしれないが、これはリスクウエートであることを思い出そう。これを資産ウエートに変換すると配分はおよそ20%になる(この20%の資産ウエートについては本章で前に述べた。債券のウエートを高くすると幾何平均は低下するが、低くするとポートフォリオに不必要なリスクが含まれることになる)。
　②妥協ポートフォリオ——低リスクのグループに30%のリスクウエートを配分する。この数値は投資家のリスク許容量に合わせて変更して、ポートフォリオボラティリティを上下させることが可能。
　③シャープレシオが最大のポートフォリオ——従来のハンドクラフト法に従って各グループに50%のリスクウエートを配分する。
●**このあとは通常の手順**　このあとは2つのグループ内でウエートを配分する。

詳しくは第8章で説明する(各アセットクラスに対するウエートについて説明するところで)。

ポートフォリオアロケーションに関する実務上の問題

ハンドクラフト法とリスクウエートを組み合わせれば、堅牢なポートフォリオウエートを比較的簡単に求めることができる。しかし、実際にやってみるといくつかの問題に直面する。本セクションではこうした問題とその解決方法について見ていく。

フルリスクウエーティングを使う必要が本当にあるのか

リスクウエートを決める正式な方法ではポートフォリオに含まれるすべてのアセットの標準偏差を計算しなければならない。そうすることで初めてリスクウエートを資産ウエートに変換することができる。しかし、それはかなりの手間だ。これを行う方法は3つある。

- **ボラティリティを推定してフルリスクウエートを用いる**　付録Cの「標準偏差」の公式を使ってポートフォリオに含まれるすべてのアセットの標準偏差を計算する。そして、その計算値を使ってリスクウエートを資産ウエートに変換する。

　これらのリスクウエートは固定値にすることもできるし、定期的に予測し直すこともできる。

　これら2つの選択肢についてはこのあとのセクションで説明する。
- **ボラティリティの概算値を使ってリスクウエートを計算する**　付録Bの標準偏差の概算値を使う。このときのリスクウエートは固定値だ。
- **リスクウエートを使わない**　アセットの標準偏差がほぼ同じだと思うのであれば、調整は不要で、リスクウエートをそのまま資産ウエートとして使うことができる。

異なるアセットクラス間とか、先進国市場と新興国市場間とか、信用力の異なる発行体が発行した債券といった具合に、グループ内のアセットのリスクが著しく異なる場合、ウエートの調整には推定ボラティリティか、ボラティリティの概算値を使わなければならない。

しかし、同じ国の同じ業種の株式（例えば、ドイツの公益事業会社）のようにアセットが非常に似通っている場合、ポートフォリオのもっと細かいレベルでは物事は違ってくる。この場合はボラティリティが

すべて同じと仮定するのが安全だ。つまり、リスクウエートと資産ウエートは同じということである。

ボラティリティが変わるとどうなるのか

自分自身で標準偏差を計算したことがある人は、ボラティリティは時間とともに変化することに気づいたはずだ。例えば、1980年代初期、米10年物国債の標準偏差はおよそ年20％だったが、1990年代の中ごろ以降はおよそ7％に下がった。

理論的にはボラティリティが変わったらポートフォリオウエートは調整するのが一番良いが、そうなると余分なトレードコストがかかる。これをリバランスというが、これを行う価値があるかどうかについては第4部で議論する。

相関が変わるとどうなるのか

相関も常に一定というわけではない。例えば、20世紀の大半はアメリカの債券と株式は高いインフレにさらされていたため、相関は正だった。しかし、インフレがそれほど重要ではなくなった1990年代後半、アメリカの債券は安全な避難場所になったため、株式との相関は負になった。

理論的には、相関が変化したら何かをしなければならないし、アセットを違うグループに移動させる必要があるかもしれない。つまり、ハンドクラフト法によるウエートを変えてポートフォリオアロケーションを変更するということである。

しかし、これには教訓話がある。1999年にユーロが導入されたあと、その加盟国の統合が進み、その結果、ヨーロッパのアセットのリターンの相関は上昇した。この傾向が特に顕著だったのが債券市場である。

例えば、イタリアの債券はドイツの債券と比較的無相関だったのが、ほぼ完全相関に変わった。

これを反映するようにアセットのグループ分けを変えたほうがよかったのだろうか。あとで考えれば、そんなことをすれば大変なことになっていただろう。2008年に金融危機が始まるとイタリアの債券は突然リスクが高まり、その一方でドイツの債券は安全な避難場所になった。高い正の相関性を示していたのが、いきなり負の相関に変わったのである。

賢明な選択肢はアセットのグループ分けを変えないことである。ハンドクラフト法でのグループ分けは主観による部分もあるため、オーバートレーディングにつながることもあり、よく考え抜かれたポートフォリオアロケーションに従ってきたメリットがなくなるおそれもある（ハンドクラフト法を使わずに正式な最適化を使っている場合、あなたの手法に推定値の不確実性が含まれ、コストも含まれていれば、相関は時間の経過とともに調整する必要がある。これについては詳しくは第4部で議論する）。

ハンドクラフト法に代わる方法

上級の読者はハンドクラフト法はあまりにも簡単なので好きにはなれず、もっと良い方法はないのかと思うかもしれない。標準的な最適化モデルは絶対に勧めないが、ハンドクラフト法に代わる安全な方法はある。これについては**付録C**の「ポートフォリオ最適化のほかの方法」を参照してもらいたい。

グループ内では常に均等ウエートを使うべきか

ハンドクラフト法ではいったんグループ分けしたら、そのグループ

のなかではアセットは均等ウエートにすることを推奨している。しかし、このあと分かってくると思うが、このルールに常にやみくもに従う必要はない。

均等ウエートが意味をなさない4つのシナリオがある。

①グループの大きさが大きく異なる場合。
②均等ウエートが時価総額ウエートによるコンセンサスから大きく外れ、投資家の困惑を引き起こす場合。
③ほかのアセットよりもトレードコストや保有コストが高いアセットが含まれる場合。
④リスクの高いアセットが含まれる場合。

グループの大きさが異なる場合

ハンドクラフト法を紹介するときに使った3つのアセット(イギリス株、米国債、アメリカ株)からなるシンプルなポートフォリオを考えてみよう。シャープレシオが最大になるこのポートフォリオのウエートは米国債が50％、アメリカ株が25％、イギリス株が25％だった。これらは各アセットのボラティリティが同じであると仮定するリスクウエートだ。

ここで私がバカなことをして、20の先進国の株式市場を加えたとする。ドイツ、カナダ、日本などの株式市場だ。それほど悪いことではないように思えるが、ほかの債券市場は加えないため、このポートフォリオに含まれる債券は米国債だけである。これは常軌を逸している。

ハンドクラフト法の下、大きなグループが1つ存在し、それは株式グループでウエートは50％なので、22カ国のそれぞれのウエートは2.27％になる。債券グループは1つのアセットしかないのでウエートは50％である。

これを見てどう思うだろうか。私だと不安を感じる。例えば、アメ

リカの大統領選で予期しなかった結果が出た場合、アメリカの金利に大きな影響を及ぼすイベントにさらされることになる。

ポートフォリオの半分を1つの債券市場に配分するのは不安であり、理論的に言っても正しいとは言えない。このポートフォリオの株式サブポートフォリオには完全相関ではない多くの国が含まれているため、どの1カ国にすべてを投資するよりもリスクは低い。

しかし、債券サブポートフォリオには1つの債券しか含まれていない。そのリスクは株式サブポートフォリオのそれぞれの国のリスクと同じである（リスクウエートを使っているので）。したがって、株式サブポートフォリオのリスクは債券サブポートフォリオよりも若干低く、またすべてのアセットはリターンの算術平均が同じであることを仮定しているため、株式サブポートフォリオは幾何平均もシャープレシオも債券サブポートフォリオよりも若干高い。アンバランスなポートフォリオの均等ウエートは大きなアセットグループのウエートを上げることで改善することができる。

もちろん実際には債券市場が1つで株式市場が22個も含まれるようなポートフォリオは作らない。通常は各グループの大きさはできるだけ同じになるようにする。しかし、これが不可能なときもある。したがって、グループの大きさが大きく異なるような場合は、均等ウエートにはしないことを推奨することもある。これについては第2部で説明する（この問題については理論的な公式もある。詳しくは**付録C**の「異なるグループサイズを扱う正式な方法」を参照）。

投資家の困惑

本書の後半では北米の先進国株式市場へのアロケーションについて議論する。北米はアメリカとカナダという2カ国しかないため地理的には退屈な地域だ。各国へはどれくらい配分すればよいのだろうか。ポートフォリオの配分を決めるコンセンサス方式が時価総額ウエートだ。

この方式に基づけば、アメリカに94％、カナダに6％配分しなければならないことになる。しかし、ハンドクラフト法を使えばそれぞれの国の配分は50％ずつになる。

これは大きな違いだ。時価総額ウエート（コンセンサス）とこれほど大きな違いがあれば、カナダがアメリカをアンダーパフォームするときには困ったことになる。トラッキングエラーなどの投資家の困惑を測定する正式な測度で見れば、ベンチマークから大きく乖離することになる。

実際のポートフォリオの設定では投資家の困惑はどれくらい大きくなるのだろうか。つまり、時価総額のリターンとハンドクラフト法のリターンの違いはどれくらいになるのだろうか。

これを調べるために22の先進国の株式市場を使って実験をしてみた（簡単にするために債券市場や新興国市場は含めていない）。実験では4つの異なる加重方式を試してみた――完全最適化（私が批判してきた手法）、ハンドクラフト法、均等ウエート（グループ分けはせずにどの国にも同じウエートを配分）、時価総額ウエート。

各加重方式によるリターンを示したものが**図24**である。

最適化ポートフォリオのパフォーマンスが悪いことに気づくはずだ。幾何平均はほかのポートフォリオよりも年間で少なくとも2.5％低い。さらに悪いことに、最適化ポートフォリオの最終ウエートは正気のものとは思われない。15の国のウエートはゼロで、フィンランドが26％という大きなウエートを占める。フィンランドの読者には謝罪しなければならないが、ほかに21カ国もあるというのに26％は大きすぎる。命取りになるのは、「リターンの過去の推定値は十分に信頼のおけるもので、これを使って最適化することができる」という考え方である。

ほかの3つのポートフォリオは、幾何平均が年間で7.3％から8.1％、シャープレシオも0.44から0.55と非常に似通っている。パフォーマンスにもほとんど違いは見られないが、最適化ポートフォリオとは大きく

図24　22の先進国の株式市場のリターンは加重方法の違いによる差はほとんどない

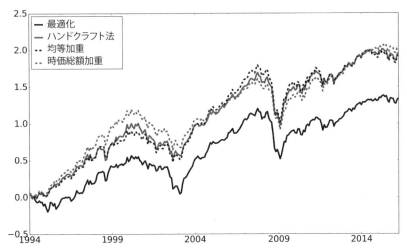

y軸は累積リターンを対数目盛で示している。1.0は100％のリターンを意味する

異なる（第3章でも述べたとおり、過去のシャープレシオの不確実性はこれらの違いよりもはるかに大きい）。ハンドクラフト法が時価総額ウエートやグループ分けしない均等ウエートよりも優れている点は少なく（三者の間に大きな違いはない）、過去の証拠だけを使って評価するのは難しい。これについては第6章で説明する。

図24からは時価総額ウエートではなくてハンドクラフト法を使ったときに投資家がどれだけ困惑を感じるかを評価するのは難しい。それでは、ハンドクラフトポートフォリオと時価総額加重ポートフォリオのリターンの違いを見てみることにしよう。

これを示したものが**図25**である。グラフはほとんど上昇しているが、これはこの期間においてハンドクラフト法が時価総額ウエートをアウトパフォームしていることを示している。困惑を感じるのはハンドクラフト法がコンセンサスをアンダーパフォームしているときだけであ

図25　最適化手法の比較――トラッキングエラー

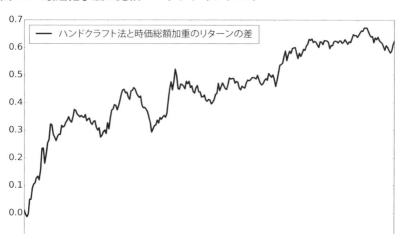

y軸は累積リターンの差を対数目盛で示している。0.2はパフォーマンスの20％の差を意味する

る。グラフが下降している部分がこれに当たる。例えば、ハイテクバブル崩壊後の2000年のなかごろから12カ月にわたってハンドクラフト法は時価総額ウエートをおよそ15％アンダーパフォームしている。

　この一時的な屈辱に対処する必要があるが、それができなければウエートを時価総額ウエートのコンセンサスに近づくように調整する必要がある（グループの大きさが異なるという問題と投資家の困惑を最小化するという問題は互いに対立する概念だ。北米の先進国の株式市場はこれの完璧な例だ。北米には２カ国しかないので、当然ながら16カ国ある欧州の先進国よりもウエートは低くしなければならない。しかし、時価総額ウエートでは北米のウエートは56％になる。これはあとで説明するが、結局私は北米と欧州には同じウエートを配分した。グループの大きさが異なる［欧州のウエートを高くすることが正当化される］問題と投資家の困惑を最小化する［北米のウエートを高くすることが正当化される］問題は相殺できると私は思っている）。

高額なアセット

コスト差引前のリスク調整済みリターンは予測不可能であることを仮定している。しかし、詳しくは第5章で説明するが、コストは予測可能だ。つまり、高額なアセットはコスト差引後のリターンは悪くなるということである。

アセットによっては買ったり保有したりするコストが高いものもあり、これについてはどうすることもできない。新興国市場やオルタナティブアセットクラスが含まれるETFは、S&P500のような大きな流動性市場に連動する指数連動型ファンドよりも価格ははるかに高い。したがって、こういったETFのウエートは均等ウエートよりも低くしなければならない。コストについては次章で詳しく説明する。

高いリスク

リスクウエートは、すべてのリスクは予測可能で、これまで使ってきた標準偏差で十分にとらえることができると暗に仮定している。しかし残念ながらリスクは100％予測することは不可能で、標準偏差ではすべてのリスクを説明することはできない。

リスクがほかのアセットよりも予測しにくいアセットもある。新興国市場、ハイテクやバイオテク市場、一定のタイプのオルタナティブアセットなどはその良い例で、利回りの高いジャンクボンドもこの範疇に含まれる。こうした毒を含むアセットはリスクが比較的低い時期が長く続くが、突然リターンのボラティリティが高まる。大概は何の前触れもなく一晩のうちに高まる（ついでに言えば、こうしたタイプのアセットの場合、変化するボラティリティ推定量を使うのは特に危険。ボラティリティが下落すれば資産ウエートやポジションサイズを増やす傾向があるからだ。そして、ボラティリティが急激に上昇すれば、リスク推定量を一定に維持していたときよりもイクスポージャーは急に高まる）。

これらのアセットのリスク特性は予測不可能なだけでなく、不愉快でもある。こうした資産のリターンは第２章で述べたようなきれいな対称的なガウス正規分布には従わずに、ガウス分布で予想されるよりも価格の大きな下落が頻繁に起こるといった悪魔のような分布を示す（歪度は負で、尖度は高い［ファットテール］）。標準偏差のようなシンプルで対称的なリスク測度ではこうしたアセットが内部に含む不快さはとらえることができない。

　こうした不愉快なアセットのウエートは、より予測可能で特性が良好なリスクを持つアセットよりも低くするのがよい。

ウエートを設定するときには柔軟性が重要。またウエートを一度決めたらそれに従うことが重要

　北米のなかのカナダの最適ウエートが６％になるのか、40％、あるいは50％になるのかは実際にはまったく分からない。もちろんあなたにも分からない。過去の相関については（シャープレシオよりも）比較的優れた統計的推定値はあるが、これだけでは過去の最適ウエートがどんなものだったのかは正確には分からない（第３章の**表8**を参照）。したがって、将来的な相関や最適ウエートについてもはっきりとは分からない。

　ハンドクラフト法は使う人によって結果は異なる。というのはハンドクラフト法ではグループ分けのときに幾分かの主観が入るからである。前述のように各グループ内での均等ウエートにこだわるのも問題だ。

　ハンドクラフト法を意味のあるものにしたければ肩の力を抜く必要がある。私が推奨するグループ分けやウエートを使うか、自分で決める。グループ分けや加重の方法にこだわる必要はない。唯一の正しい方法というものはないのだ。必要があればグループ内での厳密な均等

ウエートはやめてもよい。私も第2部のいくつかのポートフォリオではそうしている。

ハンドクラフト法にはルールはないため、私が推奨するポートフォリオウエートをそのまま使ってもよいが、自分の考えを取り入れながらも、ポートフォリオ構築の論理的でシステマティックなフレームワークには従ったほうがよい。自分が納得するウエートであればどんなウエートを使っても構わない。とにかく自分が納得することが重要だ。なぜなら、一度ウエートを決めたらそれに従うことが最も重要なことだからだ。

このテーマに関する最後の言葉は、近代ポートフォリオ理論の父で、高度な最適化テクニックの発明者でもあるハリー・マーコウィッツに委ねることにしよう。

> 「アセットクラスの過去の共分散を計算して効率的フロンティア（標準的な最適化手法）を書いてみるべきだったのだろうが、そうはせずに、株式市場が上昇したときに市場に参入していないときの絶望（あるいは困惑）や、株式市場が下落したときに参入しているときの絶望を想像してみた。なぜなら将来的にできるだけ後悔したくなかった（困惑を感じたくなかった）からだ。だから、私は債券と株式のウエートを50％ずつに分けたのだ」——ハリー・マーコウィッツ（ベンジャミン・グレアムとジェイソン・ツバイク著『新賢明なる投資家』より。カッコ内は私のコメント）

重要なポイント

●**リスクウエーティング**　リスクウエーティングはポートフォリオウエートを決める安全で直感的な方法だ。リスクウエーティングを使えば、推定ボラティリティが少しばかり変化しても極端なウエート

になることはない。

- ●**ハンドクラフト法――トップダウンの均等ウエート**　相関は比較的予測可能なので、リスクウエーティングを使って異なる水準の期待ボラティリティを調整しながらポートフォリオウエートを決めるときは、相関がポイントになる。つまり、ポートフォリオはできるだけ分散したほうがよい。分散を行ううえで最良の方法がトップダウンでポートフォリオを構築することである。そのための方法がハンドクラフト法だ。ハンドクラフト法ではまずアセットをグループ分け（アセットクラスに分ける）して、同じグループ内でウエートを均等に配分する。次に各国にウエートを配分し、最後に同じ国のなかでウエートを配分する。

- ●**高リターン・低リスクの聖杯などない**　つまり、どのくらいのリスクを許容できるかを決め、現実的なリターンを予測し、それに応じてポートフォリオを構築しなければならないということである。リターンとリスクのトレードオフを考える1つの方法は、債券に50％のリスクウエートを配分するシャープレシオが最大のポートフォリオを構築するというものだ。シャープレシオの最大化を目指す投資家は、低リスク・低リターンのアセットは排除すべきだ。なぜなら、こうしたアセットでは資産を効率的に利用することはできないからだ。また、株式のみのポートフォリオも避けるべし。100％株式に投資するよりも、債券に10％のリスクウエートを配分する幾何平均が最大のポートフォリオのほうが安全で、しかも期待リターンは同じだ。債券に30％のリスクウエートを配分する妥協ポートフォリオはもっと安全。株式にも幾分かは投資すべき。債券にのみ投資するよりも、シャープレシオが最大のポートフォリオを買って、キャッシュで希釈化したほうが安全だ。ただし、インフレ率を考えれば安全なキャッシュなどないことに注意しよう。特に資金を失うことを極度に恐れる超安全志向の投資家はこのことに留意すべき。

●**柔軟性を持つことが大事。ただし、一度ウエートを決めたら変えないこと**　理論的にはハンドクラフト法によるポートフォリオではグループ内ではウエートは均等に配分するのがベストだが、均等ウエートは常に効果的とは限らない。特に、①それによって困惑を感じるとき（均等ウエートが時価総額ウエートから大きく乖離するとき）、②グループの大きさが異なるとき、③高額なアセットが含まれるとき、④リスクが不快で比較的予測不可能なアセットが含まれるとき——はそうである。「完璧」なポートフォリオウエートなど存在しない。しかし、ウエートを一度決めたら、それに従うことが重要だ。

第 5 章
コストのスマートな考え方

Smart Thinking about Costs

　多くの投資本はコストについてはあまり多くを語りたがらない。「コストの安いファンドを買え」は分かりきったことだ。これは特にパッシブ投資について書かれた本でよく見られる。アクティブファンドを勧める本に「優れたマネジャーにたくさん資金を払うことを恐れてはならない」と書いてあっても、私は特に驚くことはない。個別株のトレードについて書かれた本には、「あまり頻繁にトレードするな」と書かれてあるが、これは良いアドバイスだ。

　こうしたアドバイスは道理にかなったアドバイスのように聞こえるが、うわべだけのような気がするし、あまりにも漠然としている。ファンドのコストはどう測り、どう比較すればよいのだろうか。優れたマネジャーを見つけて、その優秀さを数値化することはできるのだろうか。頻繁にトレードするとは、具体的にはどのくらいトレードをすると頻繁というのだろうか。

　次の質問も非常に重要だが、あまり問われることはない——「分散してもっと多くのファンドを買うことが、小さな投資を増やしてより多くのコストを払うことを意味するのなら、それに価値はあるのだろうか。十分な資金を持って個別株に投資すべきなのだろうか、それともETF（上場投資信託）のようなファンドにのみ投資すべきなのだろうか」。

本章では、まずコストはどのように測るべきかという質問に答え、異なる投資のコストを比較する最も賢明な方法について説明する。そして次の第6章では、いろいろなファンドの小さなポジションを保有したり個別株を持つことによるコストの上昇と分散の便益を比較する（第3部ではアクティブファンドマネジャーの評価方法を含め、リターンとコストのほかのトレードオフの評価方法について議論する。また、第4部ではポートフォリオではどれくらい頻繁にトレードすべきかについて議論する）。

本章の概要

- **コストはなぜ重要なのか**　本章ではコストについて考える。本章を読んでコストの重要さを理解してもらいたい。
- **コストを測る**　投資ではどういったコストが発生するのか、またそれを測る方法は？
- **異なるETFのコストの比較方法**　年間管理手数料だけを見ればETFのコストについてすべてを知ることはできるのか。
- **ETFポートフォリオを分散するのにかかるコスト**　例えば、1つのグローバル株式ファンドを買うのと各国のファンドを買うのとではコストはどれくらい違うのか。
- **コストを比較するうえでの注意点**　異なる投資のコストを比較するとき、どういった点に注意すればよいのか。
- **コストを低減するための戦略**　コストをできるだけ抑えるための提案。

コストはなぜ重要なのか

　投資ではコストは極めて重要だ。理由は以下のとおりである。

第5章 コストのスマートな考え方

1. 投資ファンドの目に見える管理手数料は氷山の一角にすぎない。コストには目に見えないコストもある。
2. コストを測るのは必ずしも簡単ではないが、比較的推測可能だ。少なくともリターンよりは推測可能だ（信じられないようであれば第2章と第3章を読み直してもらいたい）。安いパッシブファンドよりも1％コストの高いアクティブファンドが必ず高いリターンを上げるかどうかは分からないが、1％だけ余分な手数料を払わなければならないことは確かだ（確実なコストと不確実なリターンのトレードオフについては第6章で説明する）。高いリターンを求めるよりもコストをコントロールするほうがはるかに簡単だ。
3. コストを運用資産の比率として考えるのは間違っている。コストはリターンに対する比率で考えなければならない。例えば、年10％のリターンがあったとすると、2％のコストは利益の20％に相当する。これはゾッとする数字だ。
4. 株式リターンが10％を上回っていた1980～1990年代は2％のコストは許容範囲内だったが、第3章の終わりで述べたように、将来のリターンは下がる可能性が高い。コスト差引前の年間リターンがわずか5％なら、2％の管理手数料を払うということは年間で利益の40％を棒に振ることを意味する。
5. 複利効果によって、コストがわずかに上昇するだけで、長い目で見れば大きな影響がある。寿命が長くなっている今、投資家はもっと早く貯蓄を始め、できるだけ長く資金を蓄える必要がある。

上の3と4については**図26**を見てもらいたい。

一番上の実線は、21歳のときに投資を始めて81歳（イギリスやアメリカの今の平均寿命）まで続けた場合、実質リターンが5％でコスト

図26　100ドル投資した場合のコストの影響

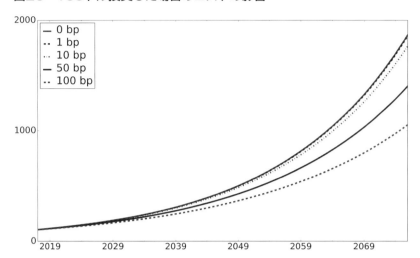

各ラインは5％の一貫したリターンがあった場合、実際にはどれくらいの利益があるかを示したもの。一番上のラインはコストがゼロで、ほかのラインは年間コストが0.01％（1ベーシスポイント）、0.1％（10bp）、0.5％（50bp）、1％（100bp）のときの累積リターンを示したもの

がゼロの場合、どれくらい稼げるかを示したものだ。その下のラインはコストがかかったときの利益を示している。

比較的安い0.1％（10bp）のコストがかかったとき、ポートフォリオの最終価値は6％以上下落する。50bpのコストでは25％も下落する。そして、1％（100bp）のコストではポートフォリオの価値は半分になる。

本章ではこのあと0.01％（1bp）までのコストを計算する。わずか1bpのコストでも60年後にはポートフォリオの最終価値は0.6％下落する。これは大きなポートフォリオでは何千ポンドや何千ドルにも相当する。大学の寄付基金などの機関投資家の場合、投資期間は60年よりも長くなるため、コストはさらに重要になる。

賢明な投資家はリターンについて考えるのと同じくらいの時間を使

ってコストについて考える。

コストを測る

コストを比較する前にまずはコストを測る必要がある。本章では、①個別株を買ったときのコスト、②指数連動型パッシブETFに投資したときのコスト——について考える。パッシブETFはマーケットイクスポージャーをとる最も安い方法だ。ここでは、比較的高額でアクティブに運用されているユニットトラストや投資信託のようなファンドについては考えない（アクティブ運用に高い資金を払う価値があるのかどうかについては第3部で議論する）。

目に見えるコストと目に見えないコスト

投資家がコストについて真剣に考えないのは、コストを過小評価していることも理由の1つだ。投資にはどれくらいのコストがかかるのだろうか。どんなコストを、だれに支払っているのだろうか。かかるコストのすべてをあなたは把握しているだろうか。

開示されている明確なコストは以下のとおりである。これらのコストを目に見えるコストと呼ぶ。

●**ブローカー手数料**　トレードが行われたときにブローカーに支払われるコスト。トレードにかかわる為替コストやほかのコストが含まれる。個別株、ETF、イギリスの投資トラストやREITなどの上場ビークルを売買したときには手数料がかかる。小口購入の場合には最低手数料が課される。アメリカでは通常1ドルから15ドル、イギリスでは6ポンドから20ポンドだ。大口購入者の場合、1株ごとにまたは全購入価格の比率で手数料が課される。

- **税金** 各トレードごとに国に支払われる。例としては、購入時のみにかかるイギリスの印紙税（5％）や欧州の金融取引税（0.1％）などがある（配当には税金がかかり、投資を保有したり売ったりした場合にはキャピタルゲイン税がかかるが、こうした税金についてはここでは言及しない［第4部を参照］）。
- **年間管理手数料** ETFなどのファンドの年間コスト（正式にはアメリカでは年間エクスペンスレシオ［投資資産に対する運営費用の比］と呼ばれ、イギリスではオンゴーイング・チャージズ・フィギュア［OCF］と呼ばれる）。このほかに以下に述べる「そのほかのファンド管理手数料」が含まれる場合もある。そのほかのファンド管理手数料には、ファンドの資産から毎日支払われる手数料や配当から差し引かれる手数料があり、これらの手数料は各ファンドの運用費用に充てられる。管理手数料は、最も安いパッシブインデックスファンドの年間0.03％から最も高いアクティブ運用ファンドの2％以上までいろいろだ（ファンドによっては成功報酬を課すところもある。つまり、ファンドで利益が出たら、管理手数料に加え、利益の一部をファンドマネジャーに支払うということである。成功報酬は通常、得られた利益の10％から20％）。
- **そのほかの管理手数料** ファンドの管理手数料とマーケティングコスト。銀行や弁護士などの外部の管理者に対して費用が発生したときにファンドが支払う手数料。マーケティングコストはファンドマネジャーに支払われる。外部の管理者に支払われる手数料は年間0.1％を下回るが、マーケティングコストはこれよりもはるかに高い。

上記のコストのなかには目に見える分かりやすいコストというよりはあいまいなコストもある。目論見書に小さな文字で書かれているが、どこかに必ず書かれている。目に見えるコストに対して目に見えないコストもある。これはあなたが支払っているという認識のないコスト

だ。このコストは開示されない場合が多く、おおよその額を推測するしかない。目に見えないコストには以下のようなものがある。

● **執行コスト**　株やETFを売買するときに支払う追加的コスト。市場は買うときには高く、売るときは安く値が付くことで、このコストが発生する。トレードするときに手渡す明示的な手数料ではないが、このコストによってリターンは低下する。執行コストが最も高いのは機関投資家だ。なぜなら彼らは大きなサイズでトレードするからだ。また、小型株、新興国市場株、薄商いの債券のような比較的流動性の低いアセットを買うときにはすべての投資家に高いコストがかかる。

● **ファンドによるトレードコスト**　ファンドは個別株や債券を売買するため、執行コストに加えて、ブローカー手数料と税金を支払わなければならない。売買を頻繁に行うアクティブファンドではこのコストは最も高く、指数連動型のパッシブファンドの場合は比較的低い。ファンドは彼らが支払っている手数料の全部を開示することはほとんどなく、執行コストを算出しないこともある。これは管理手数料には含まれない。

目に見えないコストについては本章でこのあと説明する。目に見えないコストは目に見えるコストを大幅に上回ることもある。

初期コスト、保有コスト、リバランスコスト

株式を直接買うか、あるいはファンドを買うかによって、コストのタイプと大きさは異なる。例えば、ドイツのDAX30株価指数を構成する銘柄を直接買えば、最初に買ったときに手数料を支払わなければならないが、いったん買えば、売るまでコストはかからない(ブローカ

ーによっては売買にかかわらず、一定のプラットフォーム手数料を課してくるところもある。しかし、保有するものにかかわらず一定であれば、トレードの意思決定においてはこれらのコストを考慮する必要はない。これについては第4部で説明する）。しかし、DAX30とまったく同じ銘柄構成にしたいのであれば、ポートフォリオウエートをDAX30と同じに維持するために売買が必要になるのでリバランスコストがかかってくる。

　DAX30の構成銘柄を直接買うのではなくて、DAX30に連動（ドイツの株価市場に連動）するファンドを買うこともできる。そのときはファンドを購入するのに初期コストがかかり、さらに年間管理手数料として保有コストも支払わなければならない。これ以外にも、マネジャーは指数に連動するために売買しなければならないため、ファンドによるトレードコストも発生する。これはあなたがコントロールすることはできず、定期的に発生するため実質的には保有コストになる。

　まとめると、コストには3つのタイプがある。

- **●初期コスト**　ポートフォリオを設定するのにかかるコスト。どういった投資に対してもかかる。例としては、手数料、初期手数料、税金（目に見えるコスト）、執行コスト（目に見えないコスト）。
- **●保有コスト**　ポートフォリオを保有するのに継続的にかかるコスト。売買するしないにかかわらずポジションを保有している間は定期的に支払わなければならない。例としては、年間管理手数料（目に見えるコスト）、ETFによるトレードコスト（目に見えないコスト）。
- **●リバランスコスト**　ポートフォリオを設定したあとで売買したときにかかるコスト。例としては、手数料、ファンドを切り替えるときにかかる手数料、税金（目に見えるコスト）、執行コスト（目に見えないコスト）。

概念──20の法則

　最初に一度だけかかるコストと継続的にかかるコスト(保有コストとトレードコスト)を比較するのは簡単ではない。

　しかし、金融数学はこれに対処可能だ。数学的には、コストの将来の支払いは、毎年クーポン(利子)を支払うが満期まで元本は償還されない債券のようなものだ。将来的に継続的に支払われる金銭のことを年金という。

　割引キャッシュフローというテクニックを使えば継続的な年間コストに現在価値を割り当てることができる。これは将来の支払いを割引率で割り引いて現在価値を算出するというものだ(この計算はエクセルの債券価格を計算する関数を使って行うことができる)。現在価値は金利水準によって違ってくる。金利が高ければ将来的な手数料の現在価値は低下する。またこれは満期までの時間にも依存する。投資期間が長ければ現在価値は上昇する。

　例えば、5年にわたる年間手数料が100ドルで金利が4％の場合、現在価値は445ドルになるが、10年にわたる年間手数料が100ドルで金利が同じ場合、現在価値はほぼ2倍の881ドルになる。また5年にわたる年間手数料が100ドルで金利が8％の場合は現在価値は399ドルになる。

　どの金利を使えばよいかは、多くのファクターに依存するため分からないのでここでは言及しない。金利は常に変わるし、将来の金利を予測するのは簡単ではないが、本書執筆の時点でのアメリカ30年物名目債の利回りはおよそ3％だ。これは長期金利としては妥当に思える。

　金利よりも大きな影響を及ぼすのが投資期間である。投資期間を1つの期間のみに限定するのは難しいが、アメリカやイギリス

の平均的な投資家の年齢は50歳で、あと30年は生きることを考えて、投資期間としては30年を用いる。

年間保有コストの100ドルを30年にわたって3％で割り引けば、現在価値は2000ドルを少し下回る額になる。したがって、年間コストを現在価値に変換するには20を掛ければよい（投資期間や金利を変えてもあなたが思うほど結果は変わらない。期間が20年のときの正しい乗数は14.9で、期間が40年のときは23.1になる。期間は30年のままで、金利だけ変えれば乗数は金利が10％のときは9.4になり、金利が0.5％のときは27.8になる）。20は切りの良い数字なので、私はこれを「20の法則」と呼んでいる。投資期間が短い投資家の乗数はこれとは違ってくる。20年の場合は15、10年の場合は8.5、5年の場合は4.5を使う。

個人的には初期コストを年間手数料に換算するほうが便利だと思う（初期コスト÷20＝年間手数料。会計に詳しい人は、これは一定の減価償却率を使って初期トレードコストを20年にわたって減価償却するのに相当することは分かるはずだ）。これを年間保有コストに加えれば、トータル年間コストを算出することができる。

トータル年間コスト＝（初期コスト÷20）＋保有コスト

小口投資家──最低手数料の影響

ETFや個別株の小さなポジションを買うのは高くつく。それは最低ブローカーコストというものがかかってくるからだ。

私がトレードに使っているブローカーは世界一安いブローカーの部類に入る。しかし、イギリスでは取引が5万ポンドを下回るトレードには1トレードにつき6ポンド、アメリカでは最低1ドルかかる。小

口投資家にとってこういった最低手数料は初期コストを上回ることが多い。

概念――ブローカー手数料と税金

目に見えるトレードコストには主として2種類ある。

1．ブローカー手数料
2．税金

手数料の算出方法にはいくつかの方法がある。トレードのサイズによらず（一定の上限はあるが）一定の手数料が課されることもある。これは個人向けブローカーによく見られる。売買する株式1株ごとに手数料を課すブローカーもいれば、売買した額の比率で手数料を課すブローカーもいるが、この場合も最低手数料は存在する。

税金の例としてはイギリスの印紙税（0.5％）と欧州の金融取引税が挙げられるが、これらはいずれも比率で課される。税率が一定という例は少ないが、ないわけではない。イギリスの売買約定代金（イギリスシティーのM&A［企業の買収・合併］を規制するテイクオーバーパネルの資金源として、売買約定代金が1万ポンドを超える取引に1ポンドの手数料を課している）などはこの一例だ。

表20はアメリカ株を直接買うときとETFを買うときに私が支払っているコストを示したものだ。いずれの場合もブローカー手数料は同

表20　大型株またはETFに投資した場合の1トレード当たりの最初のブローカーコスト（アメリカ）

投資額	直接投資	直接投資に対するコスト (%)	ETF	ETFに対するコスト (%)
$100	$1	1.00%	$1	1.00%
$500	$1	0.20%	$1	0.20%
$1,000	$1	0.10%	$1	0.10%
$2,000	$1	0.05%	$1	0.05%
$5,000	$1	0.02%	$1	0.02%
$10,000	$1	0.01%	$1	0.01%
$100,000	$10	0.01%	$10	0.01%

投資タイプ（列）・投資額（行）別の合計初期コスト。トレードコストに関する仮定については付録Bの「トレードコスト」を参照

じだ。手数料を支払わずにアメリカのETFを買えるブローカーもある。

　表21はイギリスにおけるコスト＋税金を示したものだ。ETFには購入時に0.5％の印紙税がかからないためコストは非常に安い。

　いずれの国においても小口投資家のコストは比率で見ると非常に高い。イギリスのコストのほうが高いが、これは最低手数料が高いためだ。また、個別株には印紙税がかかるためETFよりもコストが高い。

　もちろんこれらの数字はブローカーによって異なる。本書ではこのあと、投資をするときにあなたが支払う手数料に基づいて私の出した投資額を調整する方法について説明する。

マーケットインパクト

　大きな機関投資家は手数料のような目に見えるトレードコストについては割引率が適用されるため、それほど心配する必要はない。しか

表21 大型株とETFに投資した場合の1トレード当たりの最初のブローカーコストと税金（イギリス）

投資額	直接投資	直接投資に対するコスト(%)	ETF	ETFに対するコスト(%)
£100	£6.50	6.5%	£6	6%
£500	£8.50	1.7%	£6	1.2%
£1,000	£11	1.1%	£6	0.6%
£2,000	£16	0.8%	£6	0.3%
£5,000	£31	0.62%	£6	0.12%
£10,000	£56	0.56%	£6	0.06%
£100,000	£530	0.53%	£29	0.03%

投資タイプ（列）・投資額（行）別の合計初期コスト。トレードコストに関する仮定については付録Bの「トレードコスト」を参照

し、目に見えない執行コストは大量の株式を買う投資家にとっては深刻な問題となる。

概念――目に見えないトレードコスト

　目に見えるブローカー手数料だけでなく、市場でトレードする人にはだれにでもトレードを執行するときには目に見えないコストがかかる。これははっきりしないコストで、市場があなたが買うときには多くを支払わせ、売るときには少なく支払うことで発生するものだ。これははっきりしない目に見えないコストだが、コストには変わりはなく、このためリターンは減少する。

　架空のクオートを見てみよう。**表22**には買い気配値と売り気配値が示されている。

表22　架空の株式クオート

買い気配値	サイズ
$1.50	50
$1.49	100
$1.48	75

売り気配値	サイズ
$1.51	25
$1.52	50
$1.53	200

　中間の値はインサイドスプレッドの平均、つまりベストな買い気配値である1.50とベストな売り気配値である1.51の中間の価格になるので、この場合は1.50 1/2になる。しかし、1.50 1/2で買えることはほとんどない。25株を超えて株を買う場合、1.51ドル支払わなければならないし、50株売る場合の価格は1.50ドルになる。中間の値とあなたが買うときに実際に支払う価格、または売るときに受け取れる価格との差である0.5セントのことをビッドアスクスプレッドコストという。

　しかし、200株買いたいときあるいは売りたいときはどうなるのだろうか。200株買うときは1.52 1/2支払わなければならない（25×1.51ドル＋50×1.52ドル＋125×1.53ドル＝305ドル。200株の平均は305ドル÷200＝1.52 1/2）。これは中間の値よりも2セント高い。これに対して200株売るときには1株当たり1.49ドルでしか売れない（50×1.50ドル＋100×1.49ドル＋50×1.48ドル＝298ドル。200株の平均は298ドル÷200＝1.49）。これは中間の値よりも1.5セント安い。平均的に200株トレードしようとする人は中間の値よりも1.75セント悪いレートになる（1.5セントと2.0セントの平均）。このうちの0.5セントはビッドアスクスプレッドコストで、残りの1.25セントは大きなサイズをトレードするためのコストになる。この余分な1.25セントのコストをマーケットインパクトという。

　ビッドアスクスプレッドの0.5セントと200株トレードするときのマーケットインパクト（平均で1.25セント）を足し合わせたも

のが平均トータル執行コスト（1.75セント）になる。クオートは常に変化するため執行コストを正確に予測することは不可能だが、市場を定期的にモニターすることでかなり正確な推定値をはじき出すことができる。

　大きなトレードはマーケットインパクトも大きい。機関投資家が個人トレーダーよりも執行コストについて気にしなければならないのはこのためだ。**表22**を見ると分かるように、20株以下の株式をトレードする場合、マーケットインパクトはゼロで、コストはビッドアスクスプレッドの半分だ。個人トレーダーがトレードするときにはビッドアスクスプレッドだけ払えばよいものとする。

　執行コストの大きさについて理解してもらうために、ゼネラル・エレクトリックのようなS&P500に含まれる流動性の高い大型株を大量に買うことを考えてみよう。この場合のビッドアスクスプレッドはおよそ0.05％だ。しかし、私のリサーチによれば、大きなトレードのマーケットインパクトはおよそ0.3％になる（数字については**付録B**の「スプレッドとマーケットインパクト」を参照）。

　機関投資家の場合、トレードにかかる手数料は売買額の0.01％と小さい。つまり、トータル執行コストの0.35％（ビッドアスクスプレッドが0.05％、マーケットインパクトが0.3％）はトータルコストである0.36％に対して大きな比率を占めるということである。これらの数字は流動性の高いアメリカ株の場合である。小型株や外国株（特に新興国市場の株式）を買えば、機関投資家のコストはさらに増えることになる。

　比較をするために、1000ドル分の株式を買い、投資額の0.1％の手数料である1ドルを支払うアメリカの投資家を考えてみよう。マーケットインパクトがないので、手数料の1ドルに加え、ビッドアスクスプ

レッドの0.05%だけ支払えばよい。執行コストはトータルコストである0.15%の3分の1だ。残りの3分の2が手数料になる。
　結論としては、大口投資家はマーケットインパクトを気にする必要があるが、小口投資家は最低手数料のほうがより重要になるということである。

ETFの保有コスト──ファンド内部での目に見えないトレードコスト

　ここでクイズを1つ出そう。創設されたばかりの2つの投資ファンドを買うとしよう。それぞれのファンドはこれまで一緒に働いてきたファンドマネジャー──クリス・ザ・チャーナーとステディ・エディ──によって別々に運用されている。どちらも同じ投資顧問業者のクリスタル・ボール・パートナーズを使っている。クリスタルはそれぞれのファンドのどの銘柄が上昇して下落するかを日々更新する。クリスとエディはそのアドバイスに従って、すべての投資判断をしている。
　当然ながら、クリスとエディは最初は同じ銘柄を買う。1年後、顧客に年次報告書を送る。2つのファンドの今の保有株はまだ同じだと思っているかもしれないが、開始した当初とは異なる。どちらも同じ管理手数料を取る。パフォーマンスはクリスのほうがエディよりもはるかに悪い。どうしてこうなるのだろうか。
　それは、クリスのほうがエディよりも頻繁にトレードしたからである。クリスは毎朝、クリスタルから得たアドバイスに従って、大玉のポジションを毎日売買してきた。しかし、エディは最初のポジションを設定したあと深刻な病気にかかったため、その年の大半は病院で過ごした。その年の最後のトレード日に、昨年のポジションをクリスタルのそのときの推奨と入れ替えただけである。彼の保有株が1月1日のクリスの保有株と同じだったのはそのためだ。

エディの行ったトレードの多くは、その年のもっと早い時期に行っていれば得られたであろう価格よりも悪かった。しかし、クリスの利益は追加手数料と目に見えない執行コストで吹っ飛んでしまった。

ファンドによるトレードコストは目に見えないコストで、ほとんどの投資家は気づかない。幸いなことに指数連動型パッシブファンドでは、クリスやエディのアクティブ運用ファンドに比べるとそれほど多くのトレードは行われない。しかし、若干のトレードは行われる。

ファンドによるトレードコストは通常は開示されない。トレードにかかったコストや税金を開示するファンドもあり、イギリス当局の開示制度はこれを推奨している。しかし、執行コストが開示されることは皆無ではないにしても非常にまれだ。執行コストが存在することに気づいていないマネジャーもいるし、内部報告でもあえて開示しようとはしないマネジャーが多い。

付録Bの「ファンドによるトレードコスト」ではファンド内の回転売買の実態について調査している。パッシブファンドの回転売買率は年間およそ10％と推測している。そのファンドが米大型株に連動していれば、コストは年間およそ0.04％で、イギリスの場合は印紙税と高いマーケットインパクトコストがかかるためおよそ0.1％だ。新興国ファンドや小型株ファンドの目に見えないトレードコストはこれよりも高い。

特定のファンドのトレードコストはベンチマークのリターンからファンドのリターンを差し引き、年間運用コスト（アメリカの場合はAER、イギリスの場合はOCF）を差し引くことでより正確な推定値を得ることが可能だ（ETFは証券を市場で貸し出すことで利益を得るので、エクスペンスレシオに含まれないほかのコストがある場合はさらにコストがかさむ。しかし、こうしたコストはトレードコストに比べれば微々たるものだ）。

ETFパフォーマンス＝ベンチマークのリターン
　　　　　　　　－（エクスペンスレシオ＋トレードコスト）

トレードコスト＝ベンチマークのリターン
　　　　　　　　－ETFパフォーマンス－エクスペンスレシオ

　ファンドは管理手数料を変更することが多く、時にはベンチマークを変えることさえあることに注意しよう。こうした変更が行われた場合、トレードコストを毎年別々に計算して平均する必要がある。また、ファンドとベンチマークのリターンは同等なものである必要がある。つまり、同じ通貨建てで、パフォーマンスの数値は配当を含むトータルリターンでなければならないということである（管理手数料を配当から差し引くファンドもある。しかし、配当を差し引いたリターンを使ってはならない）。

余談──シンセティックファンド

　ETFマネジャーのなかにはファンドによるトレードコストがゼロのマネジャーもいる。彼らは実際の株式や債券を保有せずに、シンセティックレプリケーション（ETN［上場投資証券］とも言う）という手法を使う。ETNは銀行とスワップ取引を結び、ファンドは投資家が払い込んだ現金を銀行に支払い、銀行はそれと引き換えに買い戻し代金と指数のリターンをファンドに対して保証する。トレードコストはかからない。何か裏があるのではないかと疑う人もいるかもしれない。

　実際にはスワップにも手数料とスワップスプレッド（株式のビッドアスクスプレッドのようなもの）というコストがかかる。ス

ワップにはメリットとデメリットがあり、物理的なファンドの取引コストが高ければ、シンセティックファンドのコストも高くなる。したがって、金融機関はイクスポージャーをヘッジするためのトレードを行い、スワップを通してコストをリカバーしなければならない。

エキゾチックなシンセティックレプリケーションは実際に株を保有するのに比べてけっして安くはなく、金融機関がトレードでスケールメリットを得ることができなければ高いものにつく。これはスワップの利益率を上回るものである（コモディティ価格に連動するETFも先物のような上場デリバティブを使ってシンセティックレプリケーションを利用することができる。これにはコストはかからないが、理解することが重要だ。これについては第2部の第9章で説明する）。

コストと投資サイズ

投資家は行う投資のサイズによってコストが高くなったり安くなったりするため、異なるファンドや株式のコストを比較するのは容易ではないことは理解できるはずだ。そこでさまざまな種類のコストを、投資サイズによって変わらない固定比率コストと投資サイズによって変わる変動比率コストに分けて考えることにする。

固定比率コストは100ドル投資しようが100万ドル投資しようが変わらないコストで、比率で課される。例えば、100ドル投資したときには1ドル（1％）かかり、100万ドル投資したときには1万ドル（1％）かかるといった具合に、常に投資額の一定額が課される。

これに対して変動比率コストは、100ドルの投資に対しては1ドル（1％）かかり、100万ドル投資したときには100ドル（0.01％）かかる

といった具合に、投資額によって比率が変わってくる。

投資家にかかるコストを固定比率コストと変動比率コストとしてまとめると次のようになる。

●**変動比率コスト**
ポートフォリオを構築するときにかかる初期コスト
　①小さな投資に対するブローカーの最低手数料（目に見えるコスト）
　②イギリスの売買契約代金のような固定税（目に見えるコスト）

●**固定比率コスト**
初期コスト
　①大きな投資に対する１株ごとのあるいは比率によるブローカー手数料（目に見えるコスト）
　②イギリスの印紙税のような比率ベースの税金（目に見えるコスト）
　③ビッドアスクスプレッドコスト（目に見えないコスト）
　④大口投資家のマーケットインパクト（目に見えないコスト）

保有コスト
　①年間管理手数料（目に見えるコスト）
　②ファンドによるトレードコスト（目に見えないコスト）

保有コストは、投資サイズが変わっても変わらないものと仮定している。大規模な機関投資家は一定のタイプのファンドに対してはエクスペンスレシオを下げるように交渉したり、一般に公開されていない安いファンドを買うことができる。しかし、ETFマネジャーは一般的には投資サイズによって顧客に課すエクスペンスレシオを変えることはない。また、目に見えないトレードコストを大口投資家に有利になるように配分することもない。

表23　コスト計算例──FTSE100のETF

	保有コスト			初期コスト						合計
	年間手数料 A	トレードコスト B ファンドによる 保有コストの合計	C＝A＋B	税金 D	手数料 E	ビッドアスクスプレッド F	マーケットインパクト G	初期コストの合計 H＝D＋E＋F＋G	変換 J＝H÷20 初期コストを年間コストに	年間合計コスト K＝C＋J
£500					1.2%				1.25%	0.06%	0.23%
£1,000					0.6%				0.65%	0.03%	0.20%
£2,000					0.3%				0.35%	0.02%	0.19%
£5,000	0.07%	0.1%	0.17%	0%	0.12%	0.05%	0%	0.17%	0.01%	0.18%
£10,000					0.06%				0.11%	0.01%	0.18%
£100,000					0.03%				0.08%	0%	0.17%
機関投資家					0.01%		0.05%		0.11%	0%	0.17%

コストに関する仮定については付録Bを参照

　固定比率コストと変動比率コストが特定のETFにおいてどのような関係があるのかを見てみよう。**表23**はFTSE100に連動するファンド（ISF）を買うときにかかるコストを示したものだ。本章ではこのあともこれと同じフォーマットの表が出てくるので、ここではこれをしっかり理解しておいてもらいたい。

　各行はETFの投資額を変えたときのコストを示している。最後の行は大規模な機関投資家のコストを示している。左から最初の3列は保有コストを示しており、その内訳は年間管理手数料（A）、ファンドによる目に見えないトレードコスト（B）、AとBの合計（C）である。これらはすべて固定比率コストである。

　次の4つの列は初期コストを示しており、その内訳は税金（固定コスト　D）、ブローカー手数料（変動コスト　E）、ビッドアスクスプ

レッド(固定コスト　F)、マーケットインパクト(個人投資家の場合はゼロだが、機関投資家の場合は固定コスト　G)である。

　D、E、F、Gを足し合わせた初期コストの合計がHだ。この初期コストを保有コストと比較可能にするために20の法則を使って年間コストに変換したものがJである。そして、保有コストの合計(C)と初期コストの合計(J)を足し合わせたものが年間コストの総計で、これはK列に示している。

　年間コストの総計＝(初期コスト÷20)＋保有コスト

　この表は非常に細かいが、投資サイズにかかわらず異なるファンド、株式、ポートフォリオのコストを簡単に比較することが可能だ。あなたのポートフォリオの投資額に近いものを探して、それをほかの行の数値と比較すればよい。第6章では期待リターンをこの表に組み込む。それによってポートフォリオを分散する便益とコストのトレードオフを分析することが可能になる。

　本章の残りではこの表を使って異なる投資の選択肢のコストを比較する方法を見ていく。

異なるETFのコストの比較

　イギリスにはS&P500に連動するETFが10種類ほどあり、MSCI指数に連動するETFも10種類ほどある。どちらを選べばよいのだろうか。2つの商品がほとんど同じなら、コストの安いほうを選んだほうがよい。

　同じベンチマークの2つのファンドを比較するとき、コストをこまごまと計算する必要はない。次の公式を覚えておこう。

ETFのコスト＝（初期コスト÷20）＋管理手数料
　　　　　　　＋ファンドによるトレードコスト

　前述の2つのファンドは初期コストはほぼ同じだ。ビッドアスクスプレッドやマーケットインパクト（大口トレーダーにかかるコスト）もそれほど大差はなく、手数料も同じはずだ（1つのETFを手数料なしで買えるほどラッキーでないかぎり。しかし、初期コストはコスト全体においては微々たるものだ）。ETFの初期コストの小さな違いは、初期コストを20の法則を使って年間コストに変換すればコスト全体においては違いはほとんどなくなる。
　また、ファンドによるトレードコストも、ファンドマネジャーや執行トレーダーが無能でないかぎり、ほとんど同じはずだ。
　非常によく似たファンドの場合、管理手数料の違いはトータルコストの違いとなって現れる。指数のベンチマークが同じである場合、違いがあるとすればトータル保有コスト（ファンドによるトレードコスト＋年間手数料）によるものであるため、指数のパフォーマンスを比較するのは簡単だ。

ETF保有コスト＝ベンチマーク－（管理手数料
　　　　　　　＋ファンドによるトレードコスト）

　これはベンチマークが同じETFのコスト差引後のパフォーマンスも比較できることを意味し、ベストパフォーマーが最も安いETFになる。将来の期待保有コストを正確に見積もりたいのなら、過去のエクスペンスレシオとベンチマークの変化も考慮しなければならないことを覚えておこう。
　用いるリターンは、配当を含み、公表されたパフォーマンスの数字に含まれないコストを差し引いたトータルリターンでなければならな

い。さらに、ファンドは同じ通貨建てでなければならないことにも留意しよう。

ETFポートフォリオの分散にかかるコスト

あなたが小口投資家で、1つのグローバルな時価総額加重型株式ETFを買おうと思っているとしよう。しかし、あなたは時価総額ウェートには反対で、先進国ETFと新興国ETFに別々に投資したほうが有利なのではないかと思っている。これは非常に重要なテーマなので詳しくは第6章で説明するが、本書の第2部で議論する意思決定の多くにはこの問題が絡んでくる。しかし、今のところはこの意思決定がコストにどんな影響を及ぼすのかを考えてみよう。

2つのETFの管理手数料が元々考えていたグローバルETFよりも大きいか、小さければ、ETFの年間保有コストが違ってくるのは明らかだ。また、流動性の低い新興国市場は先進国市場よりも目に見えないトレードコストも高いと考えられる。さらに、新興国市場は先進国市場よりもビッドアスクスプレッドも大きいため、初期コストは高くなることが予想される。

しかし、もっと重要なのは、複数のファンドを買えばブローカー手数料が高くなることである。1つのETFに1000ドルまたは1000ポンド投資するのではなくて、数百ドルまたは数百ポンドを2つの異なるETFに投資すると、最低手数料というものが存在するため、ブローカー手数料は2倍になる。このケースの場合は2つのETFなので大したことはないが、グローバル株価指数に含まれるすべての国のETFを保有したいと思ったらどうなるだろう。そういったファンドは40を超える。そういった小さな投資に対する最低手数料を足し合わせれば莫大な額になる。

実際の例を見てみよう。**表24**はVWRL（イギリスに上場している

第5章 コストのスマートな考え方

表24　FTSEオールワールドETF（VWRL）のコスト計算

	保有コスト			初期コスト						合計
	年間手数料 A	トレードコスト B	保有コストの合計 ファンドによる C=A+B	税金 D	手数料 E	ビッドアスクスプレッド F	マーケットインパクト G	初期コストの合計 H=D+E+F+G	変換 J=H÷20 初期コストを年間コストに	年間合計コスト K=C+J
£100				0%	6.0%			6.08%	0.30%	0.61%
£500				0%	1.2%			1.28%	0.06%	0.37%
£1,000				0%	0.6%			0.68%	0.03%	0.34%
£2,000	0.25%	0.06%	0.31%	0%	0.3%	0.08%	0%	0.38%	0.02%	**0.33%**
£5,000				0%	0.12%			0.20%	0.01%	0.32%
£10,000				0%	0.06%			0.14%	0.01%	0.32%
£100,000				0%	0.03%			0.11%	0.01%	0.32%
機関投資家				0%	0.01%	0.05%		0.14%	0.01%	0.32%

コストに関する仮定については付録Bを参照

グローバル時価総額加重型株式ETF）のコストを計算したものだ（本章ではイギリスの例ばかりで恐縮だが、イギリスはトレードコストが非常に高いので、例としては面白いものになるはずだ）。このETFは先進国株式市場に93％、新興国市場にはわずか7％しか投資していない。

このファンドを2つのファンド（1つは先進国市場のファンド、もう1つは新興国市場のファンド）で分散する価値はあるだろうか。詳しくは第2部で説明するが、私の好みの資産ウエートは先進国市場が83％で、新興国市場が17％である。

表25は2つのETFからなるポートフォリオを買うときのコストを示したものだ。それぞれのコストは使っている2つのファンド（先進国はVEVEで、新興国はAUEM）のそれぞれのコストの加重平均であ

表25　先進国市場の株式ETF（VEVE）に83%、新興国市場の株式ETF（AUEM）に17%投資したときのコスト計算

	保有コスト			初期コスト						合計
	年間手数料 A	トレードコスト B ファンドによる	保有コストの合計 C＝A＋B	税金 D	手数料 E	ビッドアスクスプレッド F	マーケットインパクト G	初期コストの合計 H＝D＋E＋F＋G	変換 J＝H÷20 初期コストを年間コストに	年間合計コスト K＝C＋J
£100					12.00%			12.14%	0.61%	0.90%
£500					2.40%			2.54%	0.13%	0.42%
£1,000					1.20%			1.34%	0.07%	0.36%
£2,000	0.183%	0.11%	0.29%	0%	0.60%	0.14%	0%	0.74%	0.04%	**0.33%**
£5,000					0.24%			0.38%	0.02%	0.31%
£10,000					0.12%			0.26%	0.01%	0.30%
£100,000					0.02%			0.16%	0.01%	0.30%
機関投資家					0.01%	0.07%		0.21%	0.01%	0.30%

VEVEの手数料は0.18%、ファンドによるトレードコストは0.05%、ビッドアスクスプレッドは0.11%、AUEMの手数料は0.2%、ファンドによるトレードコストは0.4%、ビッドアスクスプレッドは0.28%。そのほかの仮定については付録Bを参照

る（加重平均のウエートは資産ウエート。したがって、例えば年間管理手数料の加重平均を計算するには、VEVEの手数料である0.18%［先進国市場の資産ウエートは83%］とAUEMの手数料である0.2%［新興国市場の資産ウエートは17%］の平均を取って、（0.18%×0.83）＋（0.2%×0.17）＝0.1834%になる）。

興味深いことに、このポートフォリオは1つのファンドに投資するよりも保有コストは安くなる。それは平均管理手数料が若干安いためである。しかし、初期コストははるかに高い。これはそれぞれに6ポンドという最低手数料を支払わなければならないからである。

　表24でも表25でも投資額2000ポンドのトータルコストは太字で示

している。これはブレイクイーブンを示すものだ。2000ポンドよりも投資額が少ない場合、1つのグローバルファンドVWRLを買ったほうが安い。しかし、投資額が2000ポンドよりも多い場合、分散して2つの異なるファンドを買ったほうがよい。投資額が少ないと、2つのファンドでは最低手数料を支払わなければならないため、コストが高くなるからだ。

コストを比較するうえでの注意点

　私のコスト計算を福音や聖なる数字だとは考えないでもらいたい。特に、目に見えないコスト（執行コスト、マーケットインパクト、ファンドによるトレードコスト）は私の推定値とは大きく異なる場合もある。本章と次の第6章では、いくつかの投資オプションの間で意思決定するのにコストを使うが、コストは数ベーシスポイント（bpは0.01％）程度は簡単に上下することに留意してもらいたい。
　つまり、コストが同じような場合、2つの選択肢の間で意思決定するときには注意が必要ということである。仮定が少しでも違ってくれば、まったく違った結果になる場合もあるのである。

コストを削減するためのスマートな戦術

　本章の内容の多くは機関投資家よりもどちらかというと個人投資家にとってのほうが重要だ。機関投資家は株式に直接投資することができるからだ。もちろん、十分に安いETFを見つけられるときには株式への直接投資にこだわる必要はない。ブローカーの最低手数料も大きなポジションを考えれば微々たるものでしかないため、ETFポートフォリオの分散は彼らにとっては問題とはならない。
　しかし、大口投資家には大きな欠点が1つある。それは執行コスト

が高いことである。機関投資家は手数料が安いので、ビッドアスクスプレッドが初期購入コストに占める割合は非常に高い。個人投資家はマーケットインパクトは無視できるが、機関投資家にとってはこれは深刻な懸念材料だ。

トレードサイズが大きいときの執行コストを削減する方法を紹介しよう。これは経験豊富な個人トレーダーも使うことができる。特に、小型株のような流動性があまり高くない株を買うときには役に立つはずだ。

スプレッドを稼ぐ

大きな投資をするときは、ビッドアスクスプレッドはコストのかなりの割合を占める。特に、小型株などの流動性の低い株や新興国市場をトレードするときはビッドアスクスプレッドは大きい。このコストはどのようにすれば低減できるのだろうか。ビッドアスクスプレッドを支払うのではなくて、稼ぐことは可能なのだろうか。

今ではほとんどの投資家は証券取引所に直接アクセスして、ただ単に市場の最良の価格でトレードするのではなくて、指値注文を行うことができる。ある小型株の買い気配値が10ドルで、売り気配値が10.10ドルだとしよう。したがって、中間の値は10.05ドルだ。もしこの株をあなたが売り気配値の10.10ドルで買えば、ビッドアスクスプレッドとして0.05ドルのコストがかかる。これは株価の0.5％にも相当する。

そこで上限を10ドルとして市場に指値してはどうだろうか。もし運が良ければ、注文は10.00ドルで執行される。つまり、1株当たりの執行コストは－5セントということになる。もちろん運が悪いときもあり、あなたが指値したあとで価格がつり上げられてあなたの注文は執行されないこともある。あなたは再び指値注文を出さなければならない。しかし、これも執行されない。最終的に注文が執行されたとき、執

行価格は最初の売り気配値の10.10ドルよりも高かった。つまり、指値注文は時間のムダということなのだろうか。

　ここで、株価の動きを完璧に予測できる魔法のアルゴリズムがあったと仮定しよう。アルゴリズムは次の12カ月で株価は徐々に10％上昇すると予測している。これは1日当たり0.04％の上昇（0.4セントを少し下回る）に相当する。あなたは本当についていなくて、あなたの注文は20営業日連続で執行されず、そのあと価格はおよそ8セント上昇した。したがって、あなたの支払い価格は平均で10.08ドルになる。でもこれは最初の売り気配値の10.10ドルよりは良い。

　つまり、絶対確実な水晶玉があったとしても、指値注文を出したほうがまだマシということになる。現実世界には前述のような完璧な予測アルゴリズムはないため、スプレッドを支払うのは平均的に指値注文よりもはるかに悪い。

　平均的には指値注文を使ったほうが良いが、資金を節約するためにトレードを遅らせれば困惑を招くことになる。株価が最初の価格よりも上昇して、もっと高い金額を支払うことになれば、あなたは非難されるか、自分自身を責める羽目になる。トレードを遅らせれば遅らせるほど、株価は最初の価格からどんどん離れていく可能性が高い。

　メンツを保ち、損失を限定するには、あなたが支払う最高価格を決めておくことだ。例えば、20セントの限度を設定するとしよう。価格が買い気配値10ドル－売り気配値10.10ドルから上昇して、買い気配値10.20ドル－売り気配値10.30ドルになったら、10.30ドルで買う。

　リスクを容認できるのであれば、指値注文を出すことを強く勧める。しかし、これはだれもが心地良く感じる方法ではないので、本書の残りではスプレッドを支払うものと仮定する。

もっとゆっくりトレードする

スプレッドを稼ぐのは、流動性の低い小型株をトレードする大口の個人投資家や、主要コストがマーケットインパクトである機関投資家にとってははるかに難しい。

表22のクオートをもう一度見てみよう。これを見ると、50株の場合の買い気配値は1.50ドルで、25株の場合の売り気配値は1.51ドルであることが分かる。そこで、あなたが大口トレーダーで私の上記のアドバイスに従って1万株を現在の買い気配値である1.50ドルで買うとしよう。これをクオートで示すと、**表26**のようになる。

スプレッドを稼げる可能性が非常に低いのは明らかだ。また、大口の売り手がこの時点で入札してあなたの買い気配値で売る可能性はほとんどない。それよりも、ほかのトレーダーや彼らの使っているコンピュータートレーディングアルゴリズムが価格をつり上げて、あなたの注文を執行不可能にする可能性のほうが高い。あるいは、1万株を売り気配値で注文を出した場合、最初の25株はすぐに執行されるが、それに反応して価格がすぐに上昇し、残りの9975株ははるかに高い価格で買わなければならなくなるだろう。

この解決策は、注文を細かく分けて出すことである。注文を細かく分けてゆっくりとトレードするのだ。各注文のサイズが小さいほど、各トレードのマーケットインパクトは小さくなる。これをオーダースムージングとか、オーダースプリッティングと言う。

ほとんどの機関投資家はある程度のオーダースムージングを行うか、こうしたサービスを提供するブローカーを使っている。でなければ私が本書で使ったマーケットインパクトは非常に大きなものになるだろう。しかし、私の経験で言えば、比較的洗練された機関投資家(いくつか例外がある。非常に賢明なトレーダーはスマートにトレードしてコストを低く抑えることを重視する。例えば、「トレーディング・コス

第5章　コストのスマートな考え方

表26　大口トレーダーが入札に参入したあとの架空のクオート

買い気配値	サイズ	売り気配値	サイズ
$1.50	10,050	$1.51	25
$1.49	100	$1.52	50
$1.48	75	$1.53	200

ト・オブ・アセット・プライシング・アノマリー［Trading Costs of Asset Pricing Anomalies］」という論文では、非常にスマートなヘッジファンドAQRで働いている何人かのリサーチャーは、私が本書で使っている機関投資家の平均よりも大幅に小さいマーケットインパクトを含むトータルコストを使っている）はトレードを完了するまでの時間が平均保有期間に比べて非常に短いのが普通だ。ポートフォリオのリバランスに、通常許される1日よりもはるかに長く数週間とか、数カ月かかるのはそんなに悪いことなのだろうか（パッシブインデックスファンドの欠点の1つは、トラッキングエラーを最小化するためにリバランスを極めて短時間で行わなければならないことだ。それでもパッシブファンドのトータルトレードコストはアクティブファンドに比べるとはるかに低い）。

　小型株を売買している個人トレーダーもオーダースムージングが必要だ。例えば、あなたは非常に流動性の低い小型株を1万ポンド分買いたいと思っているとしよう。ビッドアスクスプレッドは価格の1％だ。この注文を一度に出そうとすると、ビッドアスクスプレッドコストは0.5％かかり、それに加えて相当なマーケットインパクトがかかってくるだろう。この場合は、注文を一度に出すのではなく、1万ポンドを10の指値注文に分けて、2週間にわたって注文を出すとよい。各注文は小さいので、各注文でスプレッドを稼ぐことができる。

　1万ポンドの注文に対してかかる手数料は0.06％だが、1000ポンド

の10の注文に対してかかる手数料は0.60％（固定の最低手数料がかかる）だ。これによってブローカー手数料は0.54％余分にかかる。また購入を遅らせることでもう数ベーシスポイント支払うことになるかもしれない。しかし、0.5％のスプレッドを支払う代わりに0.5％のスプレッドを稼ぐことでコストは１％節約することができるうえ、大きな注文を１回で出すことによってかかるマーケットインパクトも低減することができる。合計すると、少なくとも１％－0.54％＝0.46％か、それ以上の節約になる。

　本書では、機関投資家は今の業界平均と同程度のオーダースムージングを行うために、一定水準のマーケットインパクトとスプレッドは支払わざるを得ないと仮定する。また、個人投資家の場合はオーダースムージングは行わず、たとえ小型株を買ってもマーケットインパクトはかからないものと仮定する。しかし、流動性の低い株を買う大口トレーダーは必ずオーダースプリッティング（注文の分割）を考えたほうがよい。

重要なポイント

- **●コストの小さな違いが大きな差を生む**　将来の期待リターンが低く、投資期間が長い場合、コストが0.1％上昇しただけでリターンは大幅に低下する。
- **●どれくらいのコストを払っているのかを知る**　投資やトレードの実際のトータルコストを計算するのは難しい。なぜなら、目に見えないコストがあるからだ。それでもコストはリターンに比べると予測しやすい。
- **●分散コスト**　分散は間違いなく良いことだが、小口投資家にとっては高くつくこともある。分散の便益を数値化する方法については次章で説明する。

- **商品を物色しよう**　もっと安い商品を買えるときにプレミアム価格を払う必要はない。管理手数料と目に見えないトレードコストを含め、トータルコストの安いETFを買おう。
- **スマートにトレードしよう**　指値注文や分割注文はトレードコストの大幅な削減につながる。特に、大口投資家や小型株を買う投資家はそうである。

第6章
分散の不確実な便益と確実なコスト

The Unknown Benefits and Known Costs of Diversification

　前の第5章ではいろいろな投資商品のコストを比較した。コストは予測も計算も簡単に行えるので、これは非常に簡単だ。しかし、ポートフォリオの意思決定では、分散において比較的予測可能なコストと不確実な便益を比較する必要がある。

　分散されたポートフォリオを保有することは1つの銘柄やファンドを保有するよりも良いことではあるが、分散すれば小さなポジションをたくさん持つことになり、最低手数料のことを考えるとコストはかさむ。それでも分散は行う価値があるのだろうか。

　ETF（上場投資信託）よりも個別株を保有することを正当化するには、どのくらいの資金を投資すればよいのだろうか。均等加重型ファンドは買う価値があるのだろうか。たくさんの銘柄を買って小さなポジションをたくさん持つという問題は、指数に含まれる銘柄から一定の銘柄を選ぶことで解決できるのだろうか。

　本章ではこうした問題を考えるときに私が使うスマートなテクニックについて解説する。分散はどれくらい行えばよいのだろうか。またいろいろな市場に対するイクスポージャーを得るための最もコスト効率の良い方法とはどんなものだろうか。本章では私のスマートなテクニックを使ってこうした問題を解決していく。

本章の概要

- **分散――どんなメリットがあるのか**　分散のメリット。
- **分散すべきかどうか**　分散すればコストが余計にかかる場合、分散する価値はあるのだろうか。
- **ハンドクラフト法か、均等加重か、それとも時価総額加重か**　市場に対するイクスポージャーをとるこれら3つの方法の便益とコストを比較する。
- **指数全体を買うべきか、それともその一部を買うべきか**　市場指数の一部を買うことで、分散のメリットを損なうことなくコストは節約できるのか。
- **任意の国へはどのように投資すべきか**　ファンドを買うべきか、あるいは個別株を買うべきか。また、どの銘柄をどれくらい買うべきか。
- **複数ファンドによる分散**　複数ファンドで分散するときの価値はどのように計算すればよいのか。

本章は第1部の最後の章だ。第2部では、これまでに紹介してきたテクニックを使ってポートフォリオを実際に構築していく。

分散――どんなメリットがあるのか

「分散は金融界における唯一のフリーランチだ」――ハリー・マーコウィッツ（近代ポートフォリオ理論の基礎を築いた人物）

「フリーランチなんてものはない」――作者不明

前章で学んだように、分散は完全にフリーランチというわけではな

い。ブローカーの手数料が余計にかかるポートフォリオもある。しかし、分散には大きなメリットがある。リスク調整済みリターンを予測するといった難しいことを行うことなくリターンを改善することができるのだ。

便益がコストを上回るかどうかを考える前に、便益の大きさを数値化する必要がある。分散ポートフォリオにはどういった便益があるのだろうか。

最初のいくつかの章ではポートフォリオのリスクとリターンについて興味深い事実を指摘した。

- **リターンの期待幾何平均を使う**　ポートフォリオの幾何リターンは算術リターンとリスクを使って算出することができる。算術平均から幾何リターンを算出する公式は以下のとおりである。「幾何平均リターン＝算術平均リターン－0.5×（標準偏差）^{2}」。リスクが低いほど幾何平均は高くなる。
- **似たようなアセットは似たようなリスクを持つ**　同じ国の同じ業種の銘柄といった具合にアセットが似通っている場合、ボラティリティは同じであると仮定するのが安全。
- **将来は予測できない**　特に、リスク調整済みリターンを予測するのは非常に難しい。私はリスク調整済みリターンはシャープレシオ（幾何平均÷標準偏差）を使って測定する。本書の第１部と第２部では、幾何シャープレシオはポートフォリオに含まれるすべてのアセットで同じであると仮定する。

これらの結果を統合すると、興味深い結果が導き出される――すべてのアセットのリスク調整済みリターン（シャープレシオ）とリスクが同じなら、リターンの幾何平均は同じ。そして、ポートフォリオに含まれるすべてのアセットの幾何平均とリスクが同じなら、算術平均

は同じ。

　ポートフォリオに別のアセットを組み入れても、その期待リターンはすでに組み込まれているアセットの期待リターンと同じだ。これらの仮定を前提とすれば、ポートフォリオに組み込むアセットの数を増やしても、算術平均リターンには何の影響も及ぼさない（これらの計算には、ポートフォリオウエートと相関が与えられた場合に期待リターンとリスクを算出するための標準的なポートフォリオ最適化を使い、リスクとリスク調整済みリターンは同じであると仮定している。詳しくは**付録C**を参照）。

　しかし、ポートフォリオにほかの銘柄を追加すれば、追加された銘柄が完全相関でない（相関係数が1を下回る）かぎり、期待リスクは減少する。算術平均が一定でボラティリティが低下すれば、ポートフォリオにアセットを追加するごとに幾何平均は上昇し、シャープレシオはそれ以上に上昇する。

　第4章では、シャープレシオが最大のポートフォリオを好む投資家もいれば、幾何平均が最大のポートフォリオを好む投資家もいて、その中間の妥協ポートフォリオを好む投資家もいると述べた。しかし、分散すれば幾何平均もシャープレシオも上昇するので、だれもが分散ポートフォリオを好むはずだ（もちろん、分散すれば必ず幾何平均リターンよりもシャープレシオのほうが向上する。幾何平均を最大化することが正しいことなのかや、分散による増加した利益でコストの上昇分を支払うべきなのかについては意見は分かれる。将来のポートフォリオの期待価値の分散を評価するときに、平均ではなくてメジアンを使えばこの問題は解決できる。**付録C**の「幾何平均、標準偏差、シャープレシオ」を参照）。

　もう1つ重要なポイントがある。それは、リスク調整済みリターンが予測できないとするならば、幾何平均とシャープレシオを向上させる唯一の方法が分散であるということである。この場合、銘柄を選ぶ

図27　分散によって幾何平均リターンは上昇する

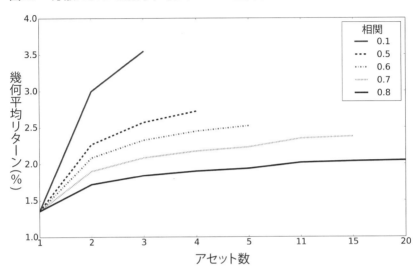

1つのアセットの算術平均実質リターンは5％、標準偏差は27％と仮定

のは時間のムダだ。上がるという強い確信を持った少数の企業に集中投資したポートフォリオは広く分散されたポートフォリオよりもパフォーマンスは悪くなる。分散はフリーランチというだけではなく、唯一の選択肢なのである。

　分散の正確な便益は、ポートフォリオに含まれるアセット間の平均相関とアセットの数によって決まる。アセットの相関が非常に低いとき、最も効果が高い。ポートフォリオに含まれるアセットは多ければ多いほどよいが、アセットを追加するたびにリターンは減少する。1銘柄よりも5銘柄のほうが良いが、10銘柄は5銘柄よりもほんの少し良いだけである。

　図27はポートフォリオにアセットを追加したときの幾何平均を示したものだ。それぞれのラインは任意の相関に対する幾何平均を示している。相関が低い幾何平均は一定の位置で頭打ちになっている。これ

図28　分散効果は幾何平均よりもシャープレシオのほうが高い

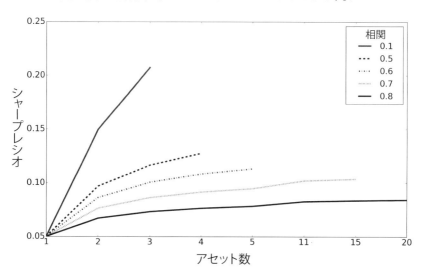

1つのアセットの算術平均実質リターンは5％、標準偏差は27％と仮定

は相関が非常に低い多くのアセットを見つけるのが難しいからである。また図28はポートフォリオにアセットを追加したときのシャープレシオを示したものだ。

　相関の最も低いアセットを見つけるには、リターンが無相関（相関がゼロ）と仮定したアセットクラスのなかから探す必要がある。近年、債券と株式の相関が負であったことを考えると、この仮定は控えめな仮定だ。私の考えでは、はっきり区別できるアセットクラスは3つしかない。債券、株式、オルタナティブだ（オルタナティブはヘッジファンド、不動産、コモディティといった標準的ではない投資対象を意味する。このあとの第9章で述べるが、オルタナティブの多くは債券や株式に非常によく似ている。しかし、株式や債券との平均相関がゼロの純正なオルタナティブも存在する）。

　その対極にあるのがグーグルやフェイスブックのように同じ国の同

図29　分散が進むと幾何平均は上昇する

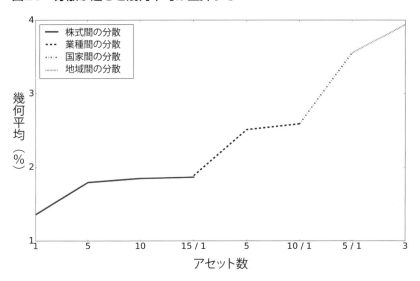

じ業種に含まれる銘柄で、これらは相関が非常に高く、**図27**と**図28**では相関が0.8のラインがこれに相当する。このように相関が高いアセットの場合、ポートフォリオに10銘柄以上組み込んでも限定的なメリットしか得られない。といっても候補となるアセットは10銘柄余りしかないが。

　こうしたことを考えると、ポートフォリオを構築する方法はトップダウンのハンドクラフト法が最も良いということになる。まず最大の分散効果を得るためにアセットクラス間で配分し、次に国、業種、個別銘柄のウエートを順次決めていく。

　図29（幾何平均）と**図30**（シャープレシオ）は株式のみからなるポートフォリオの分散効果を示したものだ。1つのアセットからスタートしてアセットを増やしていったときの幾何平均とシャープレシオの変化を示している。

図30　分散が進むとシャープレシオは上昇する

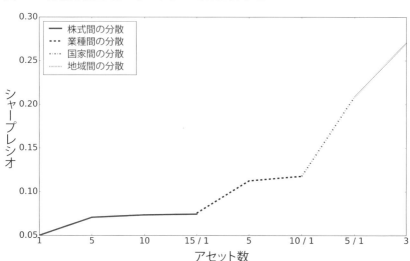

　図29も図30も左端は1銘柄のみからなるポートフォリオで、算術平均は5％、幾何平均は1.3％を上回る。ボラティリティを27％と想定したとき、シャープレシオは0.05だ。次に、同じ国、同じ業種から4銘柄を加えた。このときも算術平均は同じだが、銘柄を加えることでポートフォリオのリスクは下がるので、幾何平均は1.8％に上昇し、シャープレシオは0.071に上昇する。同じ業種からさらに銘柄を加えて10銘柄にしても、相関が高いので幾何平均もシャープレシオもほとんど変わらない（私のリサーチに基づき、平均相関として0.85を使っている）。幾何平均やシャープレシオを上げるには、異なる業種からの銘柄を加える必要がある。

　実線に続く点線の左端は、ある国の1つの業種からたくさんの銘柄を加えたときのグラフを示したものだ。1つの業種からの銘柄を加えたときに得られる最高の分散を示したものが点線の左端だ。さらに4つの業種を加えると、業種間の相関は業種内の相関よりも低いのでパ

フォーマンスは上昇する（業種間の平均相関として0.75を使用）。しかし、10や11以上に業種数を増やしても効果はない（最もよく使われるGICS［世界産業分類基準］ではトップレベルの業種は11に分かれる。これについては第10章で詳しく説明する）。

この後に続く破線は、地理的地域内（欧州など）における国家間の分散を示し、そのあとの細かい破線は先進地域間（ここではアメリカ、ヨーロッパ、アジアを使用）の分散を示したものだ。

分散すべきか

これまで分散は役立つことを示してきた。しかし、悪いニュースがある。分散はフリーランチではないということである。資金をさまざまなアセットに分散するのは理論的には良いことだが、ブローカーの最低手数料によってコストはおそらくは上昇する。分散はそれでも賢明なことなのだろうか。

分散のコストと便益

説明の一環として次の問題を考えてみよう。1100ポンドの資金を持ち、大型株に投資しようとするイギリスの投資家（再びイギリスの例で恐縮だが、アメリカのトレードコストはあまりにも妥当すぎてこの例を面白くすることはできないのでイギリスの例を使った）は、1つの業種の1つの銘柄を買うべきだろうか（未来は予測不可能と仮定しているため、どの銘柄を買うかは問題ではない）、それとも異なる11業種の銘柄に100ポンドずつ投資すべきだろうか。

まず、それぞれの場合のコストを計算してみよう。個別株を買うときの初期コストは税金（イギリスの印紙税0.5％）、ブローカー手数料（最低手数料は1トレード当たり6ポンドと仮定）、目に見えないビッ

ドアスクスプレッドコスト（0.05％と仮定）だ。このサイズのトレードではマーケットインパクトを気にする必要はない。この例では、計算を簡単にするためにリバランスコストはないものと仮定する。

1100ポンドを１銘柄に投資する場合、ブローカー手数料は0.55％（６ポンド÷1100ポンド）だ。コストをすべて足し合わせると、0.55％（ブローカー手数料）＋0.5％（印紙税）＋0.05％（ビッドアスクスプレッドコスト）＝1.1％となる。各100ポンドで11回のトレード行う場合、手数料は６％（６ポンド×11÷1100ポンド）なので初期コストの総額は６％＋0.5％＋0.05％＝6.55％となる。20の法則を適用して、初期コストを20で割ると年次コストが算出される。年次コストは、１銘柄の場合は1.1％÷20＝0.06％で、11銘柄の場合は6.55％÷20＝0.33％となる。したがって分散すると、コストは年間で0.27％（0.33％－0.06％）余分にかかる。

次は便益について見てみよう。私のリサーチによれば、同じ国の異なる業種における株式の相関の推定値は0.75である。また、すべての株式はリターンのボラティリティが同じであると仮定する。計算してみると、１銘柄の投資から11銘柄の投資に変更すると幾何平均リターンは年間およそ1.36％から2.18％に上昇する。これによる便益は0.82％（2.18％－1.36％）で、追加的コストは0.27％だ。したがって、分散した場合の便益からコストを差し引きすると0.5％以上になる。この例の場合は分散したほうが良いということになる。

投資判断をするときのリターンの不確実性

上の数値を見ただけではすべてのことは分からない。11銘柄買うほうがコストは高くなることだけははっきりしている。しかし、分散によって、追加的リターンがもたらされることはどれくらい確信できるだろうか。

私が前に働いていたAHLでもリターンとコストのトレードオフについて話し合ったことがある。あなたはきっと私たちは正確な答えを導き出すための高度な公式を開発したに違いないと思っていることだろう。しかし実際には、私たちは何年にもわたって「明日の100より今日の50」という古いことわざの変化形を使っていた（これがのちにもっと複雑なモデルと置き換えられたことを知れば、あなたは安心するに違いない）。

このことわざの私たちのバージョンは、「追加的コストの2倍のコスト差引前リターンを稼ぐにはもっと高価なトレードシステムが必要だ」だった。上記のシンプルな例では、今日の確実なコスト1（最大コストは0.27％）に対して明日の不確実な利益はおよそ3（コスト差引前のリターンは0.82％）だ。不確実なリターンと確実なコストとの比率は$0.82 \div 0.27 = 3.03$である。これは2よりはるかに大きいので、分散は行う価値があるということになる。この比較は単純に思えるかもしれないが、言いたいことは、不確実な利益よりも確実なコストのほうが価値があるということである。

第2章で紹介した「過去の不確実性」という概念について再び考えてみよう。平均リターン、リスク、相関といったパラメーターの統計学的推定値を完全に予測するのは不可能だが、その不確実性は定量化することができる。第3章の**図15**では、実際のデータでは相関推定量には相当な量の過去の不確実性が含まれているということを示した（もちろん、平均リターンに比べれば相関ははるかに予測可能）。

11銘柄の例で使った相関推定量の不確実性をプロットしたものが**図31**である。

このグラフは可能な相関値の分布を使って過去の不確実性を示したものだ。私の推定によれば、異なる業種の株式間の平均相関は0.75である（相関は1.0を上回ることはないので、相関が高い場合、分布は負の歪度を持つようになる。したがって、平均相関の0.75はメジアン

図31 相関推定量が不確実であるということは分散の便益がはっきりと分からないことを意味する

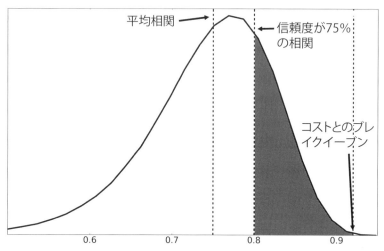

同じ国、異なる業種の株式の相関推定量の不確実性。平均相関は0.75。相関が0.8より低いことは75％の信頼度で確信することができる。1100ポンド投資したこの例ではコストを差引後に分散が意味を持つブレイクイーブンポイントは0.92

[0.76]とは一致せず、最頻値［メジアン同様、平均よりも高い］とも一致しない）が、実際には正しい数値は分からない。しかし、相関が0.8を下回るということは75％の信頼度で確信することができる。この地点（相関値が0.8）から右側にある分布はわずか4分の1（アミの部分）だ。

11銘柄の例におけるコストを考えた場合、相関がどれくらいになると分散は意味をなさなくなるのだろうか。計算してみたところ、幾何平均を最大化した場合、ブレイクイーブンの相関は0.915で、シャープレシオを最大化した場合は0.925だった。どちらのブレイクイーブンもほとんど同じなので、この例の場合、どちらを最大化しても大した差はない。

ブレイクイーブンの相関が0.92というのは非常に高い。過去の相関

がこれよりも高かった確率はほぼゼロに近い。この例では、分散は効果があったことはほぼ間違いない。

本書を通して、私の分析結果が正しいことは、相関推定量の不確実性を考慮しても高い信頼度で確信することができる（75％の信頼区間を使って計算した相関を使用。私としては「絶対的にほぼ確実」よりも「ある程度確実」であることを目指したため、この信頼区間は統計学的検定で通常使われる95％よりも低い）。

ポートフォリオのサイズが意思決定に与える影響

ここで、そのイギリスの投資家が1100ポンドではなくて500ポンド持っている場合を考えてみよう。これで結果はどのように違ってくるのだろうか。ブローカーの最低手数料によって小さなポジションを保有するのはコストが高くつくことは明らかだが、それによって分散の便益は完全になくなってしまうのだろうか。分散を非経済的にするポートフォリオのサイズはどれくらいなのだろうか。

これを知るには前の第5章で紹介したコスト計算表を使う。まず、1銘柄に投資するときの投資額を変えた場合のコストを分析してみよう。これを示したものが**表27**である。

個別株には保有コストはかからない。投資額が増えるとブローカー手数料は減少していく。そのほかのコストは一定だ。コスト差引前の幾何平均リターンも1.36％（以前使ったのと同じ数値）で一定だ。最後の行は投資額1100ポンドに対する数値で、本文中ですでに提示済みだ。

表28は11銘柄を買う場合のコスト計算を示したものだ。コスト差引前の幾何平均リターンは、分散効果によって1銘柄買うときよりも高いが、初期コストは11銘柄買うときのほうがはるかに高い。

表27と**表28**の最後から2列目の太字の数値は、コスト差引後の純

表27　コスト計算表──イギリスの株式を１銘柄買った場合

保有コストC	初期コスト						合計	コスト差引前の期待幾何平均P	純幾何平均R=P-K	純シャープレシオ
C	税金D	手数料E	ビッドアスクスプレッドF	マーケットインパクトG	初期コストの総額 H=D+E+F+G	初期コストを年次コストに換算 J=H÷20	年間合計コスト K=C+J			
£300			2.00%			2.55%	0.13%	0.13%		1.23%	0.0456
£309			1.90%			2.49%	0.12%	0.12%		1.24%	**0.0458**
£365	0%	0.5%	1.60%	0.05%	0%	2.19%	0.11%	0.11%	1.36%	**1.25%**	0.0463
£400			1.50%			2.05%	0.10%	0.10%		1.26%	0.0466
£1,100			0.55%			1.10%	0.06%	0.06%		1.31%	0.0483

コストに関する仮定については付録Bを参照。１つの株式のリターンの標準偏差は27％と仮定

　幾何平均リターンがポートフォリオ価値が365ポンドのとき、いずれの表でも1.25％で同じであることを示している。これは11銘柄のポートフォリオが１銘柄のポートフォリオよりも魅力的になるブレイクイーブンの値である。投資額が365ポンドを下回る場合、１銘柄のポートフォリオのほうが有利だ。

　幾何平均ではなくてシャープレシオで考えた場合、ブレイクイーブンポイントは若干低くなる。シャープレシオのブレイクイーブンは各表の一番右側の列の太字で示した数値で、ポートフォリオ価値が309ポンドのときである（これらの値は理論値にすぎない。なぜなら、実際には11銘柄に309ポンドまたは365ポンド投資した場合、１銘柄につきわずか28ポンドまたは33ポンドしか保有しないことになるが、これらの金額では１株さえ買えない銘柄が多く存在するからだ。例えば、イギリスの製薬会社であるアストラゼネカは今現在１株49ポンドである）。

表28 コスト計算表――イギリスの株式を11銘柄買った場合（各セクターから1つの銘柄）

保有コストC	初期コスト						合計	コスト差引前の期待幾何平均P	純幾何平均R=P-K	純シャープレシオ
C	税金D	手数料E	ビッドアスクスプレッドF	マーケットインパクトG	初期コストの総額H=D+E+F+G	換算J=H÷20 初期コストを年次コストに	年間合計コストK=C+J			
£300			22%		22.60%	1.13%	1.13%		1.05%	0.0443
£309			21%		21.90%	1.10%	1.10%		1.08%	**0.0458**
£365	0%	0.5%	19%	0.05%	0%	19.40%	0.97%	0.97%	2.18%	**1.25%**	0.0463
£400			16%		17.10%	0.85%	0.85%		1.33%	0.0561
£1,100			6%		6.55%	0.33%	0.33%		1.85%	0.0781

コストに関する仮定については付録Bを参照。太字はブレイクイーブン値。1つの株式のリターンの標準偏差は27％、株式間の相関は0.75とする

リスクかリターンか

　第4章で述べたように、投資ポートフォリオには主として2種類ある――低リスクでシャープレシオが最大になるように最適化されたポートフォリオと、高い幾何平均を目指す投資家のための幾何平均が最大のポートフォリオ（さらにもう1種類、この2つの中間的な妥協ポートフォリオがある）。投資家は好みに応じてコスト・便益のトレードオフを考えたうえでこの2つのうちのいずれかを選ぶことになる。

　例えば、次のような仮想的な例を考えてみよう。あなたは分散によりポートフォリオを改善しようと考えている。分散すればボラティリティが低下するためシャープレシオは向上するが、コストは高くなる。初期ベンチマークポートフォリオは次のような仮想的な数値を持って

表29 ベンチマークに近いオルタナティブ投資の仮想的な例

	算術平均コスト差引前の	ボラティリティ	幾何平均コスト差引前の	コスト	幾何平均コスト差引後の	シャープレシオコスト差引後の
ベンチマーク	8%	20%	6%	1%	5%	0.25
もっと分散したポートフォリオ	8%	15%	6.9%	3%	3.9%	0.26

いるとしよう——初期算術平均リターン8％、ボラティリティ20％、コスト1％、コスト差引後の幾何平均リターン5％、コスト差引後のシャープレシオ0.25。これらの数値は**表29**の最初の行に示している。

表の下側に示したのが分散ポートフォリオで、コスト差引前の算術平均は同じだが、コストが年間3％かかる。しかし、ボラティリティは15％と低い。コスト差引後のシャープレシオは0.26と若干高くなるが、コスト差引後の幾何平均は3.9％に低下する。

リターンの最大化を目指す投資家にとって分散ポートフォリオは無意味であることは明らかだ。しかし、シャープレシオが最大のポートフォリオを目指す投資家は、理論的には分散ポートフォリオを選ぶだろう。しかし、ほとんどの投資家はシャープレシオのわずかな上昇（0.25から0.26）に対してリターンが5分の1も低下することは受け入れがたいはずだ。もちろん、これらの数値は劇的な効果を生むようにわざと選んだものだが、これはもっと現実的な状況下で投資の意思決定をするときにも遭遇する問題だ。この難問はどのように解決すればよいのだろうか。

シャープレシオを最大化する投資家と幾何平均を最大化する投資家との大きな違いは、アセットアロケーションだ。前者はより安全な債

券に大きなウエートを配分し、後者はリスクの高い株式に大きなウエートを配分する。これについては第4章で議論した。しかし、アセットアロケーションが終わり、アセットクラス内で配分する段になると、2つのタイプの投資家の違いはない。

シャープレシオを最大化する投資家はアセットアロケーションが示すリスクに心地良さを感じ、少しばかりシャープレシオが上昇しても、ただでさえ低い幾何平均をさらに低くしたいとは思わないだろう。

つまり、本書の残りでは、ポートフォリオを比較するときは、アセットアロケーションを考えるときを除いて、幾何平均リターンを最大化するということである（実際にはシャープレシオを最大化する正統派の投資家に対応するときは、もう少し大きくて、もう少し保守的なブレイクイーブン値を用いる）。つまり、異なる投資家のために各計算を2回提示する必要はないということである（結果はほとんど同じ。11銘柄を買うイギリスの投資家の例では、幾何平均を最大化するときのブレイクイーブンの相関値は0.915で、シャープレシオを最大化するときは0.925とほとんど同じだった）。

ETFと個別株のコストの違い

分散の便益とコストの問題を応用した例を見てみよう。アメリカのS&P500のような株価指数に対するイクスポージャーをとるベストな方法とはどんな方法だろうか。

方法は2つある。指数を構成する個別株に直接投資する方法と、指数に連動するETFのようなパッシブファンドを買う方法である（ちょっと変わったパッシブファンドやアクティブファンドは使わないものとする。これについては第3部で言及する）。

直接投資のメリットは自分でウエートを選ぶことができ、各株式を多くても少なくても好きなだけ買えることである。つまり、指数連動

型ファンドを買うよりももっと分散することができるということである。次のセクションではポートフォリオのいろいろな加重方式とそのメリットについて見ていく。しかしその前に個別株とETFの異なるコスト構造を理解する必要がある。

初期購入コスト

個別株の購入コスト

　株式の直接保有には継続的な保有コストはかからないが、初期購入コストはETFよりも高くつく。というのは、イギリスではETFには印紙税はかからず、アメリカではETFは手数料なしで買えることもあるからだ。しかしそれよりも、1つのETFを購入するということは、FTSE100の場合は100の個別株を、S&P500の場合は500の個別株を購入することを意味するが、100や500の個別株を直接買えば、ブローカー手数料を100回または500回支払わなければならないからだ。

　執行コスト（マーケットインパクトとビッドアスクスプレッド）はどうだろう。例えば、S&P500に200万ドル投資するとしよう。本書執筆の時点では、アップルを6万2000ドル（全投資額の3％）、ラムウェストンを31ドル（冷凍ポテトのメーカー。全投資額の0.001545％）、そしてそのほかの498銘柄を買うつもりだ（本書執筆の時点ではラムウェストンの株価は31ドル。つまり、S&P500に200万ドル投資しても、ラムウェストンの株は1株しか買えないということになる。もう1つの問題は、極端に大きな投資額でなければ、指数全体を買うことはできないということである。投資額が小さければ、指数の大部分の銘柄はまったく買えないという事態が発生する。また、株は端数で買うことはできないので、間違ったウエートになってしまう［投資額が300万ドルではラムウェストンへの投資額は46ドルになるが、1株か2株しか買えないので、投資額は31ドルまたは62ドルになる］。これによってト

ラッキングエラーは増加し、投資家の困惑も増大する。ちなみに、S&P500にはクラスA、クラスB……といった具合に複数クラスの株式を発行する企業も含まれるため、指数には500を少し上回る数の株式が含まれる)。

最大のトレードでも6万2000ドルと比較的小さいのでマーケットインパクトはかからないだろう。目に見えない執行コストはビッドアスクスプレッドコストのみで、アメリカの大型株の場合は0.05％と仮定している。

ETFを買うときの初期購入コスト

初期コストには目に見える手数料と、ビッドアスクスプレッドや大きなトレードにかかるマーケットインパクトといった目に見えないコストが含まれることを覚えておこう。

1つのETFを買うときの手数料を計算するのは簡単だ。小さな投資にはブローカーの最低手数料がかかる。S&P500のような先進国の株価指数などに投資する流動性の高いETFのビッドアスクスプレッドは、原資産のビッドアスクスプレッドとほぼ同じかそれよりも少し大きく、ここでは0.05％を想定している。

数百万レベルのトレードでは手数料は機関投資家とほぼ同じで、通常は0.01％だ。これはビッドアスクスプレッドコストとほぼ同じである。しかし、このサイズをトレードする場合、懸念材料になるのがマーケットインパクトだ。通常の日のクオートを見ると、ETF市場はこのサイズのトレードをするには十分な流動性がないことが分かる。

実際には大口投資家はETFマーケットメーカーと協働して新たなETFユニットを作ることができる。これには個別株を買うことが含まれるので、これは直接投資と同じようなマーケットインパクトがかかると考えておいたほうがよいだろう。

余談──ETFの設定と償還

　昔は２つのタイプの投資ファンドしかなかった。クローズドエンド型とオープンエンド型だ。アメリカの投資信託やイギリスのユニットトラストはオープンエンド型で、イギリスの投資トラストはクローズドエンド型だった。

　ある投資家がオープンエンド型ファンドにもっと資金を投資したいと思っていたとしよう。これをマネジャーに一任すると、マネジャーは原資産を買ってファンドに組み込む。投資家が解約するときはこれとは逆だ。ファンド自体は普通の株式のように株式市場で売買することはできない。そのため、価格付けや手数料構造はより不透明になる（これについては第３部で説明する）。しかし、ファンドの価値は原資産の価値に厳密に連動する。

　これに対して、クローズドエンド型ファンドに投資したいと思っていた人は、株式市場ですでにファンドを所有している人からファンドを買った。このとき、ファンドの原資産はこれには影響されない。つまり、クローズドエンド型ファンドはファンドに含まれる投資価値に対してプレミアム価格か割引価格で取引されることが多いということである。

　ETFはオープンエンド型ファンドとクローズドエンド型ファンドのハイブリッドだ。通常はクローズドエンド型ファンドのように、市場で売買することができる。ETFを取引しても、そのファンドに含まれる原資産には何も起こらない。

　しかし、あなたはETFを大量に買いたいと思ったとしよう。しかし、ETF市場はそれほど流動的ではない。反対トレードをしたい売り手は現れないのが普通だ。

　そんなときはETFマーケットメーカー（指定参加者と呼ばれ

る）のところに行って、ETFに組み込む新たな銘柄を買う。これによってETFには新たなユニットが作成される。ETFの時価総額は新たに投じられた資金の量だけ上昇する。ETFの価格は原資産の価値を反映する。逆に、大口の売りが発生すれば、ユニットは償還される。

このプロセスはデビッド・J・アブナーの『ETFハンドブック——プロフェッショナルが理解すべき最先端投資ツールのすべて』（金融財政事情研究会）が詳しい。

つまり、ETFを大量に買えば、マーケットインパクトは個別株を買うのと同じ程度にかかってくるということである。

前述のように、S&P500に数百万ドル投資したなかで最大のトレードはアップルの6万2000ドルで、現在価格で言えば、およそ500株である。このトレードサイズでは注目に値するほどのマーケットインパクトはない。

保有コスト

ETFを保有すれば保有コストがかかる。保有コストには目に見える管理手数料と目に見えないファンドによるトレードコストが含まれる。一方、個別株を買えば売るまで何のコストもかからない。

ETFを買ったあとはファンドマネジャーが必要なリバランスを行う。比較をするうえでは厳密に言えば、個別株を持とうとする場合、ファンドマネジャーが行うこの行為を複製するためのコストが含まれる（しかし、パッシブファンドマネジャーとは違って、あなたはこうしたトレードを行うかどうかを選択することができる。リバランスコストを低減する方法については第4部で説明する）。私のリサーチ（**付録B**を

参照）に基づけば、リバランスによるポートフォリオの回転率は年間およそ10％だ（この回転率の計算については**付録B**を参照）。つまり、100万ドル投資しているとすれば10万ドル分のトレードを行うということである。

結論

マネジャーがやるとおりにリバランス（同じ株を買って、同じトレードをする）して、コストは彼らよりも安く抑えようと考えるのは無謀な考えだ。指数に連動する大きなパッシブファンドの運用は機械的なプロセスであり、コストのほとんどは固定コストだ。このコストはスケールが大きくなるほど安くなる。マネジャーが極端に高い年間手数料を課してくる場合を除き、彼らのゲームのなかでそれをやって彼らをアウトパフォームするなんて考えは持たないほうがよい。

本章の次のセクションでは、異なるポートフォリオウエートを使うことで余分なコストを払わずに個別株にスマートに投資する方法について説明する。ETFマネジャーは連動している指数に奴隷のように従わなければならないため、この方法を彼らがまねすることはできない。

余談――管理費

重要な注意事項が1つある。私が計算した直接投資のコストには管理運営コストは含まれていない。理論的には、1つのETFに投資するよりもS&P500に含まれる各銘柄に直接投資したほうが安くつく。しかし、さまざまな企業活動や企業買収などが行われるなかで500のポジションをトラッキングするのはかなりハードで、機関投資家でもだれかを雇ってやってもらわなければならないほ

どだ。

　このコストは計算が難しいが、無視することはできない。定期的にリバランスすることで指数に厳密に従おうとすれば、それには多大な時間と労力を必要とする。

　理論的には大規模な直接投資はファンドよりも安くつく。パッシブマネジャーは利益を稼がなければならない（バンガードのファンドの投資家はバンガードの所有者でもある。したがって、実質的には非営利団体だ。これに加えて規模も大きい。バンガードが安いのはこういった理由による）し、規制に関するコストや他人の資金を運用しているときにのみ発生するフリクショナルコストもかかるため、ファンドのコストは当然ながら高くなる。しかし、バンガードやブラックロックなどの大手パッシブインデックスファンドが最も安い商品に課す手数料は0.10％と破格の安さで、これには太刀打ちできない。こうした巨大サイズのファンドマネジャーは管理運営コストのスケールメリットによって有利な立場にある。

　自分で投資を管理・運営する個人投資家は経済学者が機会コストと呼ぶコストを考慮する必要がある。例えば、あなたは1日に200ドル稼ぎ、年間2日間を投資ポートフォリオの管理・運営に費やすとしよう（もしこれを金融アドバイザーや会計士を雇って行うとすれば、コストはさらにかさむ。アメリカの場合、金融アドバイザーの価格は1時間250ドル以上、イギリスの場合、平均で1時間150ポンド）。これは10万ドルのポートフォリオで言えば、年間0.4％の管理運営コスト（400ドル÷10万ドル）を支払っていることになる。

ハンドクラフト法か、均等加重か、時価総額加重か

　通常は指数ファンドに投資するのが最も安くつくが、個別株で自分自身のポートフォリオを作ることにもメリットはある。それはウエートの加重方法を選べることだ。指数ファンドを買えば、ウエートはファンドが決めたものに従うしかない。ほとんどの指数は通常、時価総額加重を使っている（大部分の株価指数は時価総額加重を使っているが、ダウと日経225だけは例外で価格加重を使っている。しかし、価格は時価総額に比例するため、価格加重は時価総額加重と似たようなものだ）。

　世界中のすべての投資家が各企業の価値について正しい判断を下す（これは資本資産価格付けモデル［CAPM］の鍵となる仮定）のであれば、時価総額加重ポートフォリオを持つのは理にかなっている。だからと言って、時価総額加重はポートフォリオのウエートを決めるベストな方法と言えるのだろうか。

　FTSE100指数のなかでは巨大なHSBC銀行は競合他社であるスコットランド王立銀行（RBS）よりもウエートがはるかに高く5.5％だ。これに対してスコットランド王立銀行はわずか0.3％だ。HSBC銀行に対するウエートが高いのは近年の株価のボラティリティが低いことで納得がいくが、ボラティリティを調整したあとのリスクウエート（第4章では、ポートフォリオのリスクウエートは異なるボラティリティを持つ異なるアセットに対しては調整されることについて述べた。資産ウエートは安全なアセットの場合は高く、リスクの高いアセットの場合は低い）でもHSBC銀行はスコットランド王立銀行の10倍である。

　収益の大きな巨大企業のほうが価値があると考えるのは当然だろう（企業は収益力と市場が収益に対して下す評価［PER＝株価収益率］とで評価される。PERが高い企業のほうが価値があるかどうかは分からない。例えば、フェイスブックの2017年の収益はおよそ70億ドルで、

GE［ゼネラル・エレクトリック］の収益は100億ドルを超えると予想されているが、本書執筆の時点ではフェイスブックのほうが評価が高いため、価値はGEよりも30％以上高い）。HSBC銀行の現在の年間収益は60億ポンドだが、スコットランド王立銀行は金融危機をかろうじて乗り越えた程度である。

これを別の視点から考えてみよう。時価総額加重ポートフォリオは、大きな企業への投資は小さな企業への投資に比べるとリターンが高いことを前提とするものだ。でなければHSBC銀行のウエートをスコットランド王立銀行よりもはるかに高くする理由はない。

今のところはスコットランド王立銀行がHSBC銀行をアウトパフォームしてHSBC銀行よりも多くの収益を稼ぎ出すとは思わないが、これはHSBC銀行の株がリスク調整ベースでスコットランド王立銀行を大幅にアウトパフォームするという意味ではない。スコットランド王立銀行の良くないニュースはすでに低い株価に織り込み済みで、これに対してHSBC銀行にはバラ色の未来が期待される。すでに何回も述べているように、リスク調整済みリターンを予測するのは非常に難しい。それよりもリスク調整済みリターンは同じだと仮定したほうが安全だ。

時価総額加重に代わるシンプルな方法が2つある。どちらの方法もリターンは予測不可能であることを前提とするものだ。最も簡単なのは指数に含まれるすべての銘柄を均等ウエートにするというものだ。2番目の方法はハンドクラフト法だ。これは第4章で紹介した。ハンドクラフト法はまずはポートフォリオのアセットグループ間で、次に各アセットグループ内でウエートを決めていくというものだ。指数のなかの銘柄で言えば、各セクターに均等に配分し、そのあとセクター内の銘柄に均等に配分する。

これら3つの方法をまとめておこう。

- **均等加重** どの銘柄にも均等に配分する。

   仮定——相関、リスク、リスク調整済みリターンは同じ。ポートフォリオの構築には統計学的推定量は使わない。
- **ハンドクラフト法** すべての業種に均等に配分し、そのあと各業種内の銘柄に均等に配分する。

   仮定——リスク調整済みリターンは同じ。同じセクターの銘柄間の相関は同じ。異なるセクターの銘柄間の相関も同じ。ただし、同じセクター内の銘柄間の相関よりは低い。リスクは同じ(リスクウエートを使ったとき)。

   過去の相関を使う(リスクウエートを使うときは、過去のリスク推定量を使うこともある)。
- **時価総額加重** 時価総額に基づいてウエートを配分する。

   仮定——時価総額加重がベストである。

   時価総額以外の過去のデータは一切使わない。

これら3つの加重方式はどのように使えばよいのだろうか。本章で前に述べたように、時価総額加重ポートフォリオを買うにはETFを利用するか株式の直接投資を行えばよい。均等加重も直接投資で達成できる(均等加重ETFを買うのが一般的だが)。この2つに対して、トップダウンのハンドクラフトポートフォリオはほとんど存在しないので、直接投資が唯一現実的な方法だ。

各加重方法にもいろいろな投資方法があり、コストと便益も異なる。

理論的にはどの加重方法がよいのか

投資をするには5つの選択肢がある。

1. 時価総額加重ETF

2．時価総額加重ポートフォリオに直接投資
3．均等加重ETF
4．均等加重ポートフォリオに直接投資
5．ハンドクラフトポートフォリオに直接投資

　どれがベストなのだろうか。まず、期待リスク調整済みリターンがすべてのアセットで同じだと仮定して、理想世界ではそれぞれの加重方法がどう機能するのかを見ていく。そのあと現実世界におけるそれぞれの加重方法の経験的証拠について見ていく。

　まず、同じようなアセットのグループ間（同じ国の同じ業種の株式など。一例を挙げれば、イギリスの銀行）の均等加重について見ていこう。前提としては、これらの株式は相関がほぼ同じで、リスクも同じと考えるのが妥当だ。

　相関が同じなので、均等加重ポートフォリオは最も分散されたポートフォリオということになる。ボラティリティが同じなのでリスクは最も低く、リスク調整済みリターンも同じなので、リターンは最も高い。こうした状況を考えれば、均等加重がベストということになる。

　しかし、これは同じ業種内のことであって、異なる業種間では話は違ってくる。通常の株価指数には、公益事業株、テクノロジー株といった具合に異なる業種の銘柄が含まれているのが普通だ。こうなると、相関が同じという前提は崩れる。同じ業種の銘柄は異なる業種の銘柄よりも相関は高くなる。

　2～3のセクターが残りのセクターよりもはるかにサイズが大きい場合、銘柄間で厳密な均等加重を行えば、いくつかのセクターに集中したポートフォリオになる。このような場合は、均等加重よりもハンドクラフト法のほうがよい（均等加重とハンドクラフト法がまったく同じウエートになるという特殊なケースがある。これはすべての業種における銘柄数が同じときである）。リスクウエートが各業種間で同じ

ハンドクラフトポートフォリオは、ウエートが銘柄間で均等に配分されたポートフォリオよりもより分散されたポートフォリオになる。

　均等加重とハンドクラフト法が時価総額加重よりもメリットがあるかどうかは、時価総額加重ポートフォリオがどれくらい集中したポートフォリオであるかによる。100銘柄で構成された架空の市場を考えてみよう。ただし、この指数の99.99％は１つの銘柄からなっている。この指数は１つの銘柄からなるポートフォリオとほぼ同じ動きをする。**図29**を見ると分かるように、１銘柄からなるポートフォリオの幾何平均リターンは大きなポートフォリオよりおよそ３分の１低い。高度に集中した時価総額加重指数は均等加重ポートフォリオよりもはるかに劣っている。

　実際の指数はこれほど歪んではいないので、これは非現実的な例ではある。アメリカのS&P500やイギリスのFTSE100のような先進国の大きな指数は上位10銘柄が占める比率は20％を下回る（しかし、1990年代終わりのハイテクブームのときのFTSE100におけるボーダフォンのように、１銘柄10％という規定に違反したケースもある）。

　DAX30のような小さな指数はS&P500やFTSE100のように大きな指数に比べると、集中の影響を受けやすい。新興国市場や経済が多様化していない国もまた集中する傾向が高い。オーストラリアやカナダの資源産業の多くが含まれる指数は指数のおよそ50％を上位10銘柄が占めている。

　比較的極端な指数を使って異なる加重方法を評価してみることにしよう。用いるのはカナダの指数だ。均等加重やハンドクラフト法によって目標を達成できないのであれば、こうした加重方法はS&P500ではあまり役に立たないだろう。この例は非常に詳細なものだが、いろいろな加重方法を理解するのには役立つはずだ。

　カナダのTSX指数は60の銘柄からなる。本書執筆の時点では、12銘柄が素材セクター、14銘柄がエネルギーセクター、残りが８つのセク

表30　TSX60のハンドクラフトポートフォリオの内訳

	セクター ウエートA	銘柄	セクター内の ウエートB	ポートフォリ オ全体にお けるウエート A×B
ヘルスケア	10%	バリアント	100%	10%
エネルギー	10%	サンコール	7.1%	0.71%
エネルギー	10%	そのほかの13銘柄	7.1%ずつ	0.71%ずつ
素材	10%	バリックゴールド	8.3%	0.83%
素材	10%	そのほかの11銘柄	8.3%ずつ	0.83%ずつ
金融	10%	カナダ王立銀行	10%	1%
金融	10%	そのほかの9銘柄	10%ずつ	1%ずつ
そのほかの6 つのセクター	60%	…		

各セクターにはポートフォリオ全体の10分の1ずつを配分。同じセクターの銘柄は均等ウエート

ターに分散されている（本章を書いたのはGICS［世界産業分類基準］が2016年の終わりに10セクターから11セクターに拡大したあとだが、今現在、新しく創設された不動産セクターに含まれるカナダの会社はない）。ここでは私のトップダウン方式のハンドクラフト法を使って最適ポートフォリオを構築するが、まず最初にアセットの10分の1ずつを10のセクターのそれぞれに配分した。そして各セクターの銘柄間で10％を均等に配分した。例えば、ヘルスケアセクターに含まれる銘柄はバリアントしかないのでバリアントに10％配分したが、エネルギーセクターには14銘柄が含まれるので各銘柄には0.71％（10％÷14）ずつ配分した。**表30**はポートフォリオの内訳を示したものだ。

これは私の相関の仮定（業種内の相関は比較的高く均一で、業種間の相関は低くて均一）を考慮した場合の分散効果が最大のポートフォリオだ。ただし、ヘルスケアセクターには1つ銘柄（バリアント）し

表31　TSX60の均等ウエートポートフォリオの内訳

	セクターウエートの合計（Wの合計）	銘柄	ポートフォリオ全体におけるウエートW
ヘルスケア	1.67%	バリアント	1.67%
エネルギー	23.4%	サンコール	1.67%
エネルギー	23.4%	そのほかの13銘柄	1.67%ずつ
素材	20.0%	バリックゴールド	1.67%
素材	20.0%	そのほかの11銘柄	1.67%ずつ
金融	16.7%	カナダ王立銀行	1.67%
金融	16.7%	そのほかの9銘柄	1.67%ずつ
そのほかの6つのセクター	38.2%	…	

各銘柄のウエートはポートフォリオ全体の60分の1（1.67%）。セクターウエートはセクター内のすべての銘柄のウエートを合計したもの

かないので、バリアントに10%配分した。各セクターに多くの銘柄が含まれるS&P500やFTSE100のような大きな指数ではこれは問題にはならない。

　セクターを無視して指数に含まれる銘柄をすべて均等ウエートにしたらどうなるだろうか。この場合、各銘柄には1.67%（1÷60＝1.67%）ずつ配分される。しかし、2つの大きなセクター——エネルギーセクターと素材セクター——の26銘柄に対するウエートは43.4%と大きくなる。これはハンドクラフトポートフォリオのほぼ2倍だ。これら2つの業種が似たような経済ファクターにさらされていることを考えると、これは非常に集中の高いポートフォリオだ。**表31**はTSX60の均等加重ポートフォリオを示したものだ。

　この例では、時価総額加重ポートフォリオはさらに極端なものになる（**表32**を参照）。本書執筆の時点では、金融セクターのウエートは38%で、エネルギーセクターのウエートは20%だ。最大銘柄のウエー

表32　TSX60の時価総額加重ポートフォリオの内訳

	セクターウエートの合計（Wの合計）	銘柄	ポートフォリオ全体におけるウエートW
ヘルスケア	0.9%	バリアント	0.9%
エネルギー	20.2%	サンコール	4.4%
エネルギー	20.2%	そのほかの13銘柄	…
素材	10.5%	バリックゴールド	1.9%
素材	10.5%	そのほかの11銘柄	…
金融	38.2%	カナダ王立銀行	8.6%
金融	38.2%	そのほかの9銘柄	…
そのほかの6つのセクター	30.1%	…	

各銘柄は時価総額によって加重されている。セクターウエートはセクター内のすべての銘柄のウエートを合計したもの

トは8％以上にもなる。

　それでは、分散の便益とコストを比較してみよう。前述のように、投資には5つの選択肢がある——①時価総額加重ETF、②時価総額加重の直接投資、③均等加重ETF、④均等加重の直接投資、⑤ハンドクラフト法の直接投資（ETFでは不可）。

　まず最初に、各加重方法の期待リターンを計算する。それを示したものが**表33**だ。各加重方法のコスト差引前のリターンは、ETFか直接投資かによらずほぼ同じであることに注意しよう。業種内の相関は0.85で、業種間の相関は0.75と比較的控えめな数値を想定する。これらの数字は私のリサーチに基づくもので、詳しくは**付録B**を参照してもらいたい。

　表33の数値は3つの加重方法でほとんど同じであることに注意しよう。均等加重のほうが時価総額加重よりも若干良く、ハンドクラフト法のほうが均等加重よりも若干良いが、大した違いはない。この結果

表33 カナダTSX60指数の異なる加重方法によるコスト差引前の期待パフォーマンス

	幾何平均	シャープレシオ
時価総額加重	2.17%	0.0911
均等加重	2.20%	0.0932
ハンドクラフト法	2.21%	0.0936

時価総額ウエートは2017年初期の数値。ハンドクラフト法はまず10の業種で均等にウエートを配分し、そのあと業種内で均等にウエートを配分。各銘柄のリターンの標準偏差は27%、算術平均は5%、業種内の相関は0.85、業種間の相関は0.75と仮定

は先進国の株式市場に今現在存在する最も集中化した指数の1つについての結果であることに注意しよう。

S&P500のようなもっと分散された大きな指数の場合、加重方法による違いはほとんど無視できるほど小さい。しかし、新興国市場の指数はカナダのTSX60よりももっと小さく集中しているため、均等加重やハンドクラフト法によって改善することが可能だ。

コストについてはどうだろう。本章では前にETFと株式のコスト構造について述べた。カナダの時価総額加重ETFの管理手数料は比較的高く、年間0.4%で、均等加重ETFはそれよりももっと高く、0.5%だ。ファンドによるトレードコストは時価総額加重ETFの場合はおよそ0.1%、均等加重ETFの場合は0.4%と仮定する（株価が上昇すると、時価総額ウエートも上昇する。リバランスが必要なのはその銘柄を指数から出し入れするときだけ。通常は3カ月おき。均等加重やハンドクラフト法では、株価が上昇すると上昇した銘柄を売って、ほかの銘柄を買わなければならない。ファンドによるトレードコストが均等加重ファンドのほうが時価総額加重ファンドよりも高いのはこのためだ）。

表34はさまざまなコストの影響を考慮したときの結果をまとめたものだ。表はさまざまなポートフォリオ価値における加重法のランキン

表34　カナダのTSX60株価指数の加重法のランキング

	最も良い方法	2番目に良い方法	3番目に良い方法	4番目に良い方法	最悪な方法
$7,500	ETF mkt cap	Direct H/C	Direct E/W	Direct mkt cap	ETF E/W
$10,000	ETF mkt cap	Direct H/C	Direct E/W	Direct mkt cap	ETF E/W
$15,000	Direct H/C	Direct E/W	Direct mkt cap	ETF mkt cap	ETF E/W
$100,000	Direct H/C	Direct E/W	Direct mkt cap	ETF mkt cap	ETF E/W
機関投資家	Direct H/C	Direct E/W	Direct mkt cap	ETF mkt cap	ETF E/W

E/Wは均等加重、H/Cはハンドクラフト法、Mkt Capは時価総額加重を表す。Directは個別株への直接投資、ETFはETFを買うことを意味する。ランキングはコスト差引後の幾何平均に基づく。ETFの管理手数料は均等加重の場合は年間0.5％、時価総額加重の場合は年間0.4％

グを示している。

　この結果からは興味深いことが分かる。第一に、均等加重ETFは救いようがないくらいに競争力がないということである。均等加重ETFはコスト差引前のリターンは時価総額加重ETFよりも若干高いが、管理手数料が非常に高く、さらにファンドによるトレードコストも高く、少しばかりリターンが高くてもその効果は消えてしまう。

　時価総額加重ファンドと保有コストが同じでないかぎり、私は均等加重ETFに投資しようとは思わない。コスト差引前のリターンが少しばかり高くても、手数料が高いために割に合わない。ファンドによるトレードコストが0.3％高い場合、管理手数料が0.3％安くなければ、均等加重ファンドは時価総額加重ファンドとは戦えない（これは先進国の大型株についての話であって、小型株や中型株あるいは新興国市場の場合、管理手数料はこれよりももっと安くなければならない）。均等

加重ファンドのほとんどは管理手数料が高いので、均等加重ファンドは選択肢から外すのが無難だろう。

第二に、直接投資はすべてコストは同じである。したがって、直接投資に関してはコスト差引前のリターンが最も高いものを選ぶのがよい。私の仮定に基づけば、ハンドクラフト法が一番良く、次が僅差で均等加重で、最後が時価総額加重ということになる。

最後に、ETFよりも直接投資のほうが効果があることを示すブレイクイーブンポイントが1万5000ドルと低い。カナダではブレイクイーブンポイントが非常に低いが、これはETFやTSX60指数のような指数が比較的高額であるためだ。ほかの国のブレイクイーブンポイントはもっと高く、FTSE100の場合は75万ポンド、S&P500の場合は32万5000ドルだ。ハンドクラフト法を使っても直接投資の場合はコスト差引前のリターンが若干上がる程度なので、ブレイクイーブンポイントには大した影響はない。ただし、小口投資家は市場指数に直接投資することはできない。

本書の後半では小口投資家が任意の指数のなかから部分的に銘柄を選んで買うことで直接投資が可能かどうかについて見ていく。

実際にはどの加重方法が最も効果的か

これまでの分析は、リスクとリスク調整済みリターンがすべてのアセットで同じであると仮定し、一定の水準の相関を想定した完全に理論的な分析だ。これらの加重方法は実際にはどれくらい効果的なのだろうか。

理想的には、同じ指数の時価総額加重パッシブファンドと均等加重パッシブファンドの実際のパフォーマンスを比較するのが良いのだが、この種の分析で統計学的に有意な結果を与えてくれるほど長い履歴を持つ均等加重ファンドは存在しない。また、ハンドクラフト法を使っ

ているファンドはないため、ハンドクラフト法についての分析は不可能だ。

　そこで私は均等ウエートと時価総額ウエートについて書かれた学術研究を読むことにした（最も関連性の高い論文はロイド・クルツの「ベイズ・リベンジ？　ア・レビュー・オブ・イコールウエート・アズ・アン・アクティブ・マネジメント・ストラテジー［Bayes' Revenge? A review of Equal-Weighting As an Active Management Strategy］」、ラマン・ウッパルほかの「オプティマル・バーサス・ナイーブ・ダイバーシフィケーション［Optimal Versus Naive Diversification］」、ジェイソン・シューほかの「アン・インベスターズ・ガイド・トゥ・スマート・ベータ・ストラテジーズ［An Investor's Guide to Smart Beta Strategies］」。さらに、『ジャーナル・オブ・インデックス（Journal of Indexes）』の2011年1〜2月号には役立つ論文がいくつか掲載されている）。これらの論文では仮想的な均等加重ファンドと時価総額加重ファンドのパフォーマンスを個別株のリターンで比較している。

　均等加重のほうが優れているというのが大方の意見である。ほとんどの研究者によれば、均等加重ポートフォリオのほうがボラティリティは若干高いが、リターンはそれよりもはるかに高く、したがってシャープレシオも高い（大きな株式ほどリスクは低い。均等加重ポートフォリオのほうが時価総額加重ポートフォリオよりもリスクが高いのはこのためだ）。

　ハンドクラフト法に関してはあまり研究されていないが、関連する論文を1つだけ見つけた（プラディープ・バルバダプの「ジ・エボリューション・オブ・イコール・ウエーティング［The Evolution of Equal Weighting］」［『ジャーナル・オブ・インデックス』2011年］）。この論文では「セクター均等加重」（実質的にはハンドクラフト法と同じ）と指数の構成要素間での均等加重のパフォーマンスが分析されていた。結

果は私の理論的な結果よりもはるかに良かった。

　私の理論計算ではわずかな改善しか見られなかったが、これらの実証研究ではもっと説得力のある結果が示されている。これにはいくつかの説明が可能だ

　第一に、近年では株式間の相関は上昇しているため、古いリサーチではヒストリカルな相関は低い傾向がある。相関推定量には不確実性があることを考慮し、私は相関の数値としては現実的で将来的にも達成できると思われる控えめな数値を使った。

　第二に、時価総額の小さな企業のほうが歴史的には時価総額の大きな企業のパフォーマンスを上回っていることはよく知られているが、カナダのTSX60指数（平均時価総額は40億ドル）の50～60位にランキングされている企業はけっして「小さな」企業とみなすことはできない。

　最後に、時価総額加重指数は最近のパフォーマンスが高い銘柄に高いウエートを配分するが、均等加重指数は負け組を買い、勝ち組を売る。株式の過去のリターンは将来のリターンのおおよその目安になることがある。勝ち組を買い、負け組を売ることは投資期間が6カ月～1年の場合はうまくいくが、これよりも投資期間が短かったり長い場合は勝ち組を売ったほうが良い（これの利用方法については第3部で説明する）。均等加重は最近の負け組を買い、勝ち組を売ることで余剰リターンを生みだしているのかもしれない。

　こうした証拠を見れば均等加重とハンドクラフト法に分があるように感じるかもしれないが、コストが非常に高い場合、大きな便益があるとは思えない。特に、ほとんどの均等加重ETFは時価総額加重ファンドに比べるとコストははるかに高いと私は思っている。

　繰り返しになるが、年間管理手数料が0.3％以上安い均等加重ETFを見つけられなければ、時価総額加重ETFを買うことをお勧めする。

キャップドインデックス

つい最近になってキャップドインデックスを使った新たなETFがたくさん登場している。よく使われるキャップドインデックスには「25/50」や「10/40」などがある。MSCIブラジル・キャップドETFであるEWZが使っている25/50指数は、通常の時価総額加重を使っているが、どの1つの銘柄のウエートも上限が指数の25％に設定されており、指数に含まれる5％の銘柄のウエートは上限が50％に設定されている。10/40指数も同様だ。

ウエートの上限を設定することで極端な指数でも集中化を低減し、分散を高めることができる。この概念はウエートがカナダよりもはるかに極端で、1銘柄の総損失が先進国よりも高い新興国市場では特に有用だ。ファンド内の回転率は時価総額加重よりも高いが均等加重よりは低い。便益も均等加重から得られる便益よりも低い。

私がキャップドインデックスを考えるのは、管理手数料が時価総額加重よりも安いときだけである。年間手数料が0.1％安ければ、ファンド内の高いトレードコストを十分に賄える。ブラジルの25/50 EWZは管理手数料が0.48％で、これに最も近い時価総額加重ETFであるDBBR（管理手数料が0.6％）よりも安い。この場合はキャップドファンドを選んだほうがよい。

指数のすべてを買うべきか、一部を買うべきか

この場合は、味気のない時価総額加重を選ぼうと、退屈な均等加重を選ぼうと、私の好みのハンドクラフトウエートを選ぼうと、どれでも構わない。相当な額の投資資金を持っていないかぎり、指数に含まれるすべての銘柄は高すぎて買えない。大口投資家でさえ多くの国にわたる何千という銘柄をトラッキングする管理手数料には尻込みする

だろう。指数に含まれる2〜3の銘柄だけを買ってはいけないのだろうか。

買う銘柄数が指数の全銘柄よりも少ない場合、大きなメリットが1つある。小口投資家にとって非常に安くつくことだ。なぜならブローカーの最低手数料を数銘柄分支払えばよいからだ。しかし、大きなデメリットも2つある。1つは投資家の困惑である。指数に含まれるすべての銘柄を買わなければ、リターンがベンチマークから大きく乖離することになる。もう1つは、こちらのほうが深刻だが、数銘柄しか持たないということは、あまり分散されないということである。これによってポートフォリオのリスクは高まる。それぞれのアセットのリスク調整済みリターンが同じだとすると、期待幾何平均リターンは低くなり、シャープレシオも低くなる。

こうした問題をできるだけ抑えるためには、指数からどういった銘柄を選ぶかが重要になる。そのためにはトップダウンのハンドクラフト法を使うのが良い。まず指数の各セクターにリスクウエートを均等に配分し、各業種でいくつの銘柄を買えるかを算出する。1つのセクターからは最低1つの銘柄（全部で11銘柄）を選ぶ必要がある。これが不可能な場合は、その国全体を反映するようなETFを買う。こうすることであなたの投資サイズを考えた場合、最も分散されたポートフォリオを得ることができる。

次に銘柄を選ぶ。すべての銘柄のリスク調整済みリターンが同じだと仮定するので、どんな銘柄を選んでも幾何平均リターンやシャープレシオには影響はない。したがって投資家の困惑を最小にするためには、各セクターで最大の時価総額を持つ銘柄を選ぶ。これで指数に対するトラッキングエラーが最も低いポートフォリオを得ることができる（もちろん、幾分かのトラッキングエラーはある）。

この戦略がどう機能するかを見てみることにしよう。今回はS&P500を使って評価する。S&P500は大きな指数なので、パフォーマンスに大

表35 S&P500に直接投資したときの異なるポートフォリオウエートに対する期待パフォーマンス

	幾何平均	シャープレシオ
500銘柄すべてをハンドクラフト	2.23%	0.0949
各セクターからそれぞれ3銘柄をハンドクラフト	2.22%	0.0939
各セクターからそれぞれ2銘柄をハンドクラフト	2.21%	0.0934
各セクターからそれぞれ1銘柄をハンドクラフト	2.18%	0.0920

ハンドクラフトウエートは、まず11の業種でウエートを均等に配分し、そのあと業種内の銘柄でウエートを均等に配分（すべての銘柄のときもあれば、限定数の銘柄だけのときもある）。各銘柄のリターン標準偏差は27％、算術平均は5％、業種内の相関は0.85、業種間の相関は0.75とする。

きな影響を及ぼす2～3の銘柄を選ぶ。各セクターから最大の銘柄を選ぶことでウエートの合計は指数のトータル時価総額ウエートのおよそ15％になるだろう。S&P500でこれがオーケーだったら、カナダのTSX60のようなもっと小さな指数でもオーケーのはずだ。TSX60で各セクターの最大銘柄を買えば、ウエートの合計はトータル時価総額ウエートの30％にはなるはずだ。

　ここではフルハンドクラフトを使う。つまり、500銘柄のすべてを買うということである。それと同時に11のセクターのそれぞれから1、2、あるいは3銘柄を買う。それぞれの場合のパフォーマンスを示したものが**表35**である。11のセクターのそれぞれから1銘柄を買ったときのリターンはフルハンドクラフトよりも低いが、それほど大きな違いはない。**表36**はコスト効果を考えたときの結果を示したものだ。

　表36を見ると、任意の国で11のセクターからそれぞれ3銘柄を買うためには最低6万6000ドル、2銘柄を買うには4万4000ドル必要であることが分かる。資金がこれよりも少ない場合は、各セクターからそ

表36　各セクターで買うべき最適銘柄数

	最も良い選択肢	2番目に良い選択肢	3番目に良い選択肢	4番目に良い選択肢
$22,000	1銘柄	2銘柄	3銘柄	すべての銘柄
$44,000	2銘柄	1銘柄	3銘柄	すべての銘柄
$66,000	3銘柄	2銘柄	1銘柄	すべての銘柄
機関投資家	すべての銘柄	3銘柄	2銘柄	1銘柄

S&P500のそれぞれの投資額（行）に対して、コスト差引後の幾何平均に基づいてランキング。各セクターから買った銘柄にはウエートを均等に配分

れぞれ1銘柄（全部で11銘柄）買うのが一番良い。

　この結果は次のようにまとめることができる——各セクターから2つ以上の銘柄を買うかどうかを検討しているのであれば、各銘柄への投資額が2000ドルを下回らないようにすること。ブレイクイーブンポイントは支払う管理手数料と目に見えないファンドによるトレードコストによるが、資金が2万2000ドルを下回る場合はETFを買うのがよい。

　これらの数値はアメリカのブローカーの最低手数料を1トレードにつき1ドルとした場合の数値である。手数料が異なるときとイギリスの場合、これらの数値を調整する方法については次のセクションで説明する。

　これらの結果は状況が違えば——国やアセットクラスが異なり、相関が低い場合——違ってくる。相関が低い場合、部分的に買えば分散効果は著しく低下する。一定の国だけに集中してほかの国を無視するのは勧めないし、地理的領域やアセットクラスを丸々除外することも勧めない。

任意の国に投資するスマートな方法

　これまでに学んできたことを総合的に考えると、任意の国に投資する方法には2つある。

　最初の方法は、トータル投資サイズが一定の閾値を下回る場合、時価総額加重ETFを買う。**表37**（アメリカの投資家）と**表38**（イギリスの投資家）は任意の国に投資する場合、投資額が示した水準を下回る場合は直接投資よりもETFを買ったほうがよいというブレイクイーブンポイントを示したものだ。各行はETFのトータル保有コストを示し、各列はブローカーの最低手数料を示している。トータル保有コストには、年間管理手数料と目に見えないファンドによるトレードコストが含まれる。

　2番目の方法は、資金が十分にあるのであれば、任意の国のイクスポージャーを得るには個別株を買うことをお勧めする。この場合はハンドクラフト法を使うこと。任意の国の各セクターにリスクウエートを均等に配分し、各セクターの最大銘柄（時価総額が最大の会社）をまず買う（買う銘柄を選ぶ別の方法については第3部で説明する。同じ銘柄を持ち続けるべきなのか、定期的に入れ替えるべきなのかについては第4部で説明する）。資金に余裕があれば、2番目に大きな銘柄、3番目に大きな銘柄……と買っていく。

　表39は各セクターで銘柄を追加的に購入したほうが良い場合の1銘柄ごとの最低投資額を示したものだ。全部で11セクターあるので、追加するときは必ず11銘柄（1セクターにつき1銘柄）、22銘柄（1セクターにつき2銘柄）、33銘柄（1セクターにつき3銘柄）と追加していくことになる。

　ところで、各セクターから最初に1銘柄買う場合と、2銘柄、3銘柄……と追加する場合とでは計算が異なる。だから表は2種類（**表37**、**表38**、**表39**）提示した。例えばアメリカでは手数料が1ドルのとき、

表37　アメリカで直接投資を選んだほうがコストが安くなるときの最低投資額（ブレイクイーブン投資額）

	ブローカーの最低手数料（ドル）			
	$1	$2	$5	$10
ETFの保有コストが0.1%のとき	$15,000	$30,000	$65,000	$150,000
ETFの保有コストが0.2%のとき	$6,000	$12,000	$30,000	$60,000
ETFの保有コストが0.3%のとき	$4,000	$8,000	$20,000	$40,000
ETFの保有コストが0.4%のとき	$3,000	$6,000	$15,000	$30,000
ETFの保有コストが0.5%のとき	$2,350	$4,700	$12,000	$24,000
ETFの保有コストが0.75%のとき	$1,600	$3,200	$8,000	$16,000
ETFの保有コストが1.0%のとき	$1,200	$2,400	$6,000	$12,000
ETFの保有コストが1.25%のとき	$950	$1,900	$4,700	$9,500
ETFの保有コストが1.5%のとき	$800	$1,600	$4,000	$8,000
ETFの保有コストが2.0%のとき	$600	$1,200	$3,000	$6,000

表の金額は時価総額加重ETFを買うよりも任意に選んだ銘柄に直接投資したほうが安くなるブレイクイーブンポイントを示している。ブレイクイーブンポイントはコスト差引後の幾何平均リターンに基づく。直接投資は各セクターから1銘柄を買い、均等加重で配分するものとする。リバランスコストとしてはポートフォリオの回転率は年間10%と仮定する。ETF保有コストには管理手数料とファンドによるトレードコストが含まれる（ファンドによるトレードコストは、本章で紹介した方法を使って計算するか、先進国の大型株ファンドの場合は年間0.1%とすることができる）。そのほかの仮定については付録Bを参照

表38 イギリスで直接投資を選んだほうがコストが安くなるときの最低投資額（ブレイクイーブン投資額）

	ブローカーの最低手数料（ポンド）			
	£6	£10	£15	£20
ETFの保有コストが0.1%のとき	£120,000	£200,000	£300,000	£400,000
ETFの保有コストが0.2%のとき	£45,000	£80,000	£120,000	£160,000
ETFの保有コストが0.3%のとき	£27,000	£45,000	£65,000	£90,000
ETFの保有コストが0.4%のとき	£20,000	£32,000	£48,000	£65,000
ETFの保有コストが0.5%のとき	£15,000	£25,000	£37,000	£50,000
ETFの保有コストが0.75%のとき	£10,000	£17,000	£24,000	£34,000
ETFの保有コストが1.0%のとき	£7,500	£12,000	£18,000	£24,000
ETFの保有コストが1.25%のとき	£6,000	£10,000	£15,000	£20,000
ETFの保有コストが1.5%のとき	£4,700	£8,000	£12,000	£16,000
ETFの保有コストが2.0%のとき	£3,500	£6,000	£9,000	£12,000

表の金額は時価総額加重ETFを買うよりも任意に選んだ銘柄に直接投資したほうが安くなるブレイクイーブンポイントを示している。ブレイクイーブンポイントはコスト差引後の幾何平均リターンに基づく。直接投資は各セクターから1銘柄を買い、均等加重で配分するものとする。リバランスコストとしては、ポートフォリオの回転率は年間10％と仮定する。ETF保有コストには管理手数料とファンドによるトレードコストが含まれる（ファンドによるトレードコストは、本章で紹介した方法を使って計算するか、先進国の大型株ファンドの場合は年間0.1％とすることができる）。そのほかの仮定については付録Bを参照

各セクターに追加する1銘柄ごとの最低投資額は2000ドルだ。任意の国に2000ドル×22＝4万4000ドルを投資できないときは、1セクターにつき1銘柄しか保有できない（任意の国に均等リスクウエートで投資した場合、リスクウエートが同じでも資産ウエートは違ってくる。なぜならすべてのセクターのボラティリティが同じということはないからだ。したがって、例えば任意の国に8万8000ドル投資したとすると、投資額が4000ドルを下回るセクターと、投資額が4000ドルを上回るセクターがあるということになる。これらの表の計算をするときはこの点を考慮した）。

しかし、各銘柄に投資する資金が2000ドルを下回ることもあるかもしれない。年間コストが0.1％の最も安いETFでも、直接投資が意味を持つブレイクイーブンポイントは1万5000ドル（**表37**）なので、各銘柄への投資額は1364ドル（1万5000ドル÷11）になってしまうからである。一見、一貫性に欠けるように見えるが、各セクターの最初の1銘柄と2銘柄以上の場合は計算が違うので、これは問題とはならない。

別の例を見てみよう。あなたは任意の国に10万ドル投資し、ブローカーの最低手数料として5ドル支払うものとする。あなたが考えているのはETFへの投資だ。これは年間管理手数料が0.1％で、ファンド内の目に見えないトレードコストも0.1％かかるだろうとあなたは見ている。**表37**の保有コストが0.2％でブローカー手数料が5ドルの欄を見ると、個別株を所有するブレイクイーブンポイントは3万ドルで、これは10万ドルをはるかに下回る。

次に**表39**を見てみよう。ブローカーの最低手数料が5ドルの場合、1銘柄当たりの最低投資額は1万ドルだ。11セクターのそれぞれから2銘柄ずつ買えば、その国への投資額はトータルで22万ドル（11×2×1万ドル）になる。これは10万ドルをはるかに上回るため、買うのは1セクターにつき1銘柄にしなければならない。1セクターにつき

表39 各セクターに投資する銘柄を増やしたほうがよいときの最低投資額

ブローカーの最低手数料	$1	$2	$5	$10
アメリカの投資家	$2,000	$4,000	$10,000	$20,000
ブローカーの最低手数料	£6	£10	£15	£20
イギリスの投資家	£10,000	£18,000	£27,000	£35,000

表の数値は1セクターにすでに1銘柄投資している場合、任意のブローカーの最低手数料で各セクターに投資する銘柄を追加したほうがよいときの1銘柄当たりの最低投資額を示している

1銘柄（1銘柄につき1万ドル）の場合も10万ドルでは足りないがこれは問題ではない。なぜなら、異なる判断基準による2つの異なる意思決定を行うからだ――1つはETFを買うか個別株に直接投資するか、もう1つは各セクターごとに銘柄を追加するかどうか。

　もう1つ別の例を見てみよう。今度はイギリスの例だ。あなたはイギリスで50万ポンド投資して、ブローカーの最低手数料として12ポンド支払うことを想定している。12ポンドという数値は**表38**にはないが、比例計算で算出することができる。比例係数は12ポンド÷6ポンド＝2である。したがって、12ポンドに対する投資額は6ポンドの投資額に2を掛けた額になる。

　ETFの保有コストにかかわらず直接投資する十分な資金はある。問題は、各セクターにつき何銘柄買えばよいかである。1銘柄当たりの最低投資額である1万ポンド（**表39**の6ポンドの欄）に比例係数の2を掛けると2万ポンドになるので、1セクターごとに2銘柄買えば11×2×2万ポンド＝44万ポンド必要になる。資金は50万ポンドあるので十分に買える。ただし、1セクターにつき3銘柄になると必要資金は66万ポンドになるので手持ち資金の50万ポンドでは足りなくなる。

　セクター内では均等ウエートなので、50万ポンドをセクターの数で

ある11で割る（実際にはセクターのリスクウエートが同じでも、セクターごとにリスクが異なるので、資産ウエートも同じということにはならない。資産ウエートについては第11章のセクターウエートのアロケーションのところで説明する）と、1セクター当たりおよそ4万5500ポンドで、これを2で割ると1銘柄当たりおよそ2万2750ドルになる。

複数のファンドを買って分散することに意味はあるのか

これまでは個別株を買えばよいのか、それともファンドを買えばよいのかという問題について考えてきた。しかし、多くの投資家にとって気になるのは、複数のファンドで分散すべきかどうかである。例えば、今1つのグローバルな時価総額加重の株式ファンドを保有しているとすると、それを先進国市場の株式ファンドと新興国市場の株式ファンドで分散したほうがよいのかということである。

これは非常に複雑な問題で、分散による追加的期待リターンと追加的コストの間のトレードオフを考えなければならない。コストについては第5章で議論した。1つのファンドを複数のファンドに分散するとコストは増える。これにはいくつかの理由がある。

第一に、アメリカのような流動性の高い市場へのイクスポージャーが減少し、流動性の低い国へのイクスポージャーは増える。したがって、分散すると管理手数料は増加し、ファンドによるトレードコストも増え、ビッドアスクスプレッドとマーケットインパクトも増加する。

第二に、これは小口投資家にとってはより重要なのだが、ブローカーの最低手数料の問題がある。例えば500ポンドを1つのイギリスのファンドに投資すれば、6ポンドのコストがかかる。これは6ポンド÷500ポンド＝1.2％、1.2％÷20＝0.06％で、年間コストとして0.06％かかる（第5章で紹介した20の法則を適用）。しかし、500ポンドを2つに

分けて、250ポンドずつを２つの異なるファンドに投資すれば、ブローカーの最低手数料は２倍の12ポンドかかる。これは年間手数料に換算すると0.12％だ。ほかのコストも増えることを考えると、分散しても年間0.06％の余分なコストを払うのに見合うだけの便益があるとは思えない。

１つのファンドに250ポンドだけ投資しても意味がない。では、最低いくら投資するのがよいのだろうか。

これは簡単に答えられるような問題ではないが、一般的なガイドラインはある。保有コスト、執行コスト、分散の便益の増加に関する仮定を設けたとすると、残るはブローカーの最低手数料の問題だけである。**表40**はブローカーの最低手数料に対する１ファンド当たりの最低投資額を示したものだ。

例えば、6000ドルを２つのファンドに分けて3000ドルずつを投資する場合、ブローカーの最低手数料が10ドル以下なら分散投資のほうが良い。最低投資額は、支払う手数料のブローカーの最低手数料に対する比率を掛けても求めることができる。例えば、最低手数料が２ドルのときの１ファンド当たりの最低投資額は、最低手数料が１ドルのときの１ファンド当たりの最低投資額のちょうど倍になるといった具合だ。

表の太字は、最低手数料に対するブレイクイーブンの投資額を示している。イギリスの投資家（最低手数料は６ポンド）の場合、１ファンド当たりのブレイクイーブンの最低投資額は1800ポンドで、アメリカの投資家（最低手数料は１ドル）の場合、ブレイクイーブンの最低投資額は300ドルということになる。本書を通して、最低ポートフォリオ価値は最低手数料として１ドルまたは６ポンドを使って計算している。

ブローカー最低手数料が１ドルまたは６ポンドではないときは、あなたの支払う最低手数料の１ドルまたは６ポンドに対する比率をポー

表40　ブローカーの最低手数料が与えられたとき、コストの過剰な支払いを防ぐための１ファンド当たりの最低投資額

最低手数料	イギリスの投資家	アメリカの投資家
無料		$300
１ポンドまたは１ドル	£300	**$300**
２ポンドまたは２ドル	£600	$600
５ポンドまたは５ドル	£1,500	$1,500
６ポンドまたは６ドル	**£1,800**	$1,800
10ポンドまたは10ドル	£3,000	$3,000
15ポンドまたは15ドル	£4,500	$4,500
20ポンドまたは20ドル	£6,000	$6,000

１つのファンドに投資したほうが良いのか、もっと分散したほうが良いのかを決めるときの１ファンド当たりの最低投資額。各行はブローカーの最低手数料に対する対応する通貨の投資サイズを示している。各列はイギリスの投資家の場合とアメリカの投資家の場合を示している。太字は本書で使う標準の値（アメリカの投資家の場合は最低手数料が１ドルのときの最低投資額、イギリスの投資家の場合は最低手数料が６ポンドのときの最低投資額）を示している。太字の最低投資額で投資するとき、分散による利益と増加した保有コストが同じになると仮定する。そのほかの仮定については付録Bを参照

トフォリオ価値に掛ける。例えば、最低ポートフォリオ価値が１万ポンドで、あなたの支払ったブローカーの最低手数料が12ポンドだとすると、最低ポートフォリオ価値は１万ポンド×（12ポンド÷６ポンド）＝２万ポンドということになる（アメリカの投資家の場合、手数料が無料のETFもあるが、そのときも１ファンド当たりの最低投資額は300ドルになる）。

重要なポイント

●分散は良いことだが……　リスク調整済みリターンを予測できない場合、ポートフォリオのパフォーマンスを向上させる唯一の方法は分散。

- **……しかし、分散にはコストがかかる**　資産を細かく分割すれば分散はできるが、ブローカーの最低手数料がかかるうえ、ETFの管理手数料が上昇するためコストは増加する。
- **すべての投資家がやるべきこと**　300ドルまたは1800ポンドを下回るETFは買うべきではない。ブローカーの最低手数料が1ドルまたは6ポンドを上回る場合、300ドルまたは1800ポンドにあなたの支払う最低手数料の1ドルまたは6ポンドに対する比率を掛けて1ファンド当たりの最低投資額を算出する。
- **小口投資家がやるべきこと**　任意の国のイクスポージャーをとるには、時価総額加重ETFを買うべき。
- **大口投資家がやるべきこと**　十分な投資資金がある場合、個別株を買ったほうがよい（**表37**と**表38**を参照）。セクター間でウエートを均等に配分（均等リスクウエート）し、各セクターのなかから時価総額が最大の銘柄を買う。
- **非常に大口の投資家がやるべきこと**　各セクターの銘柄を増やせるほどの投資資金がある場合（**表39**）、2銘柄、3銘柄……と増やしていく。銘柄を増やすときは、時価総額が2番目に大きな銘柄、3番目に大きな銘柄……と追加していく。各セクター内では均等ウエートにすること。

これで第1部は終了だ。第2部では第1部で学んだことを使ってポートフォリオを構築していく。

第 2 部

スマートポートフォリオの構築

Part Two : Creating Smart Portfolios

「分散は投資プログラムの基本であり、不可欠なものでもある。すべての財産を1つの会社に投資すれば、その会社が思いがけないトラブルに見舞われると、大きな損失を被る可能性があるが、異なる業種の12の銘柄を保有すれば、パフォーマンスの悪い銘柄があったとしても、予想以上のパフォーマンスを上げた銘柄が悪い銘柄のパフォーマンスを補ってくれる」――サー・ジョン・テンプルトン（イギリスの伝説のファンドマネジャー）

　第2部では第1部で紹介したトップダウンのハンドクラフト法を使って分散ポートフォリオを構築していく。

　第2部ではポートフォリオの構築を詳細にわたって説明していく。内容が非常に濃い部分もあり、たくさんの表も登場する。第2部は、不眠症解決策を探しているのでもなければ、一気に読むようなものでもない。また、読む必要のない部分もある。

　しかし、第2部の最初の2つの章はすべての人に読んでもらいたい。第7章はトップダウンのアプローチについて説明する。

　そのあとの章はいろいろなレベルのトップダウンポートフォリオに

ついての説明だが、その筆頭の第8章は必読で、株式、債券、エキゾチックなオルタナティブアセット間でのトップレベルのアセットアロケーションについて説明する。

第9章以降はアセットクラスについて細かく見ていく。これらの章は投資額によっては読んでも読まなくてもよい。

第9章はヘッジファンドやコモディティETF（上場投資信託）のようなオルタナティブアセット間での配分について説明する。

第10章と第11章は株式の配分について説明する。第10章は国家間での配分について説明し、第11章では各国内の株式の配分について細かく見ていく。

第12章は債券の配分について説明する。

第13章はそれまでに学んだことをすべて取り込んで、いろいろな投資家向けのトップダウンポートフォリオの例を紹介する。第13章も必読だ。第13章は第7章を読んだあとで読んだほうがよいかもしれない。なぜなら、第7章は第8章〜第12章までのプロセスの概要を示したものだからだ。あるいは、前の章を読みながら第13章の例を1つずつ見ていくのもよいかもしれない。

第2部では、リスク調整済みリターンは予測ができないと仮定している。

第3部では、リスク調整済みリターンが予測できた場合、ポートフォリオをどのように変更すればよいかについて説明する。

第7章
スマートポートフォリオを構築するためのトップダウンアプローチ

A Top-Down Approach to Building Smart Portfolios

　ポートフォリオ構築のボトムアップアプローチとは、あなたが気に入った銘柄を選んでポートフォリオを構築するというものだ。アセットクラス、国、業種に対するイクスポージャーは、その時点であなたがどんな銘柄を好むかによる。

　これに対してトップダウンアプローチとは、まずトップレベルでのウエートを決め（債券と株式といったアセットクラス間で資産を配分）、次に各アセットクラス内でウエートを配分していく。例えば株式の場合、個々の国、業種、銘柄間でウエートを配分する。したがって、アセットクラス、国、業種へのイクスポージャーは慎重に考え抜かれたものになる。

　第2部では第4章で紹介したトップダウンのハンドクラフト法を使ってポートフォリオを構築していく。ポートフォリオの構築にトップダウンアプローチを使う理由と、そのアプローチの概要を説明する。

本章の概要

- **なぜトップダウンアプローチはスマートな方法なのか**　トップダウンポートフォリオがほかのポートフォリオよりも優れているわけ。
- **トップダウンポートフォリオ**　トップダウンポートフォリオの構築

方法を詳細に説明。
- ●**第2部のロードマップ**　第2部の残りではどういったことを説明するのか。
- ●**考慮すべき問題点**　トップダウンアプローチを実際に使うときの問題点。

なぜトップダウンアプローチはスマートな方法なのか

　なぜ、私はポートフォリオの構築にトップダウンアプローチを推奨するのだろうか。最初にうまくいくと思える株式やファンドを選んで、自然に任せた配分を行ったほうが良くないだろうか。例えば、イタリアの銀行株がその時点で安いとして、ポートフォリオの大部分をイタリアの銀行株で構成すれば、どんな不都合が発生するのだろうか。

　この考え方に賛成の人は、第1部を注意深く読まなかった証拠だ。第1部では、過去のデータを使ってリスク調整済みリターンを予測することはほとんど不可能であると述べた。リスク調整済みリターンが予測不可能ならば、株式やファンドを選ぶことは時間と労力のムダでしかない。こんなことを考えるよりも、最も分散されたポートフォリオを買うことを考えたほうがよい。リターンが予測できない場合、パフォーマンスを向上させる唯一の方法が分散だ。分散は、イタリアの銀行だけではなくて、さまざまなアセットクラス、国、業種のさまざまなアセットに投資することを意味する。

　トップダウンアプローチを使うメリットについてまとめてみた。

- ●**必然的に分散することになる――ホームバイアスやアセットクラスバイアスを防ぐことができる**　自分の好みの株式やETFで構成されたボトムアップポートフォリオは極端に偏ったものになる。投資家

は自国の株式や債券を好む傾向（これをホームバイアスと言う）や特定の業種を好む傾向がある（私はかつて金融会社を好んで買う傾向があった。保険会社や投資管理会社や銀行など、そのビジネスを自分が理解していると思った会社を買う傾向が強かった。これは2008年以前の話だ。2008年以降は、金融業界を本当に理解している人はいないことに気づいた）。さらに、株式を買わなければならないといった不健全な強迫観念に取りつかれた投資家も多く、逆に株式を持つことに対する強い嫌悪感を感じる投資家もいる。これに対して、トップダウンポートフォリオはアセットクラス、国、業種間で適切に分散されたポートフォリオだ。

- **独立した意思決定**　ポートフォリオを十数個あるいは何百という異なるアセットに配分するのは気の遠くなるようなプロセスだ。しかし、トップダウンアプローチを使えば、このプロセスはアセットグループを徐々に小さくしてそのなかで一連のシンプルな意思決定を行うという単純なプロセスに置き換えることができる。またそれぞれの意思決定は独立して行うことができる。

- **小口投資家にとって有利**　ブローカーの最低手数料の問題があるため、第6章で述べたように、小口投資家は少数のアセットしか買うことができない。トップダウンアプローチを使えば、わずかな数のファンドしか買えない投資家でも最大限の分散が可能になる。

- **弊害をもたらす思い上がりを防ぐことができる**　第1部では将来のリターンを予測するのは難しいことを指摘した。にもかかわらず、多くの読者は自分たち、あるいは自分の好みのファンドマネジャーは未来を見る能力があるといまだに信じている。これについては第3部で詳しく説明する。トップダウンアプローチを使うということは、分散を保ちながら、危険な銘柄選択をできるだけ減らすことができることを意味する（例えば、あなたは日本の自動車メーカーに詳しいと思っているかもしれない。ボトムアップポートフォリオでは資

金の大部分をトヨタや三菱自動車やその関連会社に投資したくなるだろう。その結果、アセット、国、セクターに対する配分は非常に集中して偏ったものになる。たとえあなたが銘柄選択の天才だとしても、日本の自動車メーカーの下落リスクに大きくさらされることになる。一方、トップダウンポートフォリオの場合、アクティブアプローチとパッシブアプローチを組み合わせることができる。つまり、ファンドと個別銘柄を組み合わせることができるということである。したがって、ポートフォリオの一部を株式に適切に配分し、株式の一部を日本に適切に配分し、日本株の一部を日本の自動車メーカーに適切に配分することができ、そのあとで初めて好みの自動車メーカーを選ぶことになる。そしてポートフォリオの残りはパッシブファンドに分散して配分することができる。日本の自動車株に対するあなたの予測がたとえ間違っていたとしても、損失は極めて限定的だ）。

トップダウンポートフォリオ

　トップダウンのアロケーションがどんなものなのか詳しく説明するとともに、トップダウンポートフォリオの表示方法を示していく。

　世界中のすべての金融アセットを買うことができると想像しよう。アメリカ市場だけでも上場株はおよそ8000銘柄あるので、世界中の全上場株がどれくらいの数になるのかは想像もつかないほどだ。株式だけでなく、債券やエキゾチック商品も合わせればものすごい数になる。さらにETFもおよそ6500あり、アメリカの投資信託やイギリスのユニットトラストも数えきれないくらいある。世界中にはとにかく星の数ほどのアセットが存在する。世界中のすべてのアセットからなるポートフォリオの最適ウエートを決めようとすると、スーパーコンピューターでも解くことはできないだろう。

ポートフォリオ10　簡単なトップダウンの例の第1ステップ——ポートフォリオをアセットクラスに分ける

ポートフォリオ	
株式 50% **(29.4%)**	債券 50% **(70.6%)**

　こうした膨大な数のアセットからポートフォリオを構築するには、どこから手を付ければよいのだろうか。これをスマートにやるにはどうすればよいのだろうか。第1ステップでは、アセットを同じような特徴を持つグループに分ける。最初は比較的少数のグループに分ける。各グループには多くのアセットが含まれる。まずは、アセットクラスのグループ分けから始めよう。

　ポートフォリオ10はトップダウンプロセスのこの第1ステップを示したものだ。ポートフォリオをこの例で使う2つのアセットクラスに分けた。

　第4章ではポートフォリオウエートの決定法には2種類あることを述べた。リスクウエーティングとキャッシュウエーティング（資産配分）だ。リスクウエーティングはすべてのアセットのリターンのボラティリティが同じであることを前提としたもので、キャッシュウエーティングは、リスク水準を考慮したうえでリスクウエートを実際の資産ウエートに換算したものだ（各アセットのリスクを考慮したうえで、リスクウエートから資産ウエートを算出する方法については第4章で述べた。ここで使っているリスク水準は株式が15.2%で、債券が6.1%だ。これらの数値については**付録B**を参照）。

　ポートフォリオ10を見てみよう。リスクウエートは通常の書体で表し、私の推定ボラティリティを使った推奨の資産ウエートは太字で示している。これ以降、本書ではリスクウエートは通常の書体で表し、資

産ウエートは太字で表すことにする。両方の数値を示すときは、資産ウエートはカッコのなかの数値だ。時には資産ウエートしか示さないことがあるが、そのときはカッコなしの太字で示す。株式よりも安全な債券はリスクウエートは株式と同じでも、資産ウエートは高くなることに注意しよう（ここではアセットクラス内のリスクを均等に配分して最も分散されたポートフォリオにすることでシャープレシオを最大化している。第4章で述べたように、これは選択肢の1つにすぎず、どの投資家にも向くわけではない。期待幾何平均を最大化するポートフォリオの作成方法やシャープレシオと幾何平均との間で妥協した妥協ポートフォリオの作成方法については次の第8章で説明する。均等リスクウエートにするとなぜシャープレシオが最大化されるのかよく分からない人は、第4章の関連セクションと第6章の関連セクションを読んでもらいたい）。

ではポートフォリオの次のレベルに進もう。このケースではさまざまな国に配分する。**ポートフォリオ11**は各アセットクラスに4カ国含まれているときの配分を示したものだ。

トップダウンポートフォリオの考え方としては、入れ子になった箱の組がいくつかあると考えればよいだろう。ロシアのマトリョーシカに似ているが、トップダウンポートフォリオは長方形の箱からなり、民族衣装は来ていない。外側の一番大きな箱がポートフォリオ全体を表す。その箱を開けるとなかには小さな箱が2つ入っており、それぞれの箱にはアセットクラスが入っている。そしてそれぞれのアセットクラスの箱を開けると、そのなかにはさらに小さな箱が入っており、それぞれの箱には国が入っている……といった具合だ。

トップダウン戦略の魅力は、外側の箱のサイズと構成要素の数をなかに何が入っているのかを気にすることなく決めることができることだ。箱のサイズと構成要素の数が決まったら、中身を決めていく。中身が決まったら、各箱のなかの小さな箱のサイズと構成要素の数を決

ポートフォリオ11　簡単なトップダウンの例の第2ステップ——各アセットクラスを国に分ける

ポートフォリオ							
株式 50% **(29.4%)**				債券 50% **(70.6%)**			
アメリカ 25%	イギリス 25%	日本 25%	ドイツ 25%	アメリカ 25%	イギリス 25%	日本 25%	ドイツ 25%
50%× 25%= 12.5%	50%× 25%= 12.5%	50%× 25%= 12.5%	50%× 25%= 12.5%	50%× 25%= 12.5%	50%× 25%= 12.5%	50%× 25%= 12.5%	50%× 25%= 12.5%
(29.4%× **25%=** **7.5%)**	**(29.4%×** **25%=** **7.5%)**	**(29.4%×** **25%=** **7.5%)**	**(29.4%×** **25%=** **7.5%)**	**(70.6%×** **25%=** **17.5%)**	**(70.6%×** **25%=** **17.5%)**	**(70.6%×** **25%=** **17.5%)**	**(70.6%×** **25%=** **17.5%)**

一番下の行は各要素のポートフォリオ全体における資産ウエートを示している（アセットクラス内の資産ウエート×国のウエート）。通常のフォントはリスクウエートを示し、太字は資産ウエートを示している

めていく。

　ポートフォリオを最も小さな要素に分けたら、最終的なポートフォリオウエートを計算することができる。この例では、各要素（例えば、イギリスの株式）のリスクウエートは、アセットクラスのリスクウエート（50％）にアセットクラス内の国のウエート（25％）を掛け合わせたものになる。

　二重線の下の欄は各国の最終ウエートを示している。各国の最終的なリスクウエートは50％×25％＝12.5％で、最終的な資産ウエートはアセットクラスの資産ウエートにアセットクラス内の国のウエートを掛け合わせたものになり、太字でカッコ付きで示している。

　例えば、イギリス株式の場合、最終的な資産ウエートは、アセットクラスの資産ウエートである29.4％に、アセットクラス内の国のウエートである25％を掛け合わせて、29.4％×25％＝7.5％になる。ここで

は各アセットの計算式をすべて示しているが、通常は読みやすくするために計算式は省く。

ポートフォリオの第2レベルでは資産ウエートは示していない（太字がない）。それはこれらの国のボラティリティがすべて同じであると仮定しているからである（私のリサーチによれば、異なる先進国の株価指数のボラティリティの間には大きな差はない）。したがって、資産ウエートはリスクウエートに等しい。本書の残りではこの慣例に従う。

次に**ポートフォリオ12**を見てみよう。これはポートフォリオの株式の部分のみを示したものだ。示されたウエートを足し合わせると100％になるが、これは株式の配分の合計が100％になることを示しているのであって、ポートフォリオ全体における配分の合計を示したものではない。1つの表でポートフォリオ全体を示すのは実用的ではないため、今後もこの簡略形を使う。

この例ではトップダウンの階層に中間的な地域水準を加えた。欧州はさらに2つの国に分かれているが、アメリカと日本はそのままだ。これからはこうした混合レベルのポートフォリオがたびたび登場する。

このポートフォリオの場合、推奨する資産ウエートは示されていない（太字がない）。なぜなら、このポートフォリオではすべての要素のボラティリティは同じだと仮定したからである。したがって、リスクウエートと資産ウエートは等しい。独自のボラティリティ推定値を用いる（この方法については**付録C**を参照）場合は、自分で資産ウエートを計算する必要がある。

第2部では、ETFを使ったポートフォリオがたびたび登場する。ティッカーで示すETFをポートフォリオに含むことで私の推奨するポートフォリオを構築することができる（これらのETFが現存する場合に限る）。

ほとんどの投資家にとってETFを使うことがベストな方法だが、大口投資家は各国の個別株にも投資することができる。第11章ではその

ポートフォリオ12　シンプルなトップダウンの例の混合レベル──株式のみ

ポートフォリオ			
株式			
アメリカ 25%	日本 25%	欧州 50%	
		イギリス 50%	ドイツ 50%
25%	25%	25%	25%

一番下の行は各国の株式サブポートフォリオにおけるウエートを示している（地域ウエート×国のウエート）。リスクウエートと資産ウエートは同じ

配分方法について説明する（第3部では、ポートフォリオに含む価値のあるほかのファンドがあるかどうかについて議論する）。

ポートフォリオ13はETFを使ったポートフォリオの例を示したものだ。ETFはイギリスの投資家向けとアメリカの投資家向けの両方をティッカーで示している。ときにはアメリカとイギリスを別々の表で示すこともあるが、それはアメリカやイギリスでETFが入手できる場合とできない場合があるため、ポートフォリオの構造がまったく同じにはならないからである。

このポートフォリオでは3つの地域のそれぞれで1つのETFを使った。私がこうするときは、もっと多くの株式を含むETFを見つけることができなかったか、十分な資金がないため大きなコストを伴うことなく資産をこれ以上分割することができない投資家のためのポートフォリオとして設計したかのいずれかだ。

各ETFに投資した地域は太い境界線で示している。各ETF内部の国の配分は指数によって決められているため私たちがコントロールすることはできない。太い境界線はファンドマネジャーが責任を負う壁を示していると考えればよいだろう。太い境界線で囲まれたファンド

ポートフォリオ13　ETFを使った例

ポートフォリオ								
株式								
先進国の株式市場								
北米 33% VNRT (UK) IVV (US)		欧州 33% XMEU (UK) VGK (US)				アジア太平洋 33% IAPD (UK) IVV (US)		
アメリカ 95%	カナダ 5%	イギリス 29%	フランス 15%	ドイツ 14%	その他 42%	日本 65%	オーストラリア 20%	その他 15%
31%	2%	10%	5%	5%	14%	21%	7%	5%

一番下の行は各国の資産ウエートを示している（地域ウエート×国ウエート）。資産ウエートはリスクウエートと同じ。太い境界線は用いたファンドを示している。最少投資額は5400ポンドまたは9000ドル

のサイズは変えることはできるが、内部のウエートは変えることはできない。

　一番下の行は地域ウエートに国ウエートを掛け合わせたウエートを示している。この**ポートフォリオ13**では資産ウエートのみを示していることに注意しよう（すべて太字）。表をシンプルにするためにカッコは省いた。ファンド内のウエートはすべて資産ウエートである。

　最少投資額は5400ポンドまたは9000ドルだが、これは先進国の株式市場への投資額を示したものだ。持っている資金がこの最少投資額よりも少ない場合、このポートフォリオはあなたにとって高すぎて使えないということになる。つまり、先進国の株式市場では3つの地域ファンドを使うのではなくて、1つの地域ファンドを使わなければならないということである。

　ここに示した最少投資額は各ETFに対する最少投資額である600ドルまたは3600ポンド（第6章で述べた私のブローカーの最低手数料に関する仮定に基づいて算出）を使って算出したものだ。ブローカーの

最低手数料が私の数値（アメリカは1ドル、イギリスは6ポンド）と異なる場合は、これらの数値を調整する（最低ポートフォリオ価値にあなたが支払うブローカー手数料の私の数値に対する比率を掛け合わせればよい）。

例えば、あなたのブローカーの最低手数料が9ポンドの場合、上のポートフォリオの最少投資額である5400ドルに9ポンド÷6ポンド＝1.5を掛ける。したがって、8100ポンド（5400ポンド×1.5）以上の資金を持っている場合のみ、ここに示したポートフォリオに投資したほうがよいということになる。

ポートフォリオ14は私がときどき使うほかの特徴を含んだポートフォリオだ。これはアメリカの投資家のための債券サブポートフォリオで、ここでは3つのETFを使っている——アメリカのETF、非アメリカのETF、新興国市場（EM）のETF。非アメリカのETFにはカナダと新興国市場に対するイクスポージャーが含まれている。つまり、この債券サブポートフォリオの新興国市場の配分は大部分が新興国市場ファンド（EMAG）からのものだが、一部非アメリカファンド（IAGG）からのものも含まれているということである。

全体的には新興国市場のリスクウエートを25％、先進国のリスクウエートを75％にしたい。そして先進国のなかのアメリカのリスクウエートをおよそ30％にしたい。このポートフォリオを構築するために、私はまず各ファンドマネジャーが各ファンド内の任意の国に配分する資産ウエートを取得した。これらの数値はファンドマネジャーのウェブサイトから入手可能だ。私が知りたかった重要な数値は、非アメリカファンドのなかの新興国市場の資産ウエートだ。これはおよそ8％だった。新興国市場と先進国市場のボラティリティの違いを考慮して新興国市場の8％の資産ウエートをリスクウエートに換算すると12％になる。

次にいくつかの簡単な計算を行った。非アメリカファンドのリスク

ポートフォリオ14　追加的イクスポージャーを含むポートフォリオ

ポートフォリオ									
債券									
先進国市場 75% **(80%)**									新興国市場 25% **(20%)**
アメリカ 30% **(32.1%)** AGG (US)	非アメリカ 51% **(52.5%)** IAGG (US)								新興国 19% **(15.2%)** EMAG (US)
	アメリカ		アジア			欧州			新興国 12%	
	カナダ 6.5%	日本 12.9%	オーストラリア 3.4%	その他 2.8%	フランス 12.5%	イギリス 10.8%	ドイツ 10.3%	その他 28.8%	
30%	3.3%	6.5%	51% × 3.4% = 1.7%	1.4%	6.4%	5.5%	5.2%	14.7%	51% × 12% = 6.1%	19% × 100% = 19.0%
アメリカ 44.5%		アジア 13.0%			欧州 42.5%				新興国

リスクウエートは通常の文字で示し、資産ウエートは太字で示している。最後から2番目の行は債券サブポートフォリオ内でのウエートを示し、最後の行は先進国市場における地域ウエートを示している

ウエートをY、純粋な新興国市場ファンドEMAGのリスクウエートをZとすると、新興国市場のトータルリスクウエートは（Y×12％）＋Zと表すことができる。これは25％になる。アメリカファンドAGGに30％配分したので、Y＋Z＝70％になる。この方程式を解くと、Y＝51.1％、Z＝18.9％になる。これを丸めるとY＝51％、Z＝19％だ。したがって、3つのETFのリスクウエートはアメリカファンドAGGが30％、非アメリカファンドが51％、純粋な新興国ファンドEMAGが19％ということになる。これを第4章で紹介した方法を使って資産ウエートに換算した。

　資産ウエートは最初の数行のみ示した。資産ウエートが必要なのは実際にポートフォリオを構築するときだけである。各ETFの資産ウエートはどれくらいの株式を買えばよいのかを知るのに必要だ。各国や

地域の資産ウエートを知る必要はない。

任意の国のリスクウエートを算出するには、ETFに対する配分にその国のリスクウエートを掛ければよい。オーストラリアを例にとって算出してみよう。非アメリカファンドのリスクウエートは51％で、そのなかでのオーストラリアのリスクウエートは3.4％なので、債券サブポートフォリオ全体におけるオーストラリアのリスクウエートは51％×3.4％＝1.7％となる。ただし、非アメリカファンドのリスクウエートは、非アメリカファンドの開示された資産アロケーションからの数値を異なるボラティリティで調整した数値である。

新興国市場のリスクウエートも計算してみよう。まずは非アメリカファンドにおけるイクスポージャーだ。非アメリカファンドはリスクウエートが51％で、そのうちの12％が新興国市場だ。したがって、債券サブポートフォリオ内での新興国のリスクウエートは51％×12％＝6.1％だ。新興国市場はもう1つ、新興国市場ファンドを介してのイクスポージャーもある。債券サブポートフォリオにおける新興国市場ファンドのリスクウエートは19％だ。したがって、新興国市場のトータルリスクウエートは6.1％＋19％＝25.1％だ。これは目標リスクウエートの25％にほぼ等しい。

理由についてはこのあとの章で説明するが、先進国市場における各地域のリスクウエートも知る必要があった。これを示したものが一番最後の行だ。地域ウエートは常にイタリック体で示す（リスクウエート）。先進国市場のトータルリスクウエートは75％なので、例えば北米（30％＋3.3％＝33.3％）の先進国に占めるリスクウエートは44.4％になる。ほかの地域（欧州とアジア）についても同様だ。

ロードマップ

イラスト1に示したロードマップは、トップダウンでポートフォリ

イラスト1　第2部の予定表（ロードマップ）

ポートフォリオアセットアロケーション（第8章）						
株式				債券			純正なオルタナティブ（第9章）
伝統的な株式（第10章）		株式のようなオルタナティブ（第9章）	伝統的な債券（第12章）		債券のようなオルタナティブ（第9章）	
先進国市場の株式（第10章）	新興国市場の株式（第10章）		先進国市場の債券（第12章）	新興国市場の債券（第12章）		
地域（第10章）			地域（第12章）			
国（第10章）			国（第12章）			
セクター（第11章）			タイプ（第12章）			
個別株（第11章）			満期と信用力（第12章）			

オを構築するに当たり、第2部の残りで説明することを示したものだ。

　第8章ではアセットクラス（株式、債券、オルタナティブアセット）へのアロケーションについて説明する。第9章ではオルタナティブアセットについて詳しく説明する。オルタナティブアセットには株式のようなオルタナティブ、債券のようなオルタナティブ、株式とも債券とも相関のない純正なオルタナティブが含まれる。

　第10章と第11章では伝統的な株式のアロケーションについて説明する。具体的には第10章では各国へのアロケーションについて説明し、第11章ではその国内におけるアロケーションについて説明する。そして第12章では債券へのアロケーションについて説明する。そして第13章ではトップダウンポートフォリオの完成例を示す（予定表には含まれていない）。

余談──コアとサテライト

　最近、ポートフォリオの構築においてはコア・サテライト戦略と呼ばれる戦略が流行している。例えば、先進国への株式投資をコア（中核）とし、債券、新興国市場、ヘッジファンドなどへの投資をサテライト（非中核）とする戦略（バージョン１）などがそうだ。

　また、長期的な視点に立った安定した投資を中核とし、短期的な投資を周辺におくポートフォリオもある（バージョン２）。あるいは、低コストの指数ファンドへの投資を中核とし、アクティブファンドへの投資を非中核とするものもある（バージョン３）。

　バージョン１はアセットアロケーションの方法の違いで、これはおそらくは先進国市場の株式へのイクスポージャーが比較的大きくなる。バージョン２はファンドのいろいろな運用スタイルのパフォーマンスを予測することができることを想定したものだ。これは本書の範囲を超える（この想定に関しては私は懐疑的だ）。

　バージョン３のポートフォリオをパッシブファンドとアクティブファンドで構築するという考え方は、なかなか良い考え方だと思う。

　もし気に入ったマネジャーがいれば、ポートフォリオの一部をそのアクティブマネジャーに投資するのはごく当然のことだろう。マネジャーの判断基準については第３部で説明する。ただし、これはトップダウンアロケーションを行ったあとで行うことが重要だ。例えば、ドイツの株式にどれくらい配分するかを決めたら、一貫したパフォーマンスを示しているドイツの株式ファンドマネジャーへの配分を考えるということである。

　しかし、ファンドマネジャーのリストからファンドマネジャー

> を選び、ポートフォリオのうちのどれくらいをそのファンドマネジャーに配分するかといったことから始めてはならない。こうなるとあなたのポートフォリオのアセットアロケーションはあなたのアクティブマネジャーへの好みによって決まってしまうことになる。これはアセットアロケーションが間違ったものになったり、ファンドマネジャーに対する好みが変わるたびにポートフォリオを調整しなければならなくなるため、非常に危険だ。
>
> 最高のアクティブマネジャーを選んでも、こういったことをしていればそのメリットは台無しだ。ただし最高のマネジャーを選ぶことができればの話だが。

考慮すべき問題点

トップダウンアロケーションは実にシンプルなアイデアだ。少なくとも理論的には。しかし、実際にトップダウンでポートフォリオのアロケーションを行おうとするといくつかの問題が発生する。

ポートフォリオはどのような順序で、どのように分ければよいのか

これは問題にはならないように思える。例えば、ある国のなかで株式を配分する場合、業種別に配分するのがベストな方法だということは議論の余地はないと思う。しかし、これほど単純ではない場合もある。例えば、ある国で債券のウエートを決めるとき、まず社債と国債に分けるべきなのか、それとも債券の満期で分けるべきなのかというようなときがそうである。こうした問題については関連する章で説明する。

どのアセットを含むべきか

例えばポートフォリオの一部を構成するアセットを考える場合、考えられるすべてのアセットを含むことはできない。例えば、市場へのアクセスに制限がある国の株式に投資したり、上場していない証券に投資するのは難しい場合もある。

どういった加重方法を用いるべきか

私の使っているハンドクラフト法は、似たようなアセットグループ内のアセットは均等ウエートにする。ただし、ウエートはいろいろなボラティリティ水準を考慮したリスクウエートを使うものとする。しかし、ときにはポートフォリオの特定の部分のウエートを均等ウエートが提示するウエートよりも少なくしたほうがよい場合もある。

第4章で述べたように、均等ウエートに従わないほうがよい場合もある。例えば、均等ウエートが時価総額ウエートと大幅に異なるとき、コストが大きく異なる場合、リスクが予測不可能か、極めて高い場合、グループのサイズが異なる場合などがそうである。

ポートフォリオはさらに分ける必要があるか

このプロセスはトップダウンなので、ポートフォリオをさらに小さな部分に分けたほうがよいのかどうかは各段階で決めることができる。例えば、ポートフォリオを債券と株式に分けたあと、株式の配分を各地域に分けたほうがよいのか、それとも2つのファンド（グローバル株式ファンドとグローバル債券ファンド）に投資するだけのほうがよいのかを決めるといった具合だ。

ポートフォリオを分けないほうがよい場合もある。例えば、口座の

資金が少ないため、たくさんのファンドを買うのが経済的ではないときはトップダウンプロセスは高いレベルまでで止めておいたほうがよい。あるいは、投資するのに必要なアセットがないためポートフォリオを分けるのが難しい、あるいは不可能な場合もある。例えば、個別債券に投資するのは多くの投資家にとっては難しい。

　また自国以外の個別株を買うのは、税制、報告規則、規制による制約、資本規制などによって手続きが厄介な場合もある。海外の株式を保有するにはETFがよいかもしれない。

　ポートフォリオを部分別に見ると、ほかよりも細かく分けられている部分があるのが普通だ。例えば、私自身のポートフォリオを見てみると、イギリスの場合は個別株に投資しているが、外国株や外国の債券はすべてETFを通して投資している。

第8章
アセットクラス

Asset Classes

ポートフォリオアセットアロケーション							
株式			債券			純正なオルタナティブ
伝統的な株式		株式のようなオルタナティブ	伝統的な債券		債券のようなオルタナティブ	
先進国市場の株式	新興国市場の株式		先進国市場の債券	新興国市場の債券		
地域			地域			
国			国			
セクター			タイプ			
個別株			満期と信用力			

　本章では最も高いレベルのアセットアロケーション――つまり、各アセットクラスにどれくらい配分するか――について説明する。

本章の概要

- **どのアセットクラスに投資すべきか**　ポートフォリオにはどういったアセットクラスを含めるべきか。
- **どのように分けるか**　アセットクラスはどのように分ければよいか。
- **どれくらいのリスクに耐えられるか**　リスク許容量がアセットアロケーションに与える影響
- **各アセットクラスに対するウエートはどのように決めればよいか**　ハンドクラフト法を使ってポートフォリオウエートを決める。

●**個人投資家はポートフォリオをどのように重み付けし、アセットクラスへのイクスポージャーをどのようにとるべきか**　個人投資家にとっていろいろなアセットクラスに対するイクスポージャーをとるための最もスマートな方法とはどんな方法か。ここではポートフォリオサイズに応じてETF（上場投資信託）を買うことを推奨する。

どのアセットクラスに投資すべきか

　本章は20年前だったら簡単に書けただろう。なぜなら大部分の投資家にとって選べるアセットクラスは株式と債券の2つしかなかったからだ。もっと多くのアセットに投資して、付加的リターンを稼ごうとする投資のことをよく知る高度な投資家は大学の寄付基金のような投資家だけだった。

　今では平均的な投資家でさえはるかに多くのアセットクラスにアクセスすることができる。アセットクラスの完全リストを作成するとなると、プライベートエクイティ、ベンチャーキャピタル、不動産、インフラ、コモディティ、資産担保証券、金、ビットコインなどの代替通貨、ソーシャルレンディングなどの変わったアセットを含めなければならないだろう。また厳密に言えば、アセットクラスではないが、異なる原資産を売買するトレード戦略としてのヘッジファンドも含まれる（ここでは先物やオプションなどのデリバティブは無視する。これらはアセットクラスというよりは一定の原資産へのイクスポージャーをとるための複雑な方法で、本書の範囲を超える）。

　オルタナティブアセットも非常に複雑だ。これについては次の第9章で説明する。

ポートフォリオ15　アセットクラスの伝統的な区分──オルタナティブアセットは別グループとしてまとめている

ポートフォリオ					
株式	債券	オルタナティブ			
		株式のようなオルタナティブ	債券のようなオルタナティブ	純正なオルタナティブ

アセットクラスはどのように分ければよいか

　従来、投資マネジャーは3つのアセットクラス（キャッシュ［現金］は無視する。第4章で述べたように、ほとんどの投資家は非常に注意深い投資家を除いてキャッシュは持たない）を使ってきた。株式、債券（危機のときには高利回りの社債［ジャンクボンド］や新興国が発行した債券は株式のような振る舞いをして、安全な債券のような振る舞いはしない。また、これらの債券はほかの債券よりもリスクが高く、株式との相関はほかの債券よりも高い。しかし、簡単にするために単に株式と債券として簡単に区別する）、オルタナティブアセットの3つだ。これは**ポートフォリオ15**に示したとおりである（このポートフォリオにはポートフォリオウエートが書かれていないことに注意。これは書き忘れたわけではなく、タイプミスでもない。ここではグループ分けに焦点を当てるためにウエートは省いた）。

　しかし、こうした従来の区分は今ではもう通用しない。2008年の金融危機のとき、オルタナティブの多くは市場の下落の影響をもろに受けた。オルタナティブの多くは株式と高い相関性を持つことが分かり、債券と高い相関性を持つものもあることが分かった。しかし、株式や債券と無相関の純正なオルタナティブというまれな例も存在する。したがって、オルタナティブアセットはこの3つの種類に分類した。

ポートフォリオ16　アセットクラスの新しい分類方法──オルタナティブを関連するアセットクラスに分類

ポートフォリオ					
株式		債券		純正なオルタナティブ	
伝統的な株式	株式のようなオルタナティブ	伝統的な債券	債券のようなオルタナティブ		

ポートフォリオ17　株式のようなオルタナティブと債券のようなオルタナティブを除いたアセットクラス

ポートフォリオ		
株式	債券	純正なオルタナティブ
伝統的な株式	伝統的な債券	

　ポートフォリオ15のようにグループ分けするよりも、**ポートフォリオ16**のように分類したほうが内在するリスクをよく反映したグループ分けになる。

　資金があまりない人は伝統的なアセットクラスに似たオルタナティブは除いてもよい。そうすると**ポートフォリオ17**のような分類になる。

　本当に小さな小口投資家はオルタナティブをすべて除いてもよい。オルタナティブ投資について懐疑的な人も、すべてのオルタナティブを除いたほうがよいだろう。

どれくらいのリスクに耐えられるか

　アセットクラスのアロケーションを考える前に、投資家のタイプについて見ておこう。それぞれの投資家にはどんなポートフォリオが向くのだろうか。投資家のタイプの違いによってアロケーションはどう変わってくるのだろうか。

●**超安全志向の投資家**　①リスク許容量は非常に低く、レバレッジは使わない、②キャッシュとシャープレシオが最大のポートフォリオに投資、③債券に対するアロケーションに制限はなく、最も分散されたポートフォリオを保有

●**注意深い投資家**　①リスク許容量は低く、レバレッジは使わない、②すべての資金をシャープレシオが最大のポートフォリオに投資、③債券に対するアロケーションに制限はなく、最も分散されたポートフォリオを保有

●**平均的な投資家**　①リスク許容量は中程度で、レバレッジは使わない、②すべての資金を妥協ポートフォリオに投資、③債券へのリスクウエートは最大で30%

●**勇敢な投資家**　①リスク許容量は高く、レバレッジは使わない、②すべての資金を幾何平均が最大のポートフォリオに投資、③債券へのリスクウエートは最大で10%

●**資金の借り入れ可能な投資家**　①リスク許容量は中程度から高く、レバレッジを使う、②レバレッジを使ってシャープレシオが最大のポートフォリオに投資、③債券に対するアロケーションに制限はない。最も分散されたポートフォリオを保有

　自分がどのタイプの投資家なのか知っておく必要がある。①債券のリスクウエートの上限が10%、②債券のリスクウエートの上限が30%、③債券のイクスポージャーに制限はない——あなたはどのタイプに入るだろうか。本章の残りではこの数値を使う。

　リスクアセットに加え、キャッシュでどのくらい持つかも知っておく必要がある——ほとんどの投資家のようにキャッシュは持たないのか、それとも超安全志向の投資家のように若干のキャッシュを残しておくのか。また、レバレッジを使うのか使わないのかも把握しておく必要がある——ほとんどの投資家のようにレバレッジは使わないのか、

それとも借り入れ可能な投資家のようにレバレッジを使うのか。本章ではキャッシュとレバレッジについては無視する。なぜなら、本章はポートフォリオのウエートについての章だからだ。しかし、自分のリスク特性に合わせるには、キャッシュを持つかレバレッジを使う必要が出てくる場合もあるだろう。

アセットクラスのスマートな重み付け

　第3章で述べたように、最適なポートフォリオウエートは期待相関、期待ボラティリティ、期待リターンによって決まる。
　またすべてのアセットクラスは同じリスク調整済み期待リターン（つまり、同じシャープレシオ）を持つと仮定することについても第3章で述べた。
　ただし、リスクは異なる。非常に低リスクで満期が短い債券（非常に安全な短期債券への投資は避けるべき。これについては第4章で説明した）を除いて、債券のリターンの年次標準偏差はおよそ6％で、株式の場合はおよそ15％だ。
　オルタナティブは数値化が難しい。そこで、債券のようなオルタナティブは債券に似たボラティリティを持ち、株式のようなオルタナティブは伝統的な株式とほぼ同じリスクを持つものとする。
　純正なオルタナティブについては次の第9章で詳しく説明するが、株式に似たボラティリティを持つもの（これにはマネージドフューチャーズ、ショートバイアスを持ったヘッジファンド、貴金属が含まれる）もあれば、平均的にこれよりもリスクが若干低いまれなリスクパターンを持つもの（これにはテールリスク対応型ヘッジファンドやロングボラティリティファンドが含まれる。こうしたファンドは通常はリスクは低い［負のリターン］が、リスクが高くなる［大きな正のリターン］こともある。こうしたファンドのリスクを測定するのは難しい）

ポートフォリオ18　最大シャープレシオを目指したポートフォリオのベストなアセットクラスアロケーション——オルタナティブウエートの制限なし（これは推奨しない）

ポートフォリオ					
株式　33% **(22%)**		債券　33% **(55%)**		純正なオルタナティブ 33% **(22%)**
伝統的な株式 50%	株式のようなオルタナティブ 50%	伝統的な債券 50%	債券のようなオルタナティブ 50%	
16.5% **(11%)**	16.5% **(11%)**	16.5% **(28%)**	16.5% **(28%)**	33% **(22%)**

普通の文字はリスクウエート、太字は資産ウエート

もある。純正なオルタナティブについてはリスクは株式と同じと仮定する。リスクは小さく見積もるよりも大きく見積もったほうが安全だ。

このようにアセットクラス間でリスクが異なるということは、第4章で紹介したリスクウエートを使わなければならないことを意味する。

最後は相関だ。株式と債券の間の相関は時間とともに変化するが、平均するとゼロになる。純正なオルタナティブの株式と債券に対する相関は意図的に低く設定しているが、負になることもある。なぜなら株式のようなオルタナティブや債券のようなオルタナティブは株式や債券に含め、オルタナティブアセットには純正なオルタナティブのみを含めたからだ。

これら3つのアセットの相関（株式と債券、債券とオルタナティブ、株式とオルタナティブ）はほぼゼロなので、これらの相関は同じだと仮定する。リスクウエートを使っている場合は、相関もリスク調整済みリターンも同じなので、均等ウエートの仮定が成り立つ。理論的には**ポートフォリオ18**のように投資するのがよい。

しかし、オルタナティブアセットに66％（純正なオルタナティブアセットが33％、株式のようなオルタナティブが16.5％、債券のような

オルタナティブが16.5％）も投資すればほとんど人は不安に感じるだろう。オルタナティブの適度なアロケーションとしては10％を推奨する。

概念──オルタナティブのウエートを低くしなければならないわけ

　ポートフォリオの3分の1をオルタナティブに配分するのは本当に妥当なのだろうか。それともこれは高すぎるのだろうか。第4章では必ずしも均等加重に従う必要はない理由について述べた。

　均等なリスクウエートを使うということは、将来のボラティリティが過去から予測できることを仮定している。また、オルタナティブのリターンのリスクは、標準偏差だけで記述できるという意味で品行方正であることも仮定している。しかし残念ながら、現実の多くのオルタナティブのリスクは品行不良で、いきなりリスクが高くなるという嫌な特徴を持つ。

　債券、株式、オルタナティブのコスト差引前の期待シャープレシオは同じだと仮定しているが、これはコスト差引後のシャープレシオには当てはまらない。債券と株式に関してはコストの低いETFを選ぶことができるが、オルタナティブのETFは非常に高くつく（これについては第9章で説明する）。オルタナティブのETFはコストが非常に高く、ヘッジファンドやエキゾチック商品を介しての直接投資も同じようにコストが非常に高い。

　前にも述べたが、時価総額加重に奴隷のように従う必要はないが、時価総額ウエートから離れすぎてもいけない。

　オルタナティブのトータル市場価値は債券や株式に比べると低い。

時価総額が小さく、コスト差引後のリターンが低く、リスクが予測不可能であることを考え併せれば、オルタナティブのウエートは低くしたほうがよい。

　それよりもそもそも多くの投資家はオルタナティブに対して不安を持っている。理解できないか、好きではないかのいずれかだ。オルタナティブのウエートは最初に高く設定してあとで引き下げるよりも、最初から低く設定したほうがよい。私は10％を推奨したが、最初のウエートは０％から25％ならば許容範囲内だ。25％以上にすることは勧めない。

　幸いなことに、トップダウンのリスクウエートポートフォリオに制約を設けるのは非常に簡単だ。例えば、オルタナティブの最大ウエートを10％（このウエート制限を５％、高くても25％にしたポートフォリオは簡単に構築することができる）に制限したポートフォリオを示したものが**ポートフォリオ19**である。このケースの場合、純正なオルタナティブのウエートを５％にし、株式サブポートフォリオの５％を株式のようなオルタナティブに配分し、債券サブポートフォリオの５％を債券のようなオルタナティブに配分した。

　これは低リスク志向の投資家向けのシャープレシオが最大のポートフォリオだ。しかし、ほかの投資家にとってはこのポートフォリオの期待リターンは低すぎるかもしれない。もっとリスク許容量の高い投資家は幾何平均が最大のポートフォリオを買い、低リスクの債券の最大リスクウエートを10％にするのがよいだろう。このポートフォリオを示したものが**ポートフォリオ20**である。

　オルタナティブを含まないポートフォリオを構築することも可能だ。この場合、シャープレシオが最大のポートフォリオは株式と債券に50％ずつ配分し、幾何平均が最大のポートフォリオは90％を株式に、10

ポートフォリオ19　オルタナティブのウエートの上限を10%にした最大シャープレシオを目指したポートフォリオのベストなアセットクラスアロケーション

ポートフォリオ					
株式　47.5% **(28%)**		債券　47.5% **(69%)**		純正なオルタナティブ　5%　**(3%)**	
伝統的な株式 95%	株式のようなオルタナティブ 5%	伝統的な債券 95%	債券のようなオルタナティブ 5%		
45.1% **(26.4%)**	2.4% **(1.4%)**	45.1% **(65.9%)**	2.4% **(3.5%)**	5% **(2.9%)**	

ポートフォリオ20　オルタナティブのウエートの上限を10%にした最大幾何平均を目指したポートフォリオのベストなアセットクラスアロケーション

ポートフォリオ					
株式　85% **(74%)**		債券　10% **(22%)**		純正なオルタナティブ　5%　**(4%)**	
伝統的な株式 95%	株式のようなオルタナティブ 5%	伝統的な債券 95%	債券のようなオルタナティブ 5%		
80.7% **(70.2%)**	4.3% **(3.7%)**	9.5% **(20.7%)**	0.5% **(1.1%)**	5% **(4.3%)**	

%を債券に配分する。これら2つのポートフォリオはリスクが非常に極端なのは明らかだ。この2つ以外にも妥協ポートフォリオを作成するという選択肢もある。これは前述の2つのポートフォリオの中間的なもので、債券に30%のリスクウエート、株式に70%のリスクウエートを配分する。

表41はいろいろなアセットアロケーションポートフォリオの資産ウエートを示したものだ。

表41　アセットアロケーションの異なる9つのポートフォリオの資産ウエート

	債券	債券のようなオルタナティブ	株式	株式のようなオルタナティブ	純正なオルタナティブ
すべてのオルタナティブを含む（Max SR）	65.9%	3.5%	26.4%	1.4%	2.9%
すべてのオルタナティブを含む（妥協）	49.1%	2.6%	42.6%	2.2%	3.4%
すべてのオルタナティブを含む（Max GM）	20.7%	1.1%	70.2%	3.7%	4.3%
純正なオルタナティブのみ（Max SR）	67.2%		26.9%		6.0%
純正なオルタナティブのみ（妥協）	51.7%		41.4%		6.9%
純正なオルタナティブのみ（Max GM）	21.7%		69.6%		8.7%
オルタナティブを含まない（Max SR）	71%		29%		
オルタナティブを含まない（妥協）	52%		48%		
オルタナティブを含まない（Max GM）	22%		78%		

最初の3行はオルタナティブに10%の限度で配分。そのうちのおよそ半分は純正なオルタナティブに配分し、残りは債券のようなオルタナティブと株式のようなオルタナティブで分割。その次の3行は純正なオルタナティブのみ（10%の限度）を含んだポートフォリオ。最後の3行はオルタナティブを含まないポートフォリオ。シャープレシオ（SR）が最大のポートフォリオ（Max SR）は、すべてのオルタナティブを使ったとき、純正なオルタナティブを使ったとき、オルタナティブを使わないときとで債券と株式はほぼ同じ比率。妥協ポートフォリオは債券におよそ50%配分。幾何平均（GM）が最大のポートフォリオ（Max GM）は債券におよそ20%配分。限度を表す数値はリスクウエートに基づく

小口投資家はポートフォリオをどのように重み付けし、アセットクラスへのイクスポージャーをどのようにとるべきか

小口の投資家は**表41**に示した資産ウエートでは困ったことになる。例えば、5000ドルしかない場合、その1.1％である55ドルを１つのETFに投資するのは実際には不可能だ。第６章でも述べたように、ETFの最低購入額はブローカーの最低手数料にもよるが、300ドルまたは1800ポンドだ。本セクションでは投資する資金が比較的少ない投資家にはどういった選択肢があるかについて見ていく。

１つのファンドに投資するという選択肢はあるのか

理想世界では２つの主要アセットクラスのイクスポージャーをとれる１つのファンドに投資することは可能だ。しかし残念ながら、本書執筆の時点ではイギリスには複数のアセットを含むパッシブETFは存在しない。しかし、アメリカではいろいろな選択肢がある。そのなかで最も安いのはｉシェアーズ・コア・アロケーション・ファンドで、これには４種類ある――保守型（株式に30％）、中間型（株式に40％）、成長型（株式に60％）、アグレッシブ型（株式に80％）。

これでのウエートはもちろん資産ウエートだ。**表41**を見ると分かるように、幾何平均が最大のポートフォリオは債券の資産ウエートは20％で、株式が80％だ。またシャープレシオが最大のポートフォリオは債券が70％で、株式が30％だ。ｉシェアーズETFで言えばこれらはそれぞれアグレッシブ型と保守型に相当し、妥協ポートフォリオは中間型と成長型に相当する。

複数アセットを含むこれらのファンドは小口投資家には打ってつけだ。債券と株式の比率は限度はあるもののある程度自由に選択できる。

しかし、各アセットクラス内の各国のウエートを変えることはできない。

グローバル株式ファンドとグローバル債券ファンド

　1つのグローバル株式ファンドと1つのグローバル債券ファンドを買うこともできる。こうしたファンドを買えば株式と債券のイクスポージャーを微調整することが可能で、**表41**に示した目標ウエートに近いウエートを達成することができる。十分な資金があれば、オルタナティブファンドを加えることもできる。これについてはのちほど説明する。

1つのグローバル株式ファンド
　グローバル株式に投資するパッシブファンドはたくさんある。アメリカの最も安いグローバル株式ファンドはバンガード・トータル・ワールド・ストック（VT）で、これは年間管理手数料は0.14％だ。イギリスにもFTSEオール・ワールド・エクイティETF（VWRL）と呼ばれる安いバンガード商品があり、これは年間コストが0.25％だ。HSBC銀行も安いファンドを提供しており、これは年間手数料がわずか0.15％だが、これには新興国市場が含まれていないのでお勧めできない（私の分析によれば、新興国市場を含めない場合、幾何平均リターンが0.30％減少する。管理手数料が0.1％安くても、リターンがこれほど減少するのでは意味はない）。

1つのグローバル債券ファンド
　グローバル債券ファンドは株式よりも厄介だ。なぜなら、世界中のすべての上場債券をカバーするETFを見つけるのが難しいからだ。世界中の国債をカバーしたETFならある（例えば、イギリスのIGLO、ア

メリカのIGOV）。また世界中の社債をカバーしたETFもある（例えば、イギリスのCORP）。また、アメリカのすべての債券をカバーしたETF（AGG、BND）や非アメリカ市場をカバーした補完的なファンドもある（これらについては第12章で説明する）。

しかし、本書執筆の時点では、すべての地域をカバーするすべてのタイプのグローバル債券を含む1つのパッシブETFはないようだ。これに近いものとしてはイギリスのファンド（XBAG）があるが、これには高利回り債は含まれていない。このファンドはDBXが運用し、年間管理手数料は0.30%だ。

パッシブファンドがないとなれば、アメリカの投資家はアクティブなグローバル債券ファンドを考えるかもしれない。最も安いのはRIGSリバーフロント・ストラテジック・インカム・ファンドで、純エクスペンスレシオは0.22%だ。これは社債と国債を含むことが義務付けられているが、本書執筆の時点では100%社債に投資している。

オルタナティブファンド

オルタナティブは非常に複雑なアセットクラスなので、次の第9章で詳しく説明する。

まとめ

- **リスク許容量を決める**　トップレベルのアセットクラスのウエートを決める前に、自分のリスク許容量を知っておく必要がある。あなたはどういったタイプの投資家で、どういったポートフォリオにしようと思っているのか。
- **オルタナティブへの理想的なウエートを決める**　あなたはオルタナティブへはどれくらいのウエートを配分したいと思っているのか。本

章では私は10％のリスクウエートを推奨したが、許容範囲は０％から25％だ。自分が心地良く感じるリスクウエートを選ぶことが重要だ。

● **資産ウエートを決める**　私が紹介した標準的なポートフォリオを使いたいと思っているのなら、自分のリスク許容量とオルタナティブへのアロケーションを考慮したうえで**表41**を使って資産ウエートを決めるとよい。オルタナティブに10％配分しないのであれば、最終的なリスクウエートを自分で計算し、資産ウエートに換算する必要がある。リスクウエートを資産ウエートに換算するには第４章で紹介したテクニックを使う。**付録B**に示したアセットクラスの推定ボラティリティを使いたくないのであれば、各アセットクラスのリスクを自分で測定して、資産ウエートを割り出す必要がある。これについては**付録C**を参照のこと。

イギリスの投資家

イギリスには複数のアセットを含むETFは存在しない。ここに示したブレイクイーブン水準は、ブローカーの最低手数料として６ポンド支払うことを想定している（ETFの最小購入サイズについては**表40**を参照）。手数料がこれ以上の場合、これらのブレイクイーブン水準にあなたが支払う手数料の最低手数料６ポンドに対する比率を掛ける必要がある。例えば、ブローカーの最低手数料として12ポンド支払う場合は、以下に示した数値を２倍にする必要がある。

● **1800ポンドから３万ポンドの投資**　グローバル債券ファンド（XBAG）とグローバル株式ファンド（XVRL）。オルタナティブは含まない。資産ウエートは**表41**の下３行。
● **３万ポンドを上回る投資**　純正なオルタナティブのリスクウエート

は10%。資産ウエートは**表41**の真ん中の3行。
- **13万ポンド以上の投資** 純正なオルタナティブ、債券のようなオルタナティブ、株式のようなオルタナティブを合わせたリスクウエートは10%。資産ウエートは**表41**の上3行。

アメリカの投資家

ここに示したブレイクイーブン水準はブローカーの最低手数料として1ドル支払うことを想定している（ETFの最小購入サイズは**表40**を参照）。手数料がこれ以上の場合、これらのブレイクイーブン水準にあなたが支払う手数料の最低手数料1ドルに対する比率を掛ける必要がある。例えば、ブローカーの最低手数料として2ドル支払う場合は、以下に示した数値を2倍にする必要がある。

- **300ドルから1500ドルの投資** iシェアーズ・コア・アロケーション・ファンドのような複数のアセットを含むETFを使う。シャープレシオが最大のポートフォリオは、複数のアセットを含む1つのファンドで、理想的には債券に70％、株式に30％（資産ウエート）。例えば、iシェアーズの保守型商品。妥協ポートフォリオは、複数のアセットを含む1つのファンドで、理想的には債券に50％、株式に50％（資産ウエート）。例えば、iシェアーズの中間型（株式に40％）または成長型（株式に60％）。幾何平均が最大のポートフォリオは、複数のアセットを含む1つのファンドで、理想的には債券に20％～25％、残りが株式（資産ウエート）。例えば、iシェアーズのアグレッシブ型（株式に80％）。
- **1500ドルを上回る投資** グローバル債券ファンド（例えば、RIGS ETF）とグローバル株式ファンド（例えば、VT ETF）。資産ウエートは**表41**の下3行。

- ●**5000ドルを上回る投資**　グローバル債券ファンド（例えば、RIGS ETF）とグローバル株式ファンド（例えば、VT ETF）。オルタナティブに10％のリスクウエートを配分することも可能。資産ウエートは**表41**の真ん中3行。
- ●**2万2000ドルを上回る投資**　純正なオルタナティブ、債券のようなオルタナティブ、株式のようなオルタナティブを合わせたリスクウエートは10％。資産ウエートは**表41**の上3行。

どの純正なオルタナティブに投資すべきかについては第9章で見ていく。株式と債券のさらなる分割については第10章と第12章で見ていく。

第9章
オルタナティブ

Alternatives

ポートフォリオアセットアロケーション								純正なオルタナティブ
株式				債券				
伝統的な株式			株式のようなオルタナティブ	伝統的な債券			債券のようなオルタナティブ	
先進国市場の株式	新興国市場の株式			先進国市場の債券	新興国市場の債券			
地域				地域				
国				国				
セクター				タイプ				
個別株				満期と信用力				

　オルタナティブアセットについては意見は分かれる。オルタナティブは無限の分散を提供してくれる素晴らしいアセットであり、無条件に買うべきものなのだろうか。それとも危機に直面すると役に立たない、株式とも債券とも無相関なパフォーマンスをうたって、シニカルな運用会社が追加的な手数料をせしめるためだけのものなのだろうか。本章ではスマートポートフォリオにおけるオルタナティブの位置付けについて見ていく。

本章の概要

●**さまざまなオルタナティブ**　オルタナティブはどのように分類すればよいのか。

- ●**純正なオルタナティブ**　その名のとおり純正な（株式とも債券とも相関性のない）オルタナティブ。
- ●**株式のようなオルタナティブ**　リターンが株式に似たオルタナティブ。
- ●**債券のようなオルタナティブ**　リターンが債券に似たオルタナティブ。
- ●**個人投資家向けのオルタナティブ**　推奨ETF（上場投資信託）を含め、個人投資家はオルタナティブに対するイクスポージャーをどのようにとり、どのように重み付けすればよいのか。

さまざまなオルタナティブ

　前の第8章ではオルタナティブを3つのグループに分類した。①株式とも債券とも無相関の純正なオルタナティブ、②株式に似た動きをするオルタナティブ、③債券に似た動きをするオルタナティブ――の3つだ。

1．株式のようなオルタナティブは、良くない経済ニュースが発表されたり、投資家が恐れを感じるとパフォーマンスは悪くなる。ヘッジファンドのなかにはリスクを低く維持することに依存するところもあり、リスクが上昇すると損失を出す。株式とも債券とも無相関として運用されていた多くのヘッジファンドの戦略は2008年の金融危機のときには破綻したが、これはそれを証明するものだ。
2．債券のようなオルタナティブは金利の上昇やインフレ率の上昇に敏感だ。米国債と正の相関があるためにこの部類に入るアセットもあり、パニックのときなどは恐怖を感じる人にとって安全な避難場所にもなる。

3．純正なオルタナティブは主要なアセットクラス（株式と債券）とはほとんど無関係だ。なかには平均リターンが負のアセットもある。しかし、純正なオルタナティブアセットを買うことは保険証券を買うのに似ているため、ポートフォリオには含める価値がある（これが何を意味するのかはこのあとすぐに説明する）。

ビットコイン、珍しい切手、アート、アンティーク、ビンテージカー、高級ワインなどの風変わりなオルタナティブについては議論しない。私はこうしたアセットのことはよく知らないし、本書の限られたリサーチ予算ではフェラーリ250GTOやボルドー地方のプレミアムワインまでは手が回らなかった。

純正なオルタナティブ

どのアセットを含めればよいか

純正なオルタナティブは2つのグループに分かれる。保険のようなオルタナティブと独立型オルタナティブだ。

保険のようなオルタナティブ

保険のようなオルタナティブには、債券や株式と負の相関を持ち、期待リターンが負のアセットが含まれる（伝統的なアセットとの相関が負となり、かつ正の期待リターンを持つアセットは存在しない。もし存在したとすれば、リスクがゼロで利益を出せるポートフォリオが構築できることになってしまう）。しかし、ポートフォリオへの分散効果はあり、リターンの下落を補ってくれる。こうしたアセットを保険のようなアセットと呼ぶ。

理由を説明しよう。住宅保険には保険料がかかる。私の入っている

保険会社は利益が出ているので、私はこの取引で正のリターンを得ようとは思わない。しかし、保険に入っていれば家が火災にあったときに大きな損失から守ってもらえるので、私は喜んで保険料を支払う。保険のようなアセットも同じようなもので、期待リターンが負でも気にはならない。ポートフォリオの残りが燃え落ちても、保険のようなアセットがあれば損失を低減してくれるからだ。

保険のようなオルタナティブには主として次のようなものがある。

- **金と貴金属** 金は銀やプラチナ同様、昔から安全な逃避資産として知られている（銅のような卑金属は工業目的で使われるため、原油のようなコモディティのような振る舞いをする。ここには卑金属は含まれていないが、卑金属は株式のようなオルタナティブに分類される）。少なくとも2000年間にわたって、人々は問題の最初の兆候が現れると金を買ってきた（金もまた卑金属同様工業目的で使われることもあり、インフレヘッジとみなされているため、株式のようなオルタナティブに分類すべきだと言う人もいる。しかし、過去のデータを分析してみると、金は株式とも債券とも有意な正の相関は持っていない）。

- **ロングボラティリティ** 最も簡単な保険のようなオルタナティブは、市場の下落に賭けるプットオプションというデリバティブを買うことだ（厳密に言えば、ロングボラティリティファンドはアセット価格の大きな上昇にも下落にも賭ける。しかし、この文脈で重要なのは下方リスクに対する保護である）。長期的に見れば、市場は上昇する傾向があるため、このアセットにはコストがかかるが、オプションは通常オーバープライスされており、市場のクラッシュに対する根拠のない恐怖を反映している。しかし、市場が大暴落すればオプションは十分に採算がとれる。

- **テールリスク対応型ヘッジファンド** テールリスク対応型ファンド

はより高度なロングボラティリティ戦略で、一定のオプションを価格が比較的安いときに買うことで保険料を安くしようとするものだ。
●**ショートバイアス株式ファンド** ヘッジファンドのなかには株式をショートするというバイアス（市場の下落に賭ける）を含むものがある。こうしたファンドは長期的に見れば正のリターンを生みだすと謳うものが多いが、市場は上昇する傾向があるため、ショートバイアスファンドが常に利益を生みだすのは難しい。
●**保険通貨** 通貨によっては安全な逃避先と見られているものもあり、物事が悪い方向に向かったとき恐怖を感じる人々の資金を引き寄せる。この最も良い例がスイスフランだ。日本やアメリカのように海外に多額の投資をしている国の通貨もまた安全な逃避通貨になる。なぜなら世界がパニックに陥ったとき、日本やアメリカの投資家は海外の投資を清算し、資金を安全な本国に持ち帰るからだ（安全な逃避通貨は時間とともに変化することに注意しよう。欧州経済通貨統合まではドイツマルクが安全な逃避通貨だったが、20世紀初期には安全な逃避通貨は英ポンドだった）。安全な逃避通貨を保有することは保険を買うようなものだ。なぜなら、そういった通貨の金利は非常に低いかマイナス金利の場合さえあるからだ。つまり、こうした通貨を保有するのはコストがかかるということである。

独立型オルタナティブ

もう1つの純正なオルタナティブは株式とも債券とも無相関のアセットで、これは正のリターンを持つ。したがって、この資産は独立してポートフォリオに含めるのがよい。私の考えでは、これに相当するのはヘッジファンド界における2つのニッチ商品だけである。

●**マネージドフューチャーズ** これは特殊なタイプのヘッジファンドだ。CTA（商品投資顧問業者）とも呼ばれ、株式に対しても債券に

対しても分散効果があり、正のリターンをもたらす（私は長年にわたって大手CTA［AHL］で働いていたが、私のアクティブトレーディングのほとんどはこのスタイルだった。つまり、私は偏っていたことになる。しかし、CTAは真の分散をもたらすという証拠はたくさんある。例えば、CME［シカゴ・マーカンタイル取引所］グループの2011年5月の論文「マネージド・フューチャーズ［Managed Futures : Portfolio Diversification Opportunities］」などがそうだ）。なぜなら、上昇相場でも下落相場でも儲けることができるからだ。

●**グローバルマクロ・ヘッジファンド**　ジョージ・ソロスの有名なクオンタムファンドやジョン・ポールソンの会社のようなグローバルマクロファンドは、リターン特性はCTAに似ている。彼らは間違っていたときに損失を限定するためにオプションやそれに似たアセットを買う。オプションの買いはリターンを引き下げる傾向があるが、スキルを持ったマネジャーはこの欠点を補うことができる。

純正なオルタナティブへのイクスポージャーのとり方

ヘッジファンド——ロングボラティリティ、CTA、グローバルマクロ、ショートバイアス、テールリスク対応型

大手機関投資家は、こうした戦略を使っているヘッジファンドに直接投資することができる（もっと勇敢な選択肢はこれらの戦略を社内で複製するというものだ。一般的なマネージドフューチャーズ戦略を複製する方法については私の最初の本『**システマティックトレード**』［パンローリング］を参照）。正しい運用会社の選び方については第3部で説明する。今のところは、1つのファンドだけを選ぶのは難しいことを知っていればよい。資金に余裕があれば、特定のカテゴリーの複数のファンドに投資するか、もう少し報酬を払ってマネジャーを選んでくれるファンド・オブ・ファンズに投資するほうがより安全だ。

アメリカの個人投資家は、これらのカテゴリーの1つに含まれるETFを買うという選択肢もある（投資信託のスキームで自分たちの商品を売るヘッジファンドもある。これらのヘッジファンドは値段が高いうえ、きちんとした運用会社を選ぶ必要がある）。テールリスク対応型ETFを除き、これらの戦略を採用するETFをなんとか見つけることができたが、そのパフォーマンスはひどいもので、手数料は高かった。イギリスのETF市場はあまり発展しておらず、私がチェックしたときはこのカテゴリーに含まれるETFはなかった。

そのほかのロングボラティリティ

株式のボラティリティが上昇すると価格が上昇するETFは、ポートフォリオの保険としては買う価値がある。そのパフォーマンスはオプションの買いに似ている。これはVIX（シカゴ・オプション取引所がS&P500を対象とするオプション取引のボラティリティを基に算出、公表している指数）に連動するETFを買うことで達成できる。VIXに連動する商品はイギリスでは1つしか見つけることができなかった。

保険通貨

映画の場面とは異なり、外国人がスイスや日本で銀行口座を開設するのはそれほど簡単ではないが、大手機関投資家にとっては簡単だ。大口投資家は通貨のイクスポージャーをとるのに先物のようなデリバティブを使うこともできる。

アメリカの個人投資家としてはスイスフランと円に連動したカレンシーシェアーズETFを買う手もある。残念ながら、こうした商品はイギリスには存在しない。しかし、外国通貨をブローカー口座で持つという選択肢を提供しているブローカーもある。

ポートフォリオ21　純正なオルタナティブサブポートフォリオの推奨アロケーション

ポートフォリオ							
純正なオルタナティブ							
独立型（相関はゼロ、リターンは正）50%		保険のようなオルタナティブ（相関は負、リターンは負）50%					
マネージドフューチャーズ 50%	グローバルマクロ 50%	ショートバイアスファンド 20%	ロングボラティリティ 20%	テールリスク対応型 20%	安全な逃避通貨 20%	金と貴金属 20%
25% (32.4%)	25% (26.1%)	10% (10.0%)	10% (3.0%)	10% (3.0%)	10% (10.3%)	10% (15.1%)

最後の行は純正なオルタナティブサブポートフォリオにおけるウエートを示したものだ。普通の文字はリスクウエート、太字は資産ウエート

金と貴金属

　金はおそらくは最も人気のあるオルタナティブで、多くのポートフォリオに含まれている。幸いなことに、クルーガーランド金貨や金の延べ棒を買えば、保管費や保険料を支払う必要はない。金ETFはアメリカやイギリスにもたくさんあり、年間手数料も手ごろだ。プラチナ、パラジウム、銀といったほかの貴金属もETFを通して買うことができるが、手数料は若干高くなる。

純正なオルタナティブの重み付け

　ポートフォリオ21は、上記のカテゴリーのすべてにアクセスできる機関投資家向けの純正なオルタナティブのアロケーションを示したものだ。
　独立型と保険のようなオルタナティブ間で均等に配分するのは好み

の問題で、ここでは簡単にするために50％ずつ配分した。これらのアセットはほかのアセット（株式と債券）と負の相関を持つので、この比率を大きくすればポートフォリオ全体のリスクを低減することができ、したがってシャープレシオも上昇する。その代わり、リターンは低くなる。関連する国の債券や株式を保有することですでに安全な逃避通貨へのイクスポージャーはある程度とっていることに留意することが重要だ（第1章の私のアドバイスを無視して、通貨イクスポージャーをヘッジするといったことを行っていなければ、安全な逃避通貨へのイクスポージャーはある程度はとれているはずだ）。

株式のようなオルタナティブ

どのアセットを含むべきか

株式のようなオルタナティブに分類すべきだと思うアセットのリストは以下のとおりである。これらのアセットの多くは2008年の金融危機までは本当に無相関のオルタナティブと考えられていたが、実際にはそうではなかった。

- ●プライベートエクイティとベンチャーキャピタル　非上場の株式。上場株と同じような動きをする。
- ●不動産　商業不動産は株式と同じ景気循環にされされている（アメリカの商業不動産価格は2008年におよそ13％下落し、2009年には30％下落した）。賃貸料は株式の投資収入と同じように、インフレに伴って上昇する傾向がある。
- ●コモディティ（貴金属は除く）　株式同様、コモディティ価格もまたインフレと密接な関係がある。株価指数の多くはエネルギー株に大きなウエートが配分されている。2000年代から個人投資家のポート

フォリオにコモディティETFを含めるようになったが、これによってコモディティETFはほかのアセットと同じような動きをするようになった(コモディティ価格は株式リターンと正の相関があるが、保管コストを含んだり、先物が順ザヤのときにコモディティが長期的に正のリターンを生みだすかどうかについては議論は分かれる。もし正のリターンを生みださないのであれば、それらは保険のようなアセットと考えてよいだろう。しかし、市場パニックに対してヘッジしている保険に似たほかのアセットとは違って、こうしたアセットはインフレに対してヘッジしているはずだ。しかし、過去を振り返るとインフレヘッジとしては効果はなかった。もしこう思わないのであれば、コモディティを別のグループに移してもよい)。

●**ヘッジファンド戦略** ほとんどのヘッジファンド戦略は株式と相関があり、レバレッジが解消されるようなイベントが発生すると損害を被る傾向がある。ヘッジファンド戦略には株式ニュートラル(異なる株式を売買して株式市場へのイクスポージャーを実質的にゼロにする戦略。こうしたファンドは大きなレバレッジを使ってリターンを上げようとするため、間違っていた場合は大きな損失を被る)、債券レラティブバリュー(過小評価された債券を買い、過大評価された債券を売る戦略。これは債券のリターンと負の相関を持つ。これは債券ポートフォリオの分散には役立つが、債券というよりも株式のような動きをする。これらもまた大きなレバレッジを使う)、FXキャリー(金利の高い通貨を買って、金利の安い通貨を売る戦略。買っている通貨の価格が下がらないかぎり、2つの通貨の金利差は正のリターンを生みだす。人々が株式やほかのリスク資産を売ると、買っている通貨の価格は下がる傾向がある。これもまた大きなレバレッジを使う)、ボラティリティセリング(市場が動かないことを想定してオプションを売る戦略。これは長期的に見れば利益になるが、株式市場が暴落すると大きな損失になることもある)などがある。ヘ

ッジファンドマネジャーが株式に似た戦略を売っているのかどうか知りたいときは、彼らに2008年のパフォーマンスを聞いてみるとよい。もし損失を出していたら、おそらく彼らは株式に似た戦略を運用していたことになる。

イクスポージャーのとり方

プライベートエクイティとベンチャーキャピタル

大手機関投資家はプライベートエクイティ（PE）ファンドやベンチャーキャピタル（VC）ファンドを直接買うことができる。最低投資額は8桁（100万ドル）から始まることが多いため、これはだれにでも可能なわけではない。複数のマネジャーの間で分散している人は特にそうである。ファンド・オブ・ファンズの最低投資額はPEやVCよりも低いが、追加的手数料がかかるのがデメリットだ。

個人投資家の場合は自分に合ったETFに投資するのがよい。しかし、注意しなければならないのは、PEファンドに投資しているのではなく、それを運用している会社の株式に投資していることを忘れてはならないことだ。リターンは元になるファンドよりも、株式市場全体との相関のほうが高い。

不動産

機関投資家は、未開拓地、農地、商業用不動産、住居用不動産に直接投資するのが普通だ。大学の寄付基金のようなファンドのポートフォリオの大部分は不動産が占める。1つのアセットクラスにこれほど多くの資金を投資するのは賢明と言えるのだろうか（グローバルな不動産のもたらす価値はほかのアセットクラスよりも高いが、投資可能な証券として公的に取引されているのはこのうちのほんのわずかな部分でしかない）。

株式のようなオルタナティブへの配分が3.7％（第８章の**表41**を参照）で、そのうちの25％を土地に配分（**ポートフォリオ22**）すると、ポートフォリオ全体における土地への配分は3.7％×25％＝0.9％になる。不動産での保有が１％を上回るのは悪いことではないが、イクスポージャーがすでに10％を超えているのであれば、それに追加投資するのはやめたほうがよい。

　ほとんどの個人投資家は家という形ですでに不動産に投資している。こういった形で不動産を保有していれば、投資ポートフォリオにおける不動産投資は減少するかもしれない。ポートフォリオにさらなる不動産投資を組み込んでも意味はない。

　不動産をまだ所有していない個人投資家や、投資を分散させたいと思っている個人投資家にはその目的にかなう多くのETFがある。こうしたETFを保有することで世界中のいろいろな国の商業用不動産へのイクスポージャーをとることが可能だ。またREIT（不動産投資信託）のようなそのほかの上場不動産ビークルを買うこともできる。

コモディティ

　理論的にはコモディティに直接投資することは可能だ。例えば、農地を買ったり、銅地金を買って倉庫に保管したり、石油を買ってスーパータンカーに入れておくといった具合だ。コモディティの投機を行うには先物などのデリバティブを使ったほうが簡単かもしれない。しかし、大部分の投資家はETFを通してコモディティを買うのが普通だ（マスター・リミテッド・パートナーシップ［MLP］も上場株を通してコモディティのイクスポージャーをとるもう１つの方法だ。ただし、これが買えるのはアメリカのみ。原資産はガスや原油のパイプラインで、原油価格と高い相関性を持つ。マスター・リミテッド・パートナーシップに投資しているETFを買ってもよい）。

概念──コモディティETFとは

例えばUSOのような原油ETFを買って、原油価格が年間40％近く上昇（USOが投資しているWTI原油は2016年に40％近く上昇した）したとすると、40％の儲け（これから0.5％の管理手数料が差し引かれる）が出ると思うはずだ。しかし、それは違う。儲けはこれよりも少なくなる。事実、2016年にUSOに投資した人が得た利益はわずか7％だった。これはなぜなのだろう。

コモディティETF（アメリカのコモディティETFのなかにはパートナーシップ税［K-1］を課すところもある。税優遇措置を受けていない投資家はこれによって利益が減少する）には3種類ある。1つは、ファンドが物理的なアセットを保有する物理担保ETFだ。これは金（例えば、GLD ETF）やそのほかの金属ファンドでよく見られるETFだが、実際の原油を買って貯蔵タンクなどに貯蔵する現物担保の原油ETFはない。もう1つは、上場デリバティブで、通常は先物（例えば、USO）の形で保有する。3つ目は銀行とのトータルリターンスワップ（例えば、バークレイズOIL ETF）だ。これはファンドの価格が上昇したら銀行がファンドに差分の利益金額を支払い、ファンドの価格が下落したらファンドが銀行に差分の利益金額を支払うというものだ（銀行は先物をトレードすることでヘッジするのが普通なので、トータルリターンスワップは先物に連動する傾向がある。しかし、スワップは銀行の利益を含むため値段が若干高めで、銀行が倒産すればファンドは大きな損失を被る可能性があるというリスクもある）。

長期的にはこれら3つのタイプのコモディティETFはパフォーマンスに大差はない（でなければ、大きなアービトラージ機会が存在することになる）。先物価格は簡単に入手できるので、先物価

格を見れば物理的原油（スポット原油）と投資家の原油ETFにおけるリターンの間に差があるのは簡単に分かる。

先物トレーダーは順ザヤ（先物価格が現在のスポット価格よりも高い）と逆ザヤ（先物価格が現在のスポット価格よりも安い）を明確に区別する。市場が逆ザヤの状態にあれば、投資家は先物を買う（ETFを通して）ことで追加的リターンを得ることができるが、市場が順ザヤ状態にあるときは原油ETFを買っても損をする（投資家は順ザヤ水準によって先物やETFを買ったり手仕舞ったりを切り替える戦略を取るのがよい。これをキャリールールと言う。詳しくは私の『**システマティックトレード**』［パンローリング］を参照）。

順ザヤや逆ザヤの水準に影響を与えるいくつかの要素がある。例えば、物理的な原油を買うとそれをどこかに保管しなければならないため、保管コストと保険料がかかる。こうした追加的コストはリターンに重くのしかかる。これらのコストは先物価格にも上乗せされる。先物価格には現在と将来におけるコモディティに対する異なる需要を反映した要素も含まれる。

これらの影響を総合的に考えると、市場は大部分の時間帯で順ザヤ状態にある傾向があり、逆ザヤ状態になるのはまれである。したがって、投資家は関連市場に対するイクスポージャーをどのようにとるかとは無関係に、原資産の原油やそのほかのコモディティ価格が上昇してもそれから便益を得ることはできない。

ついでに言えば、金などの金属ではこれは問題とはならない。なぜなら、金は保管費が比較的安く、超過キャッシュに対する金利によってリターンの減少が相殺されており、緩やかな順ザヤにとどまることが多いからだ。

株式のようなヘッジファンド

　一般の人はヘッジファンドに直接投資することはできないが、機関投資家はそれが可能だ。詳しくは第3部で説明するが、個々のマネジャーの将来のリターンを予測するのは非常に難しいので、スタイルの異なる複数のファンドを買うのが理想的だ。ファンド・オブ・ファンズを使えばこれは簡単だが、手数料が高いのが玉にキズだ。

　十分な専門知識を持った超大手の機関投資家はヘッジファンド戦略を社内で複製することもできる（これについても私の『システマティックトレード』を参照してもらいたい。同書はヘッジファンドの複製に関するアドバイスが豊富だ。いろいろなヘッジファンド戦略に関してはラッセ・ペダーセンの『エフィシェントリー・イネフィシェント［Efficiently Inefficient : How Smart Money Invests and Market Prices Are Determined］』が詳しい）。これはヘッジファンドに似たリターンを得る比較的安価な方法だ。投資サイズにかかわらず、高度な投資家はデルタヘッジストラドルを売るといったショートボラティリティ戦略を複製するのもよい（ただし、これがどんな意味だか理解していないのであればやるべきではない）。ただし、こうした戦略には細心の注意が必要だ。

　ヘッジファンドを買ったり、その戦略を複製できない個人投資家はETFを買うしかない。アメリカにはヘッジファンドに投資するETFはたくさんある。しかし、私はVIX（ボラティリティ指数）の下落に賭けるIVOPのようなインバースETFを使ってショートボラティリティ戦略を複製しようとは思わない。

　第一に、投資家はおそらく純正のオルタナティブポートフォリオのなかにVIXの上昇に賭けるVXXをすでに含んでいるだろうからだ。IVOPとVXXの両方をポートフォリオに含めるのはナンセンスだ。何のメリットもないのに手数料を2倍払うだけである。また、IVOPはリスク特性があまり良くなく、特に予測不可能という意味で嫌なアセ

ットでもある。また、私自身インバースETFが嫌いだ。インバースETFはレバレッジ型ETFと多くの悪い特徴を共有する。これについては第4章で述べた。

残念ながらイギリスでは今のところヘッジファンドに投資したETFはない。

ウエートの決め方

広範囲のオルタナティブに投資するポートフォリオの例が**ポートフォリオ22**である。いつものようにこのウエートはトップダウンのハンドクラフト法で決めた。

債券のようなオルタナティブ

オルタナティブの3番目のグループは債券市場と相関が高いアセットだ。

どのアセットを含むべきか

- **私募債券** 公募債券に非常によく似た私募債券は、公募債券よりも少しリスクが高いが公募債券に非常によく似ている。
- **ソーシャルレンディング** ソーシャルレンディングは非常にリスクの高い債券を買うのに似ている。この融資はインターネットで見つけた少数の見知らぬ人の信用の上に成り立つものだ（私は懐疑的だ）。
- **インフラ、実物資産、資産担保証券** これらのアセットを買うことで将来的な収益の流れを確保することができる。例えば、インフラ債券は有料道路や橋からの収入が担保になる。収益の流れは債券のクーポンのように非常に信頼できるものだ。また、インフレ連動債

ポートフォリオ22　株式のようなオルタナティブの推奨ウエート

ポートフォリオ										
株式										
株式のようなオルタナティブ										
プライベートエクイティとベンチャーキャピタル 25%		不動産 25%		コモディティ（貴金属は除く）25%			株式のようなヘッジファンド 25%			
プライベートエクイティ 50%	ベンチャーキャピタル 50%	商業用不動産 50%	民間住宅 50%	農作物 33%	エネルギー 33%	卑金属 33%	株式ニュートラル 25%	FXキャリー 25%	債券レラティブバリュー 25%	ショートボラティリティ 25%
12.5% **(8.8%)**	12.5% **(8.8%)**	12.5% **(16.8%)**	12.5% **(12.0%)**	8.3% **(9.3%)**	8.3% **(5.8%)**	8.3% **(11.6%)**	6.25% **(10%)**	6.25% **(6.8%)**	6.25% **(6.8%)**	6.25% **(3.4%)**

最後の行は株式のようなオルタナティブサブポートフォリオにおけるウエートを示している。普通の文字はリスクウエート、太字は資産ウエート

のように暗示的または明示的なインフレ保証を含む場合もある。

●**債券のロングバイアスを含むヘッジファンド**　社債のような利付債証券に投資するヘッジファンドもある。ロングバイアスとは債券市場が上昇することに賭けることを意味する。これによって原資産となるアセットクラスに対する相関は高まる。

イクスポージャーのとり方

このオルタナティブほど大手機関投資家と普通の投資家の差が顕著なものはない。私募債券はその性質上、不透明でアクセスするのが難しい市場で、それに投資するヘッジファンドは要求される最低投資額が非常に大きい。インフラファンドと呼ばれるETFもいくつかあるが、これらの多くは実際には株式に投資している。同じようなものに木材ファンド（規制のかからないさまざまな方法で林業に直接投資するこ

とも可能だ。しかし、私は6メートルの木の幹に投資するようなことはしない。竹林ファンドにも同じことが言える［竹林に関しては本書の最初のほうで述べた］）やアグリビジネスファンドもあるが、これらは株式のようなオルタナティブグループのコモディティの部に含まれる。

ソーシャルレンディングは例外で、これは真に民主的な投資だ。しかし、書類にサインする前に、ソーシャルレンディングの金利や手数料差引後のリターンを高利回り社債（ジャンクボンドとも呼ばれる）のETFの配当利回りなどと比較してみるとよいだろう。本書執筆の時点では、ソーシャルレンディングのイギリスにおける金利はおよそ4.5％で、高利回り社債ETF（HYLD）の配当利回りは5％を上回っていた。

たとえ利回りが同じでも、私は同じ国に住む100人やそこらの普通の人に資金を貸すよりも、高利回り社債ETFを通して世界中の1000の大手企業に分散投資することを選ぶだろう。ソーシャルレンディングを行うときは、まずはソーシャルレンディングの利回りがジャンクボンドよりもはるかに大きいかどうかをチェックすることが重要だ。

ウエートの決め方

ポートフォリオ23は債券のようなオルタナティブの推奨ウエートを示したものだ。私募債券は、第12章の公債で行うように、さらに地域や国に分割することも可能だ。

ETF投資家のためのオルタナティブ

前にも述べたように、ETFしか買えない投資家が買えるオルタナティブは限定的だ。本セクションでは、オルタナティブを使った分散ポ

ポートフォリオ23　債券のようなオルタナティブの推奨ウエート

ポートフォリオ						
債券						
債券のようなオルタナティブ						
私募債 25%	ソーシャルレンディング 25%	インフラ、実物資産、資産担保証券 25%				債券のロングバイアスヘッジファンド 25%
		インフラ 33%	実物資産 33%	資産担保証券 33%		
25% (30.6%)	25% (18.4%)	8.3% (6.2%)	8.3% (5.2%)	8.3% (8.7%)		25% (30.7%)

最後の行は債券のようなオルタナティブサブポートフォリオにおけるウエートを示している。普通の文字はリスクウエート、太字は資産ウエート

ートフォリオを構築するために今現在イギリスやアメリカで入手可能なETFを最大限に利用する方法について説明する。

一般的な推奨

　第8章の「イギリスの投資家」と「アメリカの投資家」のセクションでは、ポートフォリオのトータルサイズが与えられ、オルタナティブのリスクウエートを10%としたときのオルタナティブ投資として以下のことを推奨した。

●**ポートフォリオのトータルサイズが3万ポンドまたは5000ドルを下回る**（いつもどおり、ブローカーの最低手数料として1ドルまたは6ポンド支払うものと仮定。手数料がこれよりも多い場合、最小ポートフォリオサイズにあなたが支払う手数料のブローカーの最低手数料に対する比率を掛ける）　オルタナティブへの投資は行わない。

- **ポートフォリオのトータルサイズが３万ポンドまたは5000ドル以上**　純正なオルタナティブにのみ投資。
- **ポートフォリオのトータルサイズが13万ポンドまたは２万2000ドル以上**　純正なオルタナティブ、株式のようなオルタナティブ、債券のようなオルタナティブに投資。

本セクションでは、それぞれのタイプのオルタナティブに対する配分が異なるときのウエートの決め方を示していく。順序としては大きな投資家向けポートフォリオから示していく。こうすることでポートフォリオの構成要素をより明確に把握することができるはずだ。

純正なオルタナティブ

アメリカの投資家

ETFを使っているアメリカの大口個人投資家は、**ポートフォリオ24**に示したように、テールリスク対応型アセットを除き、**ポートフォリオ21**の大部分のイクスポージャーを複製することができる。**ポートフォリオ25**と**ポートフォリオ26**はそれぞれ中程度の投資家および小口投資家に合うポートフォリオを示している。

資金が1700ドルを下回り、１つの純正なオルタナティブファンドにしか投資する資金がない場合は、すべてを金ETFに投資するのがよい。なぜなら金ETFは最も安いオルタナティブETFで、選択肢もたくさんあるからだ。このケースの場合、純正なオルタナティブはすべて金ETF（IAUやそれに準じたもの）に投資する。

イギリスの投資家

イギリスの場合、オルタナティブETFはきわめて限定的だ。例えば、独立型で私の基準をクリアできるファンドは一つもない。イギリスで

ポートフォリオ24　純正なオルタナティブサブポートフォリオの推奨ウエート（アメリカの大口ETF投資家向け）

ポートフォリオ									
純正なオルタナティブ									
独立型 50%				保険のようなオルタナティブ 50%					
マネージドフューチャーズ WDTI* 50%	グローバルマクロ MCRO 50%	ショートバイアス DYB 25%	ロングボラティリティ VXX 25%	安全な逃避通貨 25%		貴金属 25%			
				スイスフラン FXF 50%	日本円 FXY 50%	金 IAU 25%	銀 SLV 25%	プラチナ PPLT 25%	パラジウム PALL 25%
25% (28.8%)	25% (23.2%)	12.5% (11.1%)	12.5% (3.4%)	6.25% (5.7%)	6.25% (5.7%)	3.13% (4.2%)	3.13% (4.2%)	3.13% (4.2%)	3.13% (4.2%)

最後の行は純正なオルタナティブサブポートフォリオにおけるウエートを示している。普通の文字はリスクウエート、太字は資産ウエート。純正なオルタナティブアセットへの最低投資額は9000ドル

* WDTIはマネージドフューチャーズ・ヘッジファンドには投資していないが、戦略は模写している

ポートフォリオ25　純正なオルタナティブサブポートフォリオの推奨ウエート（アメリカの中規模ETF投資家向け）

ポートフォリオ				
純正なオルタナティブ				
独立型 50%			保険のようなオルタナティブ 50%	
マネージドフューチャーズ WDTI* 50%	グローバルマクロ MCRO 50%	ショートバイアス DYB 33.3%	安全な逃避通貨 33.3%	貴金属 33.3%
			スイスフラン FXF 100%	金 IAU 100%
25% (24.4%)	25% (19.7%)	16.7% (12.6%)	16.7% (24.1%)	16.7% (19.1%)

最後の行は純正なオルタナティブサブポートフォリオにおけるウエートを示している。普通の文字はリスクウエート、太字は資産ウエート。純正なオルタナティブへの最低投資額は2400ドル
* WDTIはマネージドフューチャーズ・ヘッジファンドには投資していないが、戦略は模写している。

ポートフォリオ26　純正なオルタナティブサブポートフォリオの推奨ウエート（アメリカの小口ETF投資家向け）

ポートフォリオ			
純正なオルタナティブ			
独立型 50%		保険のようなオルタナティブ 50%	
マネージドフューチャーズ WDTI* 50%	グローバルマクロ MCRO 50%	安全な逃避通貨 50%	貴金属 50%
		スイスフラン FXF 100%	金 IAU 100%
25% **(22.2%)**	25% **(18.1%)**	25% **(33.2%)**	25% **(26.3%)**

最後の行は純正なオルタナティブサブポートフォリオにおけるウエートを示している。普通の文字はリスクウエート、太字は資産ウエート。純正なオルタナティブへの最低投資額は1700ドル
* WDTIはマネージドフューチャーズ・ヘッジファンドには投資していないが、戦略は模写している

ポートフォリオ27　純正なオルタナティブサブポートフォリオの推奨ウエート（イギリスの大口ETF投資家向け）

ポートフォリオ					
純正なオルタナティブ					
独立型 0%	保険のようなオルタナティブ 100%				
	ロングボラティリティ SPVG 50%	貴金属 50%			
		金 ETF SGLN 25%	プラチナ ETF SPLT 25%	銀 ETF SSLN 25%	パラジウム ETF SPDM 25%
0%	50% **(16.7%)**	12.5% **(20.8%)**	12.5% **(20.8%)**	12.5% **(20.8%)**	12.5% **(20.8%)**

最後の行は純正なオルタナティブサブポートフォリオにおけるウエートを示している。普通の文字はリスクウエート、太字は資産ウエート。純正なオルタナティブへの最低投資額は1万1000ポンド

投資できるオルタナティブファンドは**ポートフォリオ27**に示した５つしかなく、いずれも保険のようなオルタナティブの部類に入る。

純正なオルタナティブに投資できる資金が１万1000ポンドを下回る場合、すべてを１つの金ETF（SGLN［ロンドンに上場されているiシェアーズ・フィジカル・ゴールドETF］またはそれに準じたもの）に投資する。

余談――金について

前のいくつかのポートフォリオでは、純正なオルタナティブサブポートフォリオにおける金の資産ウエートは21％、あるいはそれ以下だったが、これは「全ポートフォリオの４分の１を金に投資せよ」という一般的な推奨とどう折り合いをつけたらよいのだろうか。

まず、全ポートフォリオにおける金の妥当なアロケーションはどれくらいになるのかを考えてみよう。小規模な個人投資家の場合、純正なオルタナティブサブポートフォリオのすべてを金に投資するのがよい。なぜなら、これが純正なオルタナティブのイクスポージャーをとる簡単で安い方法だからだ。全ポートフォリオの10％を純正なオルタナティブに投資し、株式のようなオルタナティブや債券のようなオルタナティブには投資しないとすれば、金へのリスクウエートは10％になる。

これを資産ウエートに換算すると８％だ。これはおそらくは金のウエートとして私が容認できる最大のウエートだ。多くの人は金に25％配分せよと言うが、それは正のリターンを期待できない保険のようなアセットとしては多すぎる（本章で前述したように、金の先物価格は緩やかな順ザヤの状態にあるため、金ETFに投資

323

> して金のスポット価格が上昇しても、そのすべての上昇分の利益を得ることはできない)。
>
> ちなみに、アセットクラスアロケーションを時価総額で決めた場合、金への配分はわずか2.5％程度（2017年初期の市場価値に基づく）にしかならない。

株式のようなオルタナティブ

アメリカの投資家

ETFを使っているアメリカの大口投資家にお勧めのポートフォリオが**ポートフォリオ28**だ。これは**ポートフォリオ22**に最も近い複製ポートフォリオだ。ベンチャーキャピタルETFは見つけることができなかった。また、不動産の場合、アメリカで買うことができるETFには限度があるため、1つのグローバルファンドを使った。さらに、FXキャリーと債券レラティブバリューは「そのほかのヘッジファンド」に置き換えた。**ポートフォリオ29**は小口投資家向けのポートフォリオだ。

株式のようなオルタナティブへの投資資金が2000ドルを下回り、1つのファンドに投資する資金しかない場合、GQREのようなグローバルな不動産ファンドに投資するとよい。なぜなら、GQREは株式のようなオルタナティブの部類のなかでは最も安いからだ。

イギリスの投資家

イギリスの大口投資家向けポートフォリオが**ポートフォリオ30**だ。資金不足のためショートボラティリティは削除し、コモディティ内のサブアロケーションはない。しかし、不動産ETFはいろいろな種類のものを選んだ。**ポートフォリオ31**はイギリスの小口投資家向けポートフォリオだ。

ポートフォリオ28　株式のようなオルタナティブサブポートフォリオの推奨ウエート（アメリカの大口ETF投資家向け）

ポートフォリオ							
株式							
株式のようなオルタナティブ							
プライベートエクイティとベンチャーキャピタル 25%	不動産 25%	コモディティ（貴金属は除く） 25%				ヘッジファンド 25%	
プライベートエクイティ 100% PEX	商業用不動産 100% GQRE	農作物 33% GSG	エネルギー 33% USO	卑金属 33% JJM	株式ニュートラル 33% QMN	そのほかのヘッジファンド 66% QAI	
25% (16.1%)	25% (30.7%)	8.3% (8.5%)	8.3% (5.3%)	8.3% (10.6%)	8.3% (12.2%)	16.7% (16.6%)	

最後の行は株式のようなオルタナティブサブポートフォリオにおけるウエートを示している。普通の文字はリスクウエート、太字は資産ウエート。株式のようなオルタナティブへの最低投資額は6000ドル

ポートフォリオ29　株式のようなオルタナティブサブポートフォリオの推奨ウエート（アメリカの小口ETF投資家向け）

ポートフォリオ			
株式			
株式のようなオルタナティブ			
プライベートエクイティとベンチャーキャピタル 25%	不動産 25%	コモディティ（貴金属は除く） 25%	ヘッジファンド 25%
プライベートエクイティ 100% PEX	商業用不動産 100% GQRE	エネルギー 100% USO	株式ニュートラル 100% QMN
25% (16.1%)	25% (30.9%)	25% (15.9%)	25% (37.0%)

最後の行は株式のようなオルタナティブサブポートフォリオにおけるウエートを示している。普通の文字はリスクウエート、太字は資産ウエート。株式のようなオルタナティブへの最低投資額は2000ドル

ポートフォリオ30　株式のようなオルタナティブサブポートフォリオの推奨ウエート（イギリスの大口ETF投資家向け）

ポートフォリオ					
株式					
株式のようなオルタナティブ					
プライベートエクイティETF 33.3% XLPE	不動産 33.3%				コモディティETF 33.3% CMFP
	アメリカの不動産 25% IUSP	アジアの不動産 25% IASP	イギリスの不動産 25% IUKP	欧州の不動産 25% IPRP	
33.3% **(25.6%)**	8.3% **(12.3%)**	8.3% **(12.3%)**	8.3% **(12.3%)**	8.3% **(12.3%)**	33.3% **(25.2%)**

最後の行は株式のようなオルタナティブサブポートフォリオにおけるウエートを示している。普通の文字はリスクウエート、太字は資産ウエート。株式のようなオルタナティブへの最低投資額は1万5000ポンド

ポートフォリオ31　株式のようなオルタナティブサブポートフォリオの推奨ウエート（イギリスの小口ETF投資家向け）

ポートフォリオ		
株式		
株式のようなオルタナティブ		
プライベートエクイティETF 33.3% XLPE	グローバル不動産 33.3% GBRE	コモディティETF 33.3% CMFP
33.3% **(25.6%)**	33.3% **(49.1%)**	33.3% **(25.2%)**

最後の行は株式のようなオルタナティブサブポートフォリオにおけるウエートを示している。普通の文字はリスクウエート、太字は資産ウエート。株式のようなオルタナティブへの最低投資額は7200ポンド

ポートフォリオ32　債券のようなオルタナティブの推奨アロケーション（アメリカのETF投資家）

ポートフォリオ							
債券							
債券のようなオルタナティブ							
私募債 0%	ソーシャルレンディング 0%	インフラ、実物資産、資産担保証券 100%					資産担保証券 0%	債券のロングバイアスヘッジファンド 0%
		インフラ 50%		実物資産 50%			
		先進国 50% IGF	新興国 50% EMIF	木材 50% WOOD	アグリビジネス 50% IGE		
0%	0%	25% (36.9%)	25% (19.4%)	25% (19.8%)	25% (23.9%)	0%	0%

最後の行は債券のようなオルタナティブサブポートフォリオにおけるウエートを示している。普通の文字はリスクウエート、太字は資産ウエート。最低投資額は1600ドル

投資資金が7200ポンドを下回る場合、1つのファンドに投資するのがよいだろう。現在、最も安いコモディティETFはCMFPだ。

債券のようなオルタナティブ

アメリカの投資家

ポートフォリオ32に示したように、アメリカのETF投資家にとって債券のようなオルタナティブほど選択肢の少ないものはない。前にも述べたように、高利回り社債で適度なスプレッドが稼げるまれなケースを除いて、ソーシャルレンディングは避けたい。

投資資金が1600ドルを下回り、1つのファンドを買う資金しかない場合は、先進国のインフラETFであるIGFが最も安いのでこれを買うことをお勧めする。

ポートフォリオ33　債券のようなオルタナティブの推奨アロケーション（イギリスのETF投資家）

ポートフォリオ							
債券							
債券のようなオルタナティブ							
私募債 0%	ソーシャルレンディング 0%	インフラ、実物資産、資産担保証券 100%						債券のロングバイアスヘッジファンド 0%
		インフラ 50%		実物資産 50%		資産担保証券 0%	
		先進国 50% XSGI	新興国 50% IEMI	木材 50% WOOD	アグリビジネス 50% SPAG		
0%	0%	25% (36.9%)	25% (19.4%)	25% (19.8%)	25% (23.9%)	0%	0%

最後の行は債券のようなオルタナティブサブポートフォリオにおけるウエートを示している。
普通の文字はリスクウエート、太字は資産ウエート。最低投資額は1万ポンド

イギリスの投資家

ポートフォリオ33はイギリスの数少ないETFから選んだETFを示したものだ。この場合もソーシャルレンディングは勧めない。

投資資金が1万ドルに満たない場合、比較的安い先進国インフラETFであるXSGIを買うことをお勧めする。

まとめ

●**個人投資家**——トータルポートフォリオ価値が3万ポンドまたは5000ドルを下回る（いつものようにブローカーの最低手数料として1ドルまたは6ポンド支払うことを仮定。手数料がこれより多い場合、投資額にあなたが支払った手数料のブローカーの最低手数料

に対する比率を掛ける。例えば、最低手数料として12ポンド支払っているとすると、3つのすべてのオルタナティブに投資するには（12÷6）×13万ポンド＝26万ポンド必要ということになる）　オルタナティブには投資しない。本章は飛ばして読んで構わない。

● **個人投資家──トータルポートフォリオ価値が3万ポンドまたは5000ドル以上**　純正なオルタナティブにのみ投資。純正なオルタナティブの資産ウエートに基づいて、アメリカの投資家はETFに投資するのがよい（**ポートフォリオ24**、**ポートフォリオ25**、**ポートフォリオ26**を参照）。イギリスの投資家は**ポートフォリオ27**を参照。

● **個人投資家──トータルポートフォリオ価値が13万ポンドまたは2万2000ドル以上**　純正なオルタナティブ、債券のようなオルタナティブ、株式のようなオルタナティブに投資。①純正なオルタナティブ（アメリカの投資家は**ポートフォリオ24**、**ポートフォリオ25**、**ポートフォリオ26**を参照。イギリスの投資家は**ポートフォリオ27**を参照）。②株式のようなオルタナティブ（アメリカの投資家は**ポートフォリオ28**、**ポートフォリオ29**を参照。イギリスの投資家は**ポートフォリオ30**、**ポートフォリオ31**を参照）。③債券のようなオルタナティブ（アメリカの投資家は**ポートフォリオ32**を参照。イギリスの投資家は**ポートフォリオ33**を参照）。

● **機関投資家**　①純正なオルタナティブ（**ポートフォリオ21**を参照）。②株式のようなオルタナティブ（**ポートフォリオ22**を参照）。③債券のようなオルタナティブ（**ポートフォリオ23**を参照）。

第10章
株式のさまざまな国や地域へのアロケーション

Equities Across Countries

ポートフォリオアセットアロケーション						
株式				債券			純正なオルタナティブ
伝統的な株式		株式のようなオルタナティブ	伝統的な債券		債券のようなオルタナティブ	
先進国市場の株式	新興国市場の株式		先進国市場の債券	新興国市場の債券		
地域			地域			
国			国			
セクター			タイプ			
個別株			満期と信用力			

　有り金すべてを自国の株式市場に投資していた近視眼的な投資家の時代はすでに過去のものだ。本章では、ポートフォリオの株式サブポートフォリオをいろいろな国に配分して、最大の分散を得る最もスマートな方法について見ていく。

本章の概要

- **株式サブポートフォリオの構成**　株式サブポートフォリオのアセットをグループ分けするいろいろな方法を比較。
- **株式のトップダウンアロケーションのフレームワーク**　株式のいろいろな地域や国へのアロケーションを決定する私のお勧めの方法。ポ

ートフォリオのサイズが与えられたときのETF（上場投資信託）投資家に対するお勧めのウエート。

次章では、各国内の株式市場でのアロケーションについて説明する。

株式サブポートフォリオの構成

世界には5万以上の上場株がある。その株式をどのように分類しグループ分けすればよいのだろうか。株式の主な分類方法は国別とセクター別だ。「関連する国」とは、その株式が主として上場されている国であり、その会社の本社は大概はその国に存在する。「セクター」とはその会社が事業活動をしている業種のことを言う。本書ではセクターと業種は同じ意味として使う（GICS［世界産業分類基準］ではセクターと業種は異なる分類水準を表す。世界中の産業をまずセクターで分類［トップレベルの分類］し、セクターをまた細かく業種別に分類［2番目の分類水準］するといった具合だ。本書ではGICSの基準に反してセクターと業種は同じ意味で使うが、その分類はGICSのセクターの分類に準じている）。

世界中のほぼどの国にも証券取引所がある。しかし、国外の投資家は買うのが難しく、できたとしても非常に高くつく。それに小さな市場はあまり流動性がない。したがって、現実的に投資できる国はどこかということを考える必要がある（どの国を含め含めないかは政治とは無関係で、本章で使うMSCIオール・カントリー・インデックスに含まれる国と含まれない国に基づく）。

ほぼすべてのパッシブファンドは2つの主要な指数プロバイダーであるMSCIとFTSEの株価指数に基づいている。MSCIオール・カントリー・ワールド・インデックスに含まれる国は現在のところ46カ国で、そのうちの23カ国は新興国だ。FTSEオール・ワールド・インデック

スもほぼ同数の国で構成されている（FTSE指数とMSCI指数の違いはほとんどないので、本書ではMSCIを使う）。ほとんどの投資家にとってこれだけの国の母集団であれば十分すぎるほどだ（もっと冒険をしたい人には、別の24の小さな市場からなるMSCIフロンティア・マーケッツ・インデックスというものもある。本書ではこれらの市場は無視するが、これら24市場へのイクスポージャーをとれるファンドは存在する）。本書の残りではMSCI指数を使う。

　また、国をグループ分けすることもできる。伝統的な分類は新興国と先進国だ。さらには地域別にグループ分けすることもでき、アメリカ、アジア、EMEA（ヨーロッパ、中近東、アフリカ）とグループ分けするのが普通だ。

　よく使われるGICSでは産業を11のセクター（エネルギー、素材、資本財、一般消費財、生活必需品、ヘルスケア、金融、情報技術、電気通信、公益事業、不動産［2016年9月に加えられた］）に分け、さらにその下でも多くのサブグループに分けられている。

グループ分けのいろいろな方法

　株式サブポートフォリオのなかで国をグループ分けする方法にはいくつかの方法がある。

- **1つのファンド——グローバル時価総額加重ファンド**　1つのグローバル株式ファンドを使う。時価総額加重なので、半分以上のイクスポージャーは1カ国（アメリカ）に集中。
- **アメリカか非アメリカか**　アメリカへの1カ国集中を防ぐ簡単な方法は、ポートフォリオの一部をアメリカファンドに投資し、残りを非アメリカファンドに投資するというものだ（どちらのファンドも時価総額加重）。もちろん、非アメリカファンドも日本などの大国に

偏ってはいるものの、1つの（アメリカを含む）グローバル時価総額ファンドに投資するよりはマシだ。
- **地域別**　同じ地理的地域に属する国は経済的に統合されている傾向があるため、市場は相関性が高い。
- **先進国か新興国か**　新興国同士は同じ地域の裕福な隣国に対するよりも相関が高いのが普通で、特に危機のときは相関が高まる。最初にポートフォリオを適正に分割すれば新興国市場へのイクスポージャーを制限することは可能。これについてはこのあと説明する。
- **産業別**　イギリスのBP（ブリティッシュ・ペトロリアム）とアメリカのエクソンモービルのような2つの石油会社は、BPとスーパーマーケットチェーンのセインズベリーのようなイギリスの2つの会社よりも共通点が多い。したがって、グローバルな産業別に分けたほうがおそらくは適切なグループ分けが可能だ。しかし、グローバルセクターETFを使っているのであれば、ETFに含まれる指数は時価総額加重なのでポートフォリオは依然としてアメリカに偏る傾向が高い。これは深刻な問題なので次の「アロケーションの問題点」のところで議論する。

アロケーションの問題点

　ハンドクラフト法では最初に最も密接な関係があるアセットごとにグループ分けする。この場合、①同じ地理的地域（地域や国）に属する会社ごとにグループ分けしたほうがよいのだろうか、それとも、②同じ業種ごとにグループ分けしたほうがよいのだろうか。個別株を買うのであれば、最終的なポートフォリオウエートはおそらくは同じになるのでどちらでも構わない。

　しかし、大手の機関投資家でも40カ国以上の個別株を保有したいとは思わないだろう。イクスポージャーの一部、またはすべてをとるの

にETFを使わなければならない場合、妥協が必要になる。

①を選び、時価総額加重の国ETFを買うのであれば、一定の業種に集中的に投資することになる。一方、②を選び、時価総額加重のグローバルな業種のETFを買うのであれば、アメリカに偏ったイクスポージャーになる。この両方を一気に解決することはできないので、どちらがより重大な問題かを考える必要がある。

実際には、一定の業種に偏るよりも一定の国に偏るほうが危険だ。グローバルな株価指数の半分以上はアメリカに偏っている。これに対して、最大のセクターである金融がグローバルな時価総額加重ポートフォリオに占めるウエートはわずか16％だ。

まとめると、まず国ごとに分け、次にセクターごとに分けるのがよい。時価総額加重によるグローバルセクターへのトップダウンアロケーションは、一定の国への集中リスクがあるため危険だ。各国における各セクターへのアロケーションについては次の第11章で説明する。

株式のトップダウンアロケーションのフレームワーク

上記の分析を念頭に置いたうえで、トップダウンのハンドクラフト法を使ってポートフォリオウエートを国家間で配分する方法を示していく。トップダウンのアロケーションを次の順序に沿って行う。

1．新興国市場と先進国市場
2．地域別
3．各地域のなかの国別

このプロセス全体を通して、ポートフォリオの複製にはETFを使う。ポートフォリオを各国のなかでさらに分割することができる大口投資

家もまたこれらの国のウエートを使うことができる。第11章では各国におけるアロケーションについて説明する。

新興国市場と先進国市場

株式サブポートフォリオのトップダウンアプローチではまず最初に先進国市場（DM）と新興国市場（EM）とにグループ分けする。私のハンドクラフト法ではポートフォリオを先進国市場と新興国市場との間でリスクウエートが均等になるように分割する（ちなみに正式なポートフォリオ最適化を使えば、新興国市場に53％、先進国市場に47％の配分になる）。

しかし、均等リスクウエートが適切ではないいくつかのケースがある。これについては第4章で説明したとおりである。グループのサイズが異なる場合、均等ウエートが時価総額ウエートから大きく逸脱する場合、アセットが高額な場合、不快なリスクが予測不可能な場合がこのケースに相当する。

MSCIオール・カントリー・インデックスには23の先進国と23の新興国が含まれているのでグループのサイズが異なるという問題はない。しかし、均等ウエートが時価総額ウエートのコンセンサスから大きく乖離するという投資家の困惑の問題はある。新興国市場に50％というのは、時価総額加重のMSCIオール・カントリー・ワールド・インデックスのリスクウエートである14％から大きく乖離している。

新興国市場ファンドはコストが若干高めでもある。特に各国レベルで見ると高い。また、リスクも高い。私が本書で使っているシンプルなリスク測度は、ボラティリティの比較的低い時期が長く続き、そのあとでパニックに陥り、安全資産や低リスク資産への投資が増えるリスクオフが発生する新興国市場株式のようなアセットを扱うときは特に誤解を与える。

ポートフォリオ34　1つのグローバルファンドに投資すればアメリカへの集中リスクが大きくなる

ポートフォリオ							
株式グローバル指数ETF VWRL (UK) VT (US)							
アメリカ **53%**	日本 **8%**	イギリス **7%**	フランス **3%**	カナダ **3%**	ドイツ **3%**	その他 **23%**	
53%	8%	7%	3%	3%	3%	23%	

ウエートは2016年5月現在のMSCIワールドAC指数の資産ウエート。最後の行は株式サブポートフォリオにおけるウエートを示している

　私は新興国市場へのリスクウエートとしては25％を使う。私の計算したボラティリティを使えば資産ウエートは17％になる（本章でリスクウエートを資産ウエートに変換するために使った標準偏差については**付録B**を参照のこと。これらの数値はすべて私の分析に基づく）。したがって、残りの83％が先進国市場に配分される。もちろん、ポートフォリオを自分の好みや規制上の制約に合わせて調整することは簡単だ。しかし、40％以上のリスクウエートを新興国市場に配分してはならない。

ETFの選択

　あなたが超小口の投資家なら、ポートフォリオの株式の部分を1つのファンドに投資することしかできない。これだと大きなコストはかからない。第一の候補は時価総額加重のグローバル株式ファンドだ。**ポートフォリオ34**を見ても分かるように、これらのファンドは半分以上をアメリカに投資している。

　もう少し資金があれば、株式サブポートフォリオを新興国と先進国に分割し、先進国をさらに非アメリカの先進国とアメリカに分割する

ポートフォリオ35　アメリカのETF投資家向けの先進国市場と新興国市場を含むポートフォリオ

ポートフォリオ							
株式							
新興国市場 25% **(17.5%)** VWO		先進国市場 75%					
^^		アメリカ 27% **(22.2%)** IVV	非アメリカの先進国 73% **(60.3%)** EFA				
中国 24%	その他 76%		日本 20%	イギリス 18%	フランス 9%	カナダ 8%	その他 45%
6.0%	19.0%	20.2%	11.0%	9.9%	4.9%	4.4%	24.6%

普通の文字はリスクウエート、太字は資産ウエート。最後の行は株式サブポートフォリオにおけるリスクウエートを示している。伝統的な株式への最低投資額は1750ドル

ことができる。これが集中リスクを防ぐ最も効率的な方法だ。

例えば、アメリカのリスクウエートを20%に限定（これは本章でこのあと使うアロケーションと同じ）したい場合、ポートフォリオウエートは**ポートフォリオ35**に示したようなものになる。

イギリスには非アメリカの先進国市場ファンドはないため、この選択肢はイギリスでは不可能だ。イギリスの投資家には、先進国と新興国に投資する**ポートフォリオ36**がよいだろう。

十分な資金のある投資家は新興国市場と先進国市場をさらに細かく分けてもよい。これについては本章の次のいくつかのセクションで説明する。

先進国の地域

投資業界では通常、北アメリカ、EMEA（欧州、中近東、アフリカ）、

ポートフォリオ36　イギリスの投資家向けの先進国市場と新興国市場を含むポートフォリオ

ポートフォリオ								
株式								
新興国市場 25% **(17%)** EIMI			先進国市場 75% **(83%)** VEVE					
中国 24%	韓国 16%	その他 60%	アメリカ 58%	日本 9%	イギリス 7%	カナダ 3%	ドイツ 3%	そのほかの先進国 20%
6%	4%	15%	43.5%	6.8%	5.3%	2.3%	2.3%	15%

普通の文字はリスクウエート、太字は資産ウエート。最後の行は株式サブポートフォリオにおけるウエートを示している。伝統的な株式への最低投資額は1万1000ポンド

アジア太平洋という地域分けを使う。個人的には各地域は均等ウエートにするのがよいと思っている。つまり、サブポートフォリオの3分の1ずつを各地域に配分するということである。

　均等ウエート以外は無意味だ。時価総額ウエートは非常に偏っており、およそ3分の2が北アメリカ、4分の1がヨーロッパに配分され、アジアはわずか12%だ。国家間で均等ウエートにすればヨーロッパの配分が大きくなる。なぜなら、ヨーロッパには多くの国があるからだ。これに対して北アメリカには2カ国しかないため配分は少なくなる。均等ウエートからの逸脱を正当化するようなリスクやコストにも私は関心はない。

　本セクションで示すウエートはすべてリスクウエートだが、非常に似通った国からなるこうしたポートフォリオではウエートはボラティリティで調整する必要はない。したがって、これらのウエートは資産ウエートとしても使える。

ポートフォリオ37　先進国株式市場の地域別アロケーション（推奨ETFも提示）

ポートフォリオ									
株式									
先進国市場									
北アメリカ 33.3% VNRT (UK) IVV (US) *			EMEA（欧州） 33.3% XMEU (UK) VGK (US)				アジア太平洋 33.3% IAPD (UK)*** VPL (US)		
アメリカ 95%	カナダ** 5%	イギリス 29%	フランス 15%	ドイツ 14%	その他 42%	日本 65%	オーストラリア 20%	その他 15%
31.4%	1.7%	9.6%	5.0%	4.6%	13.9%	21.5%	6.6%	5.0%

ウエートはリスクウエート（推奨資産ウエートも同じ）。各地域のイクスポージャーは時価総額指数に基づく。最後の行は株式サブポートフォリオにおけるウエートを示している。列の幅は実際のウエートとは無関係。先進国株式市場への最低投資額は5400ポンドまたは900ドル。このポートフォリオはアメリカの投資家には勧めない（アメリカの投資家はポートフォリオ35のほうが良い）

* 北アメリカのIVV ETFは実際にはアメリカの指数のみからなる。アメリカに上場している北アメリカETFを見つけることはできなかった
** アメリカに上場しているETFにおけるカナダのウエートはゼロ
*** IAPDは時価総額加重ではなく、配当利回りで選んだファンド

ETFの選択

ポートフォリオ37は株式サブポートフォリオを各地域の時価総額加重ファンドに均等に配分したあとの各主要国への予想されるウエートを示したものだ。

ここに示したイクスポージャーは1つのグローバルな時価総額加重ファンドに投資するよりはよいが、依然としてアメリカに偏っており、日本とイギリスへの配分は少ない。したがってこのポートフォリオはアメリカの投資家には勧めない。このポートフォリオは**ポートフォリオ35**と最低投資額は同じだが、**ポートフォリオ35**のほうが分散度は高い。

ポートフォリオ38　集中投資を防ぐために〇〇を除くファンドを使った先進国株式市場の地域別アロケーション（アメリカの投資家向けの推奨ETFを提示）

ポートフォリオ								
株式								
先進国市場								
北アメリカ 33.3%		EMEA（欧州） 33.3% VGK				アジア太平洋 33.3%		
アメリカ 80% IVV	カナダ 20% EWC	イギリス 29%	フランス 15%	ドイツ 14%	その他 42%	日本 40% HJGP*	日本を除くアジア 60% AXJL	
							オーストラリア 58%	その他 42%
26.7%	6.7%	9.7%	5.0%	4.7%	14.0%	13.3%	11.6%	8.4%

ウエートはリスクウエート（資産ウエートも同じ）。各地域のイクスポージャーは時価総額指数に基づく。最後の行は株式サブポートフォリオにおけるウエートを示している。先進国株式市場への最低投資額は4500ドル

* HJGPは通貨ヘッジETFだが、最も安い非ヘッジ型オルタナティブよりも年間0.17％安い

　十分な資金があれば、前の魔法のトリックを再び使って、各地域を1つの大きな国とその国以外の国に分ける。2カ国からなる北アメリカの場合、アメリカのファンドとカナダのファンドを使えばよい。アジア太平洋も同様で、日本を含まない（ex-Japan）ファンドはたくさんあり、そのファンドと日本のみのアロケーションファンドに分割すればよい。またイギリスに上場しているイギリスを含まない欧州（Europe ex-UK）ファンドもある。残念ながら、アメリカにはこういったファンドはない。

　ポートフォリオ38と**ポートフォリオ39**ではウエートは私の好みの国ウエートにできるだけ近くなるように設定した。これについては本章でこのあと説明する。

ポートフォリオ39　集中投資を防ぐために〇〇を除くファンドを使った先進国株式市場の地域別アロケーション（イギリスの投資家向け推奨ETFを提示）

ポートフォリオ								
株式								
先進国市場								
北アメリカ 33%		EMEA（欧州） 33%				アジア太平洋 33%		
アメリカ 80% CSPX	カナダ 20% UC24	イギリス 20% ISF	イギリスを除く欧州 80% IEUX			日本 40% HMJP	日本を除くアジア 60% CPJ1	
			フランス 21%	ドイツ 20%	その他 59%		オーストラリア 58%	その他 42%
26.7%	6.7%	6.7%	5.6%	5.3%	15.7%	13.3%	11.6%	8.4%

ウエートはリスクウエート（資産ウエートも同じ）。各地域のイクスポージャーは時価総額指数に基づく。最後の行は株式サブポートフォリオにおけるウエートを示している。先進国株式市場への最低投資額は2万7000ポンド

　大口投資家はもっといろいろな国に分割することも可能だ。これについてはのちほど議論する。

新興国の地域

　新興国市場の国はどのようにグループ分けすればよいのだろうか。指数プロバイダーがよく使う地理的地域は、ラテンアメリカ、アジア（韓国が新興国に入るのか先進国に入るのかどうかについては議論がある。異なる指数プロバイダーを使ってファンドを組み込むときは国が重複することがあるので注意が必要）、EMEA（欧州、中近東、アフリカ。ブラジル、ロシア、インド、中国はBRICと分類されることがある。ただし、本書ではBRICは使わない。またMINT［メキシコ、インドネ

ポートフォリオ40　新興国株式市場の地域別アロケーション（推奨ETFを提示）

ポートフォリオ								
株式								
新興国市場								
ラテンアメリカ 30% ALAT (UK) ILF (US)		EMEA 30% XMEA (UK) GUR (US)			アジア 40% EMAS (UK) GMF (US)			
ブラジル 50%	その他 50%	南ア共和国 44%	ロシア 25%	その他 31%	中国 34%	韓国 23%	台湾 18%	その他 25%
15%	15%	13.2%	7.5%	9.3%	13.6%	9.2%	7.2%	10.0%

ウエートはリスクウエート（推奨資産ウエートも同じ）。各地域のイクスポージャーは時価総額指数に基づく。最後の行は新興国株式市場サブポートフォリオにおけるウエートを示している。新興国株式市場への最低投資額は1000ドルまたは6000ポンド

シア、ナイジェリア、トルコ］、CIVETS［コロンビア、インドネシア、ベトナム、エジプト、トルコ、南ア共和国］といった勝手に頭文字を組み合わせたグループ名も使わない）だ。

　ここでも、均等ウエートを使わないことが正当化されるかどうかをチェックする必要がある。リスクやETFコストは新興国地域ではほぼ同じなので問題はないが、時価総額加重では中国市場が巨大なのでアジアに大きなウエートが配分される。アジア地域では中国だけでなく、韓国や台湾のウエートも大きい。新興国市場の時価総額加重指数ではEMEAとラテンアメリカにはそれぞれ16％および13％しか配分されていない。

　均等ウエートと時価総額ウエートは大きく異なるため、妥協してここではアジアに40％（均等ウエートの33％よりは若干多い）、そのほかの2つの地域（ラテンアメリカとEMEA）には30％ずつ配分する。

　ポートフォリオ40は新興国の株式市場に6000ポンドまたは1000ドル

以上投資する投資家向けのものだ。どの地域にも特に一極集中していないので、中国と中国を除く地域といった地域分けはしない。

大口投資家はもっといろいろな国に分割することも可能だ。これについてはのちほど議論する。

各地域における各国へのアロケーション

本セクションでは各地理的地域における各国へのアロケーションについて説明する。

示したウエートはすべてリスクウエートである。ポートフォリオは似たような国で構成されているため、ウエートはボラティリティで調整する必要はない。したがって、リスクウエートは資産ウエートとしても使える。

先進国市場――北アメリカ

北アメリカは非常にシンプルで、2カ国に分類される。これは**ポートフォリオ38**および**ポートフォリオ39**で示したとおりで、アメリカに80％、カナダに20％の配分になる。

先進国市場――欧州

ポートフォリオ41は私が理想と思う欧州の先進国市場のアロケーションを示したものだ。アメリカの投資家の場合、下に示したどの国のETFもあるので選択に困ることはない。

しかし、**ポートフォリオ42**に示したようにイギリスには少数のETFしかない（例えば、イギリスに上場しているアイルランドのETFは見つけることはできなかった。イギリスに上場しているETFの多くがアイルランド籍であることを考えるとこれは皮肉だ）。

ポートフォリオ41　欧州の先進国株式市場の理想的なアロケーション（アメリカのETFを使用）

ポートフォリオ														
株式														
先進国市場														
欧州														
イギリス 20%		北ヨーロッパ 40%								南欧 40%				
イギリス 20%		ドイツ語圏 50%		ベネルクス 20%		北欧 30%			フランス 35%	イタリア 20%	イベリア 35%		イスラエル 10%
イギリス 80% QGBR	アイルランド 20% EIRL	ドイツ VGK 40%	オーストリア EWO 20%	スイス EWL 40%	オランダ EWN 50%	ベルギー EWK 50%	スウェーデン EWD 33%	フィンランド EFNL 33%	ノルウェー NORW 33%	フランス 35% EWQ	イタリア 20% EWI	スペイン 80% QESP	ポルトガル 20% PGAL	イスラエル 10% EIS
16%	4%	8%	4%	8%	4%	4%	4%	4%	4%	14%	8%	11%	3%	4%

ウエートはリスクウエート（推奨資産ウエートも同じ）。最後の行は欧州の先進国株式市場サブポートフォリオにおける国のウエートを示している。欧州の先進国株式市場への最低投資額は１万1000ドル

先進国市場——アジア

ポートフォリオ43はイギリスおよびアメリカの投資家向けの理想的なアロケーションを示したものだ。

新興国市場——アジア

イギリス及びアメリカの投資家向けのアジア新興国の株式市場の推奨アロケーションは**ポートフォリオ44**に示したとおりである。

新興国市場——ラテンアメリカ

ポートフォリオ45は、アメリカの推奨ETFによるラテンアメリカの新興国株式市場のアロケーションを示したものだ。

ポートフォリオ42　欧州の先進国株式市場のアロケーション（イギリスのETFを使用）

ポートフォリオ							
株式							
先進国市場							
欧州							
イギリス 20%	北ヨーロッパ 40%				南欧 40%		
イギリス 100% ISF	ドイツ語圏 50%		ベネルクス 20%	北欧 30% CN1	フランス 35% ISFR	イタリア 30% CI1	イベリア 35%
	ドイツ 50% DAXX	スイス 50% CSWCHF	オランダ 100% CH1				スペイン 100% CS1
20%	10%	10%	8%	12%	14%	12%	14%

ウエートはリスクウエート（推奨資産ウエートも同じ）。最後の行は欧州の先進国株式市場サブポートフォリオにおける国のウエートを示している。欧州の先進国株式市場への最低投資額は2万3000ポンド

ポートフォリオ43　アジア太平洋地域の先進国株式市場のアロケーション（推奨ETFを提示）

ポートフォリオ				
株式				
先進国市場				
アジア太平洋				
日本 40% HMJP (UK) JPP (US)	オセアニア 30%		アジア本土 30%	
	オーストラリア 70% LAUS (UK) DBAU (US)	ニュージーランド 30% ENZL (US)	香港 50% HSI (UK) EWH (US)	シンガポール 50% XBAS (UK) EWS (US)
40%	21% *	9% *	15%	15%

ウエートはリスクウエート（推奨資産ウエートも同じ）。最後の行はアジア太平洋地域の先進国株式市場サブポートフォリオにおけるウエートを示している。列の幅は実際のウエートとは無関係。最低投資額は3400ドルまたは1万2000ポンド

＊ イギリスに上場しているニュージーランドのETFはない。したがって、イギリスの投資家の場合、オセアニアの配分はオーストラリアに30％、ニュージーランドに0％になる

第10章　株式のさまざまな国や地域へのアロケーション

ポートフォリオ44　アジアの新興国株式市場のアロケーション（推奨ETFを提示）

ポートフォリオ							
株式							
新興国市場							
アジア							
中国 30% CSIL (UK) CHNA (US)	インド 20% CI2G (UK) INDA (US)	アジアの虎 30%		東南アジア 20%			
		台湾 50% HTWN (UK) EWT (US)	韓国 50% HKOR (UK) HKOR (US)	マレーシア 25% XCX3 (UK) EWM (US)	インドネシア 25% XCX5 (UK) IDX (US)	タイ 25% THAG (UK) THD (US)	フィリピン 25% XPHG (UK) EPHE (US)
30%	20%	15%	15%	5%	5%	5%	5%

ウエートはリスクウエート（推奨資産ウエートも同じ）。最後の行はアジア太平洋地域の新興国株式市場サブポートフォリオにおける国のウエートを示している。最低投資額は3万6000ポンドまたは6000ドル

ポートフォリオ45　ラテンアメリカの新興国株式市場のアロケーション（アメリカの投資家向け推奨ETFを提示）

ポートフォリオ				
株式				
新興国市場				
ラテンアメリカ				
ブラジル 35% DBBR	メキシコ 35% DBMX	ラテンアメリカ小国 30%		
		チリ 33% ECH	コロンビア 33% ICOL	ペルー 33% EPU
35%	35%	10%	10%	10%

ウエートはリスクウエート（推奨資産ウエートも同じ）。最後の行はラテンアメリカの新興国株式市場サブポートフォリオにおけるウエートを示している。これはアメリカの投資家向け。最低投資額は3000ドル

ポートフォリオ46　EMEAの新興国株式市場のアロケーション（機関投資家向け）

ポートフォリオ									
株式									
新興国市場									
EMEA									
欧州 50%						中東 25%			アフリカ 25%
ロシア 33%	中欧と東欧 33%			東南欧 33%		カタール 33%	UAE 33%	エジプト 33%	南ア共和国 100%
	ポーランド 33%	ハンガリー 33%	チェコスロバキア 33%	ギリシャ 50%	トルコ 50%				
17%	6%	6%	6%	8%	8%	8%	8%	8%	25%

ウエートはリスクウエート（推奨資産ウエートも同じ）。最後の行はEMEAの新興国株式市場サブポートフォリオにおけるウエートを示している

イギリスには小国のETFはないため、イギリスの投資家向けには1つの地域ファンドALATにのみ投資することをお勧めする。

新興国市場――EMEA

最後の新興国地域はEMEAだ。理想的なアロケーションは**ポートフォリオ46**に示したとおりである。しかし、このポートフォリオはETFを使って構築することはできない。なぜなら十分な数のETFがないからだ。

ポートフォリオ47は今現在アメリカで買えるETFを使ったベストなアロケーションだ（アメリカにはオール・エマージング・ヨーロッパETFもあるが、これはロシアが大幅に過剰ウエートなので、ほかの国のイクスポージャーをとることによる便益が消失してしまうおそれがある）。

イギリスの場合は国が異なり、**ポートフォリオ48**に示したとおりである。

第10章　株式のさまざまな国や地域へのアロケーション

ポートフォリオ47　EMEAの新興国株式市場のアロケーション（アメリカのETFを使用）

ポートフォリオ				
株式				
新興国市場				
EMEA				
欧州 50%			中東 25% GULF	アフリカ 25%
ロシア 33% RBL	中欧と東欧 33%	東南欧 33%		南ア共和国 100% EZA
	ポーランド 100% PLND	トルコ 100% TUR		
17%	17%	17%	25%	25%

ウエートはリスクウエート（推奨資産ウエートも同じ）。最後の行はEMEAの新興国株式市場サブポートフォリオにおける国のウエートを示している。最低投資額は1800ドル

ポートフォリオ48　EMEAの新興国株式市場のアロケーション（イギリスのETFを使用）

ポートフォリオ				
株式				
新興国市場				
EMEA				
欧州 50%			中東 25% SGCC	アフリカ 25% XMAF
ロシア 33% CRU1	中欧と東欧 33% CE9G	東南欧 33%		
		トルコ 100% UB36		
17%	17%	17%	25%	25%

ウエートはリスクウエート（資産ウエートも同じ）。最後の行はEMEAの新興国株式市場サブポートフォリオにおける国のウエートを示している。最低投資額は1万1000ポンド

349

まとめ

大手機関投資家

先進国市場に75％、新興国市場に25％投資することを推奨する。投資家の困惑に対する許容能力が低い場合、新興国市場への時価総額ウエートは14％にするのがよい。私が推奨する最大新興国市場ウエートは40％だ。これらの数値はすべてリスクウエートだ。私の推奨する資産ウエートは先進国市場に82.5％、新興国市場に17.5％。

これ以降に示すウエートはすべてリスクウエートだが、すべての国のボラティリティが同じだと仮定する場合、資産ウエートとして用いてもよい。

先進国市場――各地域（北アメリカ、EMEA、アジア太平洋）にはサブポートフォリオの3分の1ずつを配分。また、北アメリカの80％はアメリカ、20％はカナダに配分。**ポートフォリオ41**（EMEA）と**ポートフォリオ43**（アジア太平洋）。

新興国市場――サブポートフォリオの40％をアジア、30％をラテンアメリカ、30％をEMEAに配分。**ポートフォリオ44**（アジア）、**ポートフォリオ45**（ラテンアメリカ）、**ポートフォリオ46**（欧州）。

各国へのイクスポージャーを決めるベストな方法については第11章を参照のこと。

イギリスの個人投資家（ETFを使用）

●**株式市場への投資額が51万5000ポンドを上回る**（これらの最低ポートフォリオサイズはブローカーの最低手数料として6ポンド支払うことを想定。これ以上の手数料を支払う場合は、投資額にあな

たが支払う手数料のブローカーの最低手数料に対する比率を掛ける必要がある。例えば、手数料として18ポンド支払う場合、これらの投資額に18ポンド÷6ポンド＝3を掛ける）

　リスクウエート――先進国市場に75％、新興国市場に25％。

　資産ウエート――先進国市場に82.5％、新興国市場に17.5％。

　先進国市場――各先進国地域（北アメリカ、EMEA、アジア太平洋）にサブポートフォリオの3分の1ずつを配分。また、北アメリカの80％をアメリカ、20％をカナダに配分。EMEAの配分は**ポートフォリオ42**、アジア太平洋の配分は**ポートフォリオ43**を参照。

　新興国市場――サブポートフォリオの40％をアジア、30％をラテンアメリカ、30％をEMEAに配分。アジア太平洋の配分は**ポートフォリオ44**、EMEAの配分は**ポートフォリオ48**を参照。ラテンアメリカは1つのファンドALATに投資。

　各国へのイクスポージャーを決めるベストな方法については第11章を参照のこと。

●投資額が8万2000ポンドから51万5000ポンド

　リスクウエート――先進国市場に75％、新興国市場に25％。

　資産ウエート――先進国市場に82.5％、新興国市場に17.5％。

　先進国市場――北アメリカ、EMEA、アジア太平洋にサブポートフォリオの3分の1ずつを配分。北アメリカは80％をアメリカ、20％をカナダに配分。EMEAの配分は**ポートフォリオ42**、アジア太平洋の配分は**ポートフォリオ43**を参照。

　新興国市場――**ポートフォリオ40**を参照。

　各国へのイクスポージャーを決めるベストな方法については第11章を参照のこと。

●投資額が3万6000ポンドから8万2000ポンド

　リスクウエート――先進国市場に75％、新興国市場に25％。

　資産ウエート――先進国市場に82.5％、新興国市場に17.5％。

先進国市場──**ポートフォリオ39**を参照。

新興国市場──**ポートフォリオ40**を参照。

● **投資額が３万3000ポンドから３万6000ポンド**

リスクウエート──先進国市場に75％、新興国市場に25％。

資産ウエート──先進国市場に82.5％、新興国市場に17.5％。

先進国市場──**ポートフォリオ39**を参照。

新興国市場──１つのファンドEIMIに投資。

● **投資額が１万1000ポンドから３万3000ポンド**

リスクウエート──先進国市場に75％、新興国市場に25％。

資産ウエート──先進国市場に82.5％、新興国市場に17.5％。

先進国市場──**ポートフォリオ37**を参照。

新興国市場──１つのファンドEIMIに投資。

● **投資額が1800ポンドから１万1000ポンド**

１つのファンドVWRLに投資。

アメリカの個人投資家（ETFを使用）

● **株式市場への投資額が８万6000ドルを上回る**（これらの最低ポートフォリオサイズはブローカーの最低手数料として１ドル支払うことを想定。これ以上の手数料を支払う場合は、投資額にあなたが支払う手数料のブローカーの最低手数料に対する比率を掛ける必要がある。例えば、手数料として５ドル支払う場合、これらの投資額に５ドル÷１ドル＝５を掛ける）

リスクウエート──先進国市場に75％、新興国市場に25％。

資産ウエート──先進国市場に82.5％、新興国市場に17.5％。

先進国市場──各先進国地域（北アメリカ、EMEA、アジア太平洋）にサブポートフォリオの３分の１ずつを配分。また、北アメリカの80％をアメリカ、20％をカナダに配分。EMEAの配分は**ポート**

フォリオ41、アジア太平洋の配分は**ポートフォリオ43**を参照。

　新興国市場──サブポートフォリオの40％をアジア、30％をラテンアメリカ、30％をEMEAに配分。アジア太平洋の配分は**ポートフォリオ44**、ラテンアメリカの配分は**ポートフォリオ45**、EMEAの配分は**ポートフォリオ47**を参照。

　各国へのイクスポージャーを決めるベストな方法については第11章を参照のこと。

●**投資額が２万8000ドルから８万6000ドル**

　リスクウエート──先進国市場に75％、新興国市場に25％。

　資産ウエート──先進国市場に82.5％、新興国市場に17.5％。

　先進国市場──各先進国地域（北アメリカ、EMEA、アジア太平洋）にサブポートフォリオの３分の１ずつを配分。また、北アメリカの80％をアメリカ、20％をカナダに配分。EMEAの配分は**ポートフォリオ41**、アジア太平洋の配分は**ポートフォリオ43**を参照。

　新興国市場──**ポートフォリオ40**を参照。

　各国へのイクスポージャーを決めるベストな方法については第11章を参照のこと。

●**投資額が5700ドルから２万8000ドル**

　リスクウエート──先進国市場に75％、新興国市場に25％。

　資産ウエート──先進国市場に82.5％、新興国市場に17.5％。

　先進国市場──**ポートフォリオ38**を参照。

　新興国市場──**ポートフォリオ40**を参照。

●**投資額が1750ドルから5700ドル**

　リスクウエート──先進国市場に75％、新興国市場に25％。

　資産ウエート──**ポートフォリオ35**を参照。

●**投資額が300ドルから1750ドル**

　１つのファンドVT（アメリカ）に投資。

第11章
各国における株式のアロケーション

Equities Within Countries

ポートフォリオアセットアロケーション							純正なオルタナティブ
株式				債券				
伝統的な株式		株式のようなオルタナティブ	伝統的な債券		債券のようなオルタナティブ		
先進国市場の株式	新興国市場の株式		先進国市場の債券	新興国市場の債券			
地域			地域				
国			国				
セクター			タイプ				
個別株			満期と信用力				

　最もエキサイティングなことは何だろう。金融サイトを読んであなたが少しだけ株を持っている会社のニュースを目にすることだろうか、それとも抽象的な株価指数の毎日の動きを追うことだろうか。

　私は個人的には前者のほうが好きだ。ほかの投資家も同じだと思う。個別株を買うことは指数ファンドを買うよりもはるかに楽しい。あなたに電力を供給してくれているエネルギー会社の株をほんのわずかでも保有していれば満足感もある（それに、請求書を支払うのがそれほど嫌ではなくなるかもしれない）。しかし、株式投資の興奮に飲み込まれてはならない。個別株を買うことはだれにとっても意味があるわけではなく、適切に分散されたポートフォリオを維持するには正しく行うことが必要だ。

　本章では各国における株式投資について見ていく。各セクターにど

のようにアロケーションすればよいのだろうか。そして各セクター内の個別株にはどのようにアロケーションすればよいのだろうか。

本章の概要

- **各国の各セクターへのアロケーション**　各セクターのイクスポージャーはどのように決めればよいのか。
- **各セクター内の個別株へのアロケーション**　各セクター内の個別株はどのように買えばよいのだろうか。
- **倫理的な投資**　正しいことをする。

各国の各セクターへのアロケーション

どのセクターに投資すべきか

　業種の分類の方法にはよく知られたいくつかの方法があるが、ここではMSCIとS&Pが共同で作成したGICS（世界産業分類基準）を使う。GICSでは世界の産業を11のセクターに分類している（エネルギー、素材、資本財、一般消費財、生活必需品、ヘルスケア、金融、情報技術［ITまたはテク］、電気通信、公益事業、不動産［2016年に加えられた］）。

　そしてこれら11セクターをさらに産業グループ、産業、産業サブグループに分類している。しかし、ここでは簡単にするためにトップレベルの11のセクターにのみ分類する。

セクターのウエート

　ハンドクラフト法の重要なポイントは、均等ウエートを使わない正

当な理由がないかぎり、均等リスクウエートを使うことである。均等リスクウエートを使うには、コスト差引前のリスク調整済みリターンが同じであるという仮定を設ける必要があるが、異なるアセット間の相関がほぼ同じであるという仮定も必要だ。

しかし、業種間の相関は同じであると仮定できるほど同等なのだろうか。実は実際にはそれほど同等ではない。アメリカのセクターのデータ（1990～2016年までのアメリカのセクターの年次リターン）を使って算出してみたところ、ITと公益事業の相関はわずか0.19だった。つまり、アップルのような魅力的なハイテク株と電力会社のような退屈で規制のかかった公益事業ほど似ても似つかぬ会社はないということである。

一方、生活必需品とヘルスケアの相関は0.91だった。生活必需品とは食料（これがなければ生きていけない）やタバコ（常習性が高く、ガンなどにかかって死ぬこともある）のように人々にとって必要不可欠なものを言う。ヘルスケアも必ず必要なものだ。これら2つの産業は不景気のときの守備的産業とみなされている。不景気のときでも、消費者はパスタやタバコや頭痛薬を必要とするからだ。

ここでは似たようなセクターをいくつかのサブグループに分けて、これらのサブグループからトップダウンのアロケーションを行おうとした（相関がアメリカでのセクターアロケーションに与える影響を調べるために、最初の10のセクターのリターンを使って正式なポートフォリオ最適化を行った。10のセクターのみで行ったのは、新しく加えられた不動産の過去のデータが十分に得られなかったからだ。その結果、非常に興味深い結果が得られた。公益事業［23％］、IT［21％］、素材［14％］のリスクウエートが大きく、逆に生活必需品［7.8％］、一般消費財［3.4％］、金融［1.6％］、資本財［0％］のリスクウエートは小さかった。ほかの3つのセクターは均等ウエートに近く、9％から10％だった。これらの結果は知的好奇心をそそるものだが、実際のポート

フォリオで使おうとは思わない。20％以上のウエートのセクターがあるかと思えば、０％のセクターもあるという非常に極端なウエートは私の嗜好には合わない。同じことをアロケーションする可能性のあるすべての国で行わなければならないが、これは十分なデータがあったとしてもかなりの労力を伴う作業だ。そこで私が使ったのがブートストラップ法だ。これはシャープレシオが同じであると仮定する。この方法については詳しくは**付録C**を参照）が、①これはおそらくはセクター間の均等ウエートに近いウエートになる、②だれもが納得する１つのグループ分けは不可能（例えば、ヘルスケア、生活必需品、公益事業などの守備株は同じグループにまとめるべきだろうか、あるいは生活必需品と一般消費財は同じグループにまとめるべきだろうか。金融はどのグループに入るだろうか。ITと電気通信サービスは明らかに同じグループにまとめるべきだが、電気通信会社は大企業が多く、厳しく規制されており、一定のキャッシュフローが入ってくるため、どちらかというと公益事業の性質が強い）、③大して便益のないものをそれほど複雑にする必要はない――ということを考慮して、業種内の相関は同じと仮定しても問題ないだろうという結論に達した。

ハンドクラフト法の２番目の重要なポイントは、均等リスクウエートを使わない正当な理由がないかぎり、均等リスクウエートを使うということである。均等ウエートを使わない正当な理由を覚えているだろうか。①アセットグループの大きさが異なる、②時価総額ウエートと大きく異なるときに均等ウエートがアンダーパフォームするという投資家の困惑、③コストが大きく異なる、④資産のリスクが異常または予測不可能。

まず①だが、国によってはセクター間でアセットの数が大きく異なることもある。しかし、このあと述べるトップダウンアプローチで個別株にウエートを配分すれば、各セクターのアセット数が同じポートフォリオを構築することができる。

次に②だが、投資家の困惑を測るには標準的な時価総額加重の国指数トラッカーのウエートを見てみる必要がある。本書執筆の時点では、S&P500または同様の指数を含むアメリカのETF（上場投資信託）はハイテクに20％、金融に16％、流行遅れの公益事業株にはわずか3％しか投資していない。これらは資産ウエートだ。リスクウエートはもっと極端な数値になる。なぜなら、ITは公益事業よりおよそ60％ボラティリティが高いからだ。これは11セクターのおのおのが9.1％のウエートになる均等ウエートからは少し外れている（アメリカの産業の時価総額ウエートはほかの国に比べると比較的均等に配分されている。多くの市場は特定の業種の会社が大多数を占めており、新興国市場における素材セクターとエネルギーセクターでは資源関連の会社が大多数を占めているのがネックになっている）。しかし、同じ国のセクター間の相関は比較的高いため、時価総額ウエートではなくて均等リスクウエートを使えばトラッキングエラーはそれほど大きくはならないはずだ。

③のコストと、④の予測不可能なリスクは国内のセクターウエートには大して影響は及ぼさない。

これらの要素を考え併せた結果、各国のセクター間では均等リスクウエートを使うことにした。

どういった資産ウエートを使うべきか

まだ資産ウエートを決めるという問題が残っている。第2章で述べたように、これにはいくつかの選択肢がある。1つ目は、すべてのセクターのリターンのボラティリティは同じであると仮定し、リスクウエートと同じ資産ウエートを設定する。

2つ目は、ボラティリティの値として**付録B**で推奨した値を使う。これを使うと資産ウエートは**ポートフォリオ49**に示した数値になる。

ポートフォリオ49　国内のセクターアロケーション——資産ウエートは均等リスクウエートから算出

ポートフォリオ										
株式										
伝統的な株式										
先進国または新興国										
地域										
国										
一般消費財	生活必需品	エネルギー	金融	不動産	ヘルスケア	資本財	IT	素材	電気通信	公益事業
9.1% **(8.2%)**	9.1% **(13.5%)**	9.1% **(11.1%)**	9.1% **(7.5%)**	9.1% **(8.2%)**	9.1% **(8.6%)**	9.1% **(10%)**	9.1% **(5.6%)**	9.1% **(10%)**	9.1% **(8.2%)**	9.1% **(9%)**

普通の文字はリスクウエート、太字は資産ウエート。セクターETFを使って任意の国に投資するときの最低投資額は5500ドルまたは3万2000ポンド

　セクターのデータが入手できたときは、**付録C**の方法を使って実際の標準偏差を自分で計算してみよう。

セクターアロケーションのメリット

　時価総額加重のファンドは特定の国のセクターイクスポージャーを継承していることが多い。つまり、1つか2つのセクターに偏り、あまり分散されていないということである。いろいろなセクターにアロケーションするとどういったメリットがあるのだろうか。

　この種の比較については第6章ですでに見てきた。私の計算によれば、セクターへのトップダウンのアロケーションによる理論的な便益は、セクターが極端に偏っているカナダで年次リターンがおよそ0.04％上昇することである。アメリカのようにもっと分散された国では年次リターンはこれほど上昇しないが、一定のセクターに大きな偏りが

ある新興国市場では大きな効果が期待できる。

しかし、セクターに直接アロケーションしても平均的に見てわずかな改善しか得られないため、個々のセクターで比較的安くイクスポージャーを得られるときだけしかこれを行う価値はない。

各セクターへのイクスポージャーのとり方

任意の国のセクターポートフォリオを構築するには主として2つの方法がある。1つは、あなたがアロケーションしようとしている国で入手が可能なら、時価総額加重のセクターETFを買うという方法だ。もう1つは個別株を買うことだ。

アメリカはいろいろなセクターETFが入手可能な唯一の国で、いくつかの運用会社が提供している。今のところ最も価値が高いのがセレクト・セクター・スパイダーETFで、エクスペンスレシオは0.14%だ。これは安く思えるかもしれないが、最も安い1つの国ファンドであるIVVの0.07%に比べると高い。管理手数料が7ベーシスポイント(ベーシスポイント＝0.01%)高いのに対して、私が計算した便益は最大で4ベーシスポイントしかない。

欧州のさまざまな国をカバーするセクターETFもある(個々の国をカバーするセクターETFはない)。欧州の最も安いセクターファンドは年間管理手数料がおよそ0.30%で、欧州全域をカバーする時価総額加重ファンドに非常に近い。しかし、欧州の株式ポートフォリオを10余りのファンドに分割するだけの資金があるのであれば、欧州の国の間で分散するほうが、同じ数の欧州のセクター間で分散するよりもよいだろう(理由は第10章の「アロケーションの問題点」で述べた)。

結論としては、セクターETFは高すぎる(アメリカの場合)か、十分に分散されていない(欧州の場合)か、存在しないかのいずれかだ。したがって、選択肢としては、①各セクターへのアロケーションは忘

れて、①1つの時価総額加重の国ETFを買うか、②トップダウンのハンドクラフト法によるセクターアロケーションを使って個別株を買うか——のいずれかだ。

　個別株がいつも良いとは限らない。これにはいろいろな理由がある。特に、外国株についてはそうである。多くの国の株式を保有してトラッキングするのは難しく、コストもかかる。また、新興国市場には外国人の保有を禁じる法律のあるところもある。さらに異なる税制や情報開示、二国間協定を理解しなければならないとなると頭痛は増えるばかりだ。これに対して、ロンドンに上場している中国株ETFを買うのはロンドンに上場している株式を買うのと同じだ（これは単純化しすぎ。イギリスに上場しているETFのほとんどはアイルランド籍かルクセンブルク籍だ。しかしそれでも中国株バスケットを直接保有するよりははるかに簡単だ）。

　この問題は自国の株を買うときには当てはまらない。例えば、私のポートフォリオには外国に上場している株式はただの1つも含まれていないが、イギリスの個別株はたくさん含まれている。

　しかし、資金が十分にあったとしても買うことができるのは1つの銘柄だけである。各セクターのすべての個別株にアロケーションすれば、たとえ時価総額が大きな株式に限定したとしても何十、何百という株式を買うことになる。トレードコストのことを考えると、これはほとんどの個人投資家にとってはとてつもなく高いものにつく（この問題については第6章で説明した）。しかも、多くの保有株を管理するのは比較的大手の機関投資家にとっても頭の痛い問題だ。

　幸いにも、よく分散されたポートフォリオを構築するのに各セクターで2～3以上の銘柄を買う必要はない。具体的にはいくつの銘柄が必要なのかは、次のセクションでセクター内の個別株へのアロケーションの話をするときに説明する。

　結論は以下のとおりである。

●**セクターETFは避けよ**　管理手数料が関連する１つの国ETFよりも0.04％以上高い場合、セクターETFを持っても何のメリットもない。各セクターへの最低推奨投資額は300ドルまたは1800ポンド（本章に出てくる数値はすべてブローカーの最低手数料として６ポンドまたは１ドル支払うことを前提としている。これ以上の手数料を支払う場合は、投資額にあなたが支払う手数料のブローカーの最低手数料に対する比率を掛ける）なので、セクターETFを使えば各国への最低投資額として5500ドルまたは３万2000ポンド必要になる（300ドルまたは1800ポンド［１つのファンドに対する推奨最少投資額］を11倍してもきっちりこの数字にはならない。なぜなら、資産ウエートでは最小セクターのウエートはポートフォリオ全体の5.6％にしかならないからだ［**ポートフォリオ54**を参照］）。
●**小口投資家**　１つの時価総額加重ETFを使ってその国全体に投資するのが最も良い。
●**大口投資家**　十分な資金がある場合、ポートフォリオをセクターごとに分けたあと、トップダウンのハンドクラフト法で個別株にアロケーションする。詳しくは本章でこのあと説明する。

これらの方法は組み合わせて使ってもよい。例えば、自国市場のように個別株を簡単に買える場合は個別株を買い、残りは国ETFを買う。

小型株および中型株ETF

　均等ウエートは大きな会社も小さな会社も同じウエートを持つことを意味する。しかし、過去のデータを見ると、時価総額が小さい小企業（小型株）はパフォーマンスが良い。本セクションでは、リスク調整済みリターンは同じであると仮定するが、小型株はリスクが高いため、小型株のウエートを上げれば幾何平均リターンの上昇が期待でき

る。

　しかし、時価総額加重のセクターETFでは小型株のウエートは少ない。実際には、ほとんどの国ETFやセクターETFは小型株をまったく含まないことが多い。中型株や小型株を含むファンドがあれば、そういったファンドを加えてもよいかもしれない。

　中型株ETFや小型株ETFは、たとえコストが高くついても保有する価値はあるのだろうか。中型株ETFや小型株ETFの目に見えないトレードコストは大型株ETFに比べると高く、それぞれ0.05％と0.30％程度にはなるだろうと推測する。さらに管理手数料も割高だ。しかし、幾何シャープレシオが同じだと仮定すると、ボラティリティが上昇する代償として幾何平均は中型株ETFで0.25％、小型株ETFで0.65％上昇する。したがって、純利益は中型株ETFは0.2％、小型株ETFは0.35％になる。

　つまり、あなたが使っている大型株ファンドよりも管理手数料が極端に高くなるのであれば、中型株ETFや小型株ETFへの投資は避けたほうがよいということである。もし年間手数料が0.35％以下の小型株ファンドや、管理手数料が0.2％以下の中型株ファンドを見つけることができれば投資する価値はある。

　私が見つけることができた最も安いアメリカの中型株ETFはSCHMで、これは管理手数料が0.06％だ。したがって、これは買う価値がある。関連する小型株ファンドであるSCHAも年間手数料が安いため、良い投資対象になる。これに対して、イギリスのパッシブな中型株ETFや小型株ETFは数が非常に少なく、最も安い中型株ファンドであるリクソーFTSE250 ETFでも手数料は0.35％と非常に高い。年間手数料が0.5％よりも低い小型株ファンドは見つけることはできなかった。

　小型株や中型株にはポートフォリオのどれくらいを配分すればよいのだろうか。イギリスのすべての株式の均等加重ポートフォリオでは、大型株の資産ウエートは16％、中型株は40％、小型株は44％である（大

ポートフォリオ50　大型株ファンド＋中型株ファンドおよび小型株ファンド

ポートフォリオ		
株式		
先進国または新興国		
地域		
国		
大型株 60% **(66.5%)**	中型株 20% **(18.5%)**	小型株 20% **(15%)**
60%	20%	20%

普通の文字はリスクウエート、太字は資産ウエート。任意の国における最低投資額は2000ドルまたは１万2000ポンド

型株FTSE100は100銘柄で構成され、中型株FTSE250は250の銘柄で、小型株FTSEスモール・キャップ・インデックスはおよそ280の銘柄で構成されている。このほかにも1000ほどの超小型株があり、これらは上場株だが小さすぎて小型株指数にも入らない。アメリカの比率も似たようなものだ)。このアロケーションではほとんどの人が不安になるだろう。これに対して、時価総額ウエートでは大型株が82％、中型株が15％、小型株が３％だ。均等ウエートは時価総額から大きく外れているため、これでは困ったことになる。私が推奨するのは、中型株と小型株のウエートの上限をおよそ20％にし、残りの60％を大型株に配分するというものだ。これを示したものが**ポートフォリオ50**である。

　もしセクターETFが入手可能で、十分に安いとしたらどうだろう。中型株ファンドも小型株ファンドもセクターに特化していないので、60％のリスクウエートを大型株セクターをカバーする11のファンドで均等に分け、残りの40％のリスクウエートを１つの中型株ファンドと１つの小型株ファンドで均等に分けるのがよいだろう。これを示したも

ポートフォリオ51　任意の国における大型株のセクターアロケーションと中型株へのアロケーションおよび小型株へのアロケーション

ポートフォリオ											
株式											
先進国または新興国											
地域											
国											
大型株　60% (66.5%)										中型株 20% (18.5%)	小型株 20% (15%)
一般消費財	生活必需品	エネルギー	金融	不動産	ヘルスケア	資本財	IT	素材	電気通信	公益事業		
5.4% (5.5%)	5.4% (9%)	5.4% (7.4%)	5.4% (5%)	5.4% (5.5%)	5.4% (5.7%)	5.4% (6.6%)	5.4% (3.7%)	5.4% (6.6%)	5.4% (5.5%)	5.4% (6%)	20% (18.5%)	20% (15%)

普通の文字はリスクウエート、太字は資産ウエート。任意の国への最低投資額は8100ドルまたは5万ポンド（イクスポージャーをとるのにセクターETFを使うと仮定）

のが**ポートフォリオ51**である。

　大型株のセクターに投資するのに個別株を使った場合も、**ポートフォリオ51**のアロケーションを使うことができる。これについては次のセクションで説明する。

セクター内での個別株へのアロケーション

　このセクションは特定の国の任意のセクターのイクスポージャーをとるのに個別株を使う場合にも当てはまる。

直接投資したほうがよいのはどんなときか

　時価総額ETFに投資したほうがよいのか、それとも各セクターで個別株を買ったほうがよいのかを判断するときに重要な要素となるのがコストである（本章で前述したように、セクターETFは入手できないか、あまり買う価値のないものが多い。コストの割増額が0.04％以下

でなければ買ってはならない)。いろいろな株式に小さなポジションを持つことはトレードするにも保有するにも国ETFよりも高くつくため、国ETFのコストが非常に高くないかぎり、個別株を買う意味はない。

この問題については第6章ですでに述べた。第6章の**表37**と**表38**では、ブローカーの最低手数料と1つの国ETFの保有コストを考慮した場合、セクターごとに1つの銘柄に直接投資することのほうが有利になるブレイクイーブンポイントを示した(保有コストにはファンドの年間管理手数料、ファンドによるトレードコスト[先進国市場ではおよそ0.1%]が含まれる)。

例えば、保有コストが非常に安くて0.2%、そしてブローカーの最低手数料が1ドルまたは6ポンドと仮定すると、直接投資のブレイクイーブンポイントは6000ドルまたは4万5000ポンドである。これは各セクターで1銘柄買うのに必要な最低投資額だ。しかし、セクターが違えば資産ウエートも違うため、どの銘柄も同じ金額だけ買う必要はない(**ポートフォリオ49**)。したがって、例えばITセクターのなかで選んだ銘柄に5.6%×6000ドル=336ドルしか投資しなくてもよいわけである。

どの銘柄を含めるべきか

投資資金が十分にあれば、その国の上場銘柄をすべて買いたくなるかもしれない。でも、アメリカだけでも上場株の数は2万を超える。したがって実際にはこのうちの一部に限定することになる。

株式は信頼できる取引所に上場した株式を買わなければならない。信頼の置けない株、例えばアメリカの店頭株などは厳しいコーポレートガバナンスに取り組んでいないところもある。規制上や税制上の理由によって買うことができない株式もある。例えば、イギリスの個人貯蓄口座に外国株を預け入れるには、それらの株は一般に広く認められ

た取引所に上場している必要がある。これにはアメリカの店頭株のような市場は含まれていない。

ETFのような上場投資ビークルも含まれない（投資トラスト、上場投信、リミテッド・パートナーシップ、ロイヤルティ・トラストも含まれない）。例えば、ロンドン証券取引所に上場している中国株に連動するETFはポートフォリオのイギリスの部には含まれない。また大きな多国籍株は複数の国に上場していることが多い。通常、セカンダリー上場は主要な指数からは除外される。

流動性の低い株や時価総額が小さい株（この2つは同じ会社であることが多い）も避けたいはずだ。ラッセル3000やFTSEオール・シェアのような指数に限定することで、非常に小さな株は避けることができる。

個人的には直接投資はFTSE100やS&P500に含まれるような時価総額の大きな株のみを対象にすることをお勧めする（中型株や小型株に価値を見いだす上級投資家にとってこのアドバイスは無用の長物かもしれない。どうやるべきかについては第3部で説明する）。個人投資家にとってはこれは安全策であり、大手機関投資家は小さな会社をトレードすることで被る大きなマーケットインパクトコストを節約することができる。

大型株の直接投資と、小型株と中型株のETFを使ってのアロケーション（ただし、こうしたETFが入手可能で、しかも安い場合）を組み合わせることもできる。このときのウエートは**ポートフォリオ51**を参照のこと。

どれくらいの株式を買えばよいのか

例えば、あなたはアメリカの一般消費財セクターのイクスポージャーをとりたいと思っているとしよう。あなたは良識に従ってS&P500

指数の大型株に限定することにした。本書執筆の時点では、これは86の会社の株を買うことを意味する。こんなことが本当に必要なのだろうか。2～3の会社ではなくてセクター全体を保有するメリットはあるのだろうか。

同じ国や同じセクターの株式は非常によく似ていて、相関も比較的高い。第6章の**図29**でも指摘したように、相関の高いアセット間で分散してもパフォーマンスが向上することはほとんどない。私が前に行った計算によれば、セクター全体を保有するのに対して、1セクターにつき1銘柄保有することで、毎年の理論的なパフォーマンスは数ベーシスポイントしか減少しない（第6章の**表35**）。

ブローカー手数料と国ETFを買うコストを考えれば、各国で1セクターごとに1銘柄買えるだけの十分な資金があれば、各国で1セクターごとに1銘柄で十分である（**表37**と**表38**を参照。また本書巻末の参考資料も参照）。しかし、資金がもっとあればセクターアロケーションを2～3つ、あるいはそれ以上の株式に分割するほうがよい。1セクターにつき2つ以上の株式にアロケーションするのに必要なブローカーの最低手数料ごとの投資額は**表39**に示したとおりである。

標準的なブローカーの最低手数料を1ドルまたは6ポンドとすると、第6章の**表39**から、1セクターのなかで投資する銘柄を1つ増やすのに必要な投資額は2000ドルまたは1万ポンドである。したがって、11セクターのそれぞれで2銘柄買えば（つまり、トータルで22銘柄）、その国に対するトータルアロケーションは2×2000ドル×11＝4万4000ドルか、2×1万ポンド×11＝22万ポンドになる。

実際には、どのセクターにも4000ドルや2万ポンド投資するわけではない。なぜなら、**ポートフォリオ49**を見ても分かるように、セクターによって資産ウエートが違うからだ。したがって、例えばITセクターに5.6％×22万ポンド＝1万2320ポンド投資するとすれば、1銘柄当たりは6160ポンドになる。

株式を買うときは、各セクターにつき1銘柄ずつ、2銘柄ずつ、3銘柄ずつ……という具合に買わなければならない。したがって銘柄はトータルで11、22、33……になる（関連する株価指数のなかに全11セクターが含まれるとする）。いくつかのセクターでは買う銘柄数を増やし、そのほかのセクターでは増やさないといったことをしてはならない。これをやってしまうと、各セクターへのアロケーションにばらつきのあるバランスの悪いポートフォリオが構築されてしまうか、セクターアロケーションを正しく維持したとしても、ポジションが小さすぎて私の推奨する最小サイズを満たすことができなくなる。

機関投資家はさらなる分散が可能で、1セクターにつき最低でも5銘柄、あるいは10銘柄まで増やすことができる（大手機関投資家はGICSを使ってセクターアロケーションをさらに分類することもできる）。こうした投資家は小さく買っても最低固定コストが高くなるといった問題はない。しかし、均等ウエートが時価総額ウエートから大きく乖離するという問題はある。アメリカのエネルギー会社1社に投資して……それが次なるエンロンになったなんてことは顧客には言いたくはないはずだ（忘れてしまった人［あるいは若すぎて知らない人］のために言っておくと、エンロンはアメリカのエネルギー大手で、2001年、大きな会計不正と詐欺行為が発覚したあと株価は2000年半ばの90ドルからわずか1年後には1ドルにまで下落して結局倒産した）。

どの株を買い、どれだけのウエートを配分するか

理論的にはリスク調整済みリターンを予測することはできないので、任意の国の任意のセクターの株式リストにダーツをランダムに投げて決めるしかない。大口の個人投資家は2つ以上のダーツが必要になるだろうし、機関投資家は矢筒に入ったダーツが必要になるだろう。

実際にはダーツを投げて決めるわけではないが、どういった株式を

選んでもリターンに影響を及ぼさないと仮定すると、どんな方法で株式を選ぶのがよいのだろうか。どの株式を選んでもよいわけだから、投資家の困惑を最小限にすることに焦点を当てればよい。困惑とは均等ウエートが時価総額ウエートから大きく逸脱することを意味する。

　困惑を最小にするには、任意のセクターのなかで時価総額が最大の株を買えばよい。資金に余裕があれば、時価総額が最大の株を買ったあと、時価総額が2番目、3番目……に大きな株を買い足していく。いくつの銘柄を買うかにもよるが、最終的には時価総額加重のセクター指数に近いものになるはずだ。機関投資家の場合は、大型株に限定すればマーケットインパクトコストを最小化することができる。

　任意のセクターのなかから選んだ株式に均等なリスクウエートを配分する。リスクウエートを資産ウエートに換算するには、各株式のボラティリティを**付録C**の方法で計算する。あるいはボラティリティが同じだと仮定してリスクウエートを資産ウエートとしてそのまま使ってもよい。同じセクターの株式は非常に似ているため、リスクが同じだと仮定してもまったく問題はない。私もポートフォリオを構築するときはリスクは同じだと仮定する。

　ポートフォリオ52はアメリカの例を示したものだ。ここでは前に登場したセクターの資産ウエートを使って、各セクターから今現在時価総額が最大の株式を選んだ。

倫理的な投資

　社会的・環境的に責任感のある会社に投資したいと人々は考え始めている。

　倫理的投資の提唱者の考え方は、「良い」会社は市場全体をアウトパフォームするはず、というものだ。兵器会社やタバコ会社のような会社を故意に買う罪深いポートフォリオを提唱する人たちは倫理的投資

ポートフォリオ52 アメリカでの直接投資の例——1セクターにつき1銘柄、時価総額が最大の銘柄を選択

ポートフォリオ									
株式									
伝統的な株式									
先進国市場									
北アメリカ									
アメリカ									
一般消費財	生活必需品	エネルギー	金融	不動産	ヘルスケア	資本財	IT	素材	電気通信	公益事業
アマゾン	プロクター・ギャンブル	エクソン	バークシャー・ハサウェイ	シモン・プロパティ	ジョンソン・エンド・ジョンソン	ジェネラルエレクトリック	アップル	ダウケミカル	AT&T	ネクストエラ
9.1% (8.2%)	9.1% (13.5%)	9.1% (11.1%)	9.1% (7.5%)	9.1% (8.2%)	9.1% (8.6%)	9.1% (10%)	9.1% (5.6%)	9.1% (10%)	9.1% (8.2%)	9.1% (9%)

普通の文字はリスクウエート、太字は資産ウエート

に真っ向から反対する。どちらの主張にも明確な証拠はなく、将来的にもはっきりすることはないだろう。倫理スクリーンの適用はある程度主観的なもので、厳密な検定を行うのは難しい。スクリーンを使ってもパフォーマンスの統計学的に有意な違いを生むほど十分に多くの株式を排除できるとは限らない。

　リスク調整済みリターンが予測できないことを考えると、倫理スクリーンを使えば分散は低減する。倫理スクリーンをかけたポートフォリオは倫理スクリーンをかけないポートフォリオよりも幾何平均は若干低く、シャープレシオも低い（公平を期すために言えば、罪悪ポートフォリオについても同じ）。倫理的投資はリターンが若干低下するが、それでも倫理的投資を好んでやりたいのだと考えるのがよいだろう。値

段が多少高くても、オーガニック食品や放し飼いにした家畜から取れた食品を買う人はいるのだ。

倫理的ファンド

多くの人は倫理的な目的で設立された倫理ファンドを通して倫理的投資を行う。これらのファンドはアクティブ運用が多い。倫理的アクティブファンドについては第3部で詳しく説明する。

倫理的パッシブファンドもいくつか存在する。例えば、FTSE4グッド指数に連動するイギリス上場のリーガル＆ジェネラル・エシカル・グローバル・エクイティ・ファンドなどがそうだ。当然ながら、非倫理的ファンドに比べるとコストは高い。しかし、これらのファンドも時価総額加重ファンドなので、ファンドマネジャーがそれぞれの会社がどれくらい倫理的かという考え方を変えないかぎり、ファンドによる見えないトレードコストという形での隠れたコストの違いはないはずだ。

株式への直接投資

株式に直接投資する投資家にとって、倫理的投資の効果は倫理スクリーンがどれくらいアグレッシブかによって違ってくるが、結局は各セクターの株式を10％排除するスクリーンも、90％排除するスクリーンも大した違いはない。スクリーンを使わなくてもセクター内の株式をすべて買うわけではないからだ。

セクターの株式のほとんどか、すべてを排除するスクリーンは問題だ。例えば、倫理的なことを本当に気にする投資家は、エネルギー業界の上場会社は化石燃料に依存しているためすべて悪と考えるかもしれない。

表42　ポートフォリオからセクターを減らしたときの影響

	幾何平均	シャープレシオ
11セクター残す	2.59%	0.117
10セクター残す	2.58%	0.117
9セクター残す	2.57%	0.117
8セクター残す	2.56%	0.116
6セクター残す	2.53%	0.113
5セクター残す	2.50%	0.112
2セクター残す	2.27%	0.097
1セクター残す	1.88%	0.075

　表42はセクターをポートフォリオから排除したときの影響を示したものだ。セクターを減らすと分散は減少するためリターンは減少するが、11セクターのうち6セクター減らすまではパフォーマンスはほとんど変わらないが、それ以降はパフォーマンスが劇的に低下する。

　倫理的な投資家はこの結果には満足するはずだ。最もアグレッシブなスクリーンでもポートフォリオから2つか、3つ以上のセクターを減らす可能性は低い。

まとめ

　本章のまとめはいつもよりちょっと複雑だ。手ごろなセクターETF（こんなETFを見つけられれば）であるためには、管理手数料が時価総額の国ETFよりも0.04%以上高くてはならない。また手ごろな中型株ファンドは大型株ファンドよりも手数料が0.2%以上高くてはならない。小型株ファンドは大型株ファンドよりも手数料が0.35%以上高くてはならない。

第11章 各国における株式のアロケーション

	セクターETFが安くて入手可能		セクターETFが高いか入手不可能	
	中型株・小型株ETFが安くて入手可能	中型株・小型株ETFは高いか入手不可能	中型株・小型株ETFが安くて入手可能	中型株・小型株ETFは高いか入手不可能
（A）投資額が2000ドルまたは1万2000ポンド未満	時価総額加重の国ETF（均等加重の国ETFと置き換えることが可能。第6章を参照）			
（B）投資額が2000ドルまたは1万2000ポンド以上	時価総額加重の国ETF		ポートフォリオ50（大型・中型・小型株ETF）	時価総額加重の国ETF
（C）投資額が5500ドルまたは3万2000ポンド以上	時価総額加重の国ETF	ポートフォリオ49（セクターETF）	ポートフォリオ50（大型・中型・小型株ETF）	時価総額加重の国ETF
（D）投資額が8100ドルまたは5万ポンド以上	ポートフォリオ51（セクターETF＋中型・小型株ETF）	ポートフォリオ49（セクターETF）または資金が十分にある場合は次ページの表のE行	ポートフォリオ50（大型・中型・小型株ETF）または資金が十分にある場合は次ページの表のE行	時価総額加重の国ETFまたは資金が十分にある場合は次ページの表のE行

この表の数値はブローカーの最低手数料が1ドルまたは6ポンドを想定したものなので、手数料がこれ以上の場合は、表の数値にあなたが支払う手数料のブローカーの最低手数料に対する比率を掛ける

大型投資家は直接投資が可能。

	中型・小型株ETFが安くて入手可能	中型・小型株ETFが高いか入手不可能な場合
（E）投資額が6000ドルまたは4万5000ポンド以上	セクターETFが安くて入手可能な場合はポートフォリオ51（セクターETF＋中型・小型株ETF）	ポートフォリオ49のセクターウエート（直接投資で各セクターの最大銘柄を買う）
	セクターETFが高いか入手不可能な場合はポートフォリオ49のセクターウエート（直接投資で各セクターの最大銘柄を買う）	
（F）投資額が9040ドルまたは6万7770ポンド以上	ポートフォリオ51のセクターウエート（直接投資で各セクターの最大銘柄を買う＋中型・小型株ETF）	ポートフォリオ49のセクターウエート（直接投資で各セクターの最大銘柄を2つ買う）
（G）投資額が2万8000ドルまたは15万5000ポンド以上		
（H）投資額が4万2170ドルまたは23万3400ポンド以上	ポートフォリオ51のセクターウエート（直接投資で各セクターの最大銘柄を2つ買う＋中型・小型株ETF）	
（I）投資額が5万ドルまたは26万5000ポンド以上		ポートフォリオ49のセクターウエート（直接投資で各セクターの最大銘柄を3つ買う）
（J）投資額が7万5300ドルまたは39万9000ポンド以上	ポートフォリオ51のセクターウエート（直接投資で各セクターの最大銘柄を3つ買う＋中型・小型株ETF）	

注意事項

- 直接投資のブレイクイーブン（E行）はブローカーの最低手数料と時価総額加重ETFの保有コストによって異なる。**表37**と**表38**を参照。E行よりも下の行については以下を参照。
- F行──E行の最低投資額＋小型・中型株ファンドへの投資分がE行の最低投資額の50.6％。
- G行──E行の最低投資額＋各国への追加投資に対する最低必要投資額（推定2万2000ドルまたは11万ポンド）。**表37**と**表38**を参照。
- H行──G行の最低投資額＋追加投資分がG行の最低投資額の50.6％。
- I行──G行の最低投資額＋各国への追加投資に対する最低必要投

資額(推定2万2000ドルまたは11万ポンド)。**表37**と**表38**を参照。
● J行──I行の最低投資額＋追加投資分がI行の最低投資額の50.6％。

中型・小型株ファンドが入手可能なときは、中型・小型株ファンドのほうが各セクターで銘柄を増やすよりも好ましい。この表はさらに大きなポートフォリオに拡大可能。

第12章
債券

Bonds

ポートフォリオアセットアロケーション							純正なオルタナティブ
株式			株式のようなオルタナティブ	債券			債券のようなオルタナティブ	
伝統的な株式		株式のようなオルタナティブ	伝統的な債券		債券のようなオルタナティブ	
先進国市場の株式	新興国市場の株式		先進国市場の債券	新興国市場の債券		
地域				地域				
国				国				
セクター				タイプ				
個別株				満期と信用力				

　金融業界に入ってから債券のトレードに明け暮れたが、それが私を成長させた。そしてキャリアの最後の数年は債券デリバティブポートフォリオの運用に携わった。私は債券が大好きだ。でも、多くの人は債券が嫌いだ。株式市場に比べると動きが鈍く、退屈だからだ。債券アナリストが新聞で取り上げられることはほとんどない。テレビのイブニングニュースが債券指数の動きで話を締めくくることもない。アマゾンに登録されている株式市場関連の本は7000冊を超えるのに対して、債券についての本は700冊を下回る。

　債券市場が株式市場よりも大きいことを考えると、これは何とも不公平だ（2016年末現在、上場アセットのうち30％が株式で、60％が債券で、残りがいろいろなオルタナティブ）。長期的に見れば確かに債券のリターンは株式よりも悪いだろうが、ポートフォリオには幾分かの

379

債券を含めたほうがよい。**図18**（第4章）に示したように、ポートフォリオに少しばかりの債券を含めても期待幾何平均は大して変わらないが、シャープレシオは上昇するということを覚えておこう。債券を無視することは賢明とは言えない。まずは債券を理解することから始めよう。

本章の概要

- **債券の世界**　いろいろな債券の名前とその説明。
- **債券のイクスポージャーのとり方**　ポートフォリオに債券を組み込むいろいろな方法。
- **債券のウエートの決め方**　債券ファンドのウエートをトップダウンで決めるときの口座サイズごとの推奨フレームワーク。

債券の世界

　株式は比較的簡単なアセットだ。しかし、債券を買おうと思ったら、いろいろな種類のものがあるので迷ってしまうかもしれない。

　債券は本質的には売買可能なローンである。ローンということを考えた場合、債券の2つの最も重要な特徴は、①どれくらいの期間、資金を借りられるか（債券の満期）、②だれが資金を借りているのか（債券の発行者）――である。

　満期の長い債券は利回りが高い。なぜなら長期的に貸すことに対する見返りが必要になるからだ。満期の長い債券はリスクも高い。なぜなら金利変動の影響を受けやすいからだ。

　第2部ではこれまで債券以外のアセットについてはリスク調整済みリターンは同じだと仮定してきたが、債券でもリスク調整済みリターンは同じであると仮定する。つまり、満期の長い債券はリスクは高い

ポートフォリオ53　グローバル債券指数は満期がほどよく分散されている

ポートフォリオ						
債券（グローバル債券指数ETF） XBAG (UK)						
1〜3年	3〜5年	5〜7年	7〜10年	10〜15年	15〜25年	25年以上
5.1% (22%)	8.0% (18%)	7.7% (12%)	14.3% (14%)	9.8% (7%)	23.0% (12%)	32.6% (14%)

資産ウエート（太字）は2017年1月現在のバークレイズ・グローバル・アグリゲート債券指数に基づく。リスクウエートは私が推定した債券のボラティリティを使って資産ウエートから算出した

が、それを補うべくリターンも高いということである。

バークレイズ・グローバル・アグリゲート債券指数の満期は**ポートフォリオ53**に示したとおりである。資産ウエートはこの債券指数のウエートを複写したものだ。リスクウエートは私の推定ボラティリティを使って算出した。

債券ポートフォリオの満期の特徴をまとめるには通常、デュレーションというものを使う（デュレーションとは金利変動に対する感応度のことを言う。例えばデュレーションが10の債券があり、金利上昇率が1％だったとすると、この債券の価格は10％下落する［金利が高いと、債券価格は低くなる］。満期の長い債券はデュレーションは高い。例えば、10年物国債のデュレーションはおよそ8だ。**ポートフォリオ58**のデュレーションはおよそ6.9である。ファンドのデュレーションは債券のファンドマネジャーのウェブサイトで公表されている。債券マニアの人に言っておくが、ここでは簡単にするためにコンベクシティは無視する）。第4章では、あなたがシャープレシオの最大化を目指す投資家なら、ポートフォリオにはボラティリティの低いアセットはたくさん含めないほうがよいと述べた。なぜなら期待リターンが大幅に低下し、シャープレシオの向上は見込めないからだ。したがって、債

券アロケーションのデュレーションは低くしすぎないようにすることが重要だ。デュレーションが4より低いと問題になる。

　異なる債券を評価するとき、債券の借り手の信用に注意することも重要だ。最も安全な債券はその国の通貨で発行された国債だ。次に安全なのは町や自治体（地方債はアメリカでは特に満期まで保有すれば税制上の優遇措置が受けられる。投資に対する税金の影響については第4部で説明する）といった公共機関や政府の融資機関が発行する債券だ。

　そして、次に安全なのが民間企業が発行する社債だ。社債は信用によってランク付けされている。優良企業が発行した社債は投資最適債と呼ばれ、ランキングのトップだ。優良企業のなかの優良な企業が発行した社債は、国債よりもランキングは上だ（例えば、本書執筆の時点では、生活必需品の大手メーカーであるプロクター・アンド・ギャンブルの5年物クレジットデフォルトスワップ［企業の債務不履行に伴うリスクを対象にしたデリバティブ商品］の利回りは0.24％だ。これよりも利回りが低い、つまり安全な債券はいくつかの国債だけで、スイス、ドイツ、スウェーデンの国債だ。アメリカやイギリスの国債は含まれていない。ほとんどの国のクレジットスプレッドは薄商いで、先進国政府がデフォルトする可能性は極めて低いため無意味）。

　信用トーテムポールの一番下に位置するのが高利回り債と呼ばれる債券で、またの名をジャンクボンドと言う。世界の債券市場におけるおよそ90％は投資最適債の社債や国債で、残りが高利回りのジャンクボンドだ（ランク付けについては意見が合意に至っていないため厳密なランク付けはできない）。これらの数値は資産ウエートだ。リスクウエートでは高利回り債の比率は高くなる。バークレイズ・グローバル債券指数とそれに連動するETF（上場投資信託）はすべて投資適格だ。

　債券の発行者がどこの国籍かというのも重要だ。安定した先進国の政府は新興国よりもはるかに安全だ。また新興国の借り手はドルやユ

ポートフォリオ54　グローバル債券ファンドはアメリカに大きく偏っている

ポートフォリオ							
債券（グローバル債券指数ETF） XBAG (UK)							
アメリカ	日本	イギリス	フランス	ドイツ	そのほかの先進国	新興国市場	
37.7% (39%)	18.3% (19%)	6.8% (7%)	5.8% (6%)	4.8% (5%)	13.5% (14%)	12.9% (10%)	

資産ウエート（太字）は2016年7月現在のバークレイズ・グローバル・アグリゲート債券指数に基づく。リスクウエートは私が算出

ユーロなどの安定した外国通貨で債券を発行することが多く、海外の投資家からの需要は高い。これは理論的には良いことだが、それと同時に、危機のときには新興国は債務を果たすだけの外貨準備を持つことはできなくなることを意味する。

時価総額加重のグローバル債券指数のおよそ40％はアメリカで構成されている（**ポートフォリオ54**を参照）。これはグローバル株式指数ほど極端（半分以上がアメリカ）ではないが、それでも理想的とは言えない。

債券にはこのほかにもいつかの重要なカテゴリーがある。ほとんどの債券は名目金利債券（固定利付債）だ。物価変動（インフレ）に連動していないため、インフレ率がどうなろうとクーポンと最終的な償還額は変わらない。しかし、政府や企業によっては価格がインフレ指数に連動するインフレ連動債を発行するところもある。

また、一定の原資産によって担保されている債券もある。2007～2008年の世界的金融危機のときには不動産担保証券が注目を浴びたが、不動産価格の下落を受けて返済期限を迎えたローンをリファイナンス（借り換え）できず、裏付けとなるローン債務がデフォルトとなる例が後

をたたなかった。クレジットカードや車のローンなど資産の信用力やキャッシュフローを裏付け（担保）として発行される資産担保証券もある。昔は音楽界の伝説だったデヴィッド・ボウイのバックカタログによって担保された債券もあった。カバードボンドは資産担保証券の一種であり、転換社債はその会社の株式によって担保されている（一定の条件が満たされたときに株式に転換される）。

短期マネーマーケットやフローティングレート証券は債券に分類されることがある。しかし、実際にはこれらは債券というよりもキャッシュに近いもので、本章ではこれらについては言及しない。キャッシュへのアロケーションはリスク特性によってのみ決まることを覚えておこう。（これについては第4章を参照）。

債券へのイクスポージャーのとり方

債券の売買は比較的難しい。債券市場は株式市場に比べると細かく分かれているからだ。債券は商いが薄く、その多くは個人投資家や小規模機関投資家は買うことができない。また、最小注文サイズも大きい。債券を保有することは複雑でもある。構成要素が満期になるたびに満期目標を満たすためにポートフォリオは定期的なリバランスが必要になる。

こうした理由によって、専門家のポートフォリオマネジャーやトレーダーをたくさん雇い入れることができる大手機関投資家以外は債券市場への直接投資は勧めない。

中規模の機関投資家は債券へのイクスポージャーをとるのに、先物、金利スワップ、クレジットデリバティブ（これらの言葉を理解できない人はこのパラグラフはスキップしてもらいたい）などのデリバティブを使ったほうがよいだろう。債券のグローバルポートフォリオをトレードするにはわずかな人数しか必要としないが、こうしたデリバテ

ィブは規制上の理由から売買が難しく、また専門家による運用が必要だ。私がAHLで働いていたころ、債券デリバティブの何十億というポートフォリオを運用するチームを管理していた。注文を執行するそのチームは比較的小規模で、フルタイムのトレーダーは3人しかいなかった。

本章ではパッシブインデックス連動ETFを通しての投資に焦点を当てる。大部分の投資家はこうしたETFを通して投資するのがよいだろう。ETFは普通の市場で取引されているし、債券ETFの流動性は通常原資産よりもはるかに高い。またポートフォリオのリバランスはファンドマネジャーがやってくれる。

債券のウエートの決め方──理論上

こうした数々の難しい特徴を考えた場合、債券市場のトップダウンアロケーションはどこから始めればよいのだろうか。債券市場の相関を分析した結果、債券のアロケーションとしては次に述べる理論的に理想的な順序を提案したい。

1．新興国市場と先進国市場
2．地域
3．国
4．債券のタイプ（標準的な名目債、インフレ連動債、外債）
5．債券の満期
6．信用の格付け（国債、地方債、政府機関債、投資適格社債、高利回り債）
7．担保（担保なし、資産担保証券、カバードボンド、転換社債）

ここに述べたウエートの決め方は理論的なものにすぎない。実際に

は、債券のいろいろな特徴を含むファンドは存在しないため、このとおりのポートフォリオを作成するのは難しいだろう。例えば、中国の満期までが長いカバードの名目高利回り社債だけを含むファンドを買うことはできない。少なくとも私が最後にチェックしたときにはそんなファンドは存在しなかった。

また債券ETFはアメリカやイギリスでも買えたり買えなかったりといろいろだ。株式とは違ってイギリスには債券ETFがたくさんある。アメリカにも上場債券ETFは何百と存在するが、そのほとんどがアメリカの債券市場のものばかりだ。変化に富んだアメリカの債券市場に細かくアロケーションすることは可能だが、国際的な分散は難しいだろう。

そこでこのあとのセクションでは2つの異なるトップダウンのウエートの決め方を紹介したいと思う。1つはアメリカの投資家向け、もう1つはイギリスの投資家向けだ。株式やオルタナティブでやったのと同じように、いろいろなサイズのポートフォリオを紹介する。

アメリカの投資家のための債券のウエートの決め方

1つまたは2つのファンドを選択

トップダウンのアロケーションを始める前に、1つか2つのETFにしか投資できない非常に小口の投資家の場合を見てみよう。

非常に小口の投資家は債券サブポートフォリオを1つのファンドで構成するしかない。しかし、アメリカでは適当なパッシブファンドはない。代わりにお勧めしたいのがアクティブ運用のRIGSリバーフロント・ストラテジック・インカム・ファンドで、これは世界のすべての債券に投資している（本書執筆の時点ではこのファンドは社債にのみ投資していた）。純エクスペンスレシオは現在0.22％である。

ポートフォリオ55　アメリカの小口ETF投資家は非アメリカファンドを使えばより高い分散が可能

ポートフォリオ							
債券							
アメリカ 23% **(25%)** AGG	非アメリカ 77% **(75%)** IAGG						
	日本 12.9%	フランス 12.5%	イギリス 10.8%	ドイツ 10.3%	そのほか の先進国 41.6%	新興国市場 12%	
30%	9.0%	8.7%	7.5%	7.2%	29.1%	8.4%	

普通の文字はリスクウエート、太字は資産ウエート。最後の行は債券サブポートフォリオにおけるリスクウエートを示している。伝統的な債券への最低投資額は1250ドル

　株式と同様、2つのETFを買うことができる投資家は非アメリカファンドとアメリカファンドに投資するのがよい。これが集中リスクを防ぐ最も効率的な方法だ。アメリカのウエートを23％（このウエートは本章でこのあと使う）に限定したい場合、アメリカ上場のETFを使った方法を示したものが**ポートフォリオ55**である。

　このポートフォリオの現在の年間管理手数料は0.10％（ポートフォリオの平均コストは各構成要素のコストの加重平均。ただし、ウエートは資産ウエート）で、これはRIGSファンドよりも安い。

新興国市場と先進国市場

　債券のトップダウンアロケーションの第1ステップでは新興国市場（EM）と先進国市場（DM）とに分割する。最も分散されシャープレシオを最大にするためには、リスクウエートで50対50に分割するのがよい。

しかし株式同様、新興国の債券にはポートフォリオの半分は投資しない。これにはいくつか理由がある。第一に、時価総額ウエートから大きく逸脱してしまうおそれがあるからだ（新興国債券が時価総額アグリゲート・グローバル債券指数に占める割合は資産ウエートでわずか10％）。また、新興国債券ファンドはETFの管理手数料が高い。

新興国債券は平均的に見てボラティリティが高いだけではなく、危機のときにはリスクがさらに高くなる、しかも予想もしないような方法で。また、株式との相関が高い。つまり、ポートフォリオの分散を最大化するためには、新興国債券はできるだけ少なくしたほうがよいということになる。

新興国市場の適切なウエートはあなたの選好によって決まる。ただし、新興国債券のリスクウエートは40％を上回らないようにしたほうがよい。株式と同じように、債券の新興国市場のリスクウエートも25％にすることをお勧めする。先進国の債券のボラティリティが6％、新興国の債券のボラティリティが8％だと仮定すると、新興国市場の資産ウエートは20.5％になる（債券のボラティリティに関する仮定については詳しくは**付録B**を参照）。

ポートフォリオ56は新興国市場のイクスポージャーを25％に限定したい投資家向けのポートフォリオを示したものだ。非アメリカファンドにはすでに若干の新興国市場が含まれていることに注意しよう。したがって、新興国市場のETFであるEMAGへのウエートは予想したものよりも少なくなる。

先進国と新興国の地域

株式の章では3つの地域区分を使った――アメリカ、EMEA（欧州、中近東、アフリカ）、アジア太平洋。債券でもこれら3つの地域に均等ウエートを配分することをお勧めしたいが、債券の発行は少数の国に

ポートフォリオ56　先進国と新興国を含むポートフォリオ（アメリカのETFを使用）

ポートフォリオ							
債券							
先進国市場 75%						新興国市場 25%	
アメリカETF 23% **(24.5%)** AGG	非アメリカETF 59% **(61.2%)** IAGG					新興国ETF 18% **(14.4%)** EMAG	
	日本 12.9%	フランス 12.5%	イギリス 10.8%	ドイツ 10.3%	そのほかの先進国 41.6%	新興国市場 12%	メキシコ 10%	その他 90%
23%	7.7%	7.7%	7.1%	6.5%	39.8%	5.9%	1.8%	16.2%
先進国 75%						新興国 25%	

普通の文字はリスクウエート、太字は資産ウエート。下から2行目は債券サブポートフォリオにおけるウエートを示している。一番最後の行は先進国と新興国のリスクウエートを示している。債券への最低投資額は2100ドル

集中している（バークレイズ・グローバル・アグリゲート債券指数に含まれる国は24カ国で、そのうちの14カ国は先進国。これに対してMSCIオール・ワールド指数に含まれる国は47カ国で、そのうちの23カ国が先進国。バークレイズの14の先進国のうち、2つがアメリカ、5つがアジア、7つが欧州）ため、これはあまり意味がない。

国家間で均等ウエートにすると、アメリカが14％、アジアが36％、欧州が50％になる。時価総額ウエートではアメリカが41％、アジアが23％、欧州が36％だ。しかし、アメリカと欧州の債券市場はさらに分割され、少なくともイギリスの投資家にとってはイギリスの債券市場も分割される。

したがって、アメリカの投資家の場合は、35％をアメリカ、25％をアジア、40％を欧州に配分することをお勧めする。しかし残念ながら、関連するファンドが入手不可能なためこれらの数値は理論値にすぎな

ポートフォリオ57　ポートフォリオ56に地域イクスポージャーを加えたもの

ポートフォリオ									
債券									
先進国市場 75%									新興国市場 25%
アメリカETF 23% AGG (US)	非アメリカETF 59% IAGG (US)								新興国ETF 18% EMAG (US)
	アメリカ	アジア			欧州			新興国市場 12%	
	カナダ 6.5%	日本 12.9%	オーストラリア 3.4%	その他 2.8%	フランス 12.5%	イギリス 10.8%	ドイツ 10.3%	その他 28.8%	
23%	3.8%	7.6%	2%	1.7%	7.4%	6.4%	6.1%	17%	5.9%	18.0%
アメリカ 35.7%		アジア 15.1%			欧州 49.2%			新興国市場	

数値はリスクウエートを示している。最後から2行目は債券サブポートフォリオにおけるリスクウエートを示している。最後の行は先進国市場における各地域のウエートを示している

い。

アジアや欧州にはアメリカ上場ETFはない。**ポートフォリオ57**は**ポートフォリオ56**と同じものだが、**ポートフォリオ57**では先進国市場内で効果的な地域イクスポージャーを追加した。

私のお勧めのウエートよりも、欧州へのウエートが高く、アジアへのウエートが低いことに注意しよう。アメリカには地域の債券ETFはないが、日本とオーストラリアにはそういったETFが存在するため、先進国のETFへのアロケーションがすべてなくなるわけではない（日本のファンドであるJGBLは実際にはETFではなくETN［上場投資証券］である。日本では適当なETFを見つけることはできなかった。ETNは原資産による担保がないためカウンターパーティリスクがあり、ETFよりもリスクが高い）。**ポートフォリオ58**ではアジアのアロケーションを増やすために日本とオーストラリアのETFを加えた。

少し説明しておいたほうがよいだろう。これまでは新興国市場への

ポートフォリオ58　特定の地域イクスポージャーを目標とするアメリカのETF投資家のための先進国と新興国を含む債券ポートフォリオ

ポートフォリオ									
債券									
先進国および新興国									
アメリカ 23% (24.1%) AGG	非アメリカ 48% (50.4%) IAGG						日本 5% (5.2%) JGBL	オーストラリア 5% (5.2%) AUNZ	新興国市場 19% (14.9%) EMAG
	アメリカ	欧州			アジア		新興国市場 12%		
	カナダ 6.5%	フランス 12.5%	イギリス 10.8%	その他 39.1%	日本 12.9%	オーストラリア 3.4%	その他 2.8%		
23%	3.1%	6%	5.2%	18.8%	6.2%	1.6%	1.3%	5.8%	5%	5%	19%
アメリカ 34.7%		欧州 39.8%			アジア 25.4%（日本 11.2%、オーストラリア 6.6%）				
先進国 75%								新興国 25%	

普通の文字はリスクウエート、太字は資産ウエート。最後の行は先進国と新興国のリスクウエートを示している。最後から2行目は先進国市場における各地域のリスクウエートを示している。最後から3行目は債券サブポートフォリオにおけるリスクウエートを示している。債券への最少投資額は6000ドル

イクスポージャーは非アメリカファンドの一部とEMAGだった。ここに示した地域イクスポージャーは先進国市場だけである。アメリカのウエートはAGGと、非アメリカファンドのカナダ分である。欧州のウエートは非アメリカファンドの欧州の国のウエートであり、アジアのイクスポージャーは非アメリカファンドの残りと、JGBL（日本）およびAUNZ（オーストラリア）である。

新興国市場の地域

　新興国市場内ではアジア、EMEA、ラテンアメリカの各地域に3分の1ずつの均等ウエートを配分する。時価総額ウエートだとアジアのウエートが高くなるが、EMEA地域ではさらに分散の余地がある。しかし、これは理論的な数値にすぎない。新興国の各地域には包括的な

ETFは存在しないからだ。

債券のタイプと信用格付け（新興国市場と先進国市場）

　新興国市場と先進国市場で債券を分類するほかの方法は、債券のタイプと信用格付けによる分類だ（満期による分類は行っていないことに注意。これにはいくつかの理由がある。第一に、満期以外の条件が同じ債券は相関性が高い傾向があるため、満期による分類はあまり意味をなさない。第二に、満期にだけ焦点を当てたETFを見つけるのは難しい。最後に、**ポートフォリオ53**を見ても分かるように、ほとんどのETFは満期に関してはすでによく分散されている。第4章で指摘したように、満期の短い債券を多く含むファンドは避けたほうがよい。しかし、本章ではこのあとアメリカのETF市場を満期によって分類する）。債券のタイプは主として名目債（自国通貨で発行され、インフレに連動していない）、インフレ連動債、ユーロやドルのような安全な外国通貨で発行された外債に大別される（安全な通貨で発行されているとはいえ、債券を発行する政府は償還するための紙幣を刷ることはできないので外債は実際にはリスクが高い）。リスクウエートではこれらの3種類の債券はそれぞれ全市場の65％、2％、33％を占める（この数値はグローバル時価総額加重指数の資産ウエートに基づく）。

　先進国市場では名目債に90％、インフレ連動債に10％配分することをお勧めする。先進国市場には十分な数の外債はないので外債は含めない。インフレ連動債は今のところリターンはマイナスになるため、保険のような純正なオルタナティブに近い（これについては第9章で述べた）。正のリターンを生みだす可能性は低いが、ハイパーインフレのようなイベントに対する保険にはなる。したがって、インフレ連動債のウエートは低くするのがよい。新興国市場では名目債に50％、外債に40％、インフレ連動債に10％配分することをお勧めする。

ポートフォリオ59　タイプおよび信用格付けによる債券サブポートフォリオの仮想的なアロケーション

ポートフォリオ									
債券									
先進国市場 75%				新興国市場 25%					
名目債 90%			インフレ連動債 10%	名目債 50%			外債 40%			インフレ連動債 10%
国債 40%	社債 30%	高利回り債 30%	国債 100%	国債 40%	社債 30%	高利回り債 30%	国債 40%	社債 30%	高利回り債 30%	国債 100%
27% (**32.1%**)	20.3% (**22.1%**)	20.3% (**16.6%**)	7.5% (**8.9%**)	5% (**4.5%**)	3.8% (**3.1%**)	3.8% (**2.5%**)	4% (**3.6%**)	3% (**2.5%**)	3% (**2.0%**)	2.5% (**2.2%**)

普通の文字はリスクウエート、太字は資産ウエート。最後の行は債券サブポートフォリオにおけるウエートを示している。社債は投資適格社債、高利回り債は準投資適格社債を意味する

　信用格付けには3つのカテゴリーがある。投資適格国債（これには地方債や不動産担保証券のような政府機関債が含まれる）、投資適格社債、高利回り債の3つだ。これらはそれぞれ全時価総額の50％、40％、10％を占める。国債に40％、社債に30％、高利回り債に30％配分することをお勧めする。これは均等ウエートと時価総額ウエートとの間の妥協案のようなもので、国債に過剰に含まれる低リスク債券を避けたほうがよいという私たちの好みを反映している。

　これらの数値はすべてリスクウエートで、資産ウエートは社債、とくに高利回り債の高リスクを反映したものになっている。**ポートフォリオ59**はこうしたサブカテゴリーに含まれるETFをすべて買うことができたとしたときのウエートを示したものだ。残念ながら、こうしたファンドが存在しないことがあるため、実際にはこのとおりのポートフォリオを構築することは不可能だ。

　社債や高利回り債にはインフレ連動債はないため、会社がインフレ連動債を発行することはあまりない。

ポートフォリオ60　アメリカのETF投資家のためのタイプおよび信用格付け別の先進国と新興国を含む債券アロケーション

ポートフォリオ									
債券									
アメリカ AGG 22%	オーストラリア AUNZ 5%	日本 JGBL 5%	先進国非アメリカ 43%			新興国市場 25%			
			名目債 90%		インフレ連動債 10% GTIP	名目債 55%			外債 45% EMB
			国債 40% IGOV	社債 30% VCLT	高利回り債 30% IHY	国債 100%	国債 40% VWOB	社債 30% EMLC	高利回り債 30% EMHY	国債 84%	高利回り債 16%

22% (24.7%)	5% (5.6%)	5% (5.6%)	15.5% (17.4%)	11.6% (12.0%)	11.6% (9.8%)	4.3% (4.8%)	5.5% (4.6%)	4.1% (3.1%)	4.1% (2.8%)	9.5%	1.8%
										(9.5%)	
アメリカ 34.7%			欧州 39.8%			アジア 25.4%	新興国市場				

下から2行目は債券サブポートフォリオにおけるリスクウエートを示している（太字は資産ウエート）。EMBの資産ウエートは2つのリスクウエートの下に書かれていることに注意しよう。最後の行は先進国市場における各地域のリスクウエートを示している。債券への最低投資額は1万1500ドル

　資金の豊富なアメリカのETF投資家は**ポートフォリオ60**が可能だ。これは**ポートフォリオ58**を改良したものだ。日本とオーストラリアのファンドが含まれているのは、アジアの先進国地域のウエートを上げるためだ。**ポートフォリオ58**とは違って、非アメリカファンドのなかに新興国市場は含まれていない。

　非アメリカファンドの非アメリカイクスポージャー（IAGG）はさまざまなタイプと信用格付けを持つ非アメリカ先進国債券ファンドと置き換えた。また、新興国市場もタイプと信用格付け別に分類した。新興国市場ではインフレ連動債や外貨建て社債がなくなっていることに注意しよう。

地域内の国

　前に提示した理論的な順序では、債券サブポートフォリオを地域別に分けたあとの次のステップは国ごとのアロケーションだ。アメリカの投資家向けにはアメリカ、日本、オーストラリアへの直接投資によって国ごとのアロケーションはすでに一部行った。残念ながら、これ以上の地理的地域に分類するための十分なアメリカ上場の国ETFはない。

債券のタイプと信用格付け（地域内および国内）

　次のステップでは、債券を各国や各地域においてタイプや信用格付け別に分類する。いつものようにこれはすべての国で行うことはできない。アメリカの投資家は債券イクスポージャーをいろいろなタイプや信用格付け別に分けることができるが、ほかの国では不可能だ。
　ポートフォリオ61はアメリカにおける債券イクスポージャーのアロケーションを示したものだ。スペースの関係上、ほかの国のポートフォリオについては割愛したが、**ポートフォリオ60**と同じである。

イギリスの投資家のための債券のウエートの決め方

１つのファンド

　非常に小口の投資家は債券サブポートフォリオとして１つのファンドしか選ぶことはできない。第８章で述べたように、最も安いイギリスETFはXBAGだ。ただし、XBAGには高利回り債は含まれていない。このファンドの管理手数料は0.30％だ。
　ポートフォリオ54を見ると、このグローバルファンドはアメリカと

ポートフォリオ61　アメリカのETF投資家のための債券のアロケーション

ポートフォリオ												
債券												
アメリカ 22%												非アメリカ（ポートフォリオ60を参照）78%
名目債 90%										インフレ連動債 10% SCHP		
特定の満期なし 50%						中期の満期 25%		長期の満期 25%		すべての満期 60% SCHP*	満期が15年以上 40% LTPZ	
国債 40%		投資適格社債 30%		高利回り社債 30%		国債 50% SCHR	投資適格社債 50% VCIT	国債 50% TLO	投資適格社債 50% LWC			
高利回り地方債 50% HYD	不動産担保証券 50% VMBS**	不動産担保証券 40% CMBS**	転換社債 30% ICVT	カバードボンド 30% COBO	クロスオーバー社債 50% QLTB	ジャンクボンド 50% QLTC						
2%	2%	1.2%	0.9%	0.9%	1.5%	1.5%	2.5%	2.5%	2.5%	2.5%	1.3%	0.9%	78%
2.3%	**2.6%**	**1.5%**	**1.1%**	**1.1%**	**1.6%**	**1.4%**	**3.3%**	**3.0%**	**2.2%**	**1.6%**	**1.7%**	**1.2%**	**75.3%**

普通の文字はリスクウエート、太字は資産ウエート。最後の行は債券サブポートフォリオにおけるリスクウエートを示している（太字は資産ウエート）。債券への最低投資額は3万ドル（非アメリカも含む）。クロスオーバー社債は利回りが投資適格債と高利回り債の中間の債券で、ジャンクボンドは利回りが非常に高い社債

* SCHPのおよそ12％は満期が15年以上のインフレ連動債
** VMBSの6％は非政府機関証券、CMBSの38％は政府機関証券

日本に偏っているのは明らかだ。しかし、満期は比較的分散されている（**ポートフォリオ53**）。イギリスのETF投資家は今のところ債券イクスポージャーを地理的地域に分けることはできない。

先進国市場の地域

　イギリスの投資家向けにはイギリスだけのために地理的地域を作成する。理想的なリスクウエートはアメリカが33％、アジアが21％、イギリスが25％、イギリス以外の欧州が21％だ。しかし残念ながらイギ

ポートフォリオ62　イギリスのETF投資家向けのタイプおよび信用格付け別の先進国と新興国の債券アロケーション

ポートフォリオ			
債券			
先進国市場 75%			新興国市場 25%
名目債 100%			名目債 00%
国債 40% SAAA	社債 30% CRPS*	高利回り債 30% IGHY	国債 100% SEML
30.0% **(34%)**	22.5% **(26%)**	22.5% **(19%)**	25% **(21%)**

普通の文字はリスクウエート、太字は資産ウエート。最後の行は債券サブポートフォリオにおけるウエートを示している。列の幅は実際のウエートとは無関係。債券への最少投資額は1万ポンド

* CRPSは新興国市場のイクスポージャーを適度に含む

リスの投資家に向く債券ETFはないため、この理想的な地域ウエートを再現するのは不可能だ。イギリスの投資家の場合、トップダウンアロケーションで債券をタイプ別および信用格付け別にグループ分けするのがよいだろう。

債券のタイプと信用格付け

　債券イクスポージャーを複数のファンドに分割したいイギリスの投資家の出発点となるのが**ポートフォリオ62**だ。タイプ別および信用格付け別アロケーションは本章で以前紹介したアメリカの投資家向けのウエートと同じだ。

　比較的小口の投資家がインフレ連動債にアロケーションするのは不可能で、新興国市場の外債や社債へのアロケーションもできない。このポートフォリオはアメリカとほかの大国に対するイクスポージャー

ポートフォリオ63　イギリスのETF投資家向けのタイプおよび信用格付け別の先進国と新興国の債券アロケーション──先進国のインフレ連動債と新興国債券を含む

ポートフォリオ							
債券							
先進国市場 75%				新興国市場 25%			
名目債 90%			インフレ 連動債 10%	名目債 55%		外債 45%	
国債 40% SAAA	社債 30% CRPS *	高利回り債 30% IGHY	国債 100% SGIL	国債 100% SEML	国債 40% LEMB	社債 60% EMCP	
27.0% **(31.2%)**	20.3% **(21.6%)**	20.3% **(17.5%)**	7.5% **(8.7%)**	13.8% **(11.9%)**	4.5% **(3.9%)**	6.8% **(5.2%)**	

普通の文字はリスクウエート、太字は資産ウエート。最後の行は債券サブポートフォリオにおけるウエートを示している。債券への最低投資額は4万6000ポンド
* CRPSは新興国市場のイクスポージャーを適度に含む

　が大きい。しかし、債券の適当な地域ETFがないので、このポートフォリオサイズではこれがベストな選択肢だ。

　もっと資金があれば先進国のインフレ連動債と新興国債券を含むことができる（**ポートフォリオ63**）。

　十分な資金があるイギリスの投資家の場合、**ポートフォリオ64**が可能だ。このポートフォリオは最低投資額が8万6000ポンドと多いが、これは新興国のインフレ連動債に十分なアロケーションを配分するためだ。このポートフォリオもアメリカに若干偏っており、先進国市場の各ETFのかなりの部分をアメリカが占めている。この問題については追って言及する。

ポートフォリオ64　イギリスのETF投資家向けのタイプおよび信用格付け別の先進国と新興国の債券のアロケーション──新興国市場のインフレ連動債を含む

ポートフォリオ							
債券							
先進国市場 75%				新興国市場 25%			
名目債 90%			インフレ連動債 10%	名目債 50%		外債 40%		インフレ連動債 10%
国債 40% SAAA	社債 30% CRPS *	高利回り債 30% IGHY	国債 100% SGIL	国債 100% SEML	国債 40% LEMB	社債 60% EMCP	国債 100% EMIN
27.0% (31.1%)	20.3% (21.5%)	20.3% (17.5%)	7.5% (8.7%)	12.5% (10.8%)	4.0% (3.4%)	6.0% (4.6%)	2.5% (2.1%)

普通の文字はリスクウエート、太字は資産ウエート。最後の行は債券サブポートフォリオにおけるウエートを示している。債券への最低投資額は8万6000ポンド
* CRPSは新興国市場のイクスポージャーを適度に含む

タイプ、信用格付け、地域別アロケーション

ポートフォリオ65はイギリスの債券投資家のためのアロケーションを可能な限り地域別に分割したものだ。スペースの関係上、新興国市場のアロケーションは割愛した(これは**ポートフォリオ64**と同じ)。

債券に投資する資金が90万ポンドあれば、先進国の欧州の国債イクスポージャーをさらに細かく分けることができる。この場合、1つのETF(VETY)を使うよりも、**ポートフォリオ66**に示したファンドを使ったほうがよい。

ポートフォリオ65　イギリスのETF投資家向けの先進国と新興国の債券アロケーション――イギリス、欧州、アメリカの債券をさらに分割

ポートフォリオ											
債券											
先進国市場 75%												新興国市場 25%（参照ポートフォリオ64を）
アメリカ 33%			欧州 30%				イギリス 27%			アジア 10%	
アメリカ 100%			名目債 90%			インフレ連動債 10% MTIX	名目債 90%		インフレ連動債 10% GILI	オーストラリア 100% XCS2	
名目債 90%		インフレ連動債 10% UTIP	国債 40% VETY	社債 30% IBCX	高利回り債 30% SHYG		国債 50% GILS	社債 50% COUK			
国債 40% USTY	社債 30% UC84	高利回り債 30% SHYU									
8.9% (11%)	6.7% (7.6%)	6.7% (6.2%)	2.5% (2.7%)	8.1% (8.9%)	6.1% (6.2%)	6.1% (5.0%)	2.3% (2.5%)	9.1% (10%)	9.1% (9.2%)	2.0% (2.2%)	7.5% (8.2%)	25% (20.5%)

普通の文字はリスクウエート、太字は資産ウエート。最後の行は債券サブポートフォリオにおけるウエートを示している。列の幅は実際のウエートとは無関係。債券への最低投資額は8万6000ポンド

ポートフォリオ66　欧州の先進国の国債ポートフォリオ――ポートフォリオ65の欧州先進国の名目債の国債の部分をさらに細かく分割（イギリスのETFを使用）

債券						
先進国 75%						
欧州 30%						
名目債 90%						
国債 40%						
北ヨーロッパ 50%				南欧 50%		
ドイツ語圏 50%		ベネルクス 20%	北欧 30%	フランス 39% SFRB	イタリア 22% SITB	イベリア半島 39%
ドイツ 90% SDEU	オーストリア 10% SAUT	オランダ 100% SNLD	フィンランド 100% SFIN			スペイン 100% SESP
1.8% (2.0%)	0.2% (0.2%)	0.8% (0.9%)	1.2% (1.3%)	1.6% (1.7%)	0.9% (1.0%)	1.6% (1.7%)

普通の文字はリスクウエート、太字は資産ウエート。下から2行目は債券サブポートフォリオにおけるリスクウエートを示している。アロケーションをさらに細分化するためにVETYをほかのETFで置き換えた。債券への最低投資額は90万ポンド

まとめ

債券に直接投資する機関投資家

75％を先進国に、25％を新興国に投資。資産ウエートはそれぞれ79.5％と20.5％。

このほかの場合のアロケーションは、債券サブポートフォリオを地域別、国別、タイプ別、信用格付け別に、またどういった順序で分けるかによって異なる。

先進国市場を地域別に分けた場合、①アメリカの投資家は、アメリカに35％、アジアに25％、欧州に40％配分する、②イギリスの投資家は、アメリカに33％、アジアに21％、イギリスに25％、イギリス以外の欧州に21％配分する。

これらはリスクウエートだが、資産ウエートとして使うこともできる。

新興国市場を地域別に分けた場合、アジア、ラテンアメリカ、EMEAにそれぞれ3分の1ずつを配分。

国に直接投資する場合は、株式の章で述べた地域ウエートを使う――先進国市場の場合、**ポートフォリオ41**と**ポートフォリオ43**、および北アメリカのアロケーションはアメリカに80％、カナダに20％。新興国市場の場合は、**ポートフォリオ44**、**ポートフォリオ45**、**ポートフォリオ46**を参照。

債券のタイプ別および信用格付け別のアロケーションは、**ポートフォリオ59**を参照。

債券のイクスポージャーをとるには、本章で使ったETF、債券先物、スワップ、クレジットデリバティブなどのデリバティブ、または各カテゴリーの個別債券バスケットに投資する。

アメリカの投資家（ETFを使用）

- **資金が３万ドル以上**（いつものようにブローカーの最低手数料として１ドルを想定。これよりも高い手数料を支払う場合はこれらの投資額にあなたが支払う手数料のブローカーの最低手数料に対する比率を掛ける。例えば、ブローカーの最低手数料として５ドル支払うとすると、投資額が２万8000ドルの場合は、２万8000ドル×（５ドル÷１ドル）＝14万ドルになる）　ポートフォリオ60（アメリカのイクスポージャーはポートフォリオ61）
- **１万1500ドルから３万ドル**　ポートフォリオ60
- **6000ドルから１万1500ドル**　ポートフォリオ58
- **2100ドルから6000ドル**　ポートフォリオ56
- **1250ドルから2100ドル**　ポートフォリオ55
- **300ドルから1250ドル**　１つのファンド。今現在（比較的安い）ベストなアクティブ運用ファンドはRIGSリバーフロント・ストラテジック・インカム・ファンド。

イギリスの投資家（ETFを使用）

- **投資額が90万ポンド以上**（ブローカーの最低手数料として６ポンドを想定。これ以上の手数料を支払う場合、投資額にあなたが支払う手数料のブローカーの最低手数料に対する比率を掛ける。例えば、12ポンドの手数料を支払う場合、投資額が90万ポンドの場合は、90万ポンド×（12ポンド÷６ポンド）＝180万ポンドになる）　ポートフォリオ65（先進国の欧州の国債イクスポージャーはポートフォリオ66）。
- **８万6000ポンドから90万ポンド**　ポートフォリオ64（先進国イクスポージャーはポートフォリオ65）

第12章 債券

- ●4万6000ポンドから8万6000ポンド　ポートフォリオ63
- ●1万ポンドから4万6000ポンド　ポートフォリオ62
- ●1800ポンドから1万ポンド　できるだけ安くて分散されたグローバル債券ETFに投資。今のところベストなETFはXBAG。

第13章
すべてをまとめてみよう

Putting It All Together

ポートフォリオアセットアロケーション							
株式				債券		純正なオルタナティブ
伝統的な株式		株式のようなオルタナティブ	伝統的な債券		債券のようなオルタナティブ	
先進国市場の株式	新興国市場の株式		先進国市場の債券	新興国市場の債券		
地域			地域			
国			国			
セクター			タイプ			
個別株			満期と信用力			

　これまでの章を見てきてお分かりのように、ポートフォリオのウエートを決めるのは複雑で多くの労力を要する。トップダウンアプローチの良さは、株式と債券をどれくらい保有すべきか、いろいろな国の間でどのようなアロケーションにすべきかといった具合に、問題を小さな問題に分解することができる点だ。しかし、この前のいくつかの章を読んできて、あまりにも細かくて全体像が見えてこないと思ったのではないだろうか。最終的なスマートポートフォリオは、一体どのようなものになるのだろうか。

　そこで本章では完全ポートフォリオの構築例を見ていく。トップダウンアプローチに従えば、これが簡単に行えることを分かってもらえれば幸いだ。本章を読めば全プロセスを理解でき、あなたに最も合ったポートフォリオを構築することができるはずだ。しかし、すでにポ

405

ートフォリオを持っていて、本章のポートフォリオ例に似たポートフォリオを作成するのには大きな変更が必要な場合、そのベストな方法については第4部で説明する。

本章の概要

- **例1──サラ**　アメリカの機関投資家（リスク許容量は勇敢レベル）
- **例2──デビッド**　イギリスの投資家。資金は50万ポンド（リスク許容量は平均レベル）
- **例3──ポール**　アメリカの投資家。資金は4万ドル（リスク許容量は超安全志向レベル）
- **例4──パトリシア**　イギリスの投資家。資金は5万ポンド（リスク許容量は勇敢レベル）

名前は仮名で、実在の人物とは無関係である。

これは第2部のまとめの章である。本章を読めば、あなたの条件に合ったポートフォリオを構築できるようになるはずだ。

例1──サラ（アメリカの機関投資家）

最初の例はアメリカの大学の寄付基金で、運用資産は10億ドル。投資委員会の監督下にあるが、フルタイムのファンド運用責任者であるサラを雇っている。彼女は最近ヘッジファンドから採用された。

投資委員会は株式ポートフォリオについては個別株ポジションを保有するつもりだが、債券についてはETF（上場投資信託）を使うつもりだ。彼らはサラがベストなヘッジファンドを見つけることができると思っているオルタナティブアセット以外はアクティブ運用には及び腰だ。

ポートフォリオ67　アセットクラスアロケーション（例１）

ポートフォリオ **10億ドル**					
株式 80% **(73.6%)**			債券 10% **(17.2%)**		純正なオルタナティブ 10% **(9.1%)**
伝統的な株式 90%	株式のようなオルタナティブ 10%	伝統的な債券 90%		債券のようなオルタナティブ 10%	
72% **(66.2%)** **6億6200万ドル**	8% **(7.4%)** **7400万ドル**	9.0% **(15.6%)** **1億5600万ドル**		1.0% **(1.7%)** **1700万ドル**	10% **(9.1%)** **9100万ドル**

普通の文字はリスクウエート、太字は資産ウエート。投資額も太字で示している

リスク許容量を決める

　ポートフォリオアロケーションを決めるときにまずやらなければならないことはリスク許容量を決めることである（本書巻末の「参考資料」を参照）。委員会は理論的に無限の運用資金で寄付基金を運用しているため、勇敢な投資家の部類に入る。勇敢な投資家は幾何平均が最大のポートフォリオに投資し、債券のアロケーションは10％（リスクウエート）に限定する。

アセットアロケーション

　サラはアセットアロケーションに**ポートフォリオ20**（第８章）を使うことにする。彼女は良いヘッジファンドを選ぶ自信があるので、オルタナティブへのアロケーションを私の推奨である10％から20％に増やすことにする。それが**ポートフォリオ67**である。

ポートフォリオ68　純正なオルタナティブ（例1）

ポートフォリオ 10億ドル									
純正なオルタナティブ 9100万ドル									
独立型 50%		保険のようなオルタナティブ 50%							
マネージドフューチャーズ 50%	グローバルマクロ 50%	ショートバイアス 20%	テールリスク対応型 20%	ロングボラティリティ 20%	安全な逃避通貨 20%		貴金属 20%			
					スイスフラン 50%	日本円 50%	金 25%	銀 25%	プラチナ 25%	パラジウム 25%
4つのヘッジファンド	4つのヘッジファンド	ヘッジファンド	2つのヘッジファンド	ヘッジファンド	銀行口座	銀行口座	ETF: IAU	ETF: SLV	ETF: PPLT	ETF: PALL
25% (28.8%) 2900万ドル	25% (23.2%) 2300万ドル	10% (8.9%) 880万ドル	10% (13.6%) 1300万ドル	10% (2.7%) 270万ドル	5% (4.6%) 460万ドル	5% (4.6%) 460万ドル	2.5% (3.4%) 340万ドル	2.5% (3.4%) 340万ドル	2.5% (3.4%) 340万ドル	2.5% (3.4%) 340万ドル

最後の行は純正なオルタナティブサブポートフォリオにおけるウエートを示している。普通の文字はリスクウエート、太字は資産ウエート

オルタナティブ

純正なオルタナティブ

　サラはヘッジファンドのことをよく知っている。彼女は私が第3部で行うような分析を行って、ヘッジファンドのアクティブ運用スキルやさらに複雑なテクニックも評価するつもりだが、彼女は貴金属のイクスポージャーはETFでとりたいと思っていて、さらに銀行口座に日本円やスイスフランのような安全な逃避通貨を保有するつもりだ。**ポートフォリオ68はポートフォリオ21**の再掲で、ETFは**ポートフォリオ24**から選んだ。

　複数のヘッジファンドに投資するものもあることに注意しよう。最低投資額の条件を満たせば、いろいろなマネジャーに分散投資したほうがよい。

ポートフォリオ69　株式のようなオルタナティブ（例1）

ポートフォリオ 10億ドル									
株式　7億3600万ドル									
株式のようなオルタナティブ　7400万ドル									
プライベートエクイティとベンチャーキャピタル 25%		不動産 25%	コモディティ（貴金属は除く）25%			ヘッジファンド 25%			
プライベートエクイティ 50%	ベンチャーキャピタル 50%	商業用不動産 50%	民間住宅 50%	農作物 33%	エネルギー 33%	卑金属 33%	株式ニュートラル 25%	FXキャリー 25%	債券レラティブバリュー 25%	ショートボラティリティ 25%
プライベートエクイティファンド	VCファンド	民間不動産パートナーシップ	学生寮	ETF: GSG	ETF: USO	ETF: JJM	ヘッジファンド	ヘッジファンド	ヘッジファンド	ヘッジファンド
12.5% (7.6%) **570万ドル**	12.5% (7.6%) **570万ドル**	12.5% (14.6%) **1100万ドル**	12.5% (12.1%) **900万ドル**	8.3% (8.1%) **600万ドル**	8.3% (5%) **400万ドル**	8.3% (10%) **700万ドル**	6.25% (8.7%) **600万ドル**	6.25% (8.7%) **600万ドル**	6.25% (8.7%) **600万ドル**	6.25% (8.7%) **600万ドル**

最後の行は株式のようなオルタナティブサブポートフォリオにおけるウエートを示している。普通の文字はリスクウエート、太字は資産ウエート

株式のようなオルタナティブ

ポートフォリオ69は**ポートフォリオ22**の再掲で、ETFは**ポートフォリオ28**から選んだ。

サラはプライベートエクイティとベンチャーキャピタルも直接買うことができる。また不動産パートナーシップにも投資し、寄付基金はすでに大学と協同で学生寮にも投資している。

株式のようなオルタナティブのなかのヘッジファンドでは4つのヘッジファンドを選んだ。コモディティイクスポージャーはパッシブETFでとることにした。

ポートフォリオ70　債券のようなオルタナティブ（例１）

ポートフォリオ 10億ドル							
債券 １億7200万ドル							
債券のようなオルタナティブ 1700万ドル							
私募債 33%	ソーシャルレンディング 0%	インフラ、実物資産、資産担保証券 33%					債券ロングヘッジファンド 33%
		インフラ 50%		実物資産 50%	資産担保証券 0%	
		先進国 50%	新興国 50%			
私募債ファンド		ETF: IFG	ETF: EMIF	農地に直接投資		ヘッジファンド
33% (33.6%) 570万ドル	0%	8.3% (11.2%) 190万ドル	8.3% (5.9%) 100万ドル	16.7% (12.0%) 200万ドル	0%	33% (37.6%) 640万ドル

最後の行は債券のようなオルタナティブサブポートフォリオにおけるウエートを示している。普通の文字はリスクウエート、太字は資産ウエート

債券のようなオルタナティブ

ポートフォリオ70はポートフォリオ23の再掲で、ETFは**ポートフォリオ32**から選んだ。

　最後のオルタナティブサブカテゴリーは債券のようなオルタナティブだ。これもまたアクティブファンドとETFが混在しており、寄付基金は大学のキャンパスのはずれに農地を所有している。サラはソーシャルレンディングのリターンがリスクを埋め合わせてくれるとは思っていないのでソーシャルレンディングは除外した。また資産担保証券は伝統的な債券ポートフォリオに含まれているので、これも除外した。

株式

　第８章では、先進国市場に75％、新興市場に25％投資することを推

奨した。資産ウエートはそれぞれ83％と17％である。機関投資家には、先進国市場のイクスポージャーの３分の１ずつを３つの地域（北アメリカ、EMEA［欧州、中近東、アフリカ］、アジア太平洋）に分割し、北アメリカの80％をアメリカに投資することを勧めた。しかし大学の投資委員会は、それでは自国アメリカへの投資（およそ22％）が少なすぎるのではないかと感じている。

そこで彼らは先進国市場のイクスポージャーの40％を北アメリカに配分し、そのうちの90％をアメリカに投資することにした。これによってアメリカのリスクウエートは30％を少し下回る程度になった。大学が一貫した投資戦略に従い続けるかぎり、このウエートは妥当だと思う。思い付きの方法を使うよりもトップダウンアプローチを使ってこのように意識的に意思決定を下すのは賢明な方法だ。

ほかの先進国地域であるEMEAとアジア太平洋のアロケーションにはそれぞれ**ポートフォリオ41**と**ポートフォリオ43**を使うことにした。彼女は私のアドバイスに従って、新興国市場株式の40％をアジアに、30％をラテンアメリカに、残りの30％をEMEAに投資することにした。用いるポートフォリオは**ポートフォリオ44**（アジア）、**ポートフォリオ45**（ラテンアメリカ）、**ポートフォリオ46**（欧州）だ。

表43と**表44**はこれらの数値に従ってサラが計算した各国の株式市場へのアロケーションを示したものだ。

次のステップでは各国におけるセクターウエートを決める。**ポートフォリオ71**は**ポートフォリオ49**の再掲で、例としてイギリスの株式市場の各セクターへのドル価によるアロケーションを示している。

表44の最も小さな国でも数百万ドルのアロケーションがあることに注目しよう。第６章の**表37**からも分かるように、この事実は直接投資のほうがよいことを示している。理論的には機関投資家は経済的に各国の銘柄を数十買うことができる。

しかし、サラにはポートフォリオの運用を手助けしてくれるアナリ

表43　各国の株式市場へのアロケーション——先進国の株式（例１）

	市場A 新興国市場または先進国	市場B 新興国市場（キャッシュウエート）または先進国	地域C	地域内D	リスクウエート E＝A×C×D	資産ウエート F＝B×C×D	資産アロケーション G＝F×6・62億ドル
アメリカ	75%	83%	40%	90%	27%	30%	$198m
カナダ	75%	83%	40%	10%	3.0%	3.3%	$22m
イギリス	75%	83%	30%	16%	3.6%	4%	$26m
アイルランド	75%	83%	30%	4%	0.9%	1%	$6.6m
ドイツ	75%	83%	30%	8%	1.8%	2%	$13m
オーストリア	75%	83%	30%	4%	0.9%	1%	$6.6m
スイス	75%	83%	30%	8%	1.8%	2%	$13m
オランダ	75%	83%	30%	4%	0.9%	1%	$6.6m
ベルギー	75%	83%	30%	4%	0.9%	1%	$6.6m
スウェーデン	75%	83%	30%	4%	0.9%	1%	$6.6m
フィンランド	75%	83%	30%	4%	0.9%	1%	$6.6m
ノルウェー	75%	83%	30%	4%	0.9%	1%	$6.6m
フランス	75%	83%	30%	14%	3.2%	3.5%	$23m
イタリア	75%	83%	30%	8%	1.8%	2%	$13m
スペイン	75%	83%	30%	11%	2.5%	2.7%	$18m
ポルトガル	75%	83%	30%	3%	0.7%	0.8%	$5m
イスラエル	75%	83%	30%	4%	0.9%	1%	$6.6m
日本	75%	83%	30%	40%	9%	10%	$66m
オーストラリア	75%	83%	30%	21%	4.7%	5.2%	$35m
ニュージーランド	75%	83%	30%	9%	2%	2.2%	$15m
香港	75%	83%	30%	15%	3.4%	3.7%	$25m
シンガポール	75%	83%	30%	15%	3.4%	3.7%	$25m

表の数値は株式に6億6200万ドル投資する大手機関投資家向けの国のウエートを算出したもの。ここに示したウエートはほかに定めがないかぎりリスクウエートを示す。示した数値は株式ポートフォリオ全体に対する比率である。ここでは私の好みのウエートは使っていない。ここでは北アメリカに40％、そのうちの90％をアメリカに投資している
m＝100万ドル

表44　各国の株式市場へのアロケーション──新興国の株式（例１）

	新興国市場Aまたは先進国市場	新興国市場Bまたは先進国市場（キャッシュウエート）	地域C	地域内D	リスクウエートE＝A×C×D	資産ウエートF＝B×C×D	ドル資産アロケーションG＝F×6.62億ドル
中国	25%	17%	40%	30%	3%	2%	$14m
インド	25%	17%	40%	20%	2%	1.4%	$9m
台湾	25%	17%	40%	15%	1.5%	1%	$6.8m
韓国	25%	17%	40%	15%	1.5%	1%	$6.8m
マレーシア	25%	17%	40%	5%	0.5%	0.3%	$2.3m
インドネシア	25%	17%	40%	5%	0.5%	0.3%	$2.3m
タイ	25%	17%	40%	5%	0.5%	0.3%	$2.3m
フィリピン	25%	17%	40%	5%	0.5%	0.3%	$2.3m
ブラジル	25%	17%	30%	35%	2.6%	1.8%	$12m
メキシコ	25%	17%	30%	35%	2.6%	1.8%	$12m
チリ	25%	17%	30%	10%	0.8%	0.5%	$3.4m
コロンビア	25%	17%	30%	10%	0.8%	0.5%	$3.4m
ペルー	25%	17%	30%	10%	0.8%	0.5%	$3.4m
ロシア	25%	17%	30%	17%	1.3%	0.9%	$5.7m
ポーランド	25%	17%	30%	6%	0.5%	0.3%	$2m
ハンガリー	25%	17%	30%	6%	0.5%	0.3%	$2m
チェコスロバキア	25%	17%	30%	6%	0.5%	0.3%	$2m
ギリシャ	25%	17%	30%	8%	0.6%	0.4%	$2.7m
トルコ	25%	17%	30%	8%	0.6%	0.4%	$2.7m
カタール	25%	17%	30%	8%	0.6%	0.4%	$2.7m
UEA	25%	17%	30%	8%	0.6%	0.4%	$2.7m
エジプト	25%	17%	30%	8%	0.6%	0.4%	$2.7m
南ア	25%	17%	30%	25%	1.9%	1.3%	$8.4m

表の数値は株式に６億6200万ドル投資する大手機関投資家向けの国のウエートを算出したもの。ここに示したウエートはほかに定めがないかぎりリスクウエートを示す。示した数値は株式ポートフォリオ全体（新興国市場＋先進国市場）に対する比率である
m＝100万ドル

ポートフォリオ71　国内におけるセクターアロケーション——イギリス（例１）

ポートフォリオ 10億ドル										
株式										
先進国										
欧州										
イギリス 2600万ドル										
一般消費財	生活必需品	エネルギー	金融	不動産	ヘルスケア	資本財	IT	素材	電気通信	公益事業
9.1% (8.2%) 210万ドル	9.1% (13.5%) 350万ドル	9.1% (11.1%) 290万ドル	9.1% (7.5%) 200万ドル	9.1% (8.2%) 210万ドル	9.1% (8.6%) 220万ドル	9.1% (10%) 260万ドル	9.1% (5.6%) 150万ドル	9.1% (10%) 260万ドル	9.1% (8.2%) 210万ドル	9.1% (9%) 230万ドル

普通の文字はリスクウエート、太字は資産ウエート。投資額も太字で示している

ストは２人しかいない。だから、彼女は何万という個別株を買って手間を増やしたくないと思っている。また、小さな新興国市場での数をそろえるためだけに何十という流動性の低い小さな会社に投資したいとも思っていないし、それによって大きなマーケットインパクトコストが発生するのも好ましくないと思っている。

　そこで彼女はいくつかのルールを設けた——最小ポジションサイズは10万ドル、各セクターの最大銘柄は５つ、最小時価総額は１億ドル。これによって小型株は排除できるが、彼女が心配なのはマーケットインパクトと、リターンの減少を補うために多くの銘柄を保有することだ。

　ポートフォリオ71を見てみよう。サラはまずイギリスの11セクターのそれぞれで最大５銘柄保有できるかどうかを確認する必要がある。例えば、ITセクターで均等資産ウエートと均等リスクウエートで５銘柄買ったとすると、それぞれのポジションは150万ドルの５分の１（20

％）で、30万ドルになる。これは前述の最小ポジションサイズは10万ドルという条件を満たしている。ITセクターは11のセクターのなかで資産ウエートが最小なので、ほかのセクターも最小ポジションサイズには問題はない。

次にサラはそれぞれのセクターの5銘柄の時価総額が最低1億ドルかどうかをチェックする。2017年初期のイギリスでは大型・中型株のFTSE350のなかの電気通信セクターの銘柄は少ないが、それでもちょうど5銘柄あり、それぞれの時価総額は5億ドル以上だった。

アメリカのようなそのほかの大きな先進国市場ではサラは最大の5銘柄を保有するつもりだ――11セクターのそれぞれで5銘柄、トータルで55銘柄。一方、200万ドルのアロケーションしかない小さな新興国市場では、各セクターの銘柄は1つか2つにするつもりだ。小さな新興国市場の場合、セクターによっては十分な流動性のない株式も存在するからだ。

債券

サラは債券の専門家ではなく、専門のディーラーを雇うつもりもない。したがって、債券イクスポージャーはETFでとるつもりだ。この場合のお勧めのポートフォリオは**ポートフォリオ61**だ。非アメリカのイクスポージャーは**ポートフォリオ60**を使った。**ポートフォリオ72**と**ポートフォリオ73**はそれぞれ**ポートフォリオ60**と**ポートフォリオ61**の再掲で、各投資額も示している。

ポートフォリオ72　債券アロケーション（例１）

ポートフォリオ 10億ドル									
債券 1億7200万ドル									
伝統的な債券 1億5600万ドル									
アメリカ 22%	オーストラリア 5%	日本 5%	先進国非アメリカ 43%				新興国市場 25%			
			名目債 90%			インフレ連動債 10%	名目債 55%		外債 45%	
			国債 40%	社債 30%	高利回り債 30%	国債 100%	国債 40%	社債 30%	高利回り債 30%	国債 84%	社債 16%
ポートフォリオ73を参照	ETF: AUNZ	ETF: JGBL	ETF: IGOV	ETF: VCLT	ETF: IHY	ETF: GTIP	ETF: VWOB	ETF: EMLC	ファンドマネジャー	ETF: EMB	
22% (24.7%) 3900万ドル	5% (5.6%) 870万ドル	5% (5.6%) 870万ドル	15.5% (17.4%) 2700万ドル	11.6% (12.0%) 1900万ドル	11.6% (9.8%) 1500万ドル	4.3% (4.8%) 750万ドル	5.5% (4.6%) 720万ドル	4.1% (3.1%) 480万ドル	4.1% (2.8%) 440万ドル	9.5% (9.5%) 1500万ドル	1.8%

普通の文字はリスクウエート、太字は資産ウエート。投資額も太字で示している。EMBのトータル資産ウエートは２つ（国債と社債）のリスクウエートの下に書かれていることに注意しよう

例２――デビッド（イギリスの投資家。資金50万ポンド）

リスク許容量

　ポートフォリオ74は資金50万ポンドを持つイギリスの投資家デビッドのポートフォリオだ。彼はこのポートフォリオで年金プランを自分で運用・管理している。デビッドは50代後半の男性で、早期退職を検討している。だから、あまり大きなリスクはとりたくない。彼のリスク許容量は平均的で、妥協ポートフォリオが彼にはベストだろう。デビッドは私と同じく、ブローカーの最低手数料として6ポンド払って

ポートフォリオ73　アメリカの債券アロケーション（例１）

ポートフォリオ 10億ドル											
債券　1億7200万ドル											
伝統的な債券　1億5600万ドル											非アメリカ（ポートフォリオ68を参照）78％
アメリカ　3900万ドル 22％										
名目債 90％							インフレ連動債 10％		
特定の満期なし 50％					中期の満期 25％		長期の満期 25％		すべての満期 60％	満期が15年以上 40％	
国債 40％	投資適格社債 30％			高利回り社債 30％		国債 50％	投資適格社債 50％	国債 50％	投資適格社債 50％			
高利回り地方債 50％	不動産担保証券 50％	不動産担保証券 40％	転換社債 30％	カバードボンド 30％	クロスオーバー社債 50％	ジャンクボンド 50％					
ETF: HYD	ETF: VMBS	ETF: CMBS	ETF: ICVT	ETF: COBO	ETF: QLTB	ETF: QLTC	ETF: SCHR	ETF: VCIT	ETF: TLO	ETF: LWC	ETF: SCHP	ETF: LTPZ
2% 2.3% 360万ドル	2% 2.6% 410万ドル	1.2% 1.5% 230万ドル	0.9% 1.1% 170万ドル	0.9% 1.1% 170万ドル	1.5% 1.6% 250万ドル	1.5% 1.4% 220万ドル	2.5% 3.3% 510万ドル	2.5% 3.0% 470万ドル	2.5% 2.2% 240万ドル	2.5% 1.6% 250万ドル	1.3% 1.7% 270万ドル	0.9% 1.2% 190万ドル

普通の文字はリスクウエート、太字は資産ウエート。投資額も太字で示している。最後の行は債券サブポートフォリオにおけるウエートを示している。クロスオーバー債は利回りが投資適格債と高利回り債の中間の社債。ジャンクボンドは利回りが非常に高い社債

いる。したがって、ポートフォリオの最少投資額は私が第２部で使ったものと同じものを使うことができる。

アセットアロケーション

デビッドはオルタナティブのウエートは10％にしようと思っている。第８章のガイドラインを読むと、オルタナティブの３つのすべてのカ

ポートフォリオ74　アセットクラスアロケーション（例2）

ポートフォリオ **50万ポンド**					
株式 65% **(44.8%)**		債券 30% **(51.7%)**		純正なオルタナティブ 5% **(3.4%)**	
伝統的な株式 95%	株式のようなオルタナティブ 5%	伝統的な債券 95%	債券のようなオルタナティブ 5%		
61.8% **(42.6%)** **21.28万ポンド**	3.3% **(2.2%)** **1.12万ポンド**	28.5% **(49.1%)** **24.56万ポンド**	1.5% **(2.6%)** **1.3万ポンド**	5% **(3.4%)** **1.7万ポンド**	

普通の文字はリスクウエート、太字は資産ウエート。投資額も太字

テゴリー（純正なオルタナティブ、株式のようなオルタナティブ、債券のようなオルタナティブ）にアロケーションするだけの十分な資金があることが分かる。デビッドは**表41**（第8章）を使って**ポートフォリオ74**を構築し、各アセットに適切な資産ウエートを配分する。

オルタナティブ

第9章のアドバイスに従ってデビッドは**ポートフォリオ75**、**ポートフォリオ76**、**ポートフォリオ77**（これらはそれぞれ**ポートフォリオ27**、**ポートフォリオ31**、**ポートフォリオ33**の再掲。ただし、投資額が新たに加えられた）を構築する。資産の一部を金、不動産、木材などの堅牢と思われるアセットに投資しているので彼は満足だ。デビッドは自分の家を所有しているが、不動産ETFにも数千ポンド投資している。

ポートフォリオ75　純正なオルタナティブ（例2）

独立型 0%	ポートフォリオ **50万ポンド**			
	純正なオルタナティブ **1.7万ポンド**			
	保険のようなオルタナティブ 100%			
	ロングボラティリティ SPVG 50%	貴金属 50%		
		金ETF SGLN 25%	プラチナETF SPLT 25%	銀ETF SSLN 25%	パラジウムETF SPDM 25%
0%	50% (16.7%) 2850ポンド	12.5% (20.8%) 3550ポンド	12.5% (20.8%) 3550ポンド	12.5% (20.8%) 3550ポンド	12.5% (20.8%) 3550ポンド

最後の行は純正なオルタナティブサブポートフォリオにおけるウエートを示している。普通の文字はリスクウエート、太字は資産ウエート。投資額も太字

ポートフォリオ76　株式のようなオルタナティブ（例2）

ポートフォリオ **50万ポンド**		
株式 **22.4万ポンド**		
株式のようなオルタナティブ **1.12万ポンド**		
プライベートエクイティETF 33.3% XLPE	グローバル不動産 33.3% GBRE	コモディティETF 33.3% CMFP
33.3% (25.6%) 2900ポンド	33.3% (49.1%) 5500ポンド	33.3% (25.2%) 2800ポンド

最後の行は株式のようなオルタナティブサブポートフォリオにおけるウエートを示している。普通の文字はリスクウエート、太字は資産ウエート。投資額も太字

ポートフォリオ77　債券のようなオルタナティブ（例2）

ポートフォリオ **50万ポンド**							
債券 **25.86万ポンド**							
債券のようなオルタナティブ **1.3万ポンド**							
私募債 0%	ソーシャルレンディング 0%	インフラ、実物資産、資産担保証券 100%				資産担保証券 0%	債券のロングバイアスヘッジファンド 0%
		インフラ 50%		実物資産 50%			
		先進国 50% XSGI	新興国 50% IEMI	木材 50% WOOD	アグリビジネス 50% SPAG		
0%	0%	25% (36.9%) **4800 ポンド**	25% (19.4%) **2520 ポンド**	25% (19.8%) **2570 ポンド**	25% (23.9%) **3110 ポンド**	0%	0%

最後の行は債券のようなオルタナティブサブポートフォリオにおけるウエートを示している。普通の文字はリスクウエート、太字は資産ウエート。投資額も太字

株式

　デビッドは伝統的な株式への投資資金として21万2800ポンド持っている。彼は第8章の私のアドバイスに従って先進国に75％のリスクウエート、新興国に25％のリスクウエートを配分する。次に先進国市場ポートフォリオの3分の1ずつを3つの地域の各国に配分する。3つの地域の配分は北アメリカがアメリカに60％、カナダに40％、EMEAが**ポートフォリオ42**、アジア太平洋が**ポートフォリオ43**に示したとおりである。

　また新興国には私が提案したウエートを使って3つの地域に配分した——アジア40％、ラテンアメリカ30％、EMEA30％。しかし、新興国のどの地域においても個々の国に投資するには十分な資金がないこ

とが判明する（EMEAの資金は最低投資額に近かった。**ポートフォリオ48**）。

最終的なアロケーションは**表45**に示したとおりである。

デビッドはイギリスの株式市場で個別株を買おうと思っていたが、第６章の**表38**を見ると、それは意味がないことが分かる。イギリスの上場大手に投資するISF（エクスペンスレシオ0.07％＋ファンド内の目に見えないトレードコスト0.10％）は保有コストが非常に安いのだ（保有コストの0.17％は**表38**には示していない。この数字は補間法によって推定）。個別株の場合、１セクターにつき１銘柄買おうと思ったら少なくとも６万ポンド必要になる。したがって、個別株を買うのはもう少し資金が貯まってからのほうがよさそうだ。

伝統的な債券

デビッドの最終債券ポートフォリオを見てみよう。**ポートフォリオ78**と**ポートフォリオ79**は債券の資金25万ポンド以下のデビッドにとって最適な債券アロケーションを示したものだ。これはそれぞれ第12章の**ポートフォリオ64**と**ポートフォリオ65**の再掲だ。

例３──ポール（アメリカの投資家。資金４万ドル）

リスク許容量

ポールは資金４万ドルのアメリカの投資家だ。彼は定年退職したばかりで、確定給付年金はあまり多くないので投資収入で補おうと思っている。ポールは非常に注意深い男で、非常に安全志向の高い投資家の部類に入る。シャープレシオが最大の低リスクのポートフォリオでさえ安全ではないと思っている。

表45 各国の株式市場へのアロケーション（例２）

	新興国市場または先進国市場 A	新興国市場または先進国市場（資産ウエート）B	地域 C	地域内 D	リスクウエート E=A×C×D	資産ウエート F=B×C×D	資産アロケーション G=F×21・28万ポンド	ETF
アメリカ	75%	83%	33.3%	80%	20%	22.1%	£47,210	CSPX
カナダ	75%	83%	33.3%	20%	5%	5.5%	£11,700	UC24
イギリス	75%	83%	33.3%	20%	5%	5.5%	£11,700	ISF
ドイツ	75%	83%	33.3%	10%	2.5%	2.8%	£5,960	DAXX
スイス	75%	83%	33.3%	10%	2.5%	2.8%	£5,960	CSWCHF
オランダ	75%	83%	33.3%	8%	2%	2.2%	£4,700	CH1
北欧	75%	83%	33.3%	12%	3%	3.3%	£7,020	CN1
フランス	75%	83%	33.3%	14%	3.5%	3.9%	£8,300	ISFR
イタリア	75%	83%	33.3%	12%	3%	3.3%	£7,020	CI1
スペイン	75%	83%	33.3%	14%	3.5%	3.9%	£8,300	CS1
日本	75%	83%	33.3%	40%	10%	11.1%	£23,620	HMJP
オーストラリア	75%	83%	33.3%	30%	7.5%	8.3%	£17,660	LAUS
香港	75%	83%	33.3%	15%	3.8%	4.2%	£8,900	HSI
シンガポール	75%	83%	33.3%	15%	3.8%	4.2%	£8,900	XBAS
EM EMEA	25%	17%	30%		7.5%	5.1%	£10,850	XMEA
EM アジア	25%	17%	40%		10%	6.8%	£14,470	GMF
EM 中南米	25%	17%	30%		7.5%	5.1%	£10,850	ALAT

表の数値は株式に21万2800ポンド投資するイギリスの投資家のための各国のウエートを示している。特に断りのないかぎり示したウエートはリスクウエートである。示した数値は株式サブポートフォリオ全体に対する比率を示している

第13章 すべてをまとめてみよう

ポートフォリオ78　債券アロケーション（例2）

ポートフォリオ 50万ポンド			
債券 25.86万ポンド			
伝統的な債券 24.56万ポンド			
先進国 （ポートフォリオ79を参照） 75%	新興国 25%		
^	名目債 50%	外債 40%	インフレ連動債 10%
^	国債 100% SEML	国債 40% LEMB	社債 60% EMCP	国債 100% EMIN

75% (79.1%) 20.455万ポンド	12.5% (10.8%) 2.793万ポンド	4.0% (3.4%) 8790ポンド	6.0% (4.6%) 1.19万ポンド	2.5% (2.1%) 5430ポンド

普通の文字はリスクウエート、太字は資産ウエート。投資額も太字。最後の行は債券サブポートフォリオにおけるウエートを示している

ポートフォリオ79　先進国の債券アロケーション（例2）

ポートフォリオ 50万ポンド										
債券 25.86万ポンド										
伝統的な債券 24.56万ポンド										
先進国市場 75%										新興国市場 25% （ポートフォリオ67を参照）
アメリカ 33%			欧州 30%			イギリス 27%			アジア 10%	^
アメリカ 100%			名目債 90%	インフレ連動債 10%	名目債 90%	インフレ連動債 10%	オーストラリア 100%	^
名目債 90%		高利回り債 10% SHYU	国債 40% VETY	社債 30% IBCX	高利回り債 30% SHYG	インフレ連動債 10% MTIX	国債 50% GILS	社債 50% COUK	インフレ連動債 10% GILI	XCS2	^
国債 40% USTY	社債 30% UC84	^	^	^	^	^	^	^	^	^	^

8.9% (11%) 2.85万ポンド	6.7% (7.6%) 1.97万ポンド	6.7% (6.2%) 1.6万ポンド	2.5% (2.7%) 0.7万ポンド	8.1% (8.9%) 2.3万ポンド	6.1% (6.2%) 1.6万ポンド	6.1% (5.0%) 1.29万ポンド	2.3% (2.5%) 0.65万ポンド	9.1% (10%) 2.59万ポンド	9.1% (9.2%) 2.38万ポンド	2.0% (2.2%) 0.57万ポンド	7.5% (8.2%) 2.12万ポンド	25% (20.5%) 5.301万ポンド

普通の文字はリスクウエート、太字は資産ウエート。投資額も太字。最後の行は債券ポートフォリオ全体におけるウエートを示している

そこで全資金を市場に投資するのではなくて、1万ドルを普通預金に預け、残りの3万ドルをシャープレシオが最大のポートフォリオに投資することにした。

ポールはブローカーの最低手数料として私が想定する1ドルではなくて1.30ドル支払っている。したがって各ETFへは基準の300ドルではなくて最低400ドル投資する必要がある。

アセットアロケーション

ポールは金を持つという考えにこだわりがある。したがって、10％のリスクウエートをオルタナティブに配分することにした。この投資レベルではオルタナティブを株式のようなオルタナティブと債券のようなオルタナティブに分割するのはムリだ。その結果、低リスクポートフォリオのアセットアロケーションは**ポートフォリオ80**に示したようなものになる。

オルタナティブ

オルタナティブに投資できる資金は1800ドルしかないので、彼は1つのファンドしか買えない。彼が見つけた最も安い金ETFはIAUだ。

株式

ポールは新興国市場に対しては警戒心が強いため、私が提案した25％のアロケーションではなくて、株式ポートフォリオの10％を新興国市場に投資して、残りの90％を先進国市場に投資することにした。先進国市場では彼は**ポートフォリオ38**の地域ファンドを買った。最終的なポートフォリオは**ポートフォリオ81**に示したとおりである。

ポートフォリオ80　アセットアロケーション（例３）

アセット　**4万ドル**			キャッシュ **1万ドル**
ポートフォリオ　**3万ドル**			
株式 45% **(26.9%)**	債券 45% **(67.2%)**	純正なオルタナティブ 10% **(6%)**	
伝統的な株式 100%	伝統的な債券 100%		
45% **(26.9%)** **8070ドル**	45% **(67.2%)** **2.016万ドル**	10% **(6%)** **1800ドル**	

普通の文字はリスクウエート、太字は資産ウエート。投資額も太字。ウエートはポートフォリオ全体の4万ドルではなくて、投資した３万ドルに対する比率を示している

ポートフォリオ81　株式（例３）

ポートフォリオ　**3万ドル**								
株式　**8070ドル**								
先進国　90% **(93%)**								新興国 10% **(7%)** VWO
北アメリカ 33%		EMEA（ヨーロッパ） 33% VGK				アジア太平洋 33%		
アメリカ 60% IVV	カナダ 40% EWC	イギリス 29%	フランス 15%	ドイツ 14%	その他 42%	日本 40% JPP	日本以外のアジア 60% EPP	
							オーストラリア 58%	その他 42%
18%	12%	9%	4%	4%	12%	12%	10%	8%	10%
(18.4%) **1490ドル**	**(12.3%)** **1000ドル**	**(30.7%)** **2480ドル**				**(12.3%)** **1000ドル**	**(18.4%)** **1490ドル**		**(7%)** **807ドル**

普通の文字はリスクウエート、太字は資産ウエート。投資額も太字。新興国市場のアロケーションは私が通常推奨する25％ではなくて10％。

ポートフォリオ82　債券アロケーション（例３）

ポートフォリオ 3万ドル											
債券 2,016万ドル											
伝統的な債券 2,016万ドル											
先進国 75%								新興国 25%			
国別 43%		その他の国 57%								
アメリカ 68%	オーストラリア AUNZ 16%	日本 JGBL 16%	名目債 90%			インフレ連動債 10%	名目債 55%			外債 45%	
			国債 40% IGOV	社債 30% VCLT	高利回り債 30%	国債 100%	国債 40%	社債 30%	高利回り債 30%	国債 84%	社債 16%
ポートフォリオ83を参照	ETF: AUNZ	ETF: JGBL	ETF: IGOV	ETF: VCLT	ETF: IHY	ETF: GTIP	ETF: VWOB	ETF: EMLC	ETF: EMHY	ETF: EMB	
22% (24.7%) 4980ドル	5% (5.6%) 1130ドル	5% (5.6%) 1129ドル	15.5% (17.4%) 3510ドル	11.6% (12.0%) 2420ドル	11.6% (9.8%) 1980ドル	4.3% (4.8%) 970ドル	5.5% (4.6%) 930ドル	4.1% (3.1%) 625ドル	4.1% (2.8%) 564ドル	9.5% (9.5%) 1920ドル	1.8%

最後の行は債券サブポートフォリオにおけるリスクウエートを示している。太字は資産ウエート。投資額も太字

債券

　最後はポールが大好きなアセットクラスで、安全な債券だ。**ポートフォリオ82**は**ポートフォリオ60**を再掲したものだ。アメリカのイクスポージャーはさらに分割して、**ポートフォリオ83**に示したとおりだ。**ポートフォリオ83**は**ポートフォリオ61**をベースにしたものだが、いくつかのサブカテゴリーは取り除いたので、各ETFの最低投資額は400ドルになる。

例４──パトリシア（イギリスの投資家。資金５万ポンド）

　最後は再びイギリスの投資家の例だ。パトリシアは若く、高収入の

第13章　すべてをまとめてみよう

ポートフォリオ83　アメリカの債券イクスポージャー（例3）

ポートフォリオ　3万ドル								（ポートフォリオ82を参照）非アメリカ78%
債券　2.016万ドル							
伝統的な債券　2.016万ドル							
アメリカ　4980ドル 22%							
名目債 90%							インフレ連動債 10%
国債 40%		投資適格社債 30%			高利回り債 30%		
地方債 25%	不動産担保証券 25%	その他の国債 50%	不動産担保証券 25%	カバードボンド 25%	その他の社債 50% LWC	クロスオーバー債 50%	ジャンクボンド 50%	
ETF: HYD	ETF: VMBS	ETF: TLO	ETF: CMBS	ETF: COBO	ETF: LWC	ETF: QLTB	ETF: QLTC	ETF: SCHP
2% (2.5%) 500ドル	2% (2.8%) 560ドル	4% (3.8%) 760ドル	1.5% (2%) 410ドル	1.5% (2%) 400ドル	3% (2.1%) 420ドル	3% (3.4%) 690ドル	3% (3%) 610ドル	2.2% (3.2%) 630ドル

普通の文字はリスクウエート、太字は資産ウエート。投資額も太字。最後の行は債券サブポートフォリオにおけるウエートを示している。クロスオーバー債は利回りが投資適格債と高利回り債の中間の社債。ジャンクボンドは利回りが非常に高い社債

銀行に勤め、これまで2～3年働いて資金を貯めてきた。定年退職までにはまだ30年あるが、すでに5万ポンドを退職後の資金として取ってある。投資期間が非常に長く、比較的高給取りなので大きなリスクをとることには積極的だ。彼女は勇敢な投資家の部類に入り、幾何平均が最大のポートフォリオを構築するつもりだ。

　パトリシアはがぜんやる気になって、私と同じ格安のブローカーを使うことにした。したがって、第2部で示した基本的な最低投資額を使うことができる。彼女は第8章から第12章で示した基本的な投資サイズで行くことにした。最終的なポートフォリオは**ポートフォリオ84**に示したとおりである。

　パトリシアのケースについては第3部および第4部で詳しく見ていく。

ポートフォリオ84　開始時のアロケーション（例4）

ポートフォリオ　5万ポンド									
株式 80%							債券 10%		純正なオルタナティブ 10%
先進国 75%				新興国 25%	先進国 75%		新興国 25%	保険のようなオルタナティブ 100%
北アメリカ 33%		欧州 33%	アジア 33%			名目債 100%		名目債 100%	貴金属 100%
アメリカ 60%	カナダ 40%	イギリス 20%	その他 80%	日本 40%	その他 60%	国債 40%	社債 30%	高利回り債 30%	国債 100%	金 100%
ETF: CSPX	ETF: UC24	ETF: ISF	ETF: IEUX	ETF: HMJP	ETF: CJP1	ETF: AEUM	ETF: SAAA	ETF: CRPS	ETF: IGHY	ETF: SEML	ETF: SGLN
12% (11.5%) 5750 ポンド	8% (7.6%) 3800 ポンド	4% (3.8%) 1900 ポンド	16% (15.3%) 7650 ポンド	8% (7.6%) 3800 ポンド	12% (11.5%) 5750 ポンド	20% (12.5%) 6250 ポンド	3% (7.2%) 3600 ポンド	2.3% (5%) 2500 ポンド	2.3% (4%) 2000 ポンド	2.5% (4.5%) 2250 ポンド	10% (9.6%) 4800 ポンド

普通の文字はリスクウエート、太字は資産ウエート。投資額も太字

まとめ

- **リスク許容量**　自分のリスク許容量を決め、シャープレシオが最大、妥協、幾何平均が最大のなかから自分に合ったポートフォリオを選ぶ。
  ①注意深い投資家──キャッシュで保有する額を決め、リスクを安心できる水準にまで減らす。
  ②借り入れ可能な投資家──必要なレバレッジを決める。
- **アセットアロケーション**　第8章のアドバイスに従い、自分のポートフォリオのタイプに合った適切なアセットアロケーションを決める。
- **オルタナティブ**　オルタナティブのベストなアロケーションについては第9章を参照のこと。
- **株式**　株式のアロケーションについては第10章と第11章を参照のこ

と。
●**債券**　債券のアロケーションについては第12章を参照のこと。

第3部

リターンの予測

Part Three : Predicting Returns

「まず第一にやるべきことは、将来がどうなるのかは分からないという前提の下で、戦略的アセットアロケーションを決めることだ」
——レイ・ダリオ(大手クオンツヘッジファンドのブリッジウォーター創設者)

　これまで第1部と第2部を読んできて、レイ・ダリオの言っていることはすでにやり終えたはずだ。そして、将来については何の想定もなしに、具体的に言えば、リスク調整済みリターンは予測できないという前提の下で、スマートポートフォリオを構築する方法についても理解できたはずだ。しかし、将来がどうなるのかが分かったとしたら、どうだろうか。それについてあなたは何をすべきだろうか。
　第3部には2つの章が含まれる。第14章の前半ではシンプルなシステマティックなモデルを使ってリスク調整済みリターンを予測し、それに基づいてポートフォリオを調整する方法について説明する。しかし、あなたは、シンプルなモデルでは到底太刀打ちできない、アセット価格を予測したり銘柄を選択するスキルが自分にはあると思っているかもしれない。第14章の後半ではそのスキルを最も安全に活用する方法について説明する。

第15章はファンドへの投資に関する話だ。第15章の前半はスマートベータについて説明する。これはパッシブファンドの世界で最近起きたイノベーションで、伝統的な時価総額加重型指数連動の世界を超えたものだ。第15章の後半ではアクティブファンドの世界について見ていく。アクティブマネジャーは真のスキルを持っているのだろうか。実は彼らのパフォーマンスは運によるものでしかない。これについて見ていく。

第14章
リターンの予測とアセットの選択

Predicting Returns and Selecting Assets

　これまで私は将来のリターン、つまり将来のリスク調整済みリターンはだれにも予測できないと主張してきた。しかし、この極端な意見はここで少しだけ修正したい。

　私はこれまでヘッジファンドで働き、将来を予測するトレードモデルを構築してきた。本章では似たようなモデルを使って第2部で決定したハンドクラフトウエートを調整する方法について説明する。

　シンプルなモデルではまねのできない特殊なスキルを使って将来のリターンを予測できる人がたくさんいるとは私は思わないが、多くの人は今でも将来のリターンを予測することに躍起になって取り組んでいる。本章の後半ではあなたが行った予測に基づいてポートフォリオを調整する方法について説明する。でも、あなたには自分が思っているほどのスキルはないかもしれない。したがって、直感的な予測に基づくポートフォリオの変更はある程度にとどめておいたほうがダメージは少なくて済む。

本章の概要

- **リスク調整済みリターンの予測はなぜそれほど難しいのか**　本書の第1部と第2部ではリスク調整済みリターンは予測できないことを

想定してきたが、それを今一度思い出そう。その一方で、予測モデルは幾分かの希望を与えてくれるのも事実だ。
- **予測モデルを使ってポートフォリオを構築する方法**　予測モデルを使ってハンドクラフト法によって注意深く構築したポートフォリオをどう調整すればよいのか。
- **私の予測モデルの紹介**　本章では2つのモデルを使う──モメンタムモデルと配当利回りモデル。
- **トップダウンポートフォリオで予測モデルを使う**　紹介した2つのモデルを使ってポートフォリオウエートを調整する詳細なガイド。
- **モデルがないときのポートフォリオウエートの調整方法**　正式な予測モデルを使わずに自分の予測だけに基づいてポートフォリオウエートを調整する方法。
- **モデルがないときの銘柄選択**　自分の判断で銘柄選択する人に対するアドバイス。

リスク調整済みリターンの予測はなぜ難しいのか

　私は運用資産数十億ドルのクオンツヘッジファンドAHLで7年間働いてきた。最後の3年間は金利変動の影響を受けやすいトレード戦略のポートフォリオ（債券、債券先物、金利先物、および金利スワップやクレジットデフォルトスワップなどのデリバティブを含むポートフォリオ）の運用に携わった。2010年9月にその仕事を始めたとき、フェデラルファンド（FF）金利は0.25％（厳密に言えば、FRB［連邦準備制度理事会］は金利を1つの水準ではなく、目標とする範囲で設定する。目標金利は2008年12月からは0〜0.25％、2015年12月からは0.25％〜0.5％、2016年12月以降は0.5％〜0.75％）で、10年物国債の金利は2.5％だった。これは第二次世界大戦以降、最低の金利水準だった。FRBは数カ月以内に金利を上げるだろうと、毎週のようにささやかれ

ていた。私たちの戦略は債券の買いに偏っていたため、FRBが金利を上げれば大きな損失につながる。

　私が本書の執筆を始める前の6年間はこういった状況だった。目標のFF金利はそれからほとんど変わっていない。2015年12月に0.5％に上昇し、最近0.75％に上昇しただけである。この文を書いている2017年2月、アメリカの10年物国債の金利は依然として2.5％で、2010年9月とまったく同じである。米10年物国債に連動するETF（上場投資信託）を保有していれば、2010年以降、20％を超える利益が得られたということになる。ETF投資家のリターンは2013年を除いて毎年プラスだった。2013年だけはおよそ6％のマイナスリターンだった。

　債券の行く末を予測した人たちは大金を失い、面目を失った。彼らのアドバイスに従って、ポートフォリオから債券を取り除いた人々もばつの悪い思いをしただろう（もちろん、この時期には株式のパフォーマンスも良く、トータルリターンはおよそ100％だった。しかし、ボラティリティは債券よりもはるかに高かった）。

　この話から、いくつかの教訓を学ぶことができる。

　その1。前にも言ったように予測は非常に難しい。あるものがどんなに低く（あるいは高く）なったとしても、それよりもはるかに低く（あるいは高く）なることがある。マイナス金利になることをだれが予想しただろうか。ここ数年を見ても、マイナス金利になった国はいくつかあった。市場の極端な状態は、思い返してみると、さらに極端な状態になる節目だったことが分かる。何が起こるかを確実に言い当てることができたとしても、いつ起こるのかを予測するのは極めて難しい。金利はおそらくはある時点で大きく上昇するだろうが、6カ月早く予測しても無意味でしかない（好例をもう1つ挙げるとするならば、私は2008年に起きた世界の住宅価格の劇的な下落を正確に予測することができた……2004年に）。

　その2。将来を予測するだけでは不十分で、だれよりもうまく予測

できなければならない。市場価格には将来の最良の集団的予測がすでに織り込まれていることを覚えておこう。債券の利回りは2010年以降、FF金利の上昇のなかで常に一定した値を保ってきた。たとえ金利が上昇しても、それが市場予測よりも速く大きく上昇しないかぎり、債券投資家は儲からないのである。

つまり、予測は不可能ということなのだろうか。いや、まったく不可能というわけではない。将来のリスク調整済みリターンを予測するにはシステマティックなモデルを使うのが賢明な方法だと私は思っている。人間の直感とは違って、これらのモデルはさまざまな金融商品で検証され、過去には一貫して高いパフォーマンスを上げてきた。

例えば、私が働いていたヘッジファンドであるAHLで私たちが作成したモデルを考えてみよう。このモデルは2010～2016年までの間、債券を保有することで生みだされる正のリターンを正確に予測した。金利が上昇する可能性が叫ばれていたが、私たちのモデルはそれにビクつくことはなかった。市場は金利が上昇することを見込んでいたため、債券を買っていたラッキーな人には高いリターンがもたらされた。つまり、債券は大きな価値を持っていたわけである。1つのモデルグループはこれを利用した。しかし、金利が2013年に一時的に上昇したとき、別のモデルグループは将来的な損失を防ぐために債券ポジションを自動的に減らした。

概念――過去の不確実性をシステマティックに減らす

システマティックなモデルといえども将来を完全に予測できるわけではないが、第1部で説明した過去の不確実性は減らすことができる。過去の不確実性とは、ヒストリカルデータにおいて、確率モデルの真のパラメーターの値が何であったのかを100％確実に

図32 シャープレシオ推定量の分布はモメンタムが高いときと低いときとでは大きく異なる

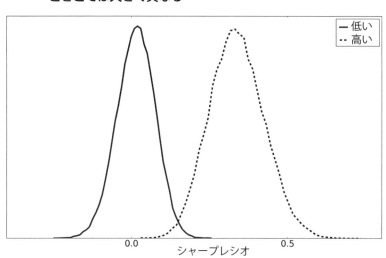

言うことはできないことを意味する。

その結果生じる不確実性は非常に大きいため、ベストなポートフォリオウエートを決定するためのシャープレシオの過去の推定値を正確に決めようとするのは無意味である。ただし、ボラティリティと相関は不確実性にそれほど大きく左右されない。

図32を見てみよう。これによく似たグラフは見たことがあるはずだ（第3章の**図13**）。このグラフはアメリカの株式のシャープレシオ推定量の分布を示したものだ。今回は私が推定量を出すのに使う過去のさまざまな期間をフィルタリングするためのモデルを加えた。

ここで使ったのはモメンタムモデルだ。モメンタムモデルについては本章でこのあと説明するが、今のところは、このモデルは過去12カ月のアセットのリターンに基づくシンプルで完全にシステマティックなモデルであるということだけを覚えておいてほし

い。

　左側の分布は、モメンタムが低いとき（株式が過去の平均をアンダーパフォームしたとき）の過去のデータから導き出されたシャープレシオの分布を示している。また、右側の分布は、相対モメンタムが高いとき（株式が平均をアウトパフォームしたとき）の分布を示している（シャープレシオ推定量は前月のモメンタムの値を条件として、一連の月次リターンからブートストラップ法で導き出したものだ。12カ月のシャープレシオが2.00を超えればモメンタムは大きく、12カ月のシャープレシオが－0.57を下回ればモメンタムは小さいとみなされる。これらの値は過去のモメンタム分布の標準偏差が＋1と－1の地点の値だ。このグラフは第3章で使った長期にわたる年次データとは異なるアメリカの株式の月次リターンデータを使って描いたものだ。したがって、シャープレシオ推定量の条件なしの分布はこれとは異なる。債券のグラフも同じように計算できる。相対モメンタムを条件として株式と債券の相対パフォーマンスを分析すれば似たような結果が得られるだろう）。

　どちらの期間（モメンタムが低い期間と高い期間）においてもシャープレシオの正しい値には依然として大きな不確実性が伴う。過去の不確実性は消えることはないのだ（実際には不確実性はもっと大きくなる。なぜなら、データを細かく分割しているからだ。データのパラメーターが少ないと不確実性は高まる）。しかし、分布の重なりはほとんどないため、モメンタムが高い時期の真のシャープレシオは、モメンタムが低い時期の真のシャープレシオよりもほぼ確実に高い。

　これは、モメンタムが高いとき、株式のリターンが確実に高くなるという意味ではない。たとえ統計学的モデルのパラメーターについてより多くの情報を得られたとしても、統計学的モデルは

依然としてランダムなリターンを生みだす。しかし、モメンタムモデルの結果を反映するようにポートフォリオウエートを調整すればリターンは上昇するはずだ。少なくとも歴史が繰り返し、モデルが過去と同じように将来的にもうまくいけばリターンは必ず上昇する。

多くの人は自分たちの資金を得体の知れないコンピューターモデルに任せることには慎重だが、これは理解できる。しかし、私の経験によれば、これらの賢明でシンプルなモデルは人間の投資家、専門家、市場評論家たちよりも将来をはるかにうまく予測できる。さらに良いことに、こうしたモデルはスキルや経験があるなしにかかわらず、だれでも使うことができる。本章ではこのあとモデルを紹介するが、これらのモデルは私がAHLで使っていたものと本質的に非常によく似ている。

しかし、これらのモデルを使うのには若干の努力が必要だ。おそらくは1年のうちの1日、数十のアセットを含むポートフォリオに没頭する必要がある。しかし、これでリターンは2割上昇する。5％の期待リターンが6％になるということである。10万ドルのポートフォリオならこれは1000ドルに相当する。1日の仕事にしては悪くない話だ。ポートフォリオがこれよりもはるかに小さい場合、こうした追加的リターンを得ることはできないので、この章は飛ばしても構わない。

リスクファクターとは何か

私が常々不可能だと言ってきた将来のリターン予測を、どんなに賢い人間にも不可能な予測を、シンプルなモデルはどのようにして行うのだろうか。シンプルなモデルが提供してくれる超過リターンはただ

で手に入るわけではない。シンプルなモデルには欠点もある。それは追加的リスクにさらされることである。

このリスクは私がこれまでリスクを測定するのに使ってきたリターンの標準偏差ではない。この新たなリスクを理解するには、リスクファクターという概念の理解が必要になる。

株式や債券に投資すると、銀行預金や安定した政府が発行する短期国債などの無リスク資産（第1章では無リスク資産は実際には存在しないと述べた。インフレリスクがあるためキャッシュとて無リスクではない）に投資するよりも高いリターンが得られるのはなぜなのだろうか。それは簡単だ。無リスクレート以上のリターンが得られる投資にはリスクがあるからだ。リスクのない投資では無リスクレート以上のリターンを上げることはできない。無リスクレートはいかなるリスクもとらずに得られる最高のリターンである。無リスクレートのリターンを下回る、リスクのある投資をする人は論理的にはいない。

無リスクレートを上回る超過リターンは追加的リスクを埋め合わせてくれるものでなければならない。投資家の不安の種となるリスクにはさまざまなものが存在する。ファイナンスの教授はこれをリスクファクターと呼ぶ。

最も有名なリスクファクターはベータだ。これは株式市場全体に対するイクスポージャーを追加的に補償するものだ。ベータはS&P500に連動するETFのようなパッシブな時価総額加重型指数トラッカーに投資することで得ることができる。

本章では2つのシンプルな予測モデルを紹介する。これらはモメンタムと配当利回りというリスクファクターにさらされることでリターンの向上を図ることを目的とするモデルだ。

スマートな予測モデルを使ってポートフォリオを構築する方法

予測モデルから得た情報を使うには２つの方法がある。１つはポートフォリオウエートの調整、もう１つはアセットの選択と排除である。

リターンを予測してハンドクラフトウエートを調整する

ハンドクラフト法の基本は、１つのグループに含まれるすべてのアセットは同じ期待シャープレシオ（SR）を持つため、均等にリスクウエートを配分するというものだ。しかし、アセットのなかにパフォーマンスが高いと思えるものがあれば、そのポートフォリオウエートを増やさなければならない。しかし、ウエートはどれくらい変えればよいのだろうか。

このことについて仲間の投資家のビル（仮名）と話したのを覚えている。ビルは12カ月以内にクラッシュが発生すると思っていたので、ポートフォリオのほとんどを清算し、当時は95％をキャッシュで持ち、残りの５％（以前はおよそ80％）を株式で持っていた。これはポジションの大きな変更で、ビルが自分の予測に自信を持っていたことの表れである（ちなみに彼の予測は外れた）。

株式の保有を80％から５％に減らすのは極端すぎるが、リスク調整済みリターンの予測が可能だとすると、ウエートはどれくらい調整するのが妥当なのだろうか。

ここで不確実性についてもう一度考えてみる必要がある。シャープレシオの過去の予測量には大きな不確実性があることについては第２章で述べた。第３章では、これは正しいポートフォリオウエートが過去にどうであるべきだったのかが分からないことを意味すると述べた。過去のことが分からないのだから、将来のことはなおさら分からない。

図32をもう一度見てみよう。予測モデルを使えばシャープレシオ推定量の不確実性は減少するが、正確な数値を知るほどまでに減少することはない。この残った不確実性を含むように私は使っているモデルを調整した（私は不確実性をモデル予測に対する実際のリターンの条件付きシャープレシオで測定した。予測モデルの調整については詳しくは**付録C**を参照）。モデルがシャープレシオはもっと高くなると言えば、ポートフォリオウエートを増やすが、モデルの予測量には大きな不確実性が含まれるため、ウエートは控えめに増やすのがよい。

リターン予測を使ってアセットを選択する

アセットの選択はポートフォリオウエートの調整の中核となる部分だ。この方法では、予測モデルがあるアセットが好きではないと言えば、ウエートを少しだけ減らすのではなくて、ポートフォリオから完全に追放する。

一般に、アセットのウエート調整の選択は分散における損失が小さいときにもっともうまくいく。次のようなケースがそれに当たる。

１．アセットの選択肢が多い。
２．ポートフォリオの構成要素が非常によく似ており、相関が高い。

予測モデルを使ってポートフォリオの重大な構成要素を選ぶことは推奨しない。例えば、ポートフォリオから１つか、２つのアセットクラスを取り除いたとする。変更前のアセットクラスが２〜３しかないとき、アセットクラスを１つ完全に取り除けばポートフォリオは一定のアセットクラスに集中したものになり、分散は大幅に低下する。そしてモデルの期待リスク調整済みリターンが間違っていたら、あなたのパフォーマンスは大きく低下し、あなたは困ったことになる。

しかし、セクター内の個別株ということになると話は違ってくる。例えば、イタリアのすべての金融機関を含むべきか、それともそのなかからいくつかを選ぶべきかを考えているとしよう。1つのセクターでわずか2～3の銘柄を選んでも分散にはほとんど影響を及ぼさないことは第6章で述べた。これはコストを考えれば、大口投資家を除いてはベストな戦略だ。予測モデルを使って平均をアウトパフォームする銘柄をいくつか選ぶことができれば、そんな良いことはない。

2つのスマートな予測モデル

本書では2つの予測モデルを使う（これは数ある予測モデルの2つにすぎない。予測モデルに興味がありテクニカルなことが分かる人にはラッセ・ペダーセンの『エフィシェントリー・イネフィシェント[Efficiently Inefficient : How Smart Money Invests and Market Prices Are Determined]』と拙著『**システマティックトレード**』[パンローリング]を読むことをお勧めする）。最初のモデルはモメンタムモデルだ。モメンタムとは価格が最近上昇したとすると、そのあとも続けて上昇する傾向があることを言う。あるいは、価格が下落したとするとそのあとも続けて下落する傾向があることを言う。したがって、最近の勝ち組を買い、負け組を売る。2番目のモデルは利回りをベースとするものだ（株式の配当利回りは配当を株価で割ったもの。債券の満期までの利回りは、債券の将来のクーポンと最終的な償還額を年次換算したもの。ETFの利回りは、原資産の利回りとは違う場合もあるので、これについては本章でこのあと説明する）。配当利回りの高い株式や、満期までの利回りの高い債券はほかの株式や債券よりもパフォーマンスが高いように思えるが、これはより一般的なリスクファクターであるバリューの特殊なケースである。バリューとは、利回りの高い株式のような割安の株式は、利回りの安い株式のような割高の株式

をアウトパフォームする傾向があることを言ったものだ（ほとんどのマーケットの専門家の予測とは違って、これらのモデルは長い成功した歴史を持ち、多くの学術研究論文によっても裏付けられている。興味のある人は、クリフ・アスネスほかによる2013年に書かれた「バリュー・アンド・モメンタム・エブリウエア［Value and Momentum Everywhere］」［Journal of Finance］を読むことをお勧めする。これは比較的最近書かれたもので、包括的な研究論文だ）。

　これら２つのモデルは相互補完的なモデルだ。最近価格が上昇したアセットは利回りが低い傾向があり、最近価格が下がったアセットは利回りが高い傾向があるが、価格が上昇したアセットのなかにも利回りも高いものもあり、こうしたアセットの魅力は倍増する。

モメンタムモデル

　まずモメンタムを使った予測モデルから見ていくことにしよう。価格が上昇しているアセットは将来的にも価格が上昇する傾向が高いことをモメンタムと言う。したがって、昨年は株式が債券をアウトパフォームしたとすると、将来的にもそうなる傾向が高い。これはトレンドフォローとも言うが、これについては聞いたことがあるかもしれない。ではこのモデルの使い方を見ていくことにしよう（説明が分からなくても気にすることはない。このあと例を使って説明する）。

- ●**変更前ポートフォリオウエート**　この手法は、ハンドクラフト法によってすでにポートフォリオウエートが設定されていることを前提とする。資産ウエート、リスクウエートのいずれを調整してもよい。アセット間で同じウエートを使うかぎり、どちらでも構わない。
- ●**過去12カ月のリターンを求める**　各アセットの過去１年分のリターン（％）が必要（ファンドまたは直接投資）。トータルリターン（株

式の配当と債券のクーポンを含む。アセットの利回りが高い場合、トータルリターンを使えば、利回り予測モデルのなかですでにウエートが高いアセットに偏ることもある。また、トータルリターンは絶対モメンタムモデルのなかでロングバイアスを生みだすこともあり、これは平均リスクが長期平均に近づくことを意味する）を使うのが理想的だが、トータルリターンが入手できなければ値動きを使っても構わない。ただし、アセット間では同じものを使う必要がある。指数や別のETFを使う場合、あなたが買おうと思っているETFと同じ通貨であること。

- **トレーリングシャープレシオの算出**　年次リターンは各アセットのリターンの過去の標準偏差で割ってトレーリングシャープレシオに換算する必要がある。標準偏差については**付録C**のテクニックを使って推定するか、**付録B**の固定値を使う。
- **ポートフォリオウエート調整ファクターを取得**　各アセットのトレーリングシャープレシオが得られたら、ポートフォリオウエートを調整するためのウエート調整ファクターを**表46**から入手する。シャープレシオの値が表にないときは、概算値を使うか外挿法を使って推定する。
- **ポートフォリオウエートの調整**　**表46**の調整ファクターを使ってポートフォリオウエートを調整する（各ウエートに調整ファクターを掛ける）。注意すべきことは、得られたウエートを足し合わせても100％にならないこともあることである。
- **ウエートの正規化**　これについてはこのあと説明する。

最後にウエートの正規化を行わなければならない。調整したウエートを足し合わせると100％を上回る（ほとんどのアセットの価格が上昇したとき）ことや、100％を下回る（ほとんどアセットの価格が下落したとき）ことがあるため、このプロセスが必要になる。しかし、その

表46　トレーリングリターンが与えられた場合、ハンドクラフトウエートをどれくらい調整すればよいか（モメンタムモデル）

トレーリングSR	調整ファクター
−1.0 以下	0.60
−0.80	0.66
−0.60	0.77
−0.40	0.85
−0.20	0.94
0	1.00
0.20	1.11
0.40	1.19
0.60	1.30
0.80	1.37
1.0 以上	1.48

表は1列目のトレーリングシャープレシオ（SR）が与えられた場合、ハンドクラフトウエートを調整するための調整ファクターを2列目に示している。調整ファクターの算出方法については付録Cを参照

前に絶対モメンタムモデルを使うのか、相対モメンタムモデルを使うのかを決める必要がある。

相対モメンタムモデルではいろいろなアセットの相対的な魅力を決める。相対モデルではキャッシュは残さずに、全額を投資する（超安全志向の投資家で、キャッシュを隠し持っているのでないかぎり）。株式が債券よりも速く上昇した場合、当然ながら平均以上の資金を株式に投資し、債券への投資は少なくなる。しかし、株式も債券も下落していて株式のほうが下落スピードが遅いときでも両方のアセットに全額を投資する。パフォーマンスが良いと思われる株式のほうが投資額が多いというだけの話である。

相対モメンタムの正規化は簡単だ。調整したポートフォリオウエー

トを合計したら100％になるように調整するだけである。例えば、調整後のウエートが株式が65％、債券が85％になったとしよう。これを足し合わせると150％になる。トータルウエートを100％にするには、150％÷100％＝1.5で、株式は65％÷1.5＝43.3％、債券は85％÷1.5＝56.7％とすればよい。

　一方、絶対モメンタムモデルは価格が下落しているアセットは、たとえ相対ベースではパフォーマンスが良くても、そういったアセットを保有することは好まない。株式も債券も価格が下落していて株式の下落スピードが債券よりも遅い場合、株式には債券以上に投資するが、投資額は平均以下にする。

　絶対モメンタムモデルでは、ポートフォリオに価格が下落しているアセットがあれば、全額は投資しない。つまり、絶対モメンタムを使ったほうが、全額投資しないときが多くなるため、平均的にはポートフォリオのリスクは低くなる。本書におけるたくさんの意思決定と同様、相対モメンタムを使うか絶対モメンタムを使うかはあなたのリターンとリスクに対する選好による。

　絶対モメンタムの正規化は少し複雑だ。調整したポートフォリオウエートの合計が100％以下であれば、正規化の必要はない。つまり、価格の下がったアセットがあればその分をキャッシュで持つということである。また調整したポートフォリオウエートの合計が100％を上回れば、100％になるように正規化が必要だ（レバレッジをかけている投資家は正規化する必要はないが、予測モデルを使うときにレバレッジを変更したいのであれば、私の最初の本『**システマティックトレード**』［パンローリング］を読んでもらいたい）。やり方は相対モメンタムと同じである。

　相対モメンタムと絶対モメンタムのメリットとデメリットについてはこのあと説明する。

概念——通貨とリターン

ポートフォリオが適切に分散されているのであれば、大概は外貨建てのファンドや株式を買っているはずだ（特に、第1章で述べた通貨ヘッジ商品を避けるためのアドバイスに従えば）。

外貨建てアセットの場合、トレーリングリターンの測定方法は、①ポートフォリオのなかのアセットのキャッシュリターン、②自国通貨建ての通貨ヘッジETFの価格、③ヘッジしていない株式、ETF、または指数の外貨建て価格——のどれを使うかで若干異なる。最初の2つ（①と②）はリターンを自国通貨で測定するが、最後の③は指数の通貨で測定する。

したがって、例えば2016年12月にS&P500のパフォーマンスを測ろうとしているイギリスの投資家にとって、英ポンド（GBP）で測定したアメリカ株の価値は1年間で大きく上昇し、IGUのような通貨ヘッジETFの価格も上昇したはずだ。しかし、S&P500指数やVUSAのようなヘッジしていないETFのドル価は少ししか上昇しなかったはずだ。これは2016年6月に行われたブレグジットの国民投票のあと、ポンドが大幅に下落したことによる。

良いニュースは、トレーリングリターンは外貨で測定しようと自国通貨で測定しようとどちらでも構わないことである。私のリサーチによれば、通貨レートと株式価格や債券価格との間に相互関係はない。もし相互関係があれば、リターンの測定方法に優劣が発生することになる。

しかし、いつも言っているように、常に同じ方法を使うことが重要だ。通貨ヘッジETFは避けたほうがよいという私のアドバイスに従えば、ETFの外貨建て価格を使うのが最も簡単だ。

第14章　リターンの予測とアセットの選択

　最後にもう1つ言っておきたいことがある。ポートフォリオ価値が1万ポンドか2000ドル（いつものように、これらの値はブローカーの最低手数料として6ポンドまたは1ドル支払うことを想定している。支払い手数料がこれよりも多い場合は、この値にあなたが支払う手数料の最低手数料に対する比率を掛ける）を下回る場合は、トレードコストが高くなりすぎるのでモメンタムモデルは使わないほうがよいだろう。理由については第4部で説明する。また、少ない資金を投資してパフォーマンスが少ししか上がらないのであれば、データを集めたりポジションを計算するのに時間を費やすだけの価値はない。

配当モデル

　保守的な投資家は配当の高い株を買いたがるのが普通だ。ファイナンスの研究者による長年にわたる研究でも、配当の高い株式はほかをアウトパフォームするという結果が出ている。債券についても、いろいろなアセットクラスについても同じことが言える。これらのアイデアを統合して配当を使った予測モデルを構築し、シャープレシオを予測してみよう（配当を選んだのは計算が簡単で、アセットクラス間で比較できるから。しかし、アセットクラス内ではほかの測度を使ってもよい。例えば、株式ではアーニングス・イールド（PER［株価収益率］の逆数）を使ってもよい。またキャリー（利回りからLIBOR［ロンドン銀行間取引金利］のような短期金利やFF金利を差し引いたもの）はどのアセットでも使える。

　配当モデルの使い方は以下のとおりである。実例はこのあと登場する。

●**変更前ポートフォリオウエート**　この手法は、ハンドクラフト法によってすでにポートフォリオウエートが設定されていることを前提

とする。資産ウエート、リスクウエートのいずれを調整してもよい。アセット間で同じウエートを使うかぎり、どちらでも構わない。

● **各アセットの利回りを求める**　配当利回り（株式や株式ファンド）または満期までの利回り（債券ファンド）が理想的。ETFの場合、それを構成する原資産の利回りを使うのが理想的だが、ETFそのものの配当利回りを使ってもよい（どちらを使ってもよいが、常に同じものを使うことが重要）。分配金再投資型のETFを持っている場合、そのETFの定期分配型を見つけて配当利回りを計算する。管理手数料を配当から差し引くETFもあるので注意が必要だ。必要なら差し引いた手数料を加え戻して正しい配当を計算する（あるいはETFの基本的な配当モデルの変化形を使う。これは管理手数料［関連する保有コストも］がすでに差し引かれた配当利回りを使うというものだ。このモデルを使えば、コストの高いファンドは不利になる）。

● **シャープレシオを算出**　利回りは各アセットクラスのリターンの標準偏差で割ってシャープレシオに変換する必要がある。標準偏差については**付録B**のボラティリティを使ってもよいし、**付録C**の公式を使って自分で算出してもよい。

● **リターンの平均との差を求める**　シャープレシオのメジアンを計算して、各アセットのリターンのメジアンとの差（シャープレシオ－シャープレシオのメジアン）を求める。メジアンは平均よりも安定しており、大きな利回りや小さな利回りから保護してくれる。

● **ポートフォリオウエート調整ファクターを取得する**　各アセットのシャープレシオと平均との差が求まったので、**表47**の1列目からその値を探して、それに対応する調整ファクターを求める。1列目に該当する値がない場合は、概算値を使うか外挿法を使って推定する。

● **ポートフォリオウエートの調整と正規化**　表47の調整ファクターを使ってウエートを調整（ウエートに調整ファクターを掛ける）した

表47 利回りのシャープレシオの平均との差が与えられた場合、ハンドクラフトウエートはどれくらい調整すればよいか（配当利回りモデル）

利回りのシャープレシオの平均との差	調整ファクター
−0.10以下	0.60
−0.08	0.66
−0.06	0.77
−0.04	0.85
−0.02	0.94
0	1.00
0.02	1.11
0.04	1.19
0.06	1.30
0.08	1.37
0.01以上	1.48

表は1列目の利回りのSRの平均との差が与えられた場合、ハンドクラフトウエートを調整するための調整ファクターを2列目に示している。これらの数値の算出方法については付録Cを参照

ら、調整したウエートの合計が100％になるように正規化する。

　配当モデルは常に相対モデルであることに注意しよう。つまり、調整ファクターを算出するときは相対シャープレシオを使い、ウエートの合計が100％になるように必ず正規化するということである。
　絶対配当モデルを使っても意味はない。トレーリングリターンには明らかにニュートラルポイント（トレーリングリターンがゼロ）が存在し、そのポイントでは調整の必要はない。お望みなら絶対モデルを使うことはできるが、ニュートラルな利回りはない（無リスクレートを差し引けばニュートラルレートは算出できるが、そうなると利回りモデルはどちらかというとキャリーモデルに近いものになる）。したが

って、利回りについては絶対予測モデルを使うのは無意味でしかない。

最後に1つ言っておきたいのは、ポートフォリオ価値が7500ポンドか1500ドルを下回る場合、トレードコストが高くなりすぎるので利回りモデルは使わないほうがよい（いつものように、ブローカーの最低手数料は6ポンドまたは1ドルとする。これ以上支払うのであれば、投資額にあなたが支払う手数料の最低手数料に対する比率を掛ける）。理由については第4部で説明する。

独自の予測モデルを作成する

私の提案するモメンタムモデルや利回りモデルは好きではなくて、自分の好みの予測モデルを構築したいと思っている人、または最初から新しいモデルを作ってみたいと思っている人は、**付録C**の「予測モデル」を参照してもらいたい。

トップダウンのハンドクラフトポートフォリオで予測モデルを使う

あなたのハンドクラフトスマートポートフォリオのさまざまな部分で、これらの予測モデルは実際にどのように使えばよいのだろうか。

詳細に説明するのでこのセクションは長いものになる。まず予測モデルをポートフォリオのトップレベル——アセットアロケーション——で使う方法を説明する。そのあと、2つのモデルの予測をどのように組み合わせればよいのかを説明し、ポートフォリオのいろいろなレベルでウエートを調整する方法について説明する。そしてそのあと、予測モデルをポートフォリオの残りの部分——株式の国ウエート、株式セクターのウエート、個別株のウエート、債券のウエート——で使う方法について説明する。

そして最後に完成したポートフォリオでウエートを調整する方法を例を使って説明する。

モデルを使ってアセットクラスのウエートを決める

モメンタムモデルを使ってアセットクラスのウエートを決める

いろいろなアセットクラスのトレーリングリターンを使ってポートフォリオウエートを調整する方法は以下のとおりである。

- ●**変更前ポートフォリオウエート**　ハンドクラフト法を使ってポートフォリオウエートを決める。シャープレシオはすべてのアセットで同じであると仮定。ここでは株式に50％、債券に50％投資するポートフォリオを例に取るが、モメンタムモデルを使えばオルタナティブアセットを含むもっと複雑なポートフォリオにも対応することができる。

- ●**過去12カ月のリターンを求める**　各アセットクラスの過去12カ月のリターン（％）が必要。そのためには、①あなたが使おうと思っているファンドの平均リターンを使って各アセットクラスへのイクスポージャーを取得する、②第8章で提示した各アセットクラスに対する1つのETF（株式の場合はVWRL［イギリス］、VT［アメリカ］、債券の場合はXBAG［イギリス］、RIGS［アメリカ］）を使う、③MSCIオール・カントリー・ワールド・インデックス（株式）やバークレイズ・キャピタル・グローバル・アグリゲート・ボンド・インデックスのようなベンチマークを使う――のいずれかでリターンを取得する。すべてのアセットクラスで同じ方法を使うかぎり、どの方法でも構わない。トータルリターン（株式の配当と債券のクーポンを含む）を使うのが理想的だが、トータルリターンが入手できなければ値動きを使っても構わない。ただし、アセット間では同じ

ものを使うこと。指数や別のETFを使う場合、あなたが買おうと思っているETFと同じ通貨であること。例えば、本章執筆の時点では、db x-tracker（db x-trackerは、世界最大規模の銀行グループであるドイツ銀行グループが提供するETFのブランド名。dbは、ドイチェ・バンク［Deutsche Bank＝ドイツ銀行］の頭文字をとったもの、xは取引所［exchange］、trackersは追跡するものという意味で、指数ファンドを意味する）であるグローバル・アグリゲート債券ETFの昨年のリターンは18.5％で、iシェアーズMSCIワールド株式ETFは8.2％だった。

●**シャープレシオを算出**　リターンを各アセットクラスのリターンの標準偏差で割ってシャープレシオに変換する必要がある。標準偏差については**付録B**のボラティリティ（グローバル株式は15％、債券は6％）を使ってもよいし、自分で算出してもよい。例えば、今現在のシャープレシオは債券の場合は18.5％÷6.0％＝3.1で、株式の場合は8.2％÷15％＝0.55。

●**ポートフォリオウエート調整ファクターの取得**　各アセットクラスのトレーリングシャープレシオが求まったら、**表46**の1列目からその値を探して、それに対応する調整ファクターを求める。1列目に該当する値がない場合は、概算値を使うか外挿法を使って推定する。債券の場合、トレーリングシャープレシオは3.1なので調整ファクターは1.48だ。また株式の場合、シャープレシオは0.55なので調整ファクターは1.27（外挿法による）だ。

●**ポートフォリオウエートの調整**　**表46**の調整ファクターを使ってポートフォリオウエートを調整する。例えば、債券は「1.48×50％＝74％」、株式は「1.27×50％＝63.5％」。

●**ウエートの正規化**　相対モメンタムの場合、ウエートの合計が100％になるように必ず正規化が必要。絶対モメンタムの場合、ウエートの合計が100％を超えるときのみ正規化が必要。ウエートが100％以

図33 アメリカの債券・株式ポートフォリオにいろいろなウエートを適用したときの効果

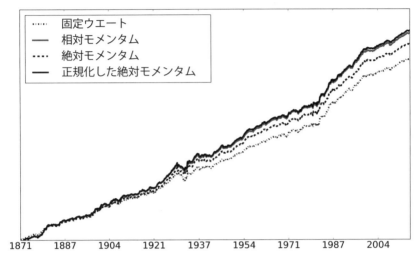

アメリカのデータ（S&P500と米10年物国債）を使用。y軸は累積トータルリターンの対数目盛。固定ウエートは各アセットに50％ずつのリスクウエートを配分。相対モメンタムと絶対モメンタムはトレーリングリターンを使ってポートフォリオウエートを調整。正規化した絶対モメンタムはボラティリティが相対モメンタムからのリターンと同じになるように正規化した絶対モメンタムからのリターンを使ってポートフォリオウエートを調整。月々のリバランスコストは含まれていない

下の場合、正規化の必要はない。この例では、ウエートの合計は100％を超えるので正規化が必要になる。調整後のウエートの合計は137.5％になるので、これを正規化すると、74％÷1.375＝53.85％（債券）、63.5％÷1.375＝46.2％（株式）となる。

図33は債券と株式の50：50のリスクウエートポートフォリオにこのモデルを適用したときの効果を示したものだ。

この結果をまとめたものが**表48**だ（**図33**のグラフには重要な注意事項がいくつかある。まず、使ったのはヒストリカルデータが豊富なアメリカの株式と債券のリターンだ。このモデルの効果は非常に弱い

表48　アメリカの債券・株式ポートフォリオのいろいろな予測モデルによるパフォーマンス

	幾何平均	ボラティリティ	幾何シャープレシオ
固定ウエート	6.67%	6.17%	1.081
相対モメンタム	7.68%	6.70%	1.146
絶対モメンタム	7.25%	6.28%	1.154
正規化した絶対モメンタム	7.75%	6.70%	1.156

固定ウエートは債券と株式のそれぞれに50％ずつのリスクウエートを配分。正規化した絶対モメンタムはボラティリティが相対モメンタムからのリターンと同じになるように正規化した絶対モメンタムからのリターンを使ってポートフォリオウエートを調整

のでできるだけ多くのヒストリカルデータを使う必要がある。しかし、最近の期間においてはグローバル指数については結果は似たようなものだ［アメリカに大きなウエートが配分されている］。もっと重要なのは、この結果にはコストが含まれていないという点だ。私はポートフォリオウエートを毎月リバランスするので、コストは非常に高くなる。コストについては第4部のリバランスのところで詳しく説明する）。

　予測モデルを使わないで固定ウエートを使うのは最悪の選択肢だ。幾何リターンと幾何シャープレシオは、相対モメンタムや絶対モメンタムを使ったときには向上する。相対モメンタムと絶対モメンタムはそれほど大きな差はないが、絶対モメンタムは市場に参入していない時間が多く、全額投資ではないので、相対モメンタムよりもリスクは低い。絶対モメンタムは平均的な月ではポートフォリオの7％をキャッシュで持つ。

　絶対モメンタムを使ったほうがシャープレシオは向上するが、それほど大きく向上するわけではなく、幾何平均は減少する。

　レバレッジを使えるのであれば、すべてのポジションに相対モメン

図34　アメリカのアセットのリスクで正規化した利回り

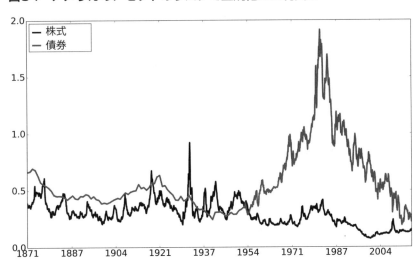

タムのリスク（6.7％）と絶対モメンタムのリスク（6.28％）の比率（1.07）でレバレッジをかけるとよい。これによって、リスクで正規化した絶対モメンタムを入手することができる。この場合、リスクは相対モメンタムと同じなので、パフォーマンスと幾何平均は上昇する（厳密にいえば、レバレッジをかけるときは金利を支払わなければならない）。残念ながら、この正規化した絶対モメンタムモデルは資金を借り入れることができない普通の投資家は使うことができない。

相対利回りモデルを使う

アセットアロケーションに使う2番目の予測モデルは相対利回りモデルだ。しかし、このモデルをいろいろなアセットクラスで使うのは簡単ではない。

図34はアメリカの株式と債券のリスクで正規化した利回りを示した

ものだ。これは配当利回り（株式）と満期までの利回り（債券）を各アセットクラスで使う適切なボラティリティで割って算出した。つまり、グラフの数値は各アセットの利回りのシャープレシオを示している。

　1929年の株価大暴落以前は、債券の利回りはリスク調整ベースで常に株式を上回っていた。それ以降の30年間は債券と株式の利回りは2～3年ごとに入れ替わった。そして過去60年間は正規化した利回りは債券が株式を常に上回り、時には何倍も高くなることもあった。この60年間は債券のウエートを増やしたほうが良かったのだろうか。

　株式と債券のリターンを予測する別の方法もある。2つ挙げるとするならば、Fedモデル（開発したのはおそらくはエド・ヤーデニ。これは株式のアーニングス・イールド［PERの逆数］と国債利回りとを比較するというもの。ボラティリティによる正規化は行わない）とCAPEモデル（ロバート・シラーが開発した景気循環調整後のPER。インフレ調整後のPERだけに注目。国債利回りは一切使わない）だ。しかし、これら2つの方法には共通の欠点がある。1つ目は、正しいバランスの取れた相対利回りがどうあるべきかが常にはっきりしているとは限らないことだ。2つ目は、これらの方法は体制の変化――1929年や1955年のように平衡状態が変化する――に影響されることだ。こうした変化は事前に予測することは不可能で、新たな体制が明確に定まるまでには何年もかかる。

　しかし、別の問題もある。オルタナティブアセットの利回りは測定や比較が難しいという点だ。したがって、オルタナティブは利回り予測モデルからは除外する。最後は、これらのモデルの予測はほとんど変わらず、長年にわたって一定のアセットを好む傾向があるという点だ。したがって、アセットのパフォーマンスが統計学的に見て純粋にランダムなのかどうかは分からない。

概念──モメンタムモデルと配当利回りモデルの異なる特徴

　モメンタムモデルと配当利回りモデルは状況によって、一方が他方よりもうまくいく場合がある。それには理由がある。

　一般にアセットが非常に似通っている場合、配当利回りモデルのようなバリュータイプのモデルのほうがうまくいく傾向がある。これにはいくつかの説明が可能だ。

　第一に、似通ったアセットの場合、利回りのようなレシオを比較したほうがよい。アメリカの2つの銀行は非常に似通っているが、アメリカの銀行と食料品店はまったく異なる。前者はバランスシートに多くの負債があるが、後者は多くのキャッシュがある。異なるものを比較するアセットクラス間では、この問題はさらに悪化する。これまでにも見てきたように、異なるアセットクラスのリスク調整済み利回りは長期にわたって大きく異なる可能性が高い。

　第二に、非常に似通ったアセットの価格が長期にわたって大きく異なることはまれだ。価格は平均に回帰する傾向があるからだ。利回りモデルのようなバリューモデルはアセットの価格が安くなったら買い、高くなったら売る。したがって、この平均回帰現象によって利益を得る。

　逆に、アセットが大きく異なる場合、バリューモデルではうまくいかず、モメンタムモデルのほうがうまくいく。異なるアセットは長期にわたって異なる値動きをする。これをうまく利用できるのがモメンタムモデルだ。

　本セクションでは、完全に異なるアセットクラスの異なるアセットに焦点を当てるため、モメンタムモデルではうまくいき、配当利回りモデルではうまくいかなくても驚くには当たらない。本

章ではこのあとトップダウンのポートフォリオアロケーションプロセスについて詳しく見ていくが、そのときは似通ったアセットに焦点を当てるため、モメンタムモデルは魅力を失い、配当利回りモデルのパフォーマンスは向上する。

でもとにかく、モメンタムモデルで使ったアメリカのデータを使って配当利回りモデルを検証してみた。結果は非常に悪かったため、グラフを描いてみるだけの価値はないと思った。ポートフォリオのリスクは年間6.2％から6.4％に上昇し、幾何平均は6.7％から6.0％に下落した。シャープレシオはもっと悪いのは明らかだ。利回りモデルでは異なるアセットクラスのリスク調整済みリターンの予測はうまくいかない。

推奨

アセットアロケーションでは相対モメンタムモデルを使うことをお勧めする。絶対モメンタムモデルは使わない。なぜなら、シャープレシオは若干上昇するものの、幾何平均はそれ以上に悪化するからだ。利回りモデルも使わない。これを使っても無意味で、不必要に複雑になるだけでうまくいかないからだ。

本書執筆の時点では金利は比較的低いが、最近、過去最低水準から上昇し始め、今後も上昇することが予想される（2017年初期）。第8章で債券の推奨ウエートを見た読者は債券市場に注目するだろうが、一転して不安にかられるかもしれない。金利はある時点でかならず上昇するからだ。債券を資産ウエートで70％も保有するのは正気の沙汰とは思えない。こうした状況では、利回りモデルは債券のアロケーションを金利の上昇に合わせて減らすだろうか。

残念ながら、これまで述べてきた配当利回りモデルではそのストレ

スを軽減することはできない。なぜなら、本書執筆の時点では配当利回りモデルでは依然として債券のウエートは大きい傾向があるからだ（図34を参照）。利回りがマイナスの債券もあるが、アセットクラス全体としてはリスク調整済み利回りは株式よりも高い。こうならないためには債券の利回りは大幅に下落する必要がある。そのあと債券の利回りがそこそこ上昇しても、モデルが再び債券のウエートを大きくすることはない。

これに対して、モメンタムモデルは債券のリターンがいったん大きく下落し始めると、債券のイクスポージャーを減らして保護してくれる。本章ではこのあと、債券サブポートフォリオのなかで配当利回りモデルを使う方法について見ていく。これによって利回りが低いかマイナスの債券のイクスポージャーを戦略的に減らすことができる。

両方のモデルを使う

繰り返すが、利回りモデルをアセットアロケーションに使うことは勧めない。アセットアロケーションにはモメンタムモデルを使う。しかし、本章ではこのあと、両方のモデルを使ってアセットクラス内のポートフォリオウエートを調整する方法について見ていく。また私のモメンタムモデルとあなたが開発した予測モデルを組み合わせて使いたい場合もあるだろう。したがって完全を期すために、これら２つのモデル（私のモメンタムモデルとあなたが独自に開発した予測モデル）を組み合わせて使う方法についての例も見ていく。

- **変更前ポートフォリオウエート**　債券に50％のリスクウエート、株式に50％のリスクウエートを配分したシンプルなポートフォリオを想定。
- **モメンタムモデルのためのポートフォリオウエート調整ファクター**

を取得 以前の例から、モメンタムモデルの株式の調整ファクターは1.27、債券の調整ファクターは1.48とする。

- **利回りモデルのためのポートフォリオウエート調整ファクターを取得** 株式の調整ファクターには0.60、債券の調整ファクターには1.48を使う（いずれも私が算出したもの）。

- **調整ファクターの幾何平均を算出** 各アセットの各モデルの調整ファクターを掛け合わせ、それの平方根を取る（3つのモデルを使う場合は、3つの調整ファクターを掛け合わせて、それの立方根を取る）。

  株式　$\sqrt{(1.27 \times 0.60)} = \sqrt{0.762} = 0.87$
  債券　$\sqrt{(1.48 \times 1.48)} = \sqrt{2.19} = 1.48$

- **ポートフォリオウエートの調整** 初期ポートフォリオウエートに調整ファクターの幾何平均を掛けてウエートを調整する。この例では、株式は「0.87×50％＝43.5％」、債券は「1.48×50％＝74％」。

- **ポートフォリオウエートの正規化** ポートフォリオウエートの合計が100％になるようにポートフォリオウエートを正規化する。

  この例では、正規化したウエートは株式は37％（43.5％×100％÷117.5％）、債券は63％（74％×100％÷117.5％）になる。

モデルは好きなだけ組み合わせることができる。

ポートフォリオの各レベルで予測モデルを使う

アセット内のグループが1つのシンプルなポートフォリオでの予測モデルの使い方については理解してくれたものと思う。しかし、ほとんどのポートフォリオはもう少し面白くて、グループは複数レベルに分かれる。ポートフォリオの各レベルにおいて同じ方法を適用する必要がある。簡単な例を見てみよう。

ポートフォリオ85　グループが複数レベルに分かれたポートフォリオの各レベルで予測モデルを使う簡単な例

ポートフォリオ			
株式 50%		債券 50%	
イギリスの株式 40%	アメリカの株式 60%	イギリスの債券 30%	アメリカの債券 70%
20%	30%	15%	35%

数値はリスクウエート。これは例なので、投資に使ってはならない

表49　アメリカとイギリスの株式と債券のモメンタムモデルSRと利回りモデルSR

	モメンタムのSR	利回りのSR
アメリカの株式	1.2	0.2
イギリスの株式	0.9	0.24
アメリカの債券	0.5	0.3
イギリスの債券	−0.3	0.36

これらの数字は任意

ポートフォリオ85はこの例の出発点になる。予測モデルを3段階で使う。まず相対モメンタムを株式と債券で使う。次に、本章でこのあと推奨するように、モメンタムモデルと利回りモデルを株式で使う。最後に、同じ2つのモデルを債券で使う。

モデルは別々に使う。例えば、株式の調整ファクターを算出するときは、アメリカの株式の利回りのシャープレシオとイギリスの株式の利回りのシャープレシオを比較する。このとき、ポートフォリオのほかのアセットについては考えない。

表49はこの簡単な例におけるシャープレシオを示したものだ。

各アセットクラスを組み合わせたシャープレシオはどのように算出

表50　統合シャープレシオ

	統合SR
株式	1.08
債券	0.26

各アセットクラスの統合シャープレシオ（各アセットのSRにリスクウエートを掛けて、加重平均を取ったもの）

すればよいのだろうか。ベンチマークを使うこともできるが、ここでは統合シャープレシオを使う（統合については詳しくは**付録C**を参照）。例えば、株式の統合トレーリング・シャープレシオ（SR）を算出するには、アメリカの株式のトレーリングシャープレシオ（1.2）とイギリスの株式のトレーリングシャープレシオの加重平均（0.9）を取り、これに**ポートフォリオ85**からのリスクウエート（アメリカの株式は60％、イギリスの株式は40％）を掛ける（厳密に言えば、このグループ内で予測モデルの乗数を適用したあとのリスクウエートを用いるのが正しいが、トップダウンのハンドクラフト法による開始時リスクウエートを使っても大差はない）。したがって、統合シャープレシオは（1.2×0.6）＋（0.9×0.4）＝1.08となる。債券についても同様の計算を行う。**表50**は算出した統合シャープレシオを示したものだ。

次に**表46**と**表47**から調整ファクターを見つける。例えば、イギリスの債券のモメンタムシャープレシオは−0.3なので、**表46**からこれは調整ファクターの0.9に対応する（外挿法によって推定）。**表51**は各モデルの調整ファクターと両方のモデルを合わせた統合調整ファクター（調整ファクターの幾何平均）を示したものだ。

調整ファクターを適用したものが**ポートフォリオ86**だ。

関連する調整ファクターを適用し、各グループ内でウエートの合計が100％になるようにウエートを正規化した。調整ファクターの適用は

表51 2つのモデルを合わせた統合調整ファクター

	モメンタムモデルの調整ファクター	利回りモデルの調整ファクター	統合調整ファクター
株式	1.48		1.48
債券	1.13		1.13
アメリカの株式	1.48	0.94	1.18
イギリスの株式	1.42	1.11	1.26
アメリカの債券	1.25	0.9	1.06
イギリスの債券	0.9	1.15	1.02

統合調整ファクターは各モデルの調整ファクターの幾何平均を取ったもの。アセットクラスではモメンタムのみを使う

ポートフォリオ86　各段階で調整ファクターを適用したシンプルなポートフォリオ

ポートフォリオ			
株式 50% × 1.48 = 74% 正規化後 56.7%		債券 50% × 1.13 = 56.5% 正規化後 43.3%	
イギリスの株式 40% × 1.26 = 50.4% 正規化後 41.6%	アメリカの株式 60% × 1.18 = 70.8% 正規化後 58.4%	イギリスの債券 30% × 1.02 = 30.6% 正規化後 29.1%	アメリカの債券 70% × 1.06 = 74.2% 正規化後 70.8%
56.7% × 41.6% = 23.6%	56.7% × 58.4% = 33.1%	43.3% × 29.1% = 12.6%	43.3% × 70.8% = 30.7%

ウエートはリスクウエート。これは単なる例なので、このまま投資に使ってはならない

　3段階に分けて行った――アセットクラス（株式と債券）、債券内、株式内。正規化はそれぞれのアセット内で行った。
　最後に通常のトップダウンプロセスに従って、正規化したウエートを掛け合わせて最終的なリスクウエートを求めた。このあと第4章の手法を使って資産ウエートを求めることもできる。

これは時間がかかりそうに思えるが、スプレッドシートを使えば数十のアセットからなる大きなポートフォリオでもものの数分しかかからない。スプレッドシートのサンプルは本書のウェブサイトから入手可能だ（https://www.systematicmoney.org/smart）。

株式の国ウエートの調整

いろいろな国のイクスポージャーをとったファンドのウエートを調整することもできる。この場合も、12カ月のモメンタムモデルと配当利回りモデルを使う。

2つの予測モデルを22の先進国の株式市場で検証した。結果は**図35**に示したとおりである。配当利回りモデル（シャープレシオ1.41）のパフォーマンスは相対モメンタムモデル（シャープレシオ1.54）ほどよくないが、固定アロケーション（シャープレシオ1.37）よりは良い。本章で前述した理由によって、この検証には絶対モメンタムモデルは含んでいない。

2つのモデルを組み合わせて使うことをお勧めする。しかし、各国の株式は十分似通っているので、アセットクラスを除いて配当利回りモデルを使ってもよいかもしれない。

ポートフォリオを1つのアセットグループ（株式、債券、可能なオルタナティブ）に分ける代わりに、まず2つの国タイプ（先進国と新興国）に分け、各国タイプをそれぞれ3つの地域に分ける（各地域にはそれぞれ1カ国）。したがって、予測モデルは9段階に分けて使う。1段階——先進国と新興国のウエートを決めるとき、2段階——先進国と新興国のそれぞれにおいて地域ウエートを決めるとき、6段階——6地域のそれぞれで国のウエートを決めるとき。

モデルは別々に実行する。例えば、先進国の欧州の株式の利回り乗数を求めるときには、先進国の欧州のなかの各国の利回りのシャープ

図35　予測モデルを使って株式の国ウエートを調整

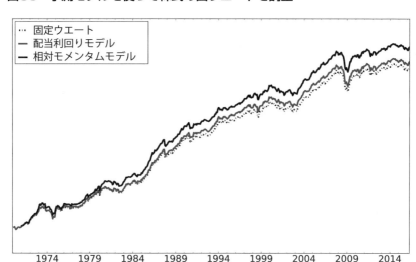

固定ウエートは第10章で行ったハンドクラフトウエート。配当利回りモデルはこれらのウエートを配当利回りを使って調整し、相対モメンタムモデルは相対モメンタムを使ってウエートを調整

レシオのみを比較するといった具合だ。

　アセットクラス同様、各アセットのトレーリングリターンと利回りを求めるのにもいくつかの方法がある。関連するETFの過去のリターンと配当を使うこともできるし、ベンチマークの数字を使うこともできる。ただし各グループでは同じ方法を使うこと。またいろいろな通貨建てのリターンを混合して使ってはならない。さらに配当を含むトータルリターンと価格リターンを混同しないようにしよう。

　あるいは、グループのリスクウエートを使って各アセットのリターンまたは利回りの加重平均を計算することで得られる統合リターンや統合利回りを使ってもよい。例えば、先進国の欧州の株式の場合、先進国の欧州の各国（イギリス、ドイツ、フランスなど）のリターンや利回りの加重平均を算出すればよい。

最後に、モメンタムモデルと利回りモデルの乗数を組み合わせるには、前述したように幾何平均を計算する。

ざっと見てきたが、これらのモデルを実際の株式ポートフォリオで使う方法についてはこのあと例を使って説明する。

リターンモデルを使って各国の株式セクターのウエートを決める

アメリカのハイテク株やアメリカの公益事業株のような1つの国の株式セクターのウエートを予測モデルを使って変更するにはどうすればよいのだろうか。

セクターウエートの調整には配当利回りモデルと絶対モメンタムモデルを組み合わせて使うことを推奨する（2つのモデルの調整ファクターの幾何平均を使う――統合調整ファクター）。金融業界では株式セクター間での資金の配分にはモメンタムと利回りがよく使われ、過去のパフォーマンスが良かったことも証明されている。

セクターETFを使っているのであれば、モデルを使うときに必要な12カ月のトレーリングリターンと配当利回りは簡単に入手することができる。

個別株を通して1つ以上のセクターのイクスポージャーをとっている場合、少し複雑になる。モメンタムモデルの場合、任意のセクターの株式サブポートフォリオの平均トレーリングリターンを算出する必要がある（各株式の現在の資産ウエートで重み付けされている）。

同様に、そのセクターの平均配当利回りも算出する必要がある。これは受け取った配当の合計をそのセクターのすべての株式の現在価値で割って算出する。

あるいは、そのセクターのトレーリングリターンと利回りは、関連するセクターETFや指数から入手してもよい。入手する方法はどうで

あれ、用いる方法はモデル内では同じでなければならない。

リターンモデルを使って個別株を選択して、ウエートを決める

　各セクターの株式のウエートをモデルを使って変更するにはどうすればよいのだろうか。例えば、アメリカのITセクターのなかのアップル、マイクロソフト、フェイスブックなどのウエートはどれくらい変更すればよいのだろうか。銘柄選びにもモデルを使うべきだろうか。
　個人的には、ウエートの決定と銘柄選択の両方に予測モデルを使うことは勧めない。これは同じモデルを2回使うことを意味する。モデルを過剰に信じ、余分な仕事をやらせるわけである。モデルを使って銘柄選択をしたいのなら、固定ウエートにしておいたほうがよい。一方、モデルを使ってウエートを決めたいのなら、第11章で推奨した銘柄選択の方法を使う。つまり、各セクターで最大の銘柄を選ぶということである。
　ウエートを決めたり銘柄選択をしたりするもっと効果的な方法はないのだろうか。本章で前述したように、銘柄選択がうまくいくのは、①選ぶアセットがたくさんある場合、②アセットが似通っている場合――である。同じ国の同じセクターの株式グループはこの基準を満たしている。これらの株式は相関性が高く、選ぶ株式がたくさんある。1つだけ注意したいのは、モデルを使って銘柄選択を行えば、第11章で推奨した時価総額による最大の会社を選ぶという方法に比べると、時価総額によるウエートを大きく逸脱する可能性があるということである。
　銘柄選択にはどういったモデルを使えばよいのだろうか。アセットが似通っている場合は配当利回りモデルのようなバリューモデルがうまくいくことはすでに指摘したとおりである。同じ国の同じ業種の銘柄なら財務比率を比較するほうがよいかもしれない。

アセットが似通っている場合、モメンタムモデルではうまくいかない。また、アセットクラス、国、セクターでモメンタムを使っているのなら、モメンタムというリスクファクターにすでに大きくさらされている（個別株モメンタムのパフォーマンスを分解してみると、バリューのほとんどはアセットクラス、国、セクターレベルに由来する）。

推奨

各セクターから１つ以上の銘柄を選ぶ場合、配当利回りモデルを使って銘柄を選択し、均等ウエートにすることをお勧めする（最低限の資金でこのアプローチを使えば、各セクターにつき利回りが最も高い１銘柄を選ぶことになる。この方法は私が考案したものではない。私が初めてこの方法に出くわしたのはモトリー・フールのイギリスのウェブサイト https://www.fool.co.uk/ だった。このアイデアを提唱していたのはスティーブン・ブランドで、彼はこのアプローチを「ハイ・イールド・ポートフォリオ［High Yield Portfolio = HYP］」と呼んでいた。このアプローチと私のアプローチの最大の違いは、スティーブンはすべての資金をこのHYP戦略に投じることを提唱していたことだ。すべての資金をこの戦略に投じると、１つの国［イギリス］と１つのアセットクラス［株式］のイクスポージャーしかとらないことになる。個人的には私は銘柄を選択する前に地域とアセットクラスで分散することが極めて重要だと思う）。したがって、１つの銘柄を買うのであれば、各セクターで配当利回りが最も高い銘柄を選ぶ。そして資金に余裕があれば、２番目に利回りが高い銘柄を選び……という具合に銘柄を選んでいく。

例えば、あなたは配当利回りモデルを使ってフランスの公益事業セクターから銘柄を選びたいと思っているとしよう。そして、あなたは５銘柄買えるだけの資金を持っている。まず最初にあなたは最低条件（指数に含まれている最低限の時価総額を満たしているなど）を満たす

フランスのすべての公益事業会社のリストを作成する。次に、これらの会社を配当利回りでランク付けする。そのなかから配当利回りが高い5社を買う。

余談──配当への投資で不用心な人が陥る落とし穴

　任意の業種で利回りが最も高い銘柄を買うのは一見魅力的に思えるが、極めて危険でもある。株価が悪いニュースを受けて最近急落したが、配当は持続不可能なほどに高いため配当利回りだけは目を見張るほど高い。しかし、実際には不良な会社を保有することになることもある。これを防ぐにはいろいろな方法がある。

　1つ目は、配当利回りが非常に高い会社は買わないことだ。こういった会社のリスク調整済みリターンは低いことが証明されている。

　2つ目は、予想配当を使うことだ。つまり、株式市場アナリストが予想した将来の配当を使うということである。過去の配当とは違って、将来の配当には発表されたか、大方予想された減配が反映される。しかし、万能薬はない。すべての株式がブローカーによってカバーされているわけではなく、アナリストは予想を更新するのが遅れることもあり、そもそも株式アナリストが何かを予想してうまくいった試しはない。

　3つ目は、配当カバーレシオの最低水準を設定することだ。配当カバーレシオとは、1株当たり収益を1株当たり配当で割ったものだ。数値が高いほどよい。あるいは、アーニングス・イールド（PERの逆数）を配当利回りで割った値を使ってもよい。配当カバーレシオの最低水準は1以上にするのがよい。配当カバーレシオが1ということは、配当は収益によって完全にカバーされて

いる（できればこれよりも高いほうがよい）ことを示している（例えば、ある会社の配当が１株当たり0.05ドルで、収益が１株当たり0.075ドルだとすると、配当カバーレシオは1.5になる。あるいは、株価が１ドルで、配当利回りが５％で、PERが13.33だとすると、アーニングス・イールドは7.5％になり、この場合も配当カバーレシオは1.5になる。計算方法のいかんによらず、配当カバーレシオは最低水準の１を上回っている）。

　ほかの財務比率の最低水準や最高水準を設定することもできる。以下は私がポートフォリオで使っているものだ。

- 配当利回り――10％を下回る
- PER――12を下回る
- 翌年の収益予想を現在の収益で割ったもの――１を上回る
- PBR（株価純資産倍率）――1.5を下回る
- 配当カバーレシオ予測（１株当たり収益予想÷１株当たり配当予想）――1.2を上回る
- ギアリング（負債÷株主資本。銀行や高いレバレッジがかかっている業種では私はこのレシオは使わない）――0.5を下回る

　これらの数字はマジックナンバーではなく、最高の数字ではないかもしれない。一種のフィルター例として示したにすぎない。

　配当利回り選択モデルを複数のファクターを使うように拡張することもできるし、あなたの好みの基準に基づいて株式のランク付け・選択システムを設計することもできる。これらについては**付録Ｃ**の「独自の株式ランク付けシステムを作る」を参照してもらいたい。
　ランク付けが変われば、ポートフォリオに新たに加えられたポート

フォリオから除外される銘柄があるのは当然だろう。これを最もコスト効率の良い方法で行う方法については第4部で説明する。

小型株への直接投資

　第11章では小型株や中型株への直接投資は避けたほうがよいと述べたが、これらの株式は一般にリスク調整済みリターンが高い。なぜならこうした株式はサイズというリスクファクターにさらされているからだ。市場が効率的ではないとき、配当利回りのようなバリューリスクファクターもまた小型株や中型株でうまく機能するように思える。

　私の以前のアドバイスを無視して、利回りが最大の株式を選ぶプールのなかに小型株と中型株を含めることで、サイズのリスクファクターから利益を得られるかもしれないが、小型株がたまたま利回りが最大だった場合、小型株のみのポートフォリオを構築してしまうこともあり、これは大きなリスクだ。私はあなたのことは知らないが、私なら心配で夜も寝られなくなるかもしれない。

　このシナリオに陥らない賢い方法があるが、これが適用できるのは、各セクターで複数の銘柄を保有できるほど十分な資金がある場合に限られる。第11章では大型株に60％、中型株に20％、小型株に20％のリスクウエートを配分するように推奨した（中型株と小型株のイクスポージャーはETFを通してとる）。しかし、資金が十分にある場合は小型株と中型株に直接投資するという選択肢もある。

　1セクターにつき5銘柄買えるだけの資金があったとしよう。最初の3銘柄は利回りが最大の大型株（5銘柄のうち3銘柄なので60％）だ。次に選ぶのは利回りが最大の中型株が1銘柄（5銘柄のうち1銘柄なので20％）と、利回りが最大の小型株が1銘柄（5銘柄のうち1銘柄なので20％）だ。

　これでリスクの高い中型株と小型株のイクスポージャーを安全レベルに制限することができる。10銘柄選べるときは大型株が6銘柄、中

表52　セクターサブポートフォリオに中型株と小型株を含めた場合

	大型株			中型株			小型株		
	数量	リスクウエート	資産ウエート	数量	リスクウエート	資産ウエート	数量	リスクウエート	資産ウエート
2銘柄以下	すべて	均等	均等		ETF			ETF	
3銘柄	2	33.3%	35.2%	1	33.3%	29.7%		ETF	
4銘柄	3	25%	26.0%	1	25%	22.0%		ETF	
5銘柄	3	20%	22.2%	1	20%	18.6%	1	20%	15%
10銘柄	6	10%	11.1%	2	10%	9.3%	2	10%	7.5%
15銘柄	9	6.7%	7.4%	3	6.7%	6.2%	3	6.7%	5%
20銘柄	12	5%	5.5%	4	5%	4.7%	4	5%	3.7%

表の数値は任意のセクターにおける保有銘柄数、セクターサブポートフォリオにおける1銘柄当たりのリスクウエート、セクターサブポートフォリオにおける1銘柄当たりの資産ウエートを示している。列は時価総額水準を示し、行はポートフォリオサイズを示している。5銘柄以上の場合、大型株へのトータルリスクアロケーションは60％、中型株は20％、小型株は20％。5銘柄を下回る場合、最低66％を大型株に配分

型株と小型株が2銘柄ずつになる。

　表52は1セクター当たりの銘柄数をいろいろに変えた場合の適切なポートフォリオウエートを示したものだ。ポートフォリオサイズに該当するものがないときは、大型株のウエートを大きくする。例えば、ポートフォリオサイズが7銘柄のときは5銘柄を大型株に、中型株と小型株にはそれぞれ1銘柄ずつを配分する。

　3銘柄または4銘柄のときは、小型株を買うだけの資金はないため、大型株と中型株だけを買う。

　各時価総額グループ内では、これらの銘柄は均等リスクウエートで保有する。これは、リスクの高い中型株と小型株では資産ウエートは低くなることを意味する。

　直接投資するだけの資金はあるが、1セクターにつき1～2銘柄しか買う資金しかない場合、**ポートフォリオ51**に従うのがよい。つまり、

中型株と小型株はETFが入手可能で十分に安ければETFに投資する。そして大型株のイクスポージャーはセクターごとに分け、各セクターの銘柄は配当利回りのランク付けに基づいて選択する。中型株と小型株のETFが入手不可能または高すぎるときは、大型株の直接投資のみにする（**ポートフォリオ49**）。

債券のポートフォリオウエートの調整

　債券ETFにもモメンタムモデルと配当利回りモデルを使うことができる。12カ月モメンタムモデルは修正することなく使うことができる。ただし、トータルリターンまたは価格リターンのどちらを使うかを選ぶ必要がある。

　理想的には、配当利回りの代わりに満期までの利回りを使うのがよい。満期までの利回りは債券ファンドマネジャーのウェブサイトで確認することができる。この数値が入手できないときは、あなたが投資しているETFの配当利回りを使うとよい。ただし、定期分配型であることが条件だ。同じグループ内の異なるファンド間で配当利回りと満期までの利回りを混合して使ってはならない。

　前にも述べたように、あなたは「安全な」債券への投資に少し不安を感じているかもしれない。本書を執筆している2017年初期現在、投資家たちは2つの不安を抱えている。マイナス利回りが拡大していることと、中央銀行が金利を上げる可能性があることだ。

　しかし、これら2つのシンプルなモデルを使うことであなたの不安は軽減されるはずだ。利回りモデルは利回りが低いか、マイナスの債券のウエートを少なくする。そして、モメンタムモデルは金利が上昇し始め、債券価格が下落する可能性のある国へのイクスポージャーを減らす。またアセットクラスの選択に相対モメンタムモデルを使えば、世界的な金利上昇から保護される。

予測モデルを使った例

本セクションの締めくくりとして、予測モデルを実際のポートフォリオに適用する例を見ていくことにしよう。第11章に登場したパトリシアを覚えているだろうか。彼女は**ポートフォリオ84**を構築した。パトリシアは投資銀行に勤めている若者だ。私の経験から言えば、投資銀行に働き始めたころは、つまらない表やグラフでいっぱいのプレゼン資料をパワーポイントで作成するのに忙しい（そして見習い期間が終われば、いよいよ退屈なプレゼンを行う）。

したがって、パトリシアはスプレッドシートや金融モデリングには慣れていると言ってもよいだろう。つまり、彼女は私の２つの予測モデルを使うのに打ってつけの人物ということになる。それでは彼女がポートフォリオアロケーションをどのように調整したのか見てみよう。

パトリシアの初期ポートフォリオは**表53**に示したとおりである。このように表にまとめれば計算が簡単になる。

予測モデルによる調整

ここからが骨の折れる部分だ。まずパトリシアは各ETFの12カ月のリターンと現在利回りに関する情報を収集する必要がある。次に、トレーリングリターンと利回りのシャープレシオを算出する。結果は**表54**に示したとおりである。

パトリシアにはもう少し計算が必要だ。各地域、各エリア（新興国市場と先進国市場）、各アセットクラスのシャープレシオを計算する必要がある。これらの値は予測モデルをポートフォリオの各部分、各レベルに適用するときに必要になる。そのためにパトリシアはまず関連するリスクウエートを使って加重平均を計算する。

例えば、欧州の株式の利回りのシャープレシオを求めるには、イギリスのシャープレシオ（0.29）にイギリスのリスクウエート（20%）

表53 パトリシアの最初のアロケーション

アセットクラス	A	先進国または新興国 B	格付けまたは信用 C	地域内 D	リスクウエート E=A×B×C×D	ボラティリティ	資産ウエート
アメリカの株式	80%	75%	33.3%	60%	12%	15%	11.5%
カナダの株式	80%	75%	33.3%	40%	8%	15%	7.6%
イギリスの株式	80%	75%	33.3%	20%	4%	15%	3.8%
イギリスを除く欧州の株式	80%	75%	33.3%	80%	16%	15%	15.3%
日本の株式	80%	75%	33.3%	40%	8%	15%	7.6%
日本を除くアジアの株式	80%	75%	33.3%	60%	12%	15%	11.5%
新興国市場の株式	80%	25%			20%	23%	12.5%
先進国の国債	10%	75%	40%		3%	6%	7.2%
先進国の社債	10%	75%	30%		2.3%	6.5%	5%
先進国の高利回り債	10%	75%	30%		2.3%	8%	4%
新興国市場の債券	10%	25%			2.5%	8%	4.5%
金	10%				10%	15%	9.6%

リスク調整済みリターンはすべてのアセットで同じと仮定。特に定めのないかぎりウエートはリスクウエートを示している。示した値は全ポートフォリオに対する比率

を掛け、イギリスを除く欧州のシャープレシオ（0.16）にイギリスを除く欧州のリスクウエート（80％）を掛け、両者を足し合わせる（0.19。厳密に言えば、予測モデル乗数を適用したあとのリスクウエートを使って平均を計算する必要があるが、こちらのほうが簡単で結果はまったく同じ）。北アメリカとアジアの先進国の株式についても同じ計算を行う（北アメリカの利回りのシャープレシオは0.11、アジア先進国の

表54 予測モデルに使うデータ

	トレーリングリターン A	現在の利回り B	ボラティリティ C	トレーリングリターンのSR A÷C	利回りのSR B÷C
アメリカの株式	7.5%	1.6%	15%	0.50	0.11
カナダの株式	33.5%	1.7%	15%	2.23	0.11
イギリスの株式	15.0%	4.4%	15%	1.00	0.29
イギリスを除く欧州の株式	−4.0%	2.4%	15%	−0.27	0.16
日本の株式	24.1%	1.6%	15%	1.61	0.11
日本を除くアジアの株式	20.0%	2.6%	15%	1.33	0.17
新興国市場の株式	10.8%	1.6%	23%	0.47	0.07
先進国の国債	26.7%	0.8%	6%	4.45	0.14
先進国の社債	32.7%	2.4%	6.5%	5.03	0.37
先進国の高利回り債	34.3%	4.6%	8%	4.29	0.58
新興国市場の債券	36.1%	4.6%	8%	4.51	0.58
金	18.4%	N/A	15%	1.23	N/A

ボラティリティの数値は付録Bのものを使用

利回りのシャープレシオは0.15)。したがって、先進国市場のシャープレシオを求めるには、各地域の平均を取ればよい（0.15。0.11、0.19、0.15の平均は0.15。各地域の先進国市場におけるウエートは3分の1ずつなので単純平均を計算すればよい）。

最後に株式全体のシャープレシオを算出した。新興国市場の利回りのシャープレシオは0.07で先進国市場は0.15なので、それぞれのウエート（25％と75％）を掛け合わせて加重平均を計算した（0.13）。債券のシャープレシオも同様の方法で算出した。

パトリシアはアセットクラスのリターンの予測モデルにオルタナティブも加えた。オルタナティブである金には配当はないが、トレーリ

表55 予測モデルに使う統合値とメジアン

	トレーリングリターンのSR	利回りのSR	利回りのSRのメジアン
北アメリカの株式	1.19	0.11	0.11
欧州の株式	-0.01	0.19	0.23
アジアの株式	1.44	0.15	0.14
先進国市場の株式	0.87	0.15	0.15
新興国市場の株式	0.47	0.07	N/A
株式全体	0.77	0.13	0.11
先進国の債券	4.57	0.34	0.36
新興国の債券	4.51	0.58	N/A
債券全体	4.55	0.40	0.46
オルタナティブ	1.23	N/A	N/A

表の数値は各地域、エリア、アセットクラスの統合シャープレシオ（最初の２つの列）と各グループのシャープレシオのメジアン（最後の列）を示している。これらの数値は各グループのリスクウエートを使って算出。N/Aはグループに１つのアセットしかないためメジアンが不要か、特定のモデルを使っていないことを示している。新興国市場の株式のメジアンには株式全体のメジアンを使用、新興国の債券のメジアンには債券全体のメジアンを使用

ングリターンは求めることができる。

　また、乗数を計算するために各グループの配当利回りのメジアンシャープレシオを求める必要もある。例えば、先進国株式の利回りのシャープレシオのメジアンは、欧州、北アメリカ、アジアのシャープレシオの平均になる。欧州のシャープレシオは0.19、北アメリカのシャープレシオは0.11、アジアのシャープレシオは0.15なので、メジアン（平均）は0.15になる。

　それぞれの地域の数値、統合した数値、メジアンを示したものが**表55**だ。

　次に、乗数を求める必要がある。パトリシアはまず**表46**を使ってモメンタムモデルの乗数を求めた。例えば、アセットクラスにおいて株

表56　モメンタムモデルからの乗数

	アセットクラスA	新興国市場または先進国市場B	地域または信用格付けC	地域内D
アメリカの株式	1.36	1.40	1.48	1.25
カナダの株式	1.36	1.40	1.48	1.48
イギリスの株式	1.36	1.40	1.01	1.48
イギリスを除く欧州の株式	1.36	1.40	1.01	0.90
日本の株式	1.36	1.40	1.48	1.48
日本を除くアジアの株式	1.36	1.40	1.48	1.48
新興国市場の株式	1.36	1.23		
先進国の国債	1.48	1.48	1.48	
先進国の社債	1.48	1.48	1.48	
先進国の高利回り債	1.48	1.48	1.48	
新興国市場の債券	1.48	1.48		
金	1.48			

表の数値は各グループのモメンタム予測モデルに基づく、各アセットに適用する乗数の値を示している

式のシャープレシオは0.77、債券のシャープレシオは4.55、オルタナティブのシャープレシオは1.23なので、対応する乗数は株式は1.36、債券とオルタナティブは1.48になる。

　表56は各アセットの乗数を示したものだ。各アセットの乗数はポートフォリオのレベルごとに異なる。例えば、どの地域の株式もアセットクラスとしての乗数は1.36である。

　次にパトリシアは**表47**を見て、同じ手順で利回りモデルの乗数を求める。結果は**表57**に示したとおりである。彼女は私のアドバイスに従

表57　利回り予測モデルからの乗数

	アセットクラスA	新興国市場または先進国市場B	地域または信用格付けC	地域内D
アメリカの株式	N/A	1.00	1.00	1
カナダの株式	N/A	1.00	1.00	1
イギリスの株式	N/A	1.00	0.85	1.30
イギリスを除く欧州の株式	N/A	1.00	0.85	0.72
日本の株式	N/A	1.00	1.06	0.90
日本を除くアジアの株式	N/A	1.00	1.06	1.15
新興国市場の株式	N/A	0.85		
先進国の国債	N/A	0.94	0.60	
先進国の社債	N/A	0.94	1.10	
先進国の高利回り債	N/A	0.94	1.48	
新興国市場の債券	N/A	1.48		
金	N/A	N/A	N/A	N/A

表の数値は各グループの利回り予測モデルに基づく、各アセットに適用する乗数の値を示している

い、アセットクラスには利回り予測モデルは使っていないことに注意しよう。

　次に、前述したテクニック（モメンタムモデルの乗数と配当モデルの乗数を掛け合わせて、その平方根を取る）を使って各モデルからの乗数を統合する。結果は**表58**に示したとおりである。例えば、欧州株式の統合乗数を求めるには、モメンタム乗数の1.0と利回り乗数の0.85を掛け合わせ、平方根を取る。すると0.92という値が得られる。これが２つのモデルを組み合わせた統合乗数だ。アセットクラスレベルの

表58　2つのモデルを合わせた統合乗数

	アセットクラスA	新興国市場または先進国市場B	地域または信用格付けC	地域内D
アメリカの株式	1.36	1.18	1.22	1.12
カナダの株式	1.36	1.18	1.22	1.22
イギリスの株式	1.36	1.18	0.92	1.39
イギリスを除く欧州の株式	1.36	1.18	0.92	0.80
日本の株式	1.36	1.18	1.25	1.15
日本を除くアジアの株式	1.36	1.18	1.25	1.30
新興国市場の株式	1.36	1.03		
先進国の国債	1.48	1.18	0.94	
先進国の社債	1.48	1.18	1.28	
先進国の高利回り債	1.48	1.18	1.48	
新興国市場の債券	1.48	1.48		
金	1.48			

表の数値は各グループの利回りモデルとモメンタムモデルを合わせた、各アセットに適用する統合乗数の値を示している

乗数はモメンタムモデルの乗数に等しいことに注意しよう。

最終的なポートフォリオウエート

　これでパトリシアの仕事はほぼ終了だ。あとは**表53**の各グループのリスクウエートと**表58**の乗数を掛け合わせ、正規化すれば新しいリスクウエートの値が得られる。例えば、アセットクラスの元のウエートは株式が80％、債券が10％、オルタナティブが10％だった。モメンタムモデルからの乗数がそれぞれ1.36、1.48、1.48（アセットクラスには

第14章 リターンの予測とアセットの選択

表59　予測モデルを使って導き出した最終的なアロケーション

アセットクラス	A	新興国または先進国 B	地域または信用格付け C	地域内 D	リスクウエート E=A×B×C×D	ボラティリティ	資産ウエート
アメリカの株式	78.6%	77.4%	36.0%	57.9%	12.7%	15.0%	12.0%
カナダの株式	78.6%	77.4%	36.0%	42.1%	9.2%	15.0%	8.7%
イギリスの株式	78.6%	77.4%	27.1%	30.3%	5.0%	15.0%	4.7%
イギリスを除く欧州の株式	78.6%	77.4%	27.1%	69.7%	11.5%	15.0%	10.9%
日本の株式	78.6%	77.4%	36.9%	37.1%	8.3%	15.0%	7.8%
日本を除くアジアの株式	78.6%	77.4%	36.9%	62.9%	14.1%	15.0%	13.3%
新興国市場の株式	78.6%	22.6%			17.8%	23.0%	11.0%
先進国の国債	10.7%	70.5%	31.2%		2.4%	6.0%	5.7%
先進国の社債	10.7%	70.5%	31.9%		2.4%	6.5%	5.2%
先進国の高利回り債	10.7%	70.5%	36.9%		2.8%	8.0%	5.0%
新興国市場の債券	10.7%	29.5%			3.2%	8.0%	5.7%
金	10.7%				10.7%	15.0%	10.1%

表は予測モデルの乗数を使って算出したリスクウエートと資産ウエートを示している。特に定めのないかぎり、示したウエートはリスクウエートである。示した値は全ポートフォリオに対する比率を示している

利回りモデルは使わない）なので、各アセットクラスのウエートはこれらを掛け合わせてそれぞれ108.8％、14.8％、14.8％になる。ウエートの合計が100％になるように正規化すると、最終的なウエートは株式が78.6％、債券が10.7％、オルタナティブが10.7％になる。

　最後に通常の手順に従って資産ウエートを求める。**表59**は最終的な

リスクと資産ウエートを示したものだ。

パトリシアは必要なだけのETFを買い、一段落する。パトリシアには第4部で再びご登場いただく。第4部ではパトリシアのポートフォリオを使ってポートフォリオの定期的なメンテナンスの方法について説明する。こういった調整を行うのにかかるコストと、どれくらいの頻度で調整を行う必要があるのかについてもそのときに説明する。

モデルを使わずにポートフォリオウエートを調整する方法

将来のリスク調整済みリターンを予測する方法は3つある──過去の推定値を外挿する（過去には不確実性が含まれるためこれはうまくいかない）、簡単な予測モデルを使う（これについては本章で説明した）、自分で予測する（直観、より複雑な分析、ニワトリの内臓による占いを組み合わせたようなもの）。

自分で予測することは勧めない。私の経験から言えば、単純なモデルよりもうまくリスク調整済みリターンを予測できる人はほとんどいない。

しかし、予測については、私の10代の娘にボーイフレンドができるかどうかと同じ考え方だ。そんなことはあってほしくはないが、現実的に考えれば娘にはいつかは必ずボーイフレンドができる。やがては起こることならば、安全で厳密なルールの下でコントロールされた方法で起こってほしい。これと同じように、私はこんなことはやらないでほしいと思っているが、自分は将来のリスク調整済みリターンを予測できると思っているのなら、このあとで述べるテクニックを使って予測することをお勧めする。

あなたが使える方法は2つある。1つは明示的なシャープレシオを使う方法、もう1つはスコアリングシステムを使う方法だ。

シャープレシオを使う方法は以下のとおりである。

●**シャープレシオを予測する**　一定の期間（１年がお勧め）にわたる各アセットの期待シャープレシオを求める。方法は以下のうちのいずれか。①シャープレシオを直感で見極められる人は、そのシャープレシオを直接使う。②将来のリターンを予測し、それをあなたが使っている標準偏差（**付録B**の値を使ってもよいし、**付録C**のテクニックを使って推定してもよい）で割ってシャープレシオを算出する。例えば、来年の株式のリターンが５％で、債券のリターンが－４％だと思っているとする。私の推定ボラティリティは株式が15％、債券は６％だ。したがって、株式のシャープレシオは５％÷15％＝0.33で、債券は－４％÷６％＝－0.66になる。

●**リターンの平均との差を求める**　シャープレシオのメジアン（平均）を求め、各アセットのシャープレシオの平均との差を計算する。「0.33と－0.66」のメジアンは「－0.17」。債券のシャープレシオの平均との差は－0.66－（－0.17）＝－0.5。株式のシャープレシオの平均との差は0.33－（－0.17）＝＋0.5。

●**ポートフォリオウエート調整ファクターを求める**　各アセットのシャープレシオの平均との差が求まったので、**表60**（この表の数値の求め方については**付録C**を参照のこと。自分の予測モデルを構築したい人はぜひともこれを学習してもらいたい）の１列目からこの数値を見つけて、３列目から対応する調整ファクターを見つける。表のなかに該当する値が見つからない場合、概算値を使うか外挿法によって求める。例えば、株式のシャープレシオの平均との差は0.5なので、対応する調整ファクターは1.35である（外挿による）。債券はシャープレシオの平均との差が－0.5なので、対応する調整ファクターは0.65である。

●**ポートフォリオウエートを調整する**　ハンドクラフト法による初期

ポートフォリオウエートに調整ファクターを掛ける。用いるウエートは資産ウエートでもリスクウエートでも構わない。そして、ウエートの合計が100％になるように正規化する（絶対予測モデルでは正規化の必要はない）。債券のリスクウエートが50％、株式のリスクウエートが50％のシンプルなポートフォリオを考えてみよう。算出したファクターを使うと、株式は「1.35×50％＝67.5％」、債券は「0.65×50％＝32.5％」となる。これらのウエートは合計すると100％なので、正規化の必要はない。

リターンやシャープレシオを予測したくない場合、スコアリングシステムのほうが簡単かもしれない。スコアリングシステムは、ニワトリの内臓を使った占いのように、主観的な方法や定性的な方法を使って予測する場合に非常に便利な方法だ。スコアリングシステムのプロセスは以下のとおりである。

- ●**スコアを決める**　各アセットにスコアを割り当てる。スコアが高いほどリターンが高いことを意味する。スコアの範囲は－20から＋20。スコアが－20ということは、非常に弱気であることを意味し、＋20は非常に強気であることを意味し、0はニュートラルであることを意味する。例えば、債券のスコアが＋10、株式が－15とする。
- ●**スコアの平均との差を求める**　スコアのメジアン（平均）と、各アセットのメジアンとの差を求める。例えば、10と－15の平均は－2.5。したがって、債券のスコアの平均との差は10－（－2.5）＝12.5。株式のスコアの平均との差は－15－（－2.5）＝－12.5。
- ●**ポートフォリオウエート調整ファクターを求める**　スコアの平均との差が求まったので、**表60**の2列目から相対スコアを見つけて、それに対応する調整ファクター（3列目）を求める。該当する値がない場合は、概算値を使うか外挿法によって求める。例えば、株式の

表60 モデルを使わないで推定したアセットのシャープレシオ推定値が与えられたとき、ハンドクラフトウエートはどれくらい調整すればよいか

SRの平均との差	相対スコア	調整ファクター
−0.50	−20	0.65
−0.40	−16	0.75
−0.30	−12	0.83
−0.25	−10	0.85
−0.20	−8	0.88
−0.15	−6	0.92
−0.10	−4	0.95
−0.05	−2	0.98
0	0	1.00
0.05	+2	1.03
0.10	+4	1.06
0.15	+6	1.09
0.20	+8	1.13
0.25	+10	1.15
0.30	+12	1.17
0.40	+16	1.25
0.50	+20	1.35

表はSRまたはスコアのポートフォリオ平均との差（それぞれ1列目と2列目）が分かっている場合、ハンドクラフトウエートを調整するのに使う調整ファクター（3列目）を示している

予想スコアが−12（小数点以下を切り捨て）だとすると、対応する調整ファクターは0.83で、債券の予想スコアが+12だとすると、対応する調整ファクターは1.17になる。

●**ポートフォリオウエートの調整** ハンドクラフト法による初期ポートフォリオウエートに調整ファクターを掛ける。例えば、債券のリ

スクウエートが50％、株式のリスクウエートが50％のシンプルなポートフォリオの場合、債券の調整ファクターが1.13、株式の調整ファクターが0.83だとすると、債券は「1.13×50％＝56.5％」、株式は「0.83×50％＝41.5％」となる。ウエートの合計が100％になるように正規化すると、株式は42.3％、債券は57.7％になる。

これらの方法はポートフォリオのどの部分にも適用することができる。ハンドクラフトポートフォリオの異なるグループと異なるレベルで求めた乗数の統合方法については本章の前の部分を参照してもらいたい。

モデルがないときの銘柄選択

ダーツを投げたり、金融ジャーナリストが好きなチンパンジーやモデルや小さな子供を使って銘柄を選択させたりするよりも、あなたはうまく銘柄を選択できるだろうか。

セクターイクスポージャーをとるのに個別株を買うことができるのであれば、予測モデルを使うという私のアドバイスは無視して、自分で銘柄を選択したくなるかもしれない。しかし、私は個人的にはそれがうまくいくとは思えない。

しかし、自由裁量による銘柄選択は、アセットクラスの方向性を予測するよりも時間の節約にはなるだろう。銘柄を自分でうまく選択できる人のリターンはサイズやバリューといったリスクファクターにさらされることによって得られるものだが、ほとんどの人は株価や金利の水準を予測するよりも銘柄を選択することのほうが得意だ。

第2部のアドバイスに従うのであれば、強制的に分散されたハンドクラフトポートフォリオのなかで銘柄を選択することになる。大口投資家でもないかぎり、銘柄の選択はポートフォリオ全体のごく一部の

なかに限定される。こうすることで、あなたの銘柄選択能力が思ったほどよくなかったり、銘柄選択の天才ではあるが、たまたま不運だったときのダメージを低減することができる。

銘柄選択の定性的でシステマティックな方法については**付録C**を参照のこと。

まとめ

- **●シンプルな予測モデルがうまくいく**　シンプルなモデルはリスク調整済みリターンをうまく予測できることが多くの研究からも分かっている。
- **●しかし、モデルは完璧ではない**　予測モデルはポートフォリオウエートの調整に使うべきであって、ポートフォリオから一定のアセットを完璧に排除してしまうといった極端な使い方をするべきではない。予測モデルを使えば過去の不確実性を低減することはできるが、完全に取り除いてくれるわけではない。
- **●アセットアロケーションには……**　相対モメンタムモデルを使うことをお勧めする。
- **●株式のウエートを各国間、および１つの国のセクター間で配分するには**　相対モメンタムモデルと配当利回りモデルを組み合わせて使うことをお勧めする。
- **●セクター内での銘柄選択には**　１つ以上の銘柄を選択するには、配当利回りモデルを使うことをお勧めする。大口投資家は、株式ポートフォリオの一部を小型株や中型株にも配分することができる。
- **●債券のウエートを債券ファンド間で配分するには**　相対モメンタムモデルと配当利回りモデルを組み合わせて使うことをお勧めする。
- **●自由裁量**　私の予測モデルを使わずに、自由裁量的な方法を使うことも可能だ。これには、シャープレシオを直接予測する方法とスコ

アリングシステムを使った方法とがある。また独自の方法で銘柄を選択することも可能だ。

第15章
アクティブファンドマネジャーは本当に天才なのか？ スマートベータは本当にスマートなのか？

Are Actrive Fund Managers Really Geniuses? And is Smart Beta Really Smart?

　前章で述べた予測モデルはシンプルだが、使うにはある程度の努力が必要だ。ポートフォリオウエートを決めたり銘柄選択するのはスマートな専門家、つまりアクティブファンドマネジャーに任せてしまったほうが簡単なのではないだろうか。しかし、ファンドマネジャーはこういった専門スキルに多額の手数料を課してくる。ファンドマネジャーにそういった高額の手数料を支払う価値はあるのだろうか。

　この数十年、アクティブ運用に代わる安価なオルタナティブ投資が注目を浴びるようになった。それがスマートベータだ。スマートベータとは時価総額加重型ではないパッシブファンドのことを言う。スマートベータはアクティブファンドよりは安いが、時価総額加重型ファンドよりは高い。スマートベータの賢さに余分な報酬を支払う価値はあるのだろうか。

　またこの数年には新たなイノベーションも登場した。それがロボアドバイザーだ。フィデリティやナツメグなどのCTA（商品投資顧問業者）は安いパッシブETF（上場投資信託）ポートフォリオに投資する。しかも、あなたに代わってアセットをリバランスしてくれるというおまけ付きだ。しかし当然ながら、これには代価が伴う。より多くの手

数料を支払わなければならないというわけだ。こうしたロボットにあなたの資金を任せてもよいのだろうか。

本章の概要

- **アクティブファンドマネジャー**　アクティブファンドマネジャーに投資する価値はあるのか。あるとすれば、どんなマネジャーを選べばよいのか。
- **スマートベータ**　スマートベータファンドは時価総額加重とは異なる加重方式を用い、良いパフォーマンスが期待できる株式へのイクスポージャーをとる。アクティブファンドよりは安いが、時価総額加重型ファンドよりは高い。スマートベータに投資する価値はあるのだろうか。
- **ロボアドバイザー**　最近、金融界で開発されたイノベーションの1つが最適なポートフォリオを自動的に提案し、適切な買い付けを行うアルゴリズムだ。これは試してみるだけの価値はあるのだろうか。

アクティブファンドマネジャー

　アクティブ運用には手数料がかかる。割安なパッシブ運用の世界では、S&P500へのイクスポージャーは年間管理手数料として0.05％と、ファンドによる目に見えないトレードコストとして数ベーシスポイントの年間コストで入手できる。しかし、アクティブファンドには＋1％以上の年間手数料がかかる。さらに目に見えないコストも高い。その代わりに、ファンドに雇われた優秀な投資のプロのスキルと専門知識によって高いパフォーマンスが期待できる。

　こういった話は本当なのだろうか。そして、スマートポートフォリオのなかにアクティブファンドを組み込む価値はあるのだろうか。本

セクションではこれについて見ていく。

投資ファンドはどのように比較すればよいのか

　第２章では、将来のリターンを予測するのは難しいことを指摘した。つまり、いろいろなポートフォリオが将来的にどれくらいの利益をもたらしてくれるのかを予測するのは難しいということである。また、第５章ではコストを予測するのは比較的簡単だと述べた。そこであなたは難しい選択を迫られることになる。コストは高くつくが高いリターンを期待できるファンドを買ったほうがよいのか、それともパフォーマンスはあまり高くはないがコストの安いファンドを買ったほうがよいのか。

　例を見てみよう。あなたは２人のアクティブファンドマネジャーのなかから１人を選ぼうとしている。どちらのマネジャーもS&P500を打ち負かすことを目標に掲げている。あなたは２人のマネジャーの月次リターンの10年分の実績データを持っている。一方のマネジャーの年間コストは２％で、もう一方のマネジャーは１％だ。

　２人のリターンを分析してみたところ、コストの高いマネジャーのほうが良いように思える。コスト差引後の年次パフォーマンスはそれぞれ８％と６％だ。コスト差引前のリターンで言えば、コストの高いマネジャーのほうが３％良いことになる（コストの高いマネジャーのコスト差引後のリターンは８％で、これにコストの２％を加えると、コスト差引前のリターンは10％ということになる。一方、コストの安いマネジャーのコスト差引後のリターンは６％で、これにコストの１％を加えると、コスト差引前のリターンは７％ということになる。したがって、コスト差引前のリターンの差は３％）。しかし、これですべてのことが分かるわけではない。コストの高いマネジャーはこの先も高い手数料を取り続けるだろう。しかし、コストの高いマネジャーは、将

来も高いパフォーマンスを上げ続けることができるのだろうか。

　これは第２章で話した投資ゲームの変化形だ。各マネジャーのリターンはそれぞれに異なるカードの組から配られるカードに例えることができる。実績はこれまでに配られたカードだ。それぞれのカードの組からこれまでに配られたカードを見てきたあなたは、相対リターンを予測したいと思っている。似通った２人のマネジャーのリターンはおそらく関連性がある。つまり、相関性があるということだ。

　図6は、これまでに配られたカードが分かっていると仮定した場合、平均リターンが特定の値を取る確率を示したものだ。**図36は図6に似**ているが、今回はコストの高いマネジャーとコストの安いマネジャーのコスト差引前のリターンの差の分布をプロットした。ただし、10年の実績は将来のリターンを表すものとし、相関係数として0.85（似たようなスタイルのファンドを運営するマネジャーの通常の相関）を使った。

　コスト差引前のリターンの予想される差は３％で、これは右側の点線で示している。しかし、これは10年の間にコストの高いマネジャーが３％以上アウトパフォーマンスしない確率が50％あることを示している。

　左側の点線は年間アウトパフォーマンスが１％の線だ。これはコストの高いマネジャーがコスト差引後に競争力を失うコスト差引前リターンのブレイクイーブンポイントを示している（コストの高いマネジャーはコストの安いマネジャーよりも１％コストが高い）。10年の間にコストの高いマネジャーとコストの安いマネジャーとのリターンの差が１％を下回る確率は22％である。

　したがって、任意の10年の間にコストの高いマネジャーがコスト差引後にコストの安いマネジャーをアウトパフォームする確率は78％しかないということである。つまり、コストの高いマネジャーがベストな選択肢であるということは78％の信頼度でしか確信できないという

図36　10年の実績を考えた場合、2人のマネジャーのリターンはどれくらい似たものになるだろうか

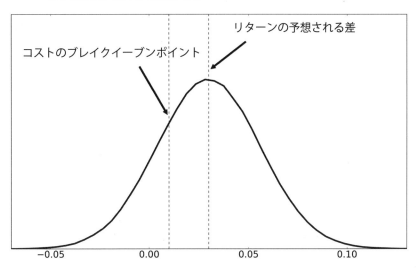

ことである。

　個人的には78％という数値はあまり良い数値とは思わない。78％という数値は、過去のリターンを使って私が構築した統計学的モデルが将来のリターンの良いガイドになると仮定して私が計算した純粋に論理的な数値にすぎない。しかし、現実世界では市場は絶えず変化しているし、個々のファンドマネジャーが使うアプローチも常に変わる。①ファンドがマネジャーを変えることもある、②あなたの好きなマネジャーが別の会社に転職することもある、③マネジャーが異なる市場に投資対象を変えることもある――といったことを考えれば、リターン特性が変わらないと想定するのは現実的とは言えない（例えば、イギリスのスーパースターマネジャーのアンソニー・ボルトンは何十年にもわたってイギリスと欧州を中心にトレードしてきたが、2010年に中国株式ファンドを立ち上げて、ひどいパフォーマンスを喫した）。

この種の比較では、コストの高いマネジャーが最高の選択肢であることを少なくとも90％の信頼度で確信したいところだ。これは統計学者や経済学者が統計学的有意性が存在する証拠としている95％を下回っているが、それでも乗り越えるのが難しい比較的高い水準だ。この例では、コストの高いマネジャーのパフォーマンスのほうが高いことを90％の信頼度で確信するためには、コストの高いマネジャーの10年間の年次リターンはコスト差引前でコストの低いマネジャーを4.3％上回っている必要がある。しかし、３％しか上回っていないのでこれでは不十分だ。

　次の数ページにわたって、異なるファンドを比較するのにこの概念をどのように使えばよいかについて説明する。

アクティブかパッシブか

　金融界では長年にわたって議論されてきたことがある。この議論は永遠に続くだろう。その議論とは、安いパッシブトラッカーファンドに投資すべきか、それとも余分な手数料を払ってアクティブマネジャーに投資すべきかである。アクティブマネジャーは管理手数料が高いだけではなく、ファンドによるトレードコストのような目に見えないコストも高い。彼らにこれだけの報酬を払う価値はあるのだろうか。過去50年の学術論文を見てみると、アクティブマネジャーはコストとリスクを考えると、パッシブインデックスをアウトパフォームしていないという結果が出ている（例えば、2005年の『ザ・ファイナンシャル・レビュー［The Financial Review］』に掲載されたバートン・マルキールの「リフレクションズ・オン・ザ・エフィシェント・マーケット・ハイポセシス［Reflections on the Efficient Market Hypothesis：30 Years later］」を参照。1970〜2004年までの44年間で、139のファンドのうち、65のファンドは年間１％以上アンダーパフォームし、４つの

ファンドのみが年間2％アウトパフォームした)。でも私の好きなファンドマネジャーは違うんだ、と思いたいのはやまやまだろう。

これを調べるには、まず代替となる選択肢を見つける必要がある。あなたが考えているアクティブファンドとマンデートが非常に近いパッシブファンドがそれに当たる。アクティブファンドのピアグループ内で比較してはならない。アクティブファンドが全体的にアンダーパフォームする（大概はこうなるのだが）と、アクティブファンドは優位性を示すためにピアグループ内での比較を好む傾向がある。また、パッシブファンドと指数を比較してもならない。あなたは実際には指数に投資できないので、これはマネジャーにとって不公平になるからだ。

用いるのは、すべてのコスト（目に見えるコストも目に見えないコストも）を差し引いたリターンだ。アクティブファンドの多くは公表されたパフォーマンスの数字に含まれない不明瞭な初期コストと保有コストを課してくる。アクティブファンドのコストについては詳しくは**付録B**を参照してもらいたい。初期コストは20で割って年次換算するのを忘れないようにしよう。また、配当を含むトータルリターンを測定すること。そしてアクティブファンドもパッシブファンドも同じ通貨建てにすること。

両方のファンドのリターンの過去の標準偏差を測定して2つのファンドが似通っていることを確認する。似通っていない場合、リスクの高いファンドが有利になる。2つのファンドのリターンを正規化して、標準偏差が22％になるようにする。これは1つの国の株式ファンドの標準的なリスクだ（例えば、ファンドAの標準偏差が20％で、ファンドBの標準偏差が24％だとすると、リスクが同じになるようにリターンを正規化するには、ファンドAのリターンに22％÷20％＝1.1を掛け、ファンドBのリターンに22％÷24％＝0.917を掛ける)。

アクティブファンドの平均年次アウトパフォーマンスを測定する（アクティブファンドがアウトパフォームしていない場合は簡単だ。パッ

表61　アクティブファンドがパッシブファンドよりも優れていることを90％の信頼度で確信するためにはコスト差引後の平均リターンがどれくらい高くなければならないか

相関	1年	2年	3年	5年	7年	10年	20年	50年
0.25	*32.0*	*23.0*	*18.4*	13.7	11.6	10.0	6.9	4.3
0.50	*25.0*	*18.0*	*14.9*	11.2	9.8	8.0	5.6	3.6
0.75	*18.0*	*13.0*	*10.6*	8.2	7.3	5.6	4.1	2.6
0.80	*16.0*	*12.0*	*9.2*	7.4	6.2	5.0	3.6	2.3
0.85	*14.0*	*9.9*	*8.2*	6.4	5.4	4.3	3.0	2.0
0.90	*12.0*	*8.2*	*6.6*	4.9	4.4	3.6	2.5	1.6
0.95	*8.2*	*5.5*	*4.7*	3.6	3.0	2.5	1.8	1.1

表は、相関（行）と実績データ（列）に基づいて、一方のファンドが他方のファンドよりも優れていることを90％の信頼度で確信するには平均算術平均リターンがどれくらい高くなければならないかを示している。2つのファンドのリターンの標準偏差は年22％と仮定。これは1つの国の株式に投資するファンドの標準的なリスクだ。最初の3列（1年～3年）は注意して使う必要がある。相関が推定できないときは0.85の行を使う

シブファンドを買えばよい）。最後に相関を測定する。相関を計算するときには月次リターンを用いるのが理想的だ。これらの数値を計算する方法については**付録C**を参照のこと。

表61は、実績データの長さと相関に基づいて、一方のファンドが他方のファンドよりも優れていることを90％の信頼度で確信するために必要な算術リターンの差を示したものだ。これらの数値は前のセクションで述べたテクニックを使って算出した。

これはかなり骨の折れる作業のように思える。時間がない人は次のようにしても構わない——①適切な指数に連動する最も安いETFを使う、②相関を85％と仮定する、③アクティブファンドのボラティリティもパッシブファンドのボラティリティも正しいと仮定する。これで平均年次リターンの差を測定するだけでよくなる。表の数値は幾何平均ではなくて算術平均だ。つまり、関連する数値は公開情報から簡単

に入手できる。

　注意しなければならないのは、2つの債券ファンドのリターンを比較するときだ。債券ファンドのボラティリティは正しくない可能性が高い。なぜなら、この**表61**は通常の株式ファンドのリスクを反映するように作成したからだ。経験から言えば、2つの債券ファンドのリターンの差に2.5を掛けると、表の数値になる（当然ながら、あなたが私の以前のアドバイスに従って、満期の短い［デュレーションが低い］債券は除いたものと仮定）。例えば、一方の債券ファンドが他方の債券ファンドを年間1％アウトパフォームするとした場合、これは株式ファンドでは2.5％のアウトパフォーマンスに相当する。

　表61を見ると、実績データが長いほどヒストリカルリターンに確信が持てるため、必要なリターンの差は小さくなる。相関の高いファンドも必要なリターンの差は小さい。指数に密接に連動し、常に指数を打ち負かしているマネジャーが追加的コストを正当化するためにはほんのわずかだけアウトパフォームするだけでよい。風変わりでまったく違ったことをやっているような人は自分の価値を認めてもらうためには長い時間を必要とする。あるいは大きなアウトパフォーマンスを示さなければならない。

　完全を期すために、実績の長さには5年を下回る長さも含めた。しかし、個人的には5年を下回る実績しかないようなマネジャーは信頼できないと思っている。したがって、最初の3列（1年〜3年）は注意を喚起するためにイタリック体にしている。

　では、実例を見てみよう。ファンドスミスは注目を浴びるイギリスのファンドマネジャーのテリー・スミスが運用するグローバルアクティブ株式ファンドだ。ファンドスミスはグローバルな株式市場に投資するパッシブトラッカーファンドのIGWDと85％の相関があると仮定する（実際の相関はこれよりも低いため、この数値はアクティブマネジャーを実際よりもよく見せることになる。ファンドスミスは英ポン

ド建てなので、米ドル建てのETFよりも英ポンド建てのヘッジ型ETFを使ったほうがよい。非ヘッジ型ETFを使えばアクティブマネジャーをまたもや実際よりもよく見せることになる［英ポンドは米ドルに対して下落したため］)。ファンドスミスは過去5年においてはETFをアウトパフォームした。平均リターンは12.4%で、ETFは10.7%だった。年間のアウトパフォーマンスが1.7%と聞くとかなり大きい印象があるが、実際には5年間にわたるこの相関で求められるベンチマークに対するアウトパフォーマンスの閾値である6.4%には程遠い。したがって、パッシブファンドを買ったほうがよい。このファンドマネジャーのアウトパフォーマンスが有意であるためには、あと何十年にもわたってアウトパフォーマンスを維持する必要があるからだ。

これに対して、ウォーレン・バフェットはおよそ50年にわたり、S&P500を年間平均で12%アウトパフォームしてきた（これは今も続いている)。指数との相関とは無関係に、彼の過去のリターンはけっして運ではなくて、90%の信頼度の基準を完璧に満たしている。

この判断を行うときに考えなければならない別の統計学的問題がある。それは多重検定問題だ。多くのマネジャーのパフォーマンスを検定すれば、スキルを持っている者が実際には1人もいなくても、そのうちの何人かは偶然90%の基準を超える可能性がある。何千というアクティブファンドがあれば、そのうちのいくつかの運の良いファンドはスキルはなくても検定をパスする可能性は高い。

表62はこの問題を示したものだ。これは1組の仮想的アクティブマネジャーのリターンデータをランダムに生成して作成したものだ。彼らのどちらも平均的に見てパッシブファンドを打ち負かせる者はいないが、手数料やファンド内のトレードコストとしてパッシブファンドよりも1%余分に取っている。数年分の実績データしかない場合、およそ10%のマネジャーが**表61**の基準をパスしていることが分かる（コストが差し引かれるため実際には10%をやや下回る)。業績データの長

表62 何人のマネジャーが網の目を潜り抜けるか

相関	1年	2年	3年	5年	7年	10年	20年	50年
0.25	9.5	9.1	8.9	8.5	8.4	8.1	7.2	5.7
0.50	9.4	9.2	8.3	8.2	8.0	7.2	6.5	4.6
0.75	9.3	8.9	7.7	7.5	7.0	6.7	5.5	4.0
0.80	9.2	8.4	8.1	8.0	6.8	5.7	5.0	3.5
0.85	9.1	8.4	6.9	6.8	6.3	6.1	4.4	2.8
0.90	8.7	7.2	6.8	6.3	5.9	5.2	3.8	2.4
0.95	7.5	6.3	6.0	5.1	4.4	3.4	2.0	0.8

表は、相関（行）と実績データ（列）に基づいて、スキルのない何人のマネジャーが表61の基準値を偶然パスするかを示している。どのマネジャーもパッシブトラッカーを平均で年1％アンダーパフォームすることが予想される（余分なコストがかかるため）

さが長くなると、「運の良いサル」が90％の基準値をパスする確率は減少するが、パスする者は必ず何人かはいる。

　私が用いるすべての手法では、過去のパフォーマンスは将来のパフォーマンスの代理になると仮定している。しかし、マネジャーはほかのファンドに移ったり、やり方を変えることが多いため、どんなに長い実績データがあったとしてもこれは無意味でしかない。90％の信頼度テストをパスしたマネジャーを見つけたとしても、やはり私はパッシブファンドを外すことには気が進まない。スキルを持ったマネジャーが存在したとしても、何十年かたって彼らのキャリアが終わりに近づくとき以外は、彼らのスキルが運ではないと証明できるかどうかは分からない。また本当に最高のマネジャーはニッチな市場で活動する傾向があり、そこでは資金を集めすぎれば彼らのエッジは消えるだろう。結局マネジャーの多くは、高い手数料がアウトパフォーマンスのすべてとは言わないまでもほとんどを食いつぶすヘッジファンドで働くことになる。

とはいえ、①聡明なアクティブファンドマネジャーは存在する、②聡明なアクティブファンドマネジャーはほかの群れとは異なる、③彼らには報酬を払う価値がある――といった考えに固執する人々はいると私は思っている。

どのマネジャー？　何人のマネジャー？

ポートフォリオの運用にアクティブマネジャーを使うと決めたとして、どんなマネジャーを選ぶべきだろうか。

大体においては、これまで述べてきたアクティブファンドを選ぶかパッシブファンドを選ぶかを決めるときの方法を使うことができる。当然ながら、あなたは最も安いファンドを選ぶだろう。関連コスト（目に見えるコスト、目に見えないコスト、初期コスト、保有コスト）を含めて考えることが重要だ。最も安いファンドがコスト差引後にアウトパフォームするのであれば、話は簡単だ。その最も安いファンドを選べばよい。そうでない場合、コストの高いマネジャーのアウトパフォーマンスが**表61**の90％の有意性検定をパスするかどうかをチェックする必要がある。

大手機関投資家は、リターンが90％の基準値をパスするマネジャーを２人以上見つけられるのであれば、複数のマネジャーを選び、ポートフォリオのときと同じように均等に投資するのがよい。

また90％検定はパフォーマンスの悪い既存のアクティブマネジャーを、人気急上昇のマネジャーと入れ替えるかどうかを決めるときにも使うこともできる。これは非常に厳しいテストなので、マネジャーの入れ替えは容易ではない。人々は原資産価格を予測するのが苦手なように、アクティブマネジャーの変更も苦手だという証拠はそろっている（アミッド・ゴーヤルとスニール・ウォーハルが2008年に『ジャーナル・オブ・ファイナンス』に書いた「ザ・セレクション・アンド・

ターミネーション・オブ・インベストメント・マネジメント・ファーム・バイ・プラン・スポンサーズ［The Selection and Termination of Investment Management Firms by Plan Sponsors］」を参照。彼らは3700人の年金基金を調査した。その結果、年金基金は過去３年間、正のリターンを上げた新しいマネジャーに鞍替えし、アンダーパフォームした既存のマネジャーを解雇したことが分かった。しかし、既存のマネジャーを雇い続ければ、超過リターンはもっと大きくなっていただろう）。

アクティブマネジャーについての最後の警告

　クオンツファイナンスの自称専門家が何やらぐちゃぐちゃと言っているように感じるかもしれないが、私はアクティブファンドマネジャーを選ぶとき、ファンドマネジャーの実績の統計学的分析はあまり信用しない。
　私はリターンがベンチマークと大幅に異なるマネジャー、つまりベンチマークと比較的無相関で非現実的なほどにリターンが高いかあきれるほど低いといったマネジャーは信用しないので、実績は完全に無意味というわけではない。しかし、私が興味があるのは、投資の意思決定の結果として生じる実績よりも、マネジャーがどのように投資の意思決定をしてどのようにリスクを管理するかである。本章の表にもあるように、非常に長い実績を除き、実績はほとんどが運によるものである。
　このようにマネジャーを詳細に評価するには、マネジャーの投資戦略を深く理解する必要があり、これは本書の範囲を超える。個人投資家のほとんどはこうした評価を正しく行うスキルも機会もないため、アクティブマネジャーには最初からかかわらないほうが無難だ。これは一般的な見方なのだが、投資家たちがスキルのない者に多くを払いす

ぎていることに気づき始めたため、今、アクティブファンド業界は徐々に縮小している。

スマートベータ

スマートベータファンドとは時価総額による退屈な投資とは異なる運用をするパッシブファンドのことを言う。ベータは金融の世界では時価総額ポートフォリオに投資することを意味する言葉で、そのベータよりも賢く運用するのでスマートベータと呼ばれるようになった。

本書ではすでにスマートベータポートフォリオの構築については見てきた。均等ウエートがそうである。しかし、もっとエキゾチックなスマートベータ加重法がある。これについてはこのあとすぐに説明する。

スマートベータの興味深い点は、リターンを向上させるのに前出のリスクファクターを使うことである。リスクファクターを使って一定のアセットのウエートを増やしたり、入手できるアセットの一部のみを選んだりする。これらは本質的には前章で述べたシンプルな予測モデルに似ている。

本セクションではいろいろな加重方法と、リスクファクターを使ってウエートを変更したりアセットを選んだりする方法について説明する。

スマートベータ加重法

本書ではこれまで3つのポートフォリオ加重法について見てきた。均等加重、時価総額加重、ハンドクラフト法の3つだ。しかし、これ以外にももっと高度な方法がある。そのほとんどは、過去のリスク、リターン、相関を使ってベストなポートフォリオを見つける完全最適化

テクニックの変化形だ。第3章で述べたように完全最適化にはいろいろな欠点があるため、今では疑問が持たれスマートベータではほとんど使われない。

ほとんどすべてのETFをカバーするポートフォリオ加重法のほぼすべてを含むリストは以下のとおりである。

- ●**完全最適化** 最大の期待リスク調整済みリターンが得られるようにウエートを最適化する。仮定することは何もなく、リスク、リターン、相関はアセット間で異なり、過去の相関、リスク、リターンを使って最適化する。幸いなことに、完全最適化によってウエートを決めているETFはないようだ。
- ●**均等加重** すべてのアセットにウエートを均等に配分。相関、リスク、リスク調整済みリターンはすべてのアセットで同じであると仮定。ポートフォリオの構築には統計学的推定値は使わない。これは最もよく使われるスマートベータETF加重法で、RSP（エクスペンスレシオが0.4％のS&P500ファンド）を初めとする多くのファンドがある。
- ●**ボラティリティパリティ** リスクに反比例したウエートを配分。ボラティリティパリティは均等加重と第4章で紹介したリスクウエートを組み合わせたもの。相関とリスク調整済みリターンはすべてのアセットで同じであると仮定。ヒストリカルリスクを用いる。ボラティリティパリティは一般的なETF戦略ではなく、本章執筆の時点ではボラティリティパリティを使ったファンドを見つけることはできなかった。
- ●**リスクパリティ** ポートフォリオリスクへの貢献に反比例したウエートを配分。リスク調整済みリターンはすべてのアセットで同じであると仮定。過去のリスクと相関を使う。これらのファンドは複数のアセットクラスを含む傾向がある。例えば、カナダに上場してい

るHRA（年間手数料は0.85％）がそうである。
- **●最大分散** ポートフォリオの分散が最大になるようにウエートを最適化する。リスク調整済みリターンはすべてのアセットで同じであると仮定。過去の相関とリスクを使う。最大分散ETFの例はカナダのファンドであるMUS（年間手数料は0.6％）。
- **●最小分散** ポートフォリオリスクが最小になるようにウエートを最適化する。リスク調整済みリターンはすべてのアセットで同じであると仮定。過去の相関とリスクを使う。このファンドの例は、USMV ETF（MSCI USA。ボラティリティが最小の指数。年間手数料は0.15％）。
- **●ハンドクラフト法** アセットをグループ分けして、グループ内およびグループ間でウエートを均等に配分。同じグループ内のアセットは相関が同じであると仮定。異なるグループに属するアセットは同じグループに属するアセットよりも相関は低いが、グループ内での相関は同じであると仮定。過去の相関を使う。リスクウエートとともに使うときは、過去のリスクを使う。この戦略を使ったETFはほとんどない。私が見つけた最も近いものは、EQL（10のセクターETFに均等資産ウエートで投資。年間純手数料は0.3％）。
- **●時価総額加重** 時価総額に基づいてアセットのウエートを決める。時価総額ウエートがベストであると仮定（具体的には、すべての投資家は時価総額加重型ポートフォリオを保有していると仮定する資本資産価格付けモデル［CAPM］が成り立つと仮定すれば、時価総額加重がベストということになる）。過去のデータは使わない。基本的にすべてのパッシブETFは時価総額加重型。

ちょっと変わった最適化テクニックは、ハンドクラフト法、シンプルな均等加重、あるいは安い時価総額加重という標準的な加重方法に比べて付加価値はあるのだろうか。

ボラティリティはアセットクラス間で大きく異なるため、アセットクラス間ではボラティリティ加重が良いように思える。しかし、同じ国の株式のように似たアセットの場合、ボラティリティ加重が必要だとは私は思わない（こう思うのは私一人ではないはず。似たようなアセットの場合、ほかの高度なテクニックよりも均等加重のほうがよいという証拠は山のようにある。例えば、ラマン・ウッパルほかが2007年に『レビュー・オブ・ファイナンシャル・スタディーズ』に書いた「オプティマル・バーサス・ナイーブ・ダイバーシフィケーション [Optimal Versus Naive Diversification : How Inefficient is the 1/N Portfolio Strategy]」を参照）。私は均等加重で十分だと思う（歴史的に見るとボラティリティの低い株式はボラティリティの高い株式を、少なくともリスク調整ベースではアウトパフォームしてきた。この事実を踏まえれば、ボラティリティ加重にもメリットはある）。ボラティリティ加重は均等加重よりもポートフォリオの高い回転率を必要とする。なぜなら、ボラティリティ加重ではリスクだけでなくアセットの価値の変動に合わせてポートフォリオを変更する必要があるからだ（標準偏差の推定値をたびたび変えれば、リスクウエートを使った方法では問題が発生する。これについては詳しくは第4部で説明する）。

　リスクパリティ、最大分散、最小分散では、リスク調整済みリターンがすべてのアセットで同じだと仮定したうえで、パフォーマンスが最も良いポートフォリオを決めるのに過去の相関とリスクを使う（すべてのアセットの期待リスクが同じなら、最小分散ポートフォリオと最大分散ポートフォリオは同じものになる）。ポートフォリオが相関が似たアセットから構成されているとすれば、これらの手法は過剰だ。こんなときは均等加重のほうがよい。同じ国、同じ業種の株式のようなアセットの場合、相関を考慮する必要はない。

　心配なのは、リスクパリティや最大分散や最小分散で構築したポートフォリオは、第3章で述べた最適化の危険性にさらされていること

である。相関の推定量が変化すればポートフォリオを調整しなければならないため、管理手数料が比較的高く、トレードコストも高くなる。

　最小分散ポートフォリオは別の問題もある。リスクを最小限に減らすことで、リターンも減少するのである。第4章で定義した幾何平均が最大のポートフォリオを求める投資家にとって、これでは魅力は半減する。

　しかし、カナダの株式市場のようなところに投資することを考えてみよう。カナダの株式市場では均等加重と時価総額加重とによって一定のセクターへの集中度が高いポートフォリオになってしまう（**表31**と**表32**を参照）。この問題はセクターETFを買うか、第11章で述べたトップダウンアプローチによって個別株を買うことで対処可能だ。

　しかし、口座サイズが小さかったり安価なセクターETFがなかったりといった理由でこれが不可能な場合、最大分散ETFや最小分散ETFが効果的だ。しかし、私がこういったETFを買うのは、管理手数料が時価総額加重ファンドよりも0.5％低い場合に限る。均等加重ファンドに対しては0.3％低ければよい。これはボラティリティや相関が変化することでトレードコストが高くなるからである。

　まとめると、私は複雑なスマートベータ加重アプローチには非常に懐疑的だ。このアプローチは時価総額加重や均等加重よりもコストが大幅に高くなるためお勧めしない。

スマートファクター加重とスマートファクターによる選択

　前の第14章ではリスクファクターというものを紹介した。バリューやモメンタムといったリスクファクターにさらされるほど、リターンは高くなる。

　「ファクター加重」スマートベータポートフォリオは、時価総額加重指数よりも、あなたが選んだリスクファクターに対するイクスポージ

ャーは高い。例えば、ファンドマネジャーが配当利回りのようなバリューファクターへのイクスポージャーを大きくとりたい場合、それに合わせてポートフォリオを調整することができる。これは次の方法によって行う――①高い配当を払う株式のウエートを上げる、②最低の配当利回り条件を満たす株式にのみ選択的に投資する、③上の①と②を組み合わせる。

あるいは、「経済的加重」という方法を使えるバリューファクターもある。例えば、配当加重ポートフォリオは支払われた配当によって会社のウエートを決める。例えば、2つの会社の時価総額は100億ドルで同じだが、一方の会社の配当が他方の会社の配当の2倍（4％と2％）だったとすると、経済的加重スマートベータポートフォリオのなかのウエートは配当が2倍の会社は2倍になる（年間配当額は4億ドルと2億ドル）。

ファクター加重には手数料を払う価値はあるのか

ファクターベースのスマートベータファンドは普通の時価総額加重ファンドよりもコストが高いのが普通だ。まず第一に、ファクターベースのスマートベータファンドの管理手数料は高い。例えば、アメリカのバンガードは今バリューリスクファクターへのイクスポージャーを持つS&P500ETF（VOOV）を販売している。このETFはエクスペンスレシオが0.15％で、最も安い時価総額型ETF（IVV）の0.05％に比べると0.1％も高い。第二に、ファクターベースのスマートベータファンドはファンドによるトレードコストのような目に見えないコストが高い。

均等加重ファンドの場合、価格が変化すると均等ウエートを維持するためにファンドマネジャーはアセットを売買しなければならないため、目に見えないトレードコストが高いのはすでにご存じのはずだ。し

かし、ファクターベースのスマートベータファンドは、評価額の変化にも応じる必要があるためこれよりも頻繁に売買しなければならない。

　これは欠点ではあるが、ファクターを使ったスマートベータETFからはどれくらいの追加リターンが期待できるのだろうか。

　残念ながら、ファクターベースのスマートベータパッシブファンドは、時価総額加重のベンチマークファンドをアウトパフォームするという統計学的に有意な証拠が得られるほどのヒストリカルデータはない。リスクファクターの移り変わりは激しいため、パフォーマンスは数市場サイクルにわたってしか判断できないという問題がある（例えば、バリュータイプの戦略は1990年代終わりのハイテクブームのときはパフォーマンスは最悪だった。ハイテクブームのときは古風な会社は切り捨てられ、利益が出るかどうかも分からないドットコム企業に注目が集まった。バリュー株がアウトパフォームしたのはハイテクバブルがはじけてからだった）。しかし、個別株のリスクファクターのリターンについてはかなりの学術研究が行われてきた。

　ここでは、比較的最近になって書かれた、先進国の主要株式市場をすべてカバーする１つの論文（ユージーン・ファーマとケン・フレンチが2012年に『ジャーナル・オブ・ファイナンシャル・エコノミクス』に書いた「サイズ・バリュー・アンド・モメンタム・イン・インターナショナル・ストック・リターンズ［Size, Value, and Momentum in International Stock Returns］」。ここに示した結果は論文の表２から導出したものだ。月次算術平均は年次幾何平均に換算した。論文のリターンは絶対リターンではなくて超過リターンだが、重要なのは相対パフォーマンスである）の結果についてまとめてみた。**表63**は私のまとめた結果を示したものだ。

　まず分かることは、PBR（株価純資産倍率）が低く、安い株式を買うのは大型株ではうまくいかないということである。スマートベータETFは安い株式を選択的に買うETFだ。スマートベータETFが超過

表63 サイズとPBRおよびモメンタム（リスクファクター）へのイクスポージャーが異なるグローバル株式の超過リターンの年次幾何平均

サイズ	高いPBR	平均PBR	低いPBR	低いモメンタム	平均モメンタム	高いモメンタム
小型株	−1.27%	8.10%	13.15%	−0.07%	8.66%	17.07%
中型株	2.53%	5.13%	7.30%	0.71%	5.51%	8.38%
大型株	2.26%	4.87%	4.67%	−0.91%	3.56%	5.60%

低いPBRとはPBRの低い20％の会社（割安）、高いPBRとはPBRの高い20％の会社（割高）、平均のPBRとはPBRがメジアンの会社を示している。低いモメンタムとは相対モメンタムが低い20％の会社（12カ月のトレーリングリターンを使って測定）、高いモメンタムとは相対モメンタムが高い20％の会社、平均モメンタムとは相対モメンタムがメジアンの会社を示している。小型株とは時価総額で順序付けした下から75％の会社、大型株とは時価総額で順序付けした上から3％の会社、残りが中型株

リターンを稼げるのはPBRが平均的な株式よりも安い株式を買ったときであるが、大型株の場合、安い株式（4.67％）よりも平均的な株式（4.87％）のほうがリターンは高い。安い大型株はボラティリティが高いため、シャープレシオも低い（表には表示せず）。

大型株の安い株式（低いPBR、リターンは4.67％）と高い株式（高いPBR、リターンは2.26％）の間には大きな差があるが、この差を稼げるのは安い株式を買って、高い株式を売り、リターンを上げるためにレバレッジを使えるヘッジファンドだけである。

バリューは、非常に大きくて最も効率的な価格付けをされた会社で初めて機能する。中型株の場合、平均的に安い株式は幾何平均が高く（7.3％。これに対して平均的な株式は5.13％）、シャープレシオも高い。小型株の場合、安い株式は平均的な株式よりもリターンが大幅に高い。

モメンタム——過去12カ月のほとんどで上昇した株式を買う——はすべての企業サイズでリターンが高い。大型株の投資家は、モメンタムが平均的な株式を保有するよりもモメンタムが正の株式を保有したほうがコスト差引前のリターンは2％高い。中型株と小型株の投資家

表64　いろいろなスマートベータ商品の時価総額加重ETFに対する超過幾何平均

サイズ	均等ウエート	1つのバリューファクター	複数のバリューファクター	1つのモメンタムファクター	バリュー＋モメンタム
小型株	0.03%	5.13%	7.10%	8.44%	9.45%
中型株	0.03%	2.23%	3.07%	2.90%	3.56%
大型株	0.03%	−0.17%	0.05%	2.07%	2.50%

表はスマートベータ商品への投資が価値を持つためには、時価総額加重ETFに対して幾何平均がどれくらい高くなければならないかを示している

は、モメンタムが平均的な株式を保有するよりもモメンタムが高い株式を保有したほうが追加的リターンはさらに大きくなる。

　この論文によれば、複数のリスクファクターを組み合わせたほうが1つのリスクファクターを使うよりもリターンが高くなる。ほかの論文にも同様の記述がある。ETFのなかには複数のリスクファクターを使うところもあるが、管理手数料は高くなる。

　私はバリュー投資とモメンタム投資の強力な支持者だが、入手できる証拠を見るかぎり、リスクファクター投資は高いコストを支払うだけの十分な超過リターンが常に期待できるとは思わない。

　スマートベータ商品にはどれくらい余分な管理手数料を支払うだけの価値があるのだろうか。まず、いろいろなタイプのスマートベータの時価総額ウエートに対する超過リターンを見てみよう。これは**表64**に示したとおりである。均等ウエートの超過リターンは第6章で算出したが、0.03％とかなり低い。そのほかの数値は**表63**を基に算出したものもあり、私のリサーチからの数値もある。これらの数値にはコストが含まれていないため、本当にこれだけの超過リターンが得られるかどうかは分からない。このあとコストを比較する。

　表64に示したファクター投資の超過リターンからスマートベータの

表65 スマートベータファクターファンドに支払う追加的最大年間管理手数料

サイズ	均等ウエート	1つのバリューファクター	複数のバリューファクター	1つのモメンタムファクター	バリュー＋モメンタム
小型株	−0.82%	4.0%	6.0%	7.0%	8.0%
中型株	−0.58%	1.4%	2.2%	1.7%	2.3%
大型株	−0.27%	−0.68%	−0.46%	1.2%	1.7%

表は、時価総額加重ETFに対する追加的年間管理手数料が最大でどれくらいならスマートベータ商品に投資する価値があるかを示している。負の数値はスマートベータの手数料が時価総額加重ETFよりも安いことを示している

目に見えない追加的トレードコスト（**付録B、表95**）を差し引くと、支払わなければならない追加的な最大管理手数料を算出することができる。これを示したものが**表65**である。

以前に述べたスマートベータS&P500バリューETF（VOOV）に再び戻って、これを買う価値があるのかどうかを調べてみることにしよう。これは大型株マルチファクターバリューファンドだ。**表65**からは、これを買うには年間管理手数料は時価総額ファンドよりも0.46％安くなければならないことが分かる。なぜなら、**表64**に示された0.05％という超過リターンは0.51％の追加トレードコストに比べると0.46％低いからだ。しかし、実際にはVOOVの年間管理手数料は時価総額ファンドよりも0.1％高い。

結論としては、大型株S&P500バリューETFは高い管理手数料を払うのを正当化できるだけの価値はないということになる。しかし、大型株モメンタムファンドと、リスクファクターを持つ小型株ファンドは手数料をもっと支払うだけの価値はある。しかし、一般的にはほとんどのスマートベータファンドは、退屈だが安い時価総額加重ファンドに比べると高すぎるため、わざわざ買うだけの価値はない。

ロボアドバイザー

投資の世界では最近ロボアドバイザーという新たなトレンドが生まれている。ロボアドバイザーは、あなたの資金をあなたのために投資してくれる自動化システムで（通常は、ETFに投資）、ポートフォリオウエートはアルゴリズムによって決定される。しかし、バンガード（アメリカ）やナツメグ（イギリス）をはじめとする多くのロボアドバイザーは完全にアルゴリズムに依存するのではなくて、人間の手を加え、人間にさまざまなアセットの将来のリターンを予測させている。しかし、ロボアドバイザーは多くの労力からあなたを解放してくれるのは確かだ。また、ロボアドバイザーのアルゴリズムは第3章で述べたポートフォリオ最適化手法の変化形であるため、一見したところ、本書で述べてきたのと似た手法を使っているように思える。

しかし、私はロボアドバイザーはあまり好きではない。それにはいくつかの理由がある。第一に、ロボアドバイザーはけっして安いものではない。ポートフォリオの面倒を見てもらうのに高額な年間手数料を払わなければならない。例えば、イギリスの場合、ロボアドバイザーの第一人者であるナツメグは固定アロケーション商品に年間0.25％から0.45％の手数料を取り、完全管理サービスになると年間手数料は0.35％から0.75％にもなる。アメリカはもっと安いが、それでもバンガードの年間手数料は0.3％だ。現在、管理手数料を取らないロボアドバイスサービスを提供するところはチャールズ・シュワブ1社のみだ。

ロボットやそれを管理する人間がETFを入れ替えるときにかかるロボファンドによるトレードコストも別に支払わなければならない。もっとも、小口投資家にとっては自分でリバランスをやるよりは安くつく。これに加え、DIY投資の場合、原資産ファンドの年間手数料と原資産ETF内での目に見えないトレードコストといった通常のコストも支払わなければならない。

第二に、ロボットのなかにはバカげたことをやるものもある。例えば、私はあるファンドを見ただけで問題がはっきりと分かった。
　それはどんな問題だったのかというと、リスクの最も高い２つのファンドは債券には一切投資せずに、株式のみに投資していた。そして最も安全なファンドはキャッシュと債券にのみ投資し、株式には投資していなかった。こうしたアロケーションには欠点がある。第４部で言ったことを思い出してもらいたい——①期待幾何平均の正しい測度を使えば、すべての投資家はポートフォリオにある程度の債券を含めなければならない、②超安全志向の投資家でもある程度の株式を含めなければならない。
　つまり、このロボアドバイザーの使っている最適化プロセスには深刻な欠点があるということである。この問題は単独で考えるべきではない。ほかのファンドマネジャーのアルゴリズムにもどんな小悪魔（異常）が潜んでいるかはだれにも分からない。
　第三に、これらのロボットは十分にロボット的だとは言えない。例えば、バンガードは人間とロボットのハイブリッドアドバイスを提供している。両方の世界を組み合わせることで最高のものになるのだろうか。それとも最悪のものになるのだろうか。ナツメグは完全管理のポートフォリオを継続的に調整するファンドマネジャーを雇っている。

　「……厳格なコンピューターモデルに頼ることなく、私たちは人間の手で関連データを綿密に分析している」（https://www.nutmeg.com/、2016年12月より）

　別の言葉で言えば、彼らはリスク調整済みリターンを予測しようとしているということである。人間がこれを特別うまくやれるとは私は思わない（2017年１月現在、ナツメグはリバランスを行わない固定アロケーションサービスを提供しているが、これは少し安価だ）。

人間の手を加えることで付加価値が付くのかどうかは分からないが、トレードコストが上がることだけは確かだ。これらのファンドのほとんどはまだ数年しかたっていないため、人間がポートフォリオウエートに変更を加えた成果を評価するだけの十分なデータがない。本章のはじめにアクティブマネジャーのパフォーマンスを分析するのに必要な期間について述べたが、人間が手を加えた成果を調べるためのデータはこれよりもはるかに少ない。

　また、ロボアドバイザーはアクティブ運用アドバイザーと同じマーケティングトリックを使っているため、正しい比較を行うことは難しい。例えば、原資産ETFからなるバランスの取れた固定ウエートのポートフォリオのようなベンチマークではなくて、コストの高い金融アドバイザーとの比較は特に難しい。

　最後に、ロボアドバイザーは比較的柔軟性に欠ける。自分のリスク許容量に合ったポートフォリオを選ぶこと以外、個別株を所有することもできないし、アロケーションを変更したり、オルタナティブに投資したりといったこともできない（ロボアドバイザーのなかにはある程度の柔軟性を持つものもある。例えば、ロボ業界に新たに参入したオープンインベストでは、投資家は倫理的な問題を抱えていたり持続可能性に明らかに問題のある企業に対する投資は避けることができる。しかし、DIY投資と同じ数の選択肢があるロボアドバイザーはない）。

　ロボアドバイザーは、コストの高いアクティブファンドに投資する高額な金融アドバイザーよりは安いが、自分でやろうと思っている人にとっては高すぎる（アメリカのロボ投資の1つのメリットは、タックス・ロス・ハーベスティング［値下がりした株式を売ってキャピタルロスを作り、それをほかの値上がりした株式のキャピタルゲインやほかの収入に対して相殺し、課税対象収入を減らし節税する方法］だ。節税目的の資本損失を利用する方法については第4部で説明する）。自分でやろうという気のない人は、追加管理手数料のかからないマネジ

第15章　アクティブファンドマネジャーは本当に天才なのか？　スマートベータは本当にスマートなのか？

ャー（今のところはチャールズ・シュワブのみ）を探すことに専念することだ。しかし、こうしたマネジャーを使っても、リバランスコストは余計にかかるうえ、柔軟性には欠け自主性を持つこともできないといったデメリットのほうが大きい。

まとめ

- **アクティブファンドマネジャーを疑え**　アクティブマネジャーは高いコストを正当化できるほど統計学的に有意なパフォーマンスを上げるとは思えない。ファンドマネジャーがたくさんいれば、そのうちの何人かは運良く良い成果を出すこともある。
- **風変わりなポートフォリオ加重は避けよ**　最小分散、最大分散などは避けよ。
- **スマートベータは避けよ**　一定のファンドを除き、リターンがコストを上回るようなスマートベータはない。
- **ロボアドバイザー**　自分で何もやる気のない人、あるいは高給取りで、追加的管理手数料、高い回転率、柔軟性の欠如よりも時間の節約のほうが重要な人以外、こうしたコストの高いものは避けよ。

第4部

スマートリバランス

Part Four : Smart Rebalancing

「われわれが望ましいと思う保有期間、それは永遠である」
——ウォーレン・バフェット（伝説的投資家）

　完全な世界では、一度ポートフォリオを構築したらあとは何もする必要はない。しかし、私たちの住んでいる世界は完全な世界ではない。アセットの価格が変わったり、配当が支払われたり、キャッシュが加えられたり取り除かれたりするため、ポートフォリオをチェックしないままにしておけば、当初アロケーションから段々と離れていく。面倒なことに、会社は買収されることもあるし、もっと面倒なことに倒産することもある。ポートフォリオウエートはこうしたイベントに応じて変更しなければならない。

　しかし、重要なのは、トレードは最小限度にすることである。もちろん、かの尊敬すべきバフェット氏よりはトレード量は若干多くなるとは思うが……。もう1つ重要なのは、どの買いや売りに対してもきちんとした理由を持つということである。売買すれば必ずコストがかかるため、自分の行うどのトレードからも利益が出ることを確信できなければならない。

第16章では正しいリバランスを行うために理解しておくべき理論と原理について説明する。本書で行ういろいろな意思決定と同じように、ポートフォリオウエートを調整することで得られる不確実な利益に対して、確実にかかるトレードコストを評価することを含め、賢明な選択をすることが重要だ。

　第17章では、第２部で構築方法を説明したスマートポートフォリオを運用するときに、こうした原理をどのように使えばよいかを説明する。これには、車のメンテナンスと同じくポートフォリオを定期的にメンテナンスするプロセスが含まれる。これは大きなトレードコストがかかるような大きな調整ではなく、ポートフォリオに小さな変更を加えることを意味する。

　本書を読んでいる投資家の多くはすでに自分のポートフォリオを持っていることと思う。第１部、第２部、第３部と読み進めてきたあと、自分の持っているポートフォリオは気に入らないと思った人もいるだろう。しかし、すべてを売って一から始めるのは恐ろしいほどに高くつく。こんなときにあなたに必要なのはポートフォリオの修復だ。この極端なタイプのリバランスについては第18章で説明する。

第16章
リバランス理論

The Theory of Rebalancing

　スマートポートフォリオを構築して、やっと一息できると思っただろうか。残念ながら、まだまだリラックスはできない。リバランスについて考えなければならないからだ。つまり、さらなる売買を行わなければならないということである。利益とコストのトレードオフを考えることは金融の意思決定では必ず必要なことだが、それはリバランスでも同じだ。人々の多くはトレードコストは過小評価して、利益は過大評価する傾向がある。本章を読むことでリバランスのことがよく分かってくるはずだ。

本章の概要

- **なぜリバランスが必要なのか**　本章ではリバランスがなぜ必要なのかを説明し、2つの種類のリバランス——①部分的なウエート調整、②1つのアセットを別のアセットと丸々入れ替える入れ替え——を定義する。
- **ウエートを調整するだけの価値はあるのか。あるとすればどれくらい調整しなければならないのか**　ポートフォリオウエートが最適値に近づくようにトレードする価値はあるのか。
- **ファンドや株式を丸々入れ替えるべきときと、入れ替えるべきでは**

ないとき 新しいファンドや株式を丸々入れ替えたときのコストと利益のトレードオフ。

●**税金** リバランスを微調整して税金をできるだけ少なくする。

第17章と第18章では、これらの原理を使ってポートフォリオを定期的にメンテナンスする方法と、もっと大々的なポートフォリオの修復方法について説明する。

なぜリバランスが必要なのか

リバランスが必要な理由は大きく分けて2つある。1つは、目標ウエート(あなたの希望するポートフォリオの資産ウエート)は変わらないが、原資産価値に基づく資産ウエート——現在のウエート——が目標ウエートを正しく反映しないとき、リバランスが必要になる。これを「ポートフォリオドリフト」と言う。もう1つは、目標ウエートを変えたときにはリバランスが必要になる。これを「アロケーションの変更」と言う。

まずは解決しなければならない問題について考える。しかし、答えはもう少し待ってほしい。答えは本章の後半で提示する。

実在する3つの会社からなる超シンプルなポートフォリオを考えてみよう(このポートフォリオは本書の第1部と第2部で述べたほぼすべての原理に違反しているため、実際の投資には使えない)。**表66**がそのポートフォリオを示したものだ。

この超シンプルなトップダウンの株式ポートフォリオは2つの銀行(JPモルガンとバークレイズ)とイギリスのスーパーマーケットのテスコで構成されている。まず、各会社のリターンの標準偏差から資産ウエートを算出する(第4章で述べた方法を使用)。これらのウエートは私が望む目標ウエートを示している。

第16章 リバランス理論

**表66 リバランスの効果を示すためのシンプルなポートフォリオ──
──これは単なる例なのでこのポートフォリオに投資してはならない**

	目標リスクウエート	標準偏差	目標資産ウエートA	口座資産B	投資額 C=A×B	為替レートD	株価E	株数 (C×D)÷E
バークレイズ	25%	20%	24.1%	£10,000	£2,409	1.0	£2.00	1,204
テスコ	25%	15%	32.1%	£10,000	£3,212	1.0	£5.00	642
JPモルガン	50%	22%	43.8%	£10,000	£4,379	1.5	$30.00	218

表は目標リスクウエートから目標資産ウエートへの変換と、最終的に買うべき株数までの計算方法を示している。数字はすべて任意で、説明目的のためのみに用いるものとする

次に、名目口座資金額を1万ポンドとして、各株式をどれくらい保有する必要があるかをポンドで算出した。最後に、実際に買うべき株数を算出した。JPモルガンは株価がドル建てなので投資額には為替レートを掛ける必要がある。

理由はこのあと分かってくると思うが、これらの計算を逆算する。これを示したものが**表67**である。口座資金、所有する株数、株価、為替レートが与えられれば、私が今保有するものから示唆される資産ウエート（現在のウエート）を計算するのは簡単だ。最後に、標準偏差からインプライドリスクウエートを算出する（インプライド資産ウエートとインプライドリスクウエートは前の表の目標ウエートとは少し違う。なぜなら株式は端数では買えないからだ。したがって、ポートフォリオの0.2％はアロケーションされずにキャッシュで保有することになる）。

表67　株数からウエートを逆算

	株数F	株価E	為替レートD	投資額C＝(F×E)÷D	口座資産B	現在のウエートG＝C÷B	標準偏差	インプライドリスクウエート
バークレイズ	1,204	£2.00	1.0	£2,408	£10,000	24.1%	20%	25.0%
テスコ	642	£5.00	1.0	£3,210	£10,000	32.1%	15%	25.0%
JPモルガン	218	$30	1.5	£4,360	£10,000	43.6%	22%	49.8%

表は株数、株価、為替レート、口座資産から逆算した資産ウエート（現在ウエート）とリスクウエートを示している。ポートフォリオの0.2％に相当する22ポンドはキャッシュで保有していることに注意

ポートフォリオドリフト

ポートフォリオドリフトは、目標ウエートは変わらないのに、現在ウエートが目標ウエートから変化したときに発生する。これが発生する理由はたくさんある——①価格の変化、②配当やほかのキャッシュの移転、③倒産や買収。

価格の変化

イギリスのスーパーマーケットであるテスコは数年前に不正会計事件を起こした。同じ事件が再び起これば、株価は半値になるだろう。1回の不正会計事件は不運と言えるが、2回目を起こせば不注意ということになる。株価が半値になったら、**表67**は**表68**のようになる（計算を簡単にするために、非現実的ではあるが標準偏差は変わらないと仮定。通常、株価が暴落するとボラティリティは上昇する）。

予想どおり、テスコの現在ウエートは減少し、ほかの2社の現在ウエートは増加した。ほかの2社の株価は変わらないが、減少した口座

表68　株価が変わると現在ウエートはどう変わるか

	株数F	株価E	為替レートD	投資額 C＝(F×E)÷D	口座資産B	現在のウエートG＝C÷B	標準偏差	インプライドリスクウエート
バークレイズ	1,204	£2.00	1.0	£2,408	£8,395	28.7%	20%	28.5%
テスコ	642	£2.50	1.0	£1,605	£8,395	19.1%	15%	14.3%
JPモルガン	218	$30	1.5	£4,360	£8,395	51.9%	22%	56.9%

表はテスコの株価が半値になったとき、株数、株価、為替レート、口座資産から逆算した資産ウエート（現在ウエート）とリスクウエートを示している。太字は表67から変化した数字を示している。22ポンドはキャッシュで保有していることに注意

表69　リバランス後のポートフォリオ

	株数F	株価E	為替レートD	投資額 C＝(F×E)÷D	口座資産B	現在のウエートG＝C÷B	標準偏差	インプライドリスクウエート
バークレイズ	1,010	£2.00	1.0	£2,020	£8,395	24.1%	20%	25.0%
テスコ	1,078	£2.50	1.0	£2,695	£8,395	32.1%	15%	25.0%
JPモルガン	184	$30	1.5	£3,680	£8,395	43.8%	22%	50.0%

表はテスコの株価が半値になり、ポートフォリオをリバランスしたあとの、株数、株価、為替レート、口座資産に基づく資産ウエート（現在ウエート）とリスクウエートを示している

資金に占める割合は上昇している。問題は株価の相対的な変動だ。もし3社すべての株価が半値になったら、現在ウエートは変わらないだろう（ポートフォリオのなかの小さなキャッシュ保有分の価値が相対的に高まるため、本当はこうはならない。しかし、影響はごくわずか）。

テスコの株価が半値になったので、バークレイズとJPモルガンを売って、テスコを買うことにした。**表69**は新たにリバランスしたポート

フォリオを示している。現在ウエートは元の目標ウエートと同じだ。このポートフォリオを達成するためには、ポートフォリオの約1100ポンド分（およそ26％）を売って、買い直さなければならなかった。

株価が変わらなくても、為替レートが変われば同様の計算が必要になるだろう。あなたの保有株がすべて同じ通貨建てでないかぎり、これは避けることはできない。

最後に、この例では時価総額加重ポートフォリオはリバランスの必要がないことに注意しよう。時価総額ウエートは株価が変化すれば自動的に調整されるからだ。伝統的なパッシブトラッカーファンドが均等ウエートを使っているファンドよりもリバランスコストがはるかに少ないのはこのためだ。

配当とほかのキャッシュの移転

株式ファンドや定期分配型ファンドのほとんどは配当を支払う。もし何もしなければ、ポートフォリオのなかのキャッシュの比率は徐々に高まっていく。しかし配当を再投資すれば、ポートフォリオウエートは正しく維持される。ブローカーの多くはこれを自動的に行うサービスを提供している。

例えば、4％の平均配当を受け取っているとすると、ポートフォリオの4％分を毎年再投資しなければならない。分配金再投資型ファンドにのみ投資しているのでないかぎり、配当は必ず発生する。第3部で紹介した相対利回りモデルを使っているのであれば、おそらくは平均を上回る配当を手にするだろう。

キャッシュバランスが変化するのには別の理由もある。例えば、投資家は追加的資金を口座に入れることがある。ポートフォリオウエートを正しく維持するためには、追加的資金を投資する必要があるときもある。あるいは、口座から資金を引き出すこともあるだろう。口座に十分なキャッシュがなければ、必要な資金を引き出すには証券を売

る必要がある。

投資家は資金を引き出すタイミングやその額を常にコントロールできるとは限らない。しかし、ある年に資金を追加し、翌年に引き出すだけというのは一般に良い考えとは言えない。これは不必要な取引コストがかかるだけで、税金も増えることがある。1つの会社だけからなる年金ファンドは、（会社が新しく支払う利益がない場合）一般に積金することはなく、引き出す（雇用者が退職し、年金を支払わなければならない）だけである。

寄付基金のようなほかの機関投資家は、複数年にわたる予算を立てて資金の引き出しを平滑化する必要がある。最後に、個人投資家は次の5年間に必要と思われる資金を投資するのはやめたほうがよい。

倒産と買収

テスコが倒産したらどうなるのだろうか。あるいはJPモルガンがバークレイズを買収したらどうなるのだろうか。

企業が倒産すれば、株価は紙切れ同然（ゼロ）になる。したがって、株価上昇による金儲けはもはや期待できず、価値のない会社を保有しているにすぎない。キャッシュによる買収が行われれば、その会社はもはや存在しないが、若干のキャッシュによる残念賞はもらえるかもしれない。

いずれの場合も、その会社の株式をほかの代替物と交換する必要があるかどうかを考えなければならない。もっと難しいケースは、株式交換による買収だ。買収する側の企業をポートフォリオに代替物として組み入れた場合、トレードは不要だが、もしそうでない場合、買収する側の企業の株を売って、あなたのポートフォリオに合うものを買う必要がある。この判断については本書でこのあと説明する。

幸いにも、倒産は上場企業ではめったにない。倒産よりも買収のほうがよくあることだが、任意の年にあなたの保有するいくつかの株式

に影響を及ぼす以外には大した影響は及ぼさない。倒産にしても買収にしても、あなたのできることはほとんどない。少なくとも買収されれば現在株価は上昇するため、買収後のリバランスはうれしい問題だ。

買収はETF(上場投資信託)のようなファンドには影響は及ぼさない(ときにはアクティブファンドが新しい経営陣に買収されることもあり、それによってスタイルががらりと変わったり、管理手数料が上がったりするため、ポートフォリオからは外してしまいたくなることもある)。理論的にはETFも倒産することはあるが、レバレッジ型ETF以外のETFが倒産することはめったにない。しかし。ETFは十分な運用資金がなくなれば、上場を廃止されることもある。この場合、望むと望まないとにかかわらず、そのETFは売却せざるを得ないため、これは実質的にはキャッシュによる買収に当たる。

できれば、運用資産の少ないETFは避けたほうが無難だ。アメリカの場合5億ドル未満、ETFがあまり発展していないイギリス市場では1億ポンド未満の運用資産しかないETFは避けたほうがよい。こうしたファンドは大きなファンドよりも上場廃止になる可能性が高い。

アロケーションの変更

目標ウエートが変わればアロケーションは変わる。例えば、アセットのボラティリティが変わったり、相関、リスク調整済みリターン、銘柄選択基準の変化によって好みのリスクウエートが変わると、アロケーションが変わることがある。また、新たなファンドが入手可能になったり、指数を構成する銘柄が変わると、目標ウエートが変わることもある。

ボラティリティの変化

インプライド資産ウエートが変わらなくても、インプライドリスク

表70 ボラティリティが変わるとリスクウエートも変わる

	株数F	株価E	為替レートD	投資額 C＝(F×E)÷D	口座資産 B	インプライド資産ウエートG＝C÷B	標準偏差	インプライドリスクウエート
バークレイズ	1,204	£2.00	1.0	£2,408	£10,000	24.1%	20%	10.1%
テスコ	642	£5.00	1.0	£3,210	£10,000	32.1%	15%	10.1%
JPモルガン	218	$30	1.5	£4,360	£10,000	43.6%	**44%**	**79.8%**

表はJPモルガンのボラティリティが2倍になったときの、株数、株価、為替レート、口座資産に基づく資産ウエートとリスクウエートを示している（太字の部分が表67から変化した部分）

ウエートが変わることがある。**表70**を見てみよう。これは**表67**の再掲だが、JPモルガンのリターンの標準偏差が2倍になっている（株価が変わらないのに標準偏差が変わることは現実にはあり得ない）。それに伴って、以前（**表67**）は目標リスクウエートは50％だったのが、インプライドリスクウエートが80％になっている。

これを正すにはJPモルガンの目標ウエートを減らし、インプライドリスクウエートが正しくなるように株式を大量に売る必要がある。

重要なのは相対ボラティリティであることに注意しよう。ポートフォリオに含まれるすべてのアセットのボラティリティが2倍になれば、インプライドリスクウエートは変わることはない。

読者の多くはこれには混乱するかもしれない。読者としては**付録B**のボラティリティ推定値を使うつもりであり、これは変わらないことになっている（私が本書の第2版を書かないかぎり変わらないが、第2版を書いてもおそらくは変わらないだろう）。

しかし、自分で推定したボラティリティの値を使おうと思っている人にとって、ボラティリティの変化は問題になる。というのは、ボラ

ティリティ推定値は常に変化するからだ。理論的にはボラティリティが変化するたびにリバランスしなければならない。どうすればよいのかはこのあと説明する。

リスクウエートの変動——相関の変動によって

これまでは、外界の何かがあなたのポートフォリオを崩壊させようと企て、ポートフォリオを正しい軌道に戻すためにあなたにトレードを強要する状況について話してきた。しかし、あなたにリバランスを強要させることは何も起こらないが、あなた自身が目標ウエートを変えたいと思うときもある。

ポートフォリオウエートを決めるための私の好みのトップダウンのハンドクラフト法では、リスクウエートを決める唯一のものが相関である。相関はアセットのグループ分けに影響を与える。相関が少しだけ変わったくらいではグループ分けに影響はないが、相関が大きく変わるとグループ分けを変える必要があり、したがって目標ウエートも変える必要がある。

ハンドクラフト法ではグループ分けは毎日変える必要はない。グループ分けを変える必要があるのは、相関が大幅にかつ永久的に変わったときだけである。例えば、ユーロ通貨が導入されたあと、イタリアとドイツの国債は相関が高くなった（しかし、ユーロ通貨の導入から10年後に欧州金融危機が発生すると、元の無相関状態に戻った）。

こうしたことはめったにないことなので、こうしたイベントを無視してもポートフォリオには影響しない（しかし、**付録C**で紹介しているようなテクニックを使ってポートフォリオウエートを決めようというのであれば、相関推定量を更新して、それに応じてトレードしたほうがよい。そのためのコストを削減する方法については本章でこのあと説明する）。したがって、ハンドクラフト法によって決めたウエートは変えてはならない。

リスクウエートの変動──期待リスク調整済みリターンの変動によって

あなたはリスクウエートを調整するのに第3部で紹介した2つのモデル──モメンタムモデルと配当利回りモデル──を使うことを考えているかもしれない。これらのモデルを使えば、ポートフォリオのパフォーマンスが向上することはすでに示した。しかし、これらのモデルを使うことの欠点は、目標リスクウエートが絶えず変化するため、リバランスを継続的に行う必要があることだ。この問題に対処する方法については本章でこのあと説明する。

リスクウエートの変動──アセットの選択基準の変更によって

ユーロストックス指数の各セクターから利回りが最も高い銘柄を選択するとしよう。本書執筆の時点では、公益事業セクターで利回りが最も高いのはフィンランドの電気事業会社のフォータムで、その利回りは7.8％である。

しかし、株価の急上昇（うれしい問題）によって、あるいは減配によって、そのうちにフォータムの利回りは他に大きく水をあけて上昇する可能性が高い。しかし、それを上回る会社が現れる。理論的にはフォータムはその後継者と入れ替えなければならない。

アセットの母集団が非常に大きければ、こういったことはしょっちゅう起こる。なぜなら、利回りがちょっと変わるだけでランク付けが変わるからだ。ある会社の利回りが4.9％でもう1社の利回りが4.8％だとしよう。この場合、相対価格が0.2％変わるだけで、相対的なランク付けが入れ替わることもある。相対価格のそういった小さな変動は数秒ごとに起こっている。

リスクウエートの変動――指数の構成要素の変動によって

　特定の指数から銘柄を選んでポートフォリオを構築したが、そのうちの１銘柄が指数から外されたとすると、その銘柄を売って新たな銘柄と置き換えるべきだろうか。パッシブトラッカーはFTSE100のような指数から外された銘柄は売り、新しく指数に加えられた銘柄を買わなければならない（指数プロバイダーはトレードコストを抑えるために緩衝ルールを使う。例えば、FTSE100の場合、四半期ごとの見直しでランク付けの90位までに入っていれば指数に含まれるが、111位以下に下落すれば指数から外される。この方法を使えば、いま現在指数に含まれているかどうかとは無関係に最大100社を指数に組み込むという簡単な方法に比べると、回転率は低減させることができる［実際には緩衝ルールを用いる方法は、指数に含まれる企業が100社より多くなったり少なくなったりする可能性があるため若干複雑だが、追加的条項によって指数に含まれる企業が100社より多くなったり少なくなったりすることを防いでいる］）。パッシブな時価総額加重型ファンドは株価が動けばウエートは自動的に調整されるとはいうものの、こうしたファンドもトレードコストからは逃れることはできないのはこのためだ（配当の再投資と買収とによって、銘柄の若干の入れ替えは必要になる）。

　しかし、指数から外されてしまったからといって、パフォーマンスが必ずしも悪くなるわけではない（パッシブファンドが特定の銘柄を売ると、当然ながら短期的な影響はある。指数の変動を正しく予測し、それに先駆けて売買しないかぎり、この影響から逃れることはできない。たとえこれができたとしても、指数に対して大きなトラッキングエラーが発生することになる。また、指数から外されると株価が下落するため、モメンタム効果が発生する。これについては本章でこのあと説明する）。したがって、規制のある戦略を持つ機関投資家で、ほか

の選択肢がないという場合を除き、個人的には指数の判断基準に基づいて銘柄選択を変えることは避けたほうがよいと思う。

リスクウエートの変動――もっと良い新たなファンドの出現によって

ETF市場の絶え間ないイノベーションは投資家にとっては良いことだが、意思決定を行ううえでは頭痛の種となることもある。

アジアの新興国市場の債券アロケーションを１つのETFを使って行ったとしよう。なぜなら、入手可能なETFは１つしかなかったからだ。このETFは時価総額加重型で、１カ国（中国）に極端に偏っている。今、別の国のETFが入手可能になる。この場合、この地域ETFを売って、中国、タイなどの各国のETFを買うのが理想的だ。これによって分散は高まり、期待リスク調整済みリターンも上昇する。

ここで、アジア新興国市場で新たな債券ETFが発売されたとしたらどうだろう。カバーする国は同じだが、管理手数料が安いので前の地域ETFよりもはるかに安い。トレードコストのことを気にする必要がなければ、新しいETFに切り替えたほうが絶対的に良い。

しかし、2016年、アメリカだけでも250の新たなETFが発売された。新たなファンドを追いかけることでオーバートレーディングという深刻な問題を招くこともある。

結論

これまで議論してきたようにリバランスには２つのタイプがある――①アセットのウエートを調整するだけの控えめなリバランス、②ポートフォリオの１つ以上のアセットを別のアセットと入れ替える（あるアセットの全ポジションを売り、別のアセットを買う）。次のセクションでは、リバランスコストはどうすれば削減できるかについて説明し、

その次のセクションでは入れ替え——1つのアセットをすべて売って、別のものと置き換える——について説明する。

ウエートを調整するだけの価値はあるのか。あるとすればどれくらい調整しなければならないのか

ウエートを調整するだけの価値があるのかどうかを決めるには、予測不可能な利益と追加的トレードをすることで発生する予測可能なコストとを比較してみる必要がある。

まず利益について考えてみよう。ウエートの調整を遅らせれば、ポートフォリオはそれだけ長くバランスを欠いたままの状態になる。第4章の**図24**を見ると、ポートフォリオウエートが少しくらい違っても大差はないことが分かる。しかし、リバランスをまったく行わなければウエートは極端にバランスを欠いてくるため、その累積効果は甚大だ。

次にコストについて考えてみよう。次の2つの章ではコストの話がたくさん出てくる。したがって、本セクションはその前哨戦と考えてもらえばよいだろう（**付録B**の大型株についての仮定を使用）。**表71**と**表72**はアメリカとイギリスの投資家の手数料、ビッドアスクスプレッドコスト、イギリスの印紙税などすべてのコストを含んだ総コストを示したものだ。イギリスの場合、印紙税があるため、株式の直接買い（0.5％の印紙税がかかる）とETFトレードおよび株式の直接売り（印紙税はかからない）とではコストが異なる（ブローカーの最低手数料よりも高い手数料を支払っている場合、あなたの支払っている手数料と最低手数料［アメリカは1ドル、イギリスは6ポンド］との差を加える必要がある。例えば、あなたの払っている最低手数料が5ドルだとすると、150ドルのトレードのコストは、1.08ドル［**表71**より］に5ドル-1ドル=4ドルを足し合わせて、1.08ドル+4ドル=5.08ド

表71 アメリカの株式投資家の1トレード当たりのコスト（大型株またはETF）

	株式の直接売買またはETFの売買
$150	$1.08
$350	$1.18
$500	$1.25
$1,000	$1.50
$2,000	$2
$5,000	$3.50
$10,000	$5
$100,000	$60

表の数値は手数料とビッドアスクスプレッドコストを含む1トレード当たり（投資額は行）の年間合計コストを示している（マーケットインパクトコストはゼロとする）。コストに関する仮定は付録Bを参照

表72 イギリスの株式投資家の1トレード当たりのコスト（大型株またはETF）

	株式の直接買い	株式の直接売り	ETFの売買
£250	£7.38	£6.13	£6.13
£500	£8.75	£6.25	£6.25
£1,000	£11.50	£6.50	£6.50
£2,000	£17.00	£7.00	£7.00
£5,000	£33.50	£8.50	£8.50
£10,000	£62	£11	£11
£100,000	£580	£79	£79

表の数値は手数料、印紙税（買う場合）、ビッドアスクスプレッドコストを含む1トレード当たり（投資額は行）、タイプ別（列）の年間トータルコストを示している（マーケットインパクトコストはゼロ）。コストに関する仮定は付録Bを参照

図37　3つのアセットを含むモデルのさまざまなポートフォリオ調整レベルでの回転率

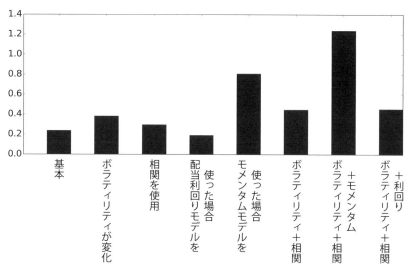

ルになる)。

　本章で前述したさまざまな効果を考えた場合、どれくらいのトレードが必要になるのだろうか。数値化が難しいものもあるが、簡単なものもある。特に、値動きや配当支払いによるトレードコスト、ウエートを選ぶのに予測モデルを使った場合のコスト、ボラティリティや相関をアップデートするためのコストは比較的計算が簡単だ。

　これを調べるために、アメリカとイギリスの株式とアメリカの債券（3つのアセット）を含む簡単なモデルを使って実験を行ってみた。トレードは毎月行うものとする。その結果を示したものが**図37**である。Y軸はポートフォリオの年間回転率を示している。回転率が2のとき、1年間に平均でポートフォリオの全額を買って、全額を売ることを意味する。

　図37の棒グラフの各棒はポートフォリオのウエート調整の度合いを

示している。各項目の説明は以下のとおりである。

- **基本** 価格の変動と、四半期ごとの配当支払いによって発生したトレード。トレードをこれ以下に減らすことはできない。標準偏差は一定（**付録B**を参照）で、リスクウエートは固定（ハンドクラフト法による）。
- **ボラティリティの変化** 基本と同じだが、標準偏差が変化する（6カ月の月次リターンを使って推定した指数加重標準偏差を使用。推定に使う期間が長くなると回転率は減少し、短くなると増加する）。
- **相関を使用** 基本と同じだが、リスクウエートを異なる相関を使った最適モデルで推定する（過去5年の月次リターンの相関を使ってポートフォリオウエートを毎年計算し直す。ウィンドウが長くなると回転率は減少し、短くなると増加する。相関はボラティリティよりも安定しているため、推定期間は長くなる）。
- **利回りモデル** 基本と同じだが、リスク調整済みリターンを推定するのに配当利回りを使うモデルを使ってリスクウエートを調整。
- **モメンタムモデル** 基本と同じだが、リスク調整済みリターンを過去12カ月のトレーリングリターンに基づいて予測するモデルを使ってリスクウエートを調整。
- 「ボラティリティの変化」と「相関を使用」の組み合わせ
- 「ボラティリティの変化」と「相関を使用」と「モメンタムモデル」の組み合わせ
- 「ボラティリティの変化」と「相関を使用」と「利回りモデル」の**組み合わせ**（モメンタムモデルと利回りモデルを同時に使った場合の回転率はモメンタムモデルだけを使ったときの回転率とほぼ同じ）

価格の変動と配当支払いに合わせて毎月トレードすると、回転率は年間でおよそ20％になる。ボラティリティと相関の変動に合わせてウ

エートを調整すると、回転率はさらに増加する。さらに、ポートフォリオウエートを調整するのにモメンタムモデルを使うと回転率はさらに高まる（利回りモデルを使っても回転率は高まるはずだが、3つのアセットからなるこのモデルの場合、そうはならない。唯一の理由は、相対利回りが長期にわたってあまり変わらないため、モデルはほとんどトレードを行う必要がないからである［**図34**を参照］。利回りモデルを使うのが妥当な22カ国の先進国の株式市場のポートフォリオをチェックしてみたところ、ポートフォリオウエートを調整するのに配当利回りを使えば、モメンタムモデル［年間回転率はおよそ160％］ほどではないにしても、回転率は高まることが分かった［年間40％から130％］）。

　ここで**図38**を見てみよう。これは、イギリスで5000ポンドの口座で3つのアセットからなるシンプルなポートフォリオをトレードしたときのコストを示したものだ（トレードコストが比較的高い割には、口座サイズは比較的小さい。この例はイギリスの例だが、これは私がイギリス人だからではなくて、イギリスは比較的トレードコストが高いので、例を興味深いものにするためにイギリスの例を用いただけである。アメリカの読者を無視したわけではない）。用いた条件は**図37**と同じである。図を見ても分かるように、コストは非常に高い。年間最低3.5％で、4.5％近いものもある。手数料はほぼ一定だ。毎月すべてのアセットをトレードするので、コストはどの条件でもほぼ同じだ。これだけコストが高ければ、すべてとは言わないまでも、ポートフォリオのリターンのほとんどは吹っ飛んでしまう。

　ウエート調整を頻繁に行うほどコストが高くつくことは明らかだ。理由は2つある。1つは、行ったトレードの多くは近い将来ドテンしなければならないからだ。今日価格が上がったのでトレードしたが、明日には価格は下がるかもしれない。そうなれば買ったり売ったりを繰り返すことになる。

図38　3つの資産からなる5000ポンドのポートフォリオをトレードしたときの年間コスト（%）

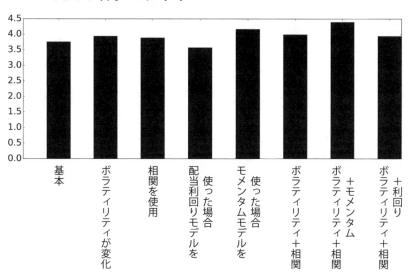

　もう1つは、ブローカーの最低手数料がかかるため、小さなトレードは非常に非経済的になる。例えば、1年の間にイギリスの大型株の1000ポンドのポジションを売買したいと思っているとしよう。これを1回500ポンドのトレードで4回で行えば、トータルコストは30ポンドかかる（**表72**より、500ポンドの買いを2回行うとコストは17.50ポンド、500ポンドの売りを2回行うとコストは12.50ポンドで、トータルで30ポンド）。しかし、1回1000ポンドのトレードを2回行えば、トータルコストは18ポンドで済む（**表72**より、1000ポンドの買いにかかるコストは11.50ポンド、1000ポンドの売りにかかるコストは6.50ポンドで、トータルで18ポンド）。トレード頻度を下げればコストは安くなるが、バランスの悪いポートフォリオを長く保持することになる。

　本セクションで算出したような莫大なコストがかかれば、頻繁にウエート調整すればコストが潜在的利益を大幅に上回ってしまう。これ

は極端な例だが、コストが比較的安いアメリカの大口投資家でも、リターンの大部分は手数料とほかのコストに取られてしまう。市場が変動するたびに無邪気にリバランスを繰り返せば、パフォーマンスは大幅に低下する。

「ノートレードゾーン」でウエート調整コストを最少化する

ウエート調整コストをできるだけ少なくするには、ウエート調整頻度を下げなければならないことは明らかだ。しかし、定期的なリバランスで小さなトレードを行うことが多かったり、市場が大きく動いてもなかなかウエート調整できないこともあるだろう。

この問題を解決する方法は、目標ウエートを中心とする「ノートレードゾーン」を設定することである。これによって、最少コストでウエート調整することができる。つまり、一定の間隔でウエート調整するのではなくて、必要なときだけウエート調整するのである。ノートレードゾーンを使えば、小さなウエート調整トレードは無視することができる。現在ウエートが目標ウエートから少しくらい外れても、調整する必要はなくなる。

しかし、ポートフォリオウエートがそのゾーンを外れたら、ウエートがゾーン内に入るように必要なトレードを行う必要がある。この方法を使えば、リバランスが絶対に必要なときだけリバランスすればよく、しかも非常に効果的でもあるため、リバランスコストを削減することができる（現在ウエートがゾーンから外れているかどうかをどれくらいの頻度でチェックすればよいのかについては、本章でこのあと説明する）。

例えば、ポートフォリオのBP（ブリティッシュ・ペトロリアム）株の現在の目標ウエートが1.5%だとしよう（本セクションの数値はすべて資産ウエート。ノートレードゾーンはリスクウエートで使うことも

イラスト2　トレードの必要なし

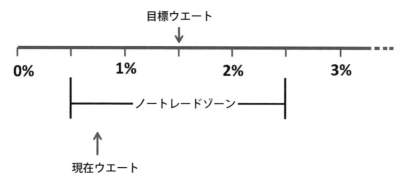

イラスト3　現在ウエートは低すぎるので買いが必要

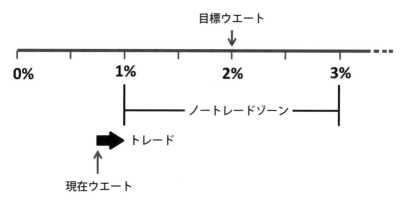

可能で、理論的にはこちらのほうがよい［インプライドリスクウエートを最適リスクウエートと比較する］。しかし、リスクウエートを使うと複雑になるうえ、メリットは少ない）。ノートレードゾーンの幅を0.5％から2.5％の2.0％に設定し、現在ウエートが0.75％だとすると、現在ウエートが0.5％から2.5％の間にあるときはトレードする必要はない（**イラスト2**を参照）。

　しかし、**イラスト3**を見てみよう。目標ウエートが2％に変わると、

ノートレードゾーンも１％〜３％に変わる。したがって、ポートフォリオの0.25％をBPに投資して、現在ウエートを0.75％からノートレードゾーンの下の境界の１％に上げる必要がある。

　なぜBPをウエートが0.75％から新たな目標ウエートの２％になるまで買わないのだろうとおそらくあなたは思っているだろう。目標ウエートの２％まで買っても、私が今述べた方法ほどには回転率は減少しない。ゾーンのなかで過ごす時間が長くなるほどトレード数は減るが、あなたが行うトレードのサイズは比較的大きくなる。最低でもゾーンの幅の半分の大きさだ。トレード数が減ってもトレードサイズが大きくなれば、トレード数が減るメリットはなくなってしまい、ゾーンの下の端までではなくて中央までトレードすれば結局は回転率は上昇する。あなたがマーケットインパクトを心配しなければならない機関投資家なら、これは特に問題だ。

「最小トレードサイズ」の導入

　ノートレードゾーンは、目標ウエートが少しだけ変わったときに買って、そのあとですぐに売るといったトレードを避けることができるので回転率を大幅に低下させることができる。しかし、ノートレードゾーンは小さなトレードでも最低手数料がかかるという問題の助けにはならない。**イラスト３**で行ったように、ポートフォリオの0.25％をBPに追加投資するのは、ポートフォリオが大きくて、マーケットインパクトを最小化することが最大の関心事なら問題はない。しかし、5000ポンドのポートフォリオを持つ投資家にとっては、ポートフォリオの0.25％のトレードはわずか12.50ポンドという小さなトレードを意味し、コストは法外に高くなる。

　この問題を解決するには、ノートレードゾーンに加え、「最小トレードサイズ」を導入することである。最小トレードサイズはキャッシュ

第16章　リバランス理論

イラスト4　必要なトレード（0.25％）は最小トレードサイズ（0.5％）よりも小さいので、何もしない

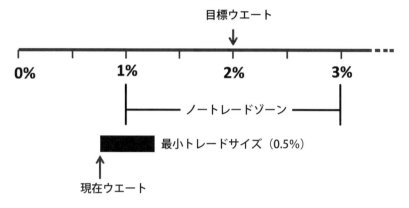

（例えば、100ポンド）で設定し、そのあと口座資金に対する比率に換算する。必要なトレードが発生したら、それが最小トレードサイズよりも大きいかどうかをチェックする。

　例えば、あるイギリスの投資家の最小トレードサイズが250ポンドだとすると、これは5万ドルのポートフォリオの0.5％に相当する。**イラスト3**からの数値を使って、現在ウエートが0.75％でノートレードゾーンが1％～3％だとすると、0.25％のトレードは0.5％よりも小さい。**イラスト4**を見てみよう。

　目標ウエートが2.25％に上昇して、ノートレードゾーンが1.25％～3.25％にならなければ、BP株を買い増してもコストが増えるだけだ。

　イラスト5のように目標ウエートが2.25％になり、ノートレードゾーンが1.25％～3.25％になると、現在ウエートは0.75％からノートレードゾーンの境界まで上昇して1.25％になる。これは0.5％の買いを意味し、最小トレードサイズ条件を満たす。

543

イラスト5　必要なトレード（0.5%）は最小トレードサイズ条件を満たす

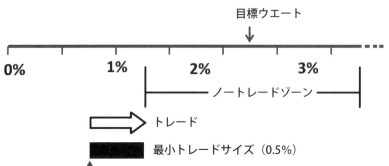

ノートレードゾーンの幅は？　最小トレードサイズの大きさは？

　どういった幅のノートレードゾーンを使い、どういった大きさの最小トレードサイズを使えばよいのだろうか。これら2つの最適なサイズは2つのファクターによって決まる──①ポートフォリオに含まれるアセットの数、②支払うコスト。

　ポートフォリオが2つのアセットからなり、ウエートがそれぞれ50%の場合、10%のノートレードゾーンは各アセットのウエートの5分の1に相当する。しかし、100のアセットからなり、ウエートがそれぞれ1%だとすると、10%のノートレードゾーンは各アセットの平均ウエートの10倍になる。この場合、リバランスはやってはならない。

　コストが高い場合、幅の広いノートレードゾーンが必要になる。第3章では、コストは変動比率コスト（例えば、ブローカーの最低手数料）と固定比率コスト（例えば、ビッドアスクスプレッドコスト）に分けられることを述べた。変動比率コストはどの投資家でも同じだが、

固定比率コストは大口投資家の場合は低くなる。したがって、小口個人投資家は大口機関投資家よりもノートレードゾーンの幅は広く設定しなければならない。

　ブローカーの最低手数料が高いということは、最小トレードサイズが大きくなることを意味する。例えば、各トレードの手数料が20ドルだとすると、手数料が1ドルの人に比べると最小トレードサイズは20倍になる（いずれの投資家もビッドアスクスプレッドコストや、イギリスの場合は印紙税などほかのコストも支払わなければならないため、厳密に言えばぴったり20倍にはならない。しかし、相対的なブローカーの最低手数料に基づいて最小トレードサイズを比例調整したほうが安全だし簡単でもある）。

　結論は、①正しい最小トレードサイズはポートフォリオサイズとは無関係だが、ブローカーの最低手数料によって異なる、②最適ノートレードゾーンは保有するアセット数とポートフォリオの価値によって異なる。

　本書のアドバイスに従えば、ポートフォリオの価値と含まれるアセット数の間には直接的な関係があるはずだ。つまり、大口投資家であればあるほど、より多くのアセットを保有することができ、より分散したポートフォリオを持つことができるということである。したがって、ノートレードゾーンを設定するときは、物事を簡単にするために、ポートフォリオに含まれるアセット数にのみ注目すればよい。

　異なるポートフォリオを使って実験を行ってみたところ、ノートレードゾーンのベストな幅は「平均ポートフォリオウエートの半分」という結論に達した。平均ポートフォリオウエートは100％を保有するアセット数で割った値になる（ノートレードゾーンの背景にある理論に詳しい人は、私がこの問題を大幅に単純化していることは理解できるはずだ［2014年のリスク誌に掲載されたリチャード・マーティンの「オプティマル・トレーディング・アンダー・プロポーショナル・トラン

ザクション・コスト［Optimal trading under proportional transaction costs］」を参照。リチャードはAHLでの私の元同僚］。とはいえ、この値はどういったシナリオの下でも使える安全な値だ）。例えば、ポートフォリオに10個のアセットが含まれているとすると、平均ポートフォリオウエートは10％になり、これの半分は5％だ。したがって、あなたのポートフォリオのなかに目標ウエートが12％のアセットがあった場合、現在ウエートが9.5％～14.5％にあるときはこのアセットはトレードする必要はない。

　私が計算したところ、イギリスの最適最小トレードサイズは250ポンド、コストの安いアメリカ市場では150ドルになった（ブローカーの最低手数料は6ポンド［イギリス］と1ドル［アメリカ］であると仮定する。これ以上の手数料を支払っているのであれば、この数字に支払っている手数料の最低手数料に対する比率を掛けなければならない。例えば、あなたがアメリカの投資家で、5ドルのブローカーの最低手数料を支払っているとすると、最小トレードサイズは150ドル×（5ドル÷1ドル）＝750ドルになる。ところで、イギリスの値はアメリカの値のきっちり6倍にはなっていないが、これはどちらの投資家も、ブローカーの最低手数料のほかにビッドアスクスプレッドコストなどほかのコストを支払わなければならないからである。しかし、相対的なブローカーの最低手数料に基づいて最小トレードサイズを比例調整したほうが安全だし簡単でもある）。

　これら2つのテクニックを、前出した3つのアセットからなる5000ポンドのイギリスのポートフォリオに適用すると、どんな効果があるだろうか。まず最初に、価格変動と配当支払いに基づいてリバランスするという基本的なシナリオから見てみよう。いかなるコストの削減もないとすれば、コストは年間およそ4％である。私が推奨する平均資産ウエートの半分というノートレードゾーンを用いると、コストはわずか0.043％になる。これに250ポンドの最小トレードサイズを適用

すると、年間コストはさらに安く、わずか0.025％になる。これは最初のコストの100分の1を下回る。

ここでは口座サイズとして5000ポンドを使っている。これはイギリスの口座で、比較的小さな口座なので、コストは最初は非常に高い。しかし、ノートレードゾーンと最小トレードサイズを使えば、コストは大幅に低減することができる。しかし、イギリスの大口投資家およびすべての口座サイズのアメリカの投資家に対しては、コストはさらに低減することができる。

その方法は、ノートレードゾーンの幅を狭くし、最小トレードサイズを250ポンドよりも大きくすることである。ノートレードゾーンの幅を広げたり、最小トレードサイズをもっと大きくすることでトレード頻度を下げれば、ポートフォリオウエートは長期にわたってバランスを欠いた状態になる。コストがほんのわずかだけ改善されたとしても、これでは総リターンの深刻な低下につながる。

大口投資家はもっと大きな最小トレードサイズを使ったほうがよいだろう。数百万ドルのファンドが150ドルの注文を出すなんてバカバカしいことだ。最小トレードサイズとしては250ポンド（または150ドル）とポートフォリオ価値の0.1％のうち大きいほうを使うことを勧める。例えば、100万ドルのポートフォリオを持っていたとすると、最小トレードサイズは150ドルと100万ドルの0.1％（1000ドル）の大きいほうになるので、1000ドルになる（しかし、最小トレードサイズはマーケットインパクトコストを支払うようになる水準以下に維持することが重要だ。10億ドルのポートフォリオを持つファンドマネジャーの最小トレードサイズはポートフォリオ価値の0.1％なので100万ドルということになるが、これでは大きすぎる。先進国市場の大型株の場合、最小トレードサイズは5万ドルというのが妥当だろう）。

これまでの分析では価格変動と配当によるリバランスのみを考えてきた。予測モデルによってボラティリティ、相関、期待リスク調整済

図39 ノートレードゾーンと最小トレードサイズを使って、3つの資産からなる5000ポンドのポートフォリオをトレードするときの年間コスト（％）

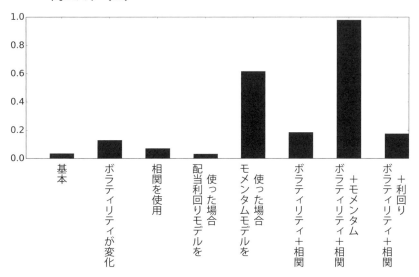

みリターンが変わっても、推奨されるノートレードゾーンや最小トレードサイズを使えばコストは低減できるのだろうか。

これは可能だ。図39を見てみよう。これは図38と同じポートフォリオを使ったものだが、今回はノートレードゾーンと最小トレードサイズを適用した。

年間コストとして最低3.5％支払わなければならない図38に比べると、図39はほとんどのケースでコストは何倍も安い。図38ではコスト削減テクニックは使わなかった。しかし、図39においても、ポートフォリオウエートを定期的に調整するのにモメンタムモデルを使うとコストは依然として高い。これは単独で使っても、ボラティリティや相関と組み合わせても同じだ。

第14章の最初で、モメンタムモデルを使うことで年間1％の追加リ

ターンが期待できると予測した。しかし5000ポンドのポートフォリオを持つイギリスの投資家の場合、モメンタムを使うことで発生する追加的コストはおよそ0.6％で、これでは追加リターンはほとんど吹き飛んでしまう。幾何平均の予測量にはかなりの不確実性が含まれているため、5000ポンドのポートフォリオを持つイギリスの投資家はモメンタムモデルは使わないようにしたほうがよいだろう。

　一般に、どんな国の小口投資家もモメンタムモデルを使うのはあまり賢明だとは言えない。モメンタムモデルを使えば、たとえノートレードゾーンや最小トレードサイズを使っても、追加リターンが吹き飛んでしまうほどのコストを支払うことになるだろう。しかも、こうしたリターンはコストと違って不確実性の高いものだ。ノートレードゾーンや最小トレードサイズを大きくすれば、モメンタムモデルを使ったときのコストは削減できるかもしれないが、これはリターンの減少という代償を伴うものだ。モメンタムモデルによる予測の正確さは時間とともに急激に低下していく。したがって、リバランスプロセスにさらなる遅れが導入されれば、モメンタムモデルを使うことのメリットは著しく低下することになる。

　ポートフォリオ価値が最低でも１万ポンドまたは2000ドルでなければ、モメンタムモデルを使うのはやめたほうがよいだろう（いつものようにこれらの数値はブローカーの最低手数料として６ポンドまたは１ドル支払うことが前提となる。これよりも多くの手数料を支払う場合、これらの値にあなたの支払う手数料の最低手数料に対する比率を掛ける必要がある）。私の推奨するノートレードゾーンと最小トレードサイズを使っているのであれば、このポートフォリオサイズで初めて、モメンタムモデルを使うことで得られる利益は追加的コストを上回る。

　図39は利回りモデルを使用するコストは低く見積もってはいるが、利回りモデルは若干トレード頻度は低く、比較的安い。なぜなら、この例では債券と株式は長期にわたって比較的安いか高いかのいずれか

だからだ。

　しかし、利回りモデルもまた小口投資家にとっては高すぎる。ポートフォリオ価値が最低でも7500ポンドまたは1500ドルでなければ使わないほうがよいだろう。

リバランスの頻度

　ここでウエート調整はどれくらいの頻度で行えばよいのかという質問に戻ろう。つまり、現在ウエートをチェックして目標ウエートと一致しているかどうかを調べ、一致していなければ、ノートレードゾーンと最小トレードサイズを使ってトレードを行うべきかどうかをどれくらいの頻度で調べればよいのかということである。これらのテクニックを使うことのメリットは、頻繁にウエート調整を行うことでコストが増大するのを防ぐことができることである。

　ウエート調整を行うまでの時間が長くなるほど、行うトレードは大きくなり、したがってマーケットインパクトを気にする必要のある機関投資家にとってはコストは若干高くなる。十分な資金があるのであれば、機関投資家はポートフォリオを毎日リバランスしたほうがよい。といっても、ほとんどの場合はポートフォリオウエートはノートレードゾーンの範囲内にあるので、毎日トレードしなければならないわけではない。リバランスは月に１回、あるいは四半期に１回行ってもよい。

　しかし、個人投資家の場合、最小トレードサイズの制約に引っかかる可能性が高いため、トレード頻度は低くなる。リバランスは年に１回行えば十分だ。

ファンドや株式を丸々入れ替えるべきときと、入れ替えるべきではないとき

前セクションはウエート調整についての話だった。つまり、ポートフォリオの全アセットはそのままで、資産ウエートだけ変えるということである。しかし、既存のアセットをまったく新しいアセットと丸々入れ替えたいと思うときもある。これには次のようなケースがある──①セクター内でモデルによる銘柄選択を変更したい（例えば、配当利回りが最大の銘柄）、②買収が行われ、買収対価が株式で支払われる、③もっと良い新しい（安い、またはより分散された）ETFが登場する。

モデルによる銘柄選択の変更

第14章では、各国の特定のセクターへのイクスポージャーは利回りが最も高い銘柄で取ることを推奨した。ファンドの場合は利回りが高い2つ（あるいは、3つ、4つ……）の銘柄を選ぶ（これは**付録C**で紹介している株式をランク付けする別の方法を使っているときにも当てはまる）。

減配（悪いニュース）や株価の上昇（良いニュース）によってセクター内での利回りのランク付けが2位に下がった銘柄を買っていたらどうなるのだろうか。ランク付けが1位になった銘柄を買って、2位に下がった銘柄はポートフォリオから外すべきなのだろうか。

これは確実なコストと不確実な利益とのトレードオフを考えなければならないまた別の例である。これを判断するには、まず銘柄を入れ替えるのにかかるコストを算出する必要がある。例えば、その株式がポートフォリオの5％を占めている場合、ポートフォリオ価値が10万ドルだとすると、5000ドルのトレードを2回（売りと買い）行うことになる。**表71**によるとこれには7ドルのコストがかかる。

次に、利回りが高い銘柄に入れ替えたことで得られる利益を算出する。まず最初に利回りがどれくらい高くなるかを算出する必要がある。例えば、利回りが4.5％から4.7％に上がれば0.2％の上昇だ。5000ドルのポジションでは、利回りが0.2％上昇すれば、配当は年間で10ドル増える。

次に、その株式を保有している間、年間で10ドルの配当を受け取ることによる総利益を算出する。

概念――割り引きと不確実性

株式を買ったり、ファンドを買ったりするときの初期コストを年間コストに変換するには20で割らなければならないことは第5章で説明したとおりだが、逆の計算も可能で、年間コストに20を掛けると現在価値を求めることができる。

コストはかなり高い精度で知ることができるが、将来の利益については大きな不確実性を伴う。つまり、将来の配当を求めるときには不確実性を考慮しなければならないということになる。

配当利回りの場合、私のリサーチによれば、5で割ることで不確実性が勘案された数値になる。例えば、配当が4％から5％に増えれば1％の上昇になり、これによって将来のリターンは年間で1％÷5＝0.2％だけ上昇することが期待できる。これを現在価値に換算すると0.2％×20＝4％になる。

5で割るということは不確実性に対してかなりの割り引きのように思えるがけっしてそんなことはない。なぜなら、将来の配当支払いは、将来の株式リターンよりは予測可能とはいえ、極めて不確実なものだからだ。これはトータル株式リターンを予測するのに配当利回りモデルを使うことにどれくらい確信を持っている

かを示していると言ったほうがよいかもしれない。

それでは例に戻ろう。年間で10ドルの配当は不確実性に対して調整すれば5分の1の2ドルになる。これに20を掛ければ初期値に換算することができ、それは40ドルになる。これは前に算出した7ドルのコストを大幅に上回るため、新たなアセットと入れ替えたほうがよいということになる（独自の方法で銘柄選択を行っている場合、このテクニックは若干調整する必要がある。詳しくは**付録C**の「リバランスのときの株式のランク付けの変更」を参照）。

ここで逆算して、トレードを正当化する利回りの最小上昇率を計算してみよう。このケースの場合、利回りの最小上昇率は0.05％を下回る（7ドルのコストを20で割って年間コストに換算し、それに5を掛ける［不確実性に対する調整］と1.75ドルになる。これが利回りの年間最小上昇額だ。これを5000ドルで割ると最小上昇率は0.04％になる）。利回りのこうした上昇は、利回りが5％の株式の株価がわずか1％しか上昇していないといったときに発生するものだ。同じような利回りの銘柄がいくつかあれば、数時間おきに銘柄を入れ替えたくなるだろう。

したがって、利回りをチェックして、新たな銘柄と入れ替えるといったことはなるべく頻度を減らしたほうがよい。ポートフォリオのウエート調整が必要かどうかをチェックする頻度とは無関係に、6カ月に1回、あるいは年に1回で十分だ（公正な比較をするには、株式はすべて配当付きの価格か配当なしの価格かに統一する必要がある）。

株式交換による買収

あなたはアメリカ小売りのコストコの株を保有している。ところが

コストコがウォルマートに買収され、株式交換によってあなたにはウォルマートの株が支払われたとしよう。これでポートフォリオの分散は失われるのだろうか。それはない。なぜなら、買収する側の会社は買収される側の会社と同じ国（アメリカ）の同じセクター（生活必需品）に属しているからだ。銘柄選択に配当利回りを使っているのなら、今あなたが保有しているウォルマートの株式を利回りが高い株式と交換すべきかどうかは、前のセクションを読んで確認してもらいたい。

しかし、コストコがウォルマートではなくて物理的な店を持ちたいと思っているオンラインオークションサイトのeベイに買収されたとしたらどうなるだろうか。eベイはコストコとはセクターが異なるため、ポートフォリオはバランスを欠いてしまう。アメリカの各セクターにおいて銘柄を1つずつ持っていたとすると、生活必需品セクターのイクスポージャーはゼロになり、ITセクターのイクスポージャーは2倍になる（同様に、コストコがイギリス小売りのテスコに買収されたとすると、セクターイクスポージャーは変わらないが、イギリスのウエートは若干増え、アメリカのウエートは若干減る）。

理論的に言えば、買収によって支払われたeベイの株は売り、生活必需品セクターのなかの新たな銘柄と入れ替える必要がある。その場合、新たな銘柄は元の銘柄を選ぶのに使ったのと同じ方法で選ばなければならない（私のアドバイスに従えば、セクターに残っている最大の会社か、配当利回りが最も高い会社になる）。

買収で取得した株式を売って、あなたのポートフォリオにもっと合った株式を買うのにかかるコストを計算するのは簡単だ。しかし、セクターの正しい分散を回復したときの便益を数値化するのは難しい。なぜなら、これは古い会社と新しい会社とポートフォリオの残りの会社のリターンの相関に依存するからだ。年次幾何平均リターンの上昇は、オーバーウエートされたセクターからアンダーウエートされたセクターに再配分されるポートフォリオの割合に対しておよそ0.05％だ（セ

クター間の相関は0.8、セクター内の相関は0.9と仮定し、ポートフォリオ内では均等ウエートとする。このように比較的高い相関を想定するのは、推定される分散効果に含まれる不確実性を考慮してのこと。リターンの実際の上昇はポートフォリオにおける厳密なウエートと、古いアセットと新しいアセットの間の相関パターンの変化に依存する。しかし、0.05％は控えめな数値なので、どういった状況でもこの数値であれば間違いないだろう。これは幾何平均を最大化することを想定している。専門的に言えば、シャープレシオを最大化しようとする投資家は幾何平均を最大化しようとする投資家よりも若干利益は大きいだろうが、控えめな数値を使ったほうが無難だ）。

例えば、ｅベイに買収されるコストコの株式を1000ドル持っていたとしよう。生活必需品セクターでｅベイと入れ替えるのにベストな会社は食料品スーパーマーケットのホールフーズと決めた。ｅベイを1000ドル売って、ホールフーズを買うのにかかるコストは、買いも売りもそれぞれで1.50ドルだ。したがって、トータルコストは３ドルになる（**表71**より）。

リターンの上昇は年間で0.05％×1000ドル＝0.50ドルだ。これに20を掛けると、現在価値が求まる（0.50ドル×20＝10ドル）。これは初期コストの３ドルを大幅に上回る。したがって、すぐにｅベイを売って、ホールフーズを買ったほうがよい。

もっとよく分散されたもっと良いファンド

うれしいのは新たなもっと良いETFが登場することだ。本セクションでは、ポートフォリオにさらなる分散をもたらすこれまでよりも優れたファンドに焦点を当てる。ここでは、今のファンドも新しいファンドもコストは同じであると仮定する。コストの異なるファンドについては次のセクションで説明する。

古いファンドの一部を新しいファンドと入れ替える

　第2部で述べたように、すべての国で株式ETFを見つけることができるとは限らない。例えば、イギリスで入手可能なポルトガルのETFは今のところない（アメリカにはある）。イギリスの投資家が太陽の降り注ぐイベリア半島へのイクスポージャーをとるにはスペインの株式ETFを通してのみ可能だ

　さてここで、イギリスで新たなポルトガルETFが発売されたとしよう。スペインのETFの一部を売って、新たに入手可能になったポルトガルのETFを買うべきだろうか。ハンドクラフトウエートを使った**ポートフォリオ41**を見ると、イベリア半島へのアロケーションの20％はポルトガルで、残りがスペインになっている。

　これは丸々入れ替えるのではなくて、ウエート調整だ。したがって、ノートレードゾーンのテクニックを使うことができる。あなたのポートフォリオではスペインの資産ウエートは5％なので、新たな目標ウエートはスペインが4％（80％×5％）で、ポルトガルが1％（20％×5％）になる。

　例えば、ノートレードゾーンの幅が1％だとすると、それぞれのゾーンはスペインが3.5％〜4.5％で、ポルトガルが0.5％〜1.5％になる。つまり、スペインを0.5％売って得た資金でポルトガルを0.5％買うということになり、これによって新たな資産ウエートはポルトガルが0.5％、スペインが4.5％になり、これはそれぞれのゾーンの境界だ。次の数年にわたってトレード量はおそらくは増えるため、徐々に正しいウエートに近づいていくはずだ。

古いファンドを新しいファンドと丸々入れ替える

　部分的に入れ替えるのではなくて、1つのファンドを、ポートフォリオにさらなる分散をもたらす新たなファンドと丸々入れ替える場合を考えてみよう。完全に入れ替えるには、不確実性を考慮したうえで

どれくらい分散を高めることができるかを算出する必要がある。これはリターンの年次幾何平均がどれくらい上昇することが期待できるかを計算して、20の法則を適用して初期コストを上回るかどうかを調べる。

これはどういったタイプのファンドと入れ替えるかによって異なるため複雑だ。例えば、フランスの金融セクターをカバーするETFと、フランスの銀行とアセットマネジャーの均等加重バスケットを入れ替えるのであれば、幾何平均の上昇は最小限にとどまるだろう。これに対して、1つの時価総額加重グローバル株式ETFと国ETFの分散ポートフォリオを入れ替えるのであれば、期待リターンの大幅な上昇が期待できる。

表73には若干の説明が必要だ。各行の左側の列はポートフォリオにさらなる分散をもたらす実行可能な入れ替えトレードを示している。真ん中の列はポートフォリオのリバランスされる部分から得られる年間利益の控えめな推定値を示している（これは概算値であり、厳密な数値は関連するポートフォリオのハンドクラフト法による正確なウエートと相関によって若干違ってくる。ここに示した数値は、75％の信頼区間で推定した相関を使って算出したものだ）。

右側の列は20を掛けて算出したこの利益の現在価値を示している。これはブレイクイーブン水準でもある。つまり、初期コストがこの値よりも高ければ、入れ替えトレードをする価値はない。

1から16の各取引の詳細は以下のとおりである。

1. 債券ポートフォリオを売って、時価総額加重のグローバル株式ETFとグローバル債券ETFからなるポートフォリオを買う（この利益の上昇は、ポートフォリオの50％のリスクウエートを株式に配分することを仮定［シャープレシオが最大のポートフォリオ］。幾何平均が最大のポートフォリオおよび妥協ポートフォリオの場

表73　より分散されたアセットと入れ替えるときのブレイクイーブンコスト

	年間利益	ブレイクイーブンコスト
1．グローバル債券のみのポートフォリオ→MC債券＆MC株式	0.77%	15.4%
2．グローバル株式のみのポートフォリオ→MC債券＆MC株式	株価次第	-
3．1つの銘柄→グローバルMC株式ポートフォリオ	2.9%	58%
4．1つのセクター→グローバルMC株式ポートフォリオ	2.4%	48%
5．1つの国→グローバルMC株式またはMC債券ポートフォリオ	1.7%	34%
6．MCグローバル株式→HC先進国株式＆HC新興国株式	0.24%	4.8%
7．MCグローバル債券→HC先進国債券＆HC新興国債券	0.12%	2.4%
8．MC先進国株式またはMC新興国株式→HC地域	0.05%	1.0%
9．MC先進国債券またはMC新興国債券→HC地域	0.03%	0.6%
10．MC地域株式→HC国	0.06%	1.2%
11．MC地域債券→HC国	0.02%	0.4%
12．MC国株式→HCセクター（ETFまたは株式）	0.03%	0.60%
13．MC株式セクターETF→HC個別株	0.02%	0.4%
14．MC先進国債券またはMC新興国債券→HC新興国債券またはHC先進国債券（タイプと信用格付けは異なる）	0.02%	0.4%
15．MC地域債券→HC地域債券（タイプと信用格付けは異なる）	0.02%	0.4%
16．MC国債券→HC国債券（タイプと信用格付けは異なる）	0.02%	0.4%

表73の数値は年間利益とさらなる分散を得るために行ったトレードの最大初期コスト（年間利益に20を掛けたもの）を示している。幾何平均を最大化することを前提とする。MCは時価総額ウェート、HCはハンドクラフトウエートを示す

合、利益の上昇はもっと大きい。オルタナティブを含むことで分散はさらに向上するが、簡単にするためここではこれは無視した)。

2．株式のみを含むポートフォリオを売って、時価総額加重のグローバル株式ETFとグローバル債券ETFからなるポートフォリオを買う。債券に10％のリスクウエートを配分しても幾何平均には影響を及ぼさない。これ以上配分すれば、幾何平均は減少する。

3．1つの国の1つの株式からなるポートフォリオを売って、時価総額加重のグローバル株式ETFを買う。

4．1つの国の1つのセクターの株式(例えば、アメリカのIT株)のみからなるポートフォリオを売って、時価総額加重のグローバル株式ETFを買う。

5．1つの国の株式(または債券。例えば、アメリカの株式または債券)からなるポートフォリオを売って、時価総額加重のグローバル株式(または債券)ETFを買う。

6と7．時価総額加重のグローバル株式(または債券)を売って、新興国市場のリスクウエートが25％という私の推奨するハンドクラフトウエートを使って、新興国市場および先進国市場のグローバル株式(または債券)ファンドを買う。

8と9．時価総額加重の新興国市場または先進国市場のグローバル株式(または債券)ファンドを売って、私の推奨するハンドクラフトウエートを使って、新興国市場または先進国市場をカバーする地域ETFを買う。

10と11．新興国市場または先進国市場の株式(または債券)市場の一部をカバーする時価総額加重の地域ETFを売って、私の推奨するハンドクラフトウエートを使って、同じ地域をカバーする国ETFを1組買う。利益は均等加重とほぼ同じ。

12．1つの国の株式をカバーする時価総額加重ファンドを売って、同じ国をカバーするセクターETFを1組、もしくは1セクターにつ

き少なくとも１つの個別株を買う（表を見ると分かるように、この入れ替えによる利益の上昇は年間0.03％。第６章では、カナダのTSX60の場合は利益の上昇は0.04％になることを示したが、カナダの指数はセクターの分散が比較的極端なので、時価総額加重にしないことで利益は平均よりもやや高い）。

13. １つの国の１つのセクターの株式（例えば、イギリスのヘルスケア株）をカバーする時価総額加重ファンドを売って、同じセクターの個別株を少なくとも10個、均等ウエートで買う。
14. 時価総額加重の新興国市場または先進国市場のグローバル債券ファンドを売って、新興国または先進国の債券市場をカバーする、タイプと信用格付けの異なる複数の債券ファンドを買う。
15. 特定の先進国地域または新興国地域をカバーする時価総額加重の債券ファンドを売って、関連する新興国または先進国の債券市場をカバーする、タイプと信用格付けの異なる複数の債券ファンドを買う。
16. 特定の国をカバーする時価総額加重の債券ファンドを売って、同じ国をカバーする、タイプと信用格付けの異なる複数の債券ファンドを買う。

　これらの行はポートフォリオ全体に当てはまるものもあれば、ポートフォリオの一部にしか当てはまらないものもある。示した利益はポートフォリオの入れ替えを検討している部分にのみ適用される。
　例を見てみよう。オーストラリアとニュージーランドの１つの地域ETFに、1000ドル配分する。あなたはこれを各国のETF（２つのETF）と入れ替えようと思っている。簡単にするために、２つの新しいファンドは均等加重であると仮定する。**表71**より、1000ドルの地域ETFポジションを売ると1.50ドルかかり、500ドルの２つのETFを買い直すと１トレードにつき1.25ドルかかり、トータルコストは４ドルにな

表74　複数の分散を行ったときのブレイクイーブンコストの例

	年間利益	ブレイクイーブンコスト
MCグローバル株式→HC先進国株式＆HC新興国株式（表73の６行目）	0.24%	4.8%
MC先進国株式またはMC新興国株式→HC地域（表73の８行目）	0.05%	1%
MC地域株式→HC国（表73の10行目）	0.06%	1.2%
合計	0.35%	7%

る。

　これに相当する取引は**表73**の10である。この場合、リターンは0.06％上昇する。これに20を掛けると1.2％になり、1000ドルに1.2％を掛けると利益は12ドルになる。これは４ドルのコストに比べるとはるかに高いため、この取引は行う価値がある。

　同時にさまざまな分散を行うのであれば、取引を複数組み合わせてもよい。例えば、今、時価総額加重のグローバル株式ETFを持っていて、それを売ってハンドクラフトウエートの国ETFを買いたいと思っているとしよう。

　この場合、**表74**に示したように、分散は３段階で行う必要がある。まず、グローバル株式ETFからハンドクラフトウエートの先進国・新興国ETFに変えて、次にこれらを地域イクスポージャーに分け、最後に地域イクスポージャーを各国のETFに変える。実際にはこれらの取引は別々に行わずに、１つのトレードとして行う。つまり、グローバル株式ETFを売って、各国のETFを買う。

　この取引のトータル利益は0.35％になる。これに20の法則を適用すると、トレードを保有している間の利益は７％になる。トータルコス

トがこれを下回れば、トレードする価値がある。

安いアセット

　時にはポートフォリオにさらなる分散はもたらさないが、年間管理手数料の安い新しいファンドが登場することもある。逆に、分散は向上するがコストが高くなるファンドが登場することもある。

　古いファンドと新しいファンドのコストが異なるとき、これらのファンドを入れ替えたときの利益はどのように計算すればよいのだろうか。コストの異なるファンドを入れ替えたときのコストパフォーマンスを算出するには、コストの差に20を掛ければよい。もちろん、新しいファンドのコストが古いファンドのコストよりも高ければ、入れ替えたときの利益はマイナスになる。

　まず、分散による利益を算出して、それにコストパフォーマンスを加えて、トータル利益を算出する。それが初期トレードコストよりも大きければ、ファンドを入れ替える。

　　分散による利益＝20×分散による年間利益
　　トータル利益＝分散による利益＋
　　　　20×（古いファンドのコスト－新しいファンドのコスト）
　　トータル利益＞初期トレードコストのときはファンドを入れ替える

　少し前に使った例を再び見てみよう。この例では、オーストラリアとニュージーランドの1つのETF（1000ドル）を、各国のETF（2つのETF）と入れ替えようと思っている。入れ替えコストは4ドル（1000ドルの4％）で、分散効果の現在価値は12ドル（1000ドルの1.2％）だった。

　ここで、古いファンドの手数料は0.1％で、新しいファンドの手数料

はオーストラリアのファンドが0.1%、ニュージーランドのファンドが0.3%だとしよう。2つのファンドは均等ウエートで買おうと思っているので、手数料の加重平均は0.2%になる。これらのファンドに関連するそのほかのコストは同じなので、ファンドによるトレードコストのような目に見えないコストは無視できる。

20の法則を適用すると、追加的年間コストは0.1%×20＝2%で、これはキャッシュでは2%×1000ドル＝20ドルである。入れ替えにかかるコストが20ドルで、分散効果は12ドルなので、入れ替えたときの利益はマイナスになる。これを式を使って確認してみよう。

トータル利益＝分散効果＋
　　　　　20×（古いファンドのコスト－新しいファンドのコスト）

　　　　　＝1.2%＋20×（0.1%－0.2%）＝1.2%－2%＝－0.8%

管理手数料が高くなるので、初期トレードコストを除いて考えても、この入れ替えは行う価値はないということになる。

税金

すべての投資家が税金の心配をしなければならないわけではない。多くの機関投資家のファンドは非課税信託の枠内にあり、個人投資家はアメリカの場合は非課税の401kやIRA（個人退職口座）、イギリスの場合はISA（個人貯蓄口座）やSIPP（自己投資型個人年金）などで運用すれば税金を逃れることができる。

しかし、拠出限度を超えると投資の一部またはすべてに税金がかかってくる。これに当てはまる人は、本セクションは税金を法律にのっとって最小限に抑えるのに役立つはずだ（これは道徳的に考えると行

うべきかどうかは疑問がある。良心の呵責を感じる人は、慈善事業に寄付することもできる）。

税法は複雑で、国によって異なり、絶えず変化する。ここで税金について数ページ書いたところで全容を伝えることはできないが、あなたが利用できる税制の一般的な特徴がいくつかある。

1. リバランスにかかわる税金はキャピタルゲイン税である。何かを売って利益を得れば、利益の一部をIRS（米国内国歳入庁）やHMRC（英歳入税関庁）に収めなければならない。
2. 損失を出せば、利益と相殺することができる（損益の通算）。
3. 通常、純利益には年間非課税枠が適用される。
4. 長期投資の場合、税金は安くなる。
5. 配当にも税金がかかるが、非課税控除がある。
6. キャピタルゲイン税や配当税がかからない非課税口座というものが存在するが、これには年間限度額がある。
7. アセットのなかには税金がかからないものもある。

損益の通算と年間非課税枠

ほとんどの税法ではキャピタルゲイン税の年間非課税枠と損益の通算が認められている。この税当局からの寛容な扱いは無視できない。ウエート調整や入れ替えトレードを考えるとき、キャピタルゲインを生むものもあればキャピタルロスを生むものもある。利益と損失を同一にすることで税金を最小化することができ、場合によっては税金をまったく支払わなくても済む。

入れ替えトレードを考えるときには税金を考慮せよ

入れ替えトレードを考えるとき、税効果を計算するのは比較的簡単だ。将来のリターンは確実に予測することは不可能だが、入れ替えコストは確実に予測することができ、これと同じように税金も確実に知ることができる。やるべきことは、コスト対利益分析のなかにトレードにかかる税金を含めることだ。

利益＝（分散効果による利益）＋
　　　20×（古いファンドのコスト－新しいファンドのコスト）
利益＞初期トレードコスト＋入れ替えにかかる税金のときは入れ替えを行う

本章で前に出てきた例を再び考えてみよう。この例では、オーストラリアとニュージーランドの１つのETF（1000ドル）を、各国のETF（２つのETF）と入れ替えようと思っている。入れ替えコストは４ドル（1000ドルの0.4％）で、分散効果の現在価値は12ドル（1000ドルの1.2％）だった。新しいファンドの管理手数料は0.1％で、古いファンドの管理手数料は0.5％だとしよう。古いファンドを売ったときのキャピタルゲイン税は100ドル（1000ドルの10％）だ。

利益＝1.2％＋20×（0.5％－0.1％）＝9.2％
9.2％＞0.4％＋10％、なら入れ替える。

この場合、トレードコストの額とは無関係に、このトレードは行う価値がないことは明らかだ。キャピタルゲイン税が10％と非常に高いため、管理手数料の節約や分散効果を足し合わせても10％には及ばない。

税金は、損失と利益を相殺し、年間税控除を差し引いたあとの累進課税で算出することを忘れないようにしよう。

　税金と投資は本末転倒にならないように注意しよう。さらなる分散が見込めるトレード、あるいは年間コストの節約になるようなトレードだけを行うようにしよう。節税目的だけでトレードしてはならない。こういったトレードは純利益を生むことはない。

ウエート調整トレードを考えるときには税金を考慮せよ

　入れ替えトレードとは違って、ウエート調整トレードのコストパフォーマンス分析を行う簡単な方法はない。保守的に考えるのであれば、納税額はウエート調整トレードによる利益を常に上回ると仮定したほうがよい。したがって、キャピタルゲイン税を払わなければならないようなウエート調整トレードはやるべきではない。

非課税口座の資金調達のためにアセットを売る

　非課税口座の最大額を満たすだけのキャッシュがない場合、資金を調達するために課税アセットを売ったほうがよいのだろうか。非課税口座の効果は明らかだ——将来的に配当税やキャピタルゲイン税を支払う必要がない。しかし残念ながら、そのためには今、トレードコストという形で代価を支払う必要があり、利益の出るポジションを売れば、おそらくはキャピタルゲイン税もかかってくるだろう。

　非課税投資による将来的な便益は、税法、リターン、売買戦略に依存するため数値化がきわめて難しい。

　これについて調べてみたところ、支払わなければならないのが取引コストだけであれば、非課税口座の資金調達のためにアセットを売ったり買い直したりすることはよい。ただし、あなたの行うトレードは

私が推奨するリバランスの最小トレードサイズ——250ポンドまたは150ドル——を上回っていなければならない（これらの額はブローカーの最低手数料として6ポンドまたは1ドル支払うことを前提とする。支払う手数料がこれよりも多い場合、この額にあなたが支払う手数料の最低手数料に対する比率を掛ける必要がある）。しかし、売ったときにキャピタルゲイン税もかかってくるのであれば、将来の利益でこの税金を穴埋めできるかどうかは分からない。

投資を分割する

1カ所に投資するよりも投資は分散させたほうが税効率は良くなることが多い（あなたのブローカーが倒産した場合、分散投資していたほうが潜在的損失は減少する。なぜならブローカーが倒産した場合、通常賠償額にも制限があるからだ）。非課税のラップ口座での投資をできるだけ多くし、投資先を徐々に最大限まで増やしていくのがよい。まだ課税投資が残っているのであれば、課税口座と非課税口座に何を入れるかを注意深く選ぶ必要がある。

ポートフォリオのなかにアクティブにトレードするものがあるのであれば、それは非課税のIRAやISAに入れておく。例えば、配当利回りモデルを使って選んだ個別株があるのであれば、これらは利回りが変化すれば定期的に回転させなければならないため、非課税口座に入れておくのがよい。利回りのランク付けで株式を選んだ場合、価格の上昇した株は売ることが多いため、キャピタルゲインが発生する（この場合、ISAやIRAでは同じブローカー手数料を支払うものと仮定する。ブローカーは非課税商品に対しては高い手数料を課してくることが多い。ブローカーの最低手数料が1トレード当たり30ドルまたは30ポンド以上といった具合に極端に高い場合を除き、株式をISAやIRAに投資することによる節税はおそらくはブローカー手数料の増加より

も大きい)。

　税法はボラティリティを考慮しない。税法はそれでなくても複雑なので、これは良いことだ。株式のようにボラティリティの高い商品はリバランスすると課税所得も大きくなる。できれば株式は非課税口座に入れ、債券ETFやキャッシュは非課税口座からは外したほうがよいだろう（配当とキャッシュについた金利には同じ税金を支払うものとする。このアドバイスは税法がひねくれた国には当てはまらない。例えば、配当利回りが５％、キャッシュに対する金利が１％、投資家はキャピタルゲイン税を支払う必要がないと仮定する。配当に８％［投資比率としては年間0.4％］の累進課税がかかり、キャッシュに対する金利には50％［投資比率としては年間0.5％］の税金がかかったとすると、キャッシュはISAまたはIRAに入れておき、株式はISAまたはIRA以外に投資したほうがよい。しかし、これらの税率はきわめて非現実的なものだ。現実世界では、利回りの高いアセットはタックスシェルターに入れておくのが常識だ）。

　別の戦略としては、任意のポジションの一部は非課税口座に入れておき、残りは普通の課税口座に入れておく。保有するものの一部を売る必要があり、それによってキャピタルゲインがもたらされる場合、非課税口座のものを売る。一方、売ると損失が確実なものは、課税口座のものを売る。こうすれば資本損失を使って、ほかのトレードの利益を相殺することができる。ただし、これは大口投資家の場合にのみ当てはまる。小口トレーダーは固定トレードコストを２回払うのは避けたいからだ。

　投資をあなたの配偶者やほかの家族のメンバーの間で分散するのも、税金を最少化するよい方法だ。ただし、各人には非課税控除が別々に適用されるものとする。例えば、株を売って１万5000ポンドの利益が出たとすると、イギリスではキャピタルゲイン税がかかる。しかし、この投資を配偶者との間で分散すると、それぞれの利益は7500ポンドに

なり、これはほかに利益がなければ非課税だ。また損益の通算も行えば税効果はさらに高まる。

投資の分割は、各人が配当に対して税控除が認められている場合、配当に対する税金も減らすことができる。また、利回りの高い株式を非課税口座に入れ、債券のように利回りの低いアセットを課税口座に入れておくことでも、配当に対する税金を減らすことができる。

まとめ

- **なぜリバランスの必要があるのか** ①価格が変化したり、買収などほかの外部イベントが発生したとき、②目標ウエートを変えたいとき——はリバランスが必要になる。
- **ウエート調整トレード** ウエート調整トレードとは、ポートフォリオウエートが目標ウエートに近づくようにポジションを部分的に変更することを言う。ポジションは現在ウエートがノートレードゾーンの境界に位置するように調整し、最小トレードサイズを上回るようなトレードを行う。ノートレードゾーンは平均ポジションサイズの半分に設定し、最小トレードサイズはポートフォリオの0.1%または250ポンドもしくは150ドルの大きいほうに設定する（これらの値はブローカーの最低手数料として6ポンドまたは1ドル支払うと仮定したときの値。これ以上の手数料を支払うのであれば、これらの値にあなたの支払う手数料の最低手数料に対する比率を掛ける必要がある。例えば、手数料として5ドル支払っている場合、最小トレードサイズは150ドル×（5ドル÷1ドル）＝750ドルになる）。
- **入れ替えトレード** 入れ替えトレードとは、1つのアセットを別のアセットと丸々入れ替えることを言う。このトレードを行うべきかどうかを決めるには、初期トレードコストを、分散効果の現在価値＋新しいファンドと古いファンドの年間保有コストの差額と比較し

て、利益がコストを上回れば入れ替えトレードを行う。

●**税金** 税金は、リバランストレードのコストパフォーマンス分析を完全に変えてしまう可能性がある。いつどのトレードを行うかを決めるときには、税金を含めて考える必要がある。

第17章
ポートフォリオのメンテナンス

Portfolio Maintenance

　ポートフォリオを定期的にメンテナンスするのは非常に重要だ。オーバーウエートのアセットは売る必要があり、アンダーウエートのアセットは買ってウエートを増やさなければならない。

　本章では、第16章の理論的な方法を応用して、スマートポートフォリオをメンテナンスする方法について説明する。何を売って何を買うべきかを決めるのに、毎月、四半期ごと、毎年やるべきプロセスについて説明する。

本章の概要

- **毎年の見直し**　毎年、ポートフォリオについてチェックすべきことは何か。
- **外部イベントに対する対応**　買収など市場で起こるイベントに対して行うべきリバランス。
- **ポートフォリオの定期的なウエート調整**　ポートフォリオウエートを定期的にチェックして、ウエートがバランスよく配分されているかどうかを調べる。これは毎年、毎月、毎週、あるいは毎日行う。
- **ポートフォリオのメンテナンスにかかる税金**　支払う税金を考慮して、どのトレードを行い、どのトレードをスキップすべきかを決め

る。
●**ポートフォリオのメンテナンス例** 年に１回のポートフォリオのメンテナンスのやり方。

次の第18章では、単なるメンテナンスよりももっと大きな調整を含むポートフォリオの修復について説明する。

毎年の見直し

ポートフォリオのリバランスの頻度にかかわらず、年に１回だけ行うべき作業がいくつかある。

もっと分散されたファンドがないかどうかチェックする

新たなETF（上場投資信託）は絶えず登場している。こうした新たなETFを使ってポートフォリオをより分散できないかどうか定期的にチェックする。また、既存のファンドよりも管理手数料の安い新たなファンドがないかどうかもチェックする。

さらなる分散をもたらすファンドを既存のファンドと丸々入れ替えるのであれば、これは入れ替えトレードとして扱わなければならない。時として、さらなる分散をもたらすファンドを既存ファンドの一部と置き換えることがあるが、これはウエート調整トレードと言い、最適ポートフォリオウエートを変更するのみである。

もっと安いファンドがないかどうかをチェックする

あなたの保有しているパッシブファンドを、それと同じようなファンドで、手数料のもっと安いファンドと置き換えることができないか

どうかをチェックする。これは入れ替えトレードに相当する。第16章の「安いアセット」で述べたテクニックを使って、入れ替えを行うべきかどうかをチェックする。

アクティブファンドをチェックする

ポートフォリオにアクティブファンドを含んでいるのであれば、そのアクティブファンドでよいのかどうかをチェックする必要がある。第15章で述べた統計学的検定を行い、それらのアクティブファンドがポートフォリオに含ませておくに値するものであるかどうか、パフォーマンスをチェックする。監視しているパフォーマンスに基づいて入れ替えたほうがよいと思われるファンドのウオッチリストを作成するのもよいだろう。

銘柄を変更すべきかどうかチェックする

配当利回りモデルなどの評価法を使って各セクターから1つ以上の銘柄を選択している場合、ポートフォリオに含まれている銘柄が利回りの最も高い銘柄であるかどうかを定期的にチェックする必要がある。また、第16章の「ファンドや株式を丸々入れ替えるべきときと、入れ替えるべきではないとき」で述べたテクニックを使って、すでに保有している銘柄をもっと利回りの高い銘柄と入れ替えるべきかどうかをチェックする。

外部イベントに対する対応

外の世界はあなたがポートフォリオを定期的に見直す準備が整うまで待ってはくれない。外部のイベントが発生したら、すぐに対応しな

けらばならない。

株式交換による買収

あなたの保有している会社が株式交換によって買収されたら、買収した側の会社が保有しておきたい会社かどうかを考える必要がある。第16章の「株式交換による買収」のところで述べた方法を使って、買収した側の会社の株式を保有し続けるべきか、それとも何か別の銘柄に置き換えるべきかどうかを判断する。

買収では、キャッシュか株式かの選択肢を与えられることがある。買収した側の会社の株式を売ろうと思っているのであれば、キャッシュを選んだほうが手数料は節約できる。しかし、いずれの選択肢を選ぶにしても、税金については慎重に考える必要がある。キャッシュを選べばキャピタルゲインが発生するが、株式で支払われる場合は売るタイミングを自分で決めることができ、おそらく課税額は少なくなるだろう。

キャッシュによる買収、倒産、ファンドの上場廃止

あなたの保有している会社がキャッシュで買収された場合、ポートフォリオのバランスは崩れる——キャッシュが増えすぎて、株式が少なくなる。ファンドが上場廃止された場合も、ポートフォリオの一部を不本意ながら売らざるを得なくなる（ファンドの上場廃止は事前に予測できることが多い。運用資産残高が減少しているETFはすぐに上場廃止になる可能性が高い。ファンドを維持するには固定コストがかかるため、小さなファンドを運用するのは経済的ではないからだ。時として、ETFが大きなプレミアムで取引され始めたり、原資産よりも安い価格で取引され始めたりすることがあるが、それはそのETFはも

はや正しく運用されていない「オーファンETF」[みなし子ETF]である可能性が高いことを意味する)。同様に、保有している会社が倒産しても、ポートフォリオウエートはバランスを崩し、余剰キャッシュという残念賞もない。

消滅した銘柄やファンドをどう置き換えるかを考える必要がある。つまり、あなたの選択基準に基づいて、今保有していないセクターのなかから最も大きな銘柄や利回りの最も高い銘柄を見つけるか、あなたの必要なイクスポージャーが得られるような最も安い既存のファンドを見つけるかということである。

いずれの場合も、将来的にはポートフォリオの定期的なウエート調整が必要になる。

ポートフォリオの定期的なウエート調整

ポートフォリオは定期的なウエート調整が必要だ。

機関投資家は投資委員会会議のあと、毎月か、四半期ごとにリバランスするのが一般的だ。フルタイムのポートフォリオマネジャーを擁する大口投資家も、毎月、毎週、あるいは毎日、リバランスするのが普通だ。

毎日リバランスすると言っても、毎日トレードしなければならないわけではない。これは小さなトレードをたくさん行うことを意味する。機関投資家の場合、1カ月の間に断続的に小さなトレードをたくさん行うほうが、毎月の初めに、特にほかのファンドが同じことをしようとしているときに、大きなトレードをいくつか行うよりもはるかによい。

個人投資家は、大きなウエートドリフトを避けるために最低でも1年に1回はリバランスし、非課税枠を最大限に利用する必要がある(損失を将来に繰り越すこともときには可能だが、こうした会計操作は私

の理解を超え、本書の枠も超えている)。リバランスを会計年度の終わりまで待つのは避けたい。なぜなら会計年度の終わりにはだれもが同じ理由でトレードするからだ。これによって、価格には歪みが生じる。リバランスは年の中間で行うのがよい。

もし資本損失が発生するのであれば、その年早々に追加的なリバランスをするのもよいだろう。資本損失はあとあと役に立つ。

まずやらなければならないのは、目標ウエート(つまり、最適資産ウエート)と今の保有株、株価、為替レートによって示唆される現在ウエートを決めることだ。

次に、目標ウエートと現在ウエートを比較する。現在ウエートがノートレードゾーンの範囲外にあるときのみトレードする。

通常は、現在ウエートがノートレードゾーンの境界に達するまでトレードする。しかし、売りよりも買いのほうが多い場合、投資しないキャッシュを残すよりも、ゾーンの真ん中辺りまでトレードするのがよい。買いよりも売りのほうが多くて、資金不足になりたくない場合も同じだ。

最後に、ウエート調整トレードが最小トレードサイズを上回っているかどうかを確認しよう。

ポートフォリオのメンテナンスにかかる税金

潜在的な入れ替えトレード(売りと買いが一致)のリストと潜在的なウエート調整トレード(売りと買いが一致する必要はない)のリストはすでに出来上がっているはずだ。これらのトレードはすべて税金抜きのコストパフォーマンス分析で正当化されたものである。ISA(個人貯蓄口座)や401kのような非課税トラストや非課税口座を通してのみ投資しているため、キャピタルゲイン税や配当税の心配をしなくてもよいのであれば、リストにあるトレードを好きなだけ行えばよい。

第17章　ポートフォリオのメンテナンス

そうでない場合、本セクションで説明するプロセスに従って、最も税効果の高い方法でトレードする。ここでは、損益を通算することができ、利益に対しては非課税になるため税金がかからないものと仮定する。税法は複雑で特異なので、潜在的トレードが意味することを十分に理解することが重要だ。

損失を出すトレードまたは税金のかからないトレードを行う

まず最初に欠損金を生みだす売りトレードまたは、非課税口座で売りトレードを行う。これは入れ替えトレードとウエート調整トレードのいずれでも構わない。

ウエート調整トレードは税金が控除されるので、ノートレードゾーンの境界までトレードすることでできるだけ多くのトレードを行う。通常はゾーンの一番上の境界まで売るのがよいが、欠損金を生みだす場合はゾーンの一番下の境界まで売るのがよい。

非課税枠をフルに使え利益を生みだす最良の入れ替えトレード

課税所得を生みだす売りについて見てみよう。入れ替えトレードは最大の利益をもたらすので、このトレードを最初に行う。各入れ替えトレードについては、初期トレードコストを差し引いた純利益を算出しておかなければならない。最大の純利益を生みだすトレードを最初に行う。

この段階では、非課税枠を超える純利益を生みださない範囲で、できるだけ多くの入れ替えトレードを行う。

残りの入れ替えトレードについては税金を考慮する

　非課税枠ですべての入れ替えトレードを行うことができた場合は、このステップは飛ばす。

　非課税枠を超える売りトレードには税金がかかることに注意しよう。入れ替え売りトレードのリストを見て、それぞれのトレードの純利益を計算する。ただし、今回はかかる税金を含めて計算する。税金を含めても純利益がプラスになる入れ替えトレードのみを行う。

　この時点では成功した（純利益の出た）入れ替えトレードリストが手元にあるはずだ。おそらく入れ替えトレードの一部は行うことができなかっただろう。ここで、成功した売りトレードにマッチする入れ替え買いトレードのリストを作成する。行うことができなかった売りトレードに対する買いトレードは捨てる。

できればウエート調整の売りトレードは非課税の範囲ぎりぎりまで行う

　非課税枠が残っているのであれば、ウエート調整の売りトレードを行う。まず、ポートフォリオに対する影響の大きな最大のウエート調整トレードを行う。非課税枠が残っているのであれば、ノートレードゾーンの範囲外でも最小トレードサイズ条件を満たしているのであれば、部分的に売ってもよい。

引き出しのための目標キャッシュを残しておき、節税効果のある口座に対する資金調達を行う

　買いトレードを行う前に、引き出すためのキャッシュ目標を満たすだけの十分なキャッシュがあることを確認しておこう。十分な資金が

ないのであれば、前に戻って追加的な売りトレードを行い、必要な余剰キャッシュを準備する。このとき、税金が最も安くなるような売りトレードを行い、新たな最適資産ウエートを中心とするノートレードゾーンの範囲内でポジションを減らせるかどうかをチェックする。これが不可能なときは、最終ポジションはゾーンの境界になるべく近づけておく。

　また、節税できる口座に年間最大非課税枠ぎりぎりまで資金を入れることで、節税できる口座を最大限に活用できるようにすることが重要だ。追加的な売りトレードを行うことで課税所得が発生する場合、非課税口座の資金調達のためだけに追加的な売りトレードを行ってはならない。この金は将来的な税の軽減という形で取り戻せる可能性は低いからだ。非常に大口の投資家でないかぎり、ポジションを課税口座と非課税口座との間で分割するよりも、全ポジションを売ったほうがよい。非課税ラップ口座での保有が望ましい株式のようなリターンの高いアセットを売るようにする。

　買いトレードを行う前に、年間非課税枠を十分に利用できるように非課税口座にキャッシュの移転を済ませておくことが重要だ。

非課税枠での買いトレード

　これで買いトレードを行う準備が整った。買いトレードは非課税口座で行う。

　非課税口座では、株式のようなボラティリティが高く利回りも高いアセット（特に新興国市場の株式）やリスクの高い債券を買うのが理想だ。まず最初に移行トレードを行う。移行トレードとは、課税口座のポジションを売って、非課税口座で同じポジションを買うための資金を調達することを言う。最初に最も大きなトレードから行う。

　次に、すでに行った入れ替えトレードにマッチする買いトレードを

行う。このときも最も大きなトレードから行う。最後に、ウエート調整の買いトレードを行う。

　最終ポジションがノートレードゾーンの範囲内にあるかぎり、買いトレードのサイズを調整してもよい。トレードが終わったあと、適正な額のキャッシュがあることを確認する必要がある。余剰キャッシュが残るようであれば、買いトレードのサイズを増やす必要があり、資金が不足するようであれば買いトレードのサイズを減らす必要がある。ただし、どのトレードも最小トレードサイズ以上であることが重要。

　非課税口座にキャッシュが残らないようにすること。

課税口座での買いトレード

　課税口座で買う場合、債券のようにボラティリティが低く、利回りも低いアセットを買わなければならない。すでに行った売りトレードにマッチする大きな入れ替え買いトレードを最初に行い、次に小さな入れ替え買いトレードを行い、そのあとウエート調整トレードへと進む。ウエート調整トレードは最も大きなトレードから行う。

リバランスの例

　第13章と第14章に登場したイギリスの投資家、パトリシアを覚えているだろうか。彼女は若い銀行家で、投資資金として２万5000ポンド持っていた。ここでは彼女に再びご登場いただいて、ポートフォリオのメンテナンスの例を見ていくことにしよう。一般的な手順は同じなので、これはアメリカの投資家にも当てはまる。税金の心配をする必要のない投資家は、税金のところはスキップして、リバランスプロセスのみを読めばよい。

第17章 ポートフォリオのメンテナンス

表75 予測モデルを使ったポートフォリオメンテナンスの初期アロケーション例

	ウエート目標リスク	ボラティリティ	資産ウエート	ポンド×A 投資額B=2.5万	口座タイプ	株価C	為替レートD	株数（概算）B÷(C×D)	ウエート実際のリスク
アメリカの株式	6.9%	15%	5.8%	£1,450	非課税口座	$200.5	0.82	9	5.9%
カナダの株式	11.4%	15%	9.6%	£2,400	非課税口座	£34.33	1	71	9.8%
イギリスの株式	4.2%	15%	3.5%	£875	課税口座	£6.86	1	124	3.4%
イギリスを除く欧州の株式	6.8%	15%	5.7%	£1,425	非課税口座	€27.48	0.90	59	5.9%
日本の株式	10.5%	15%	8.8%	£2,200	非課税口座	£23.70	1	94	8.9%
日本を除くアジアの株式	13.4%	15%	11.2%	£2,800	非課税口座	£96.96	1	30	11.7%
EMの株式	12.7%	23%	6.9%	£1,725	非課税口座	$3.82	0.82	555	7.0%
先進国の国債	5.5%	6%	11.6%	£2,900	課税口座	$90.39	0.82	37	11.0%
先進国の社債	6.2%	6.5%	11.9%	£2,975	課税口座	$96.73	0.82	36	11.5%
先進国の高利回り債	3.5%	8%	5.6%	£1,400	課税口座	$96.40	0.82	17	5.4%
EMの債券	5.1%	8%	8%	£2,000	課税口座	$65.56	0.82	36	7.8%
金	13.7%	15%	11.5%	£2,875	非課税口座	$25.09	0.82	143	11.8%

表は予測モデル乗数を適用したあとのリスクウエート、資産ウエート、株数を示している

初期ポートフォリオ

　予測モデルの乗数を適用したあとのパトリシアの初期ポートフォリオは**表75**に示したとおりである。表には各ETFの最初に買った価格

と買うべき口数も含めている。

　ほかのイギリスの投資家同様、パトリシアも非課税のISA口座を使うことができる（パトリシアは年金プランのようなほかの非課税ビークルを使うこともできるが、簡単にするためにこうしたビークルは無視した）。非課税のISA口座は年間で新たな投資額１万5240ポンドが非課税になる（本セクション執筆の時点ではこれは正確な数字だが、変更になる可能性もある）。本章で前に述べたように、非課税ラップ口座にはハイリスク・ハイリターンのアセットを投資するのが理想だ。しかし、彼女の株式と金のトータル投資額は１万5750ポンドなので、すべて非課税口座でトレードすることはできない。そこで、彼女は株式の最も小さなアロケーション（イギリスの株式）を課税口座でトレードすることにした。

　彼女のISAの非課税枠をフルに使えるように口数を少し調整し、余剰キャッシュが残らないようにした。その結果、ISA口座には１万5193ポンド投資し、４ポンドだけキャッシュで残し、手数料として42ポンド払った（７回トレードを行い、そのおのおのの手数料として６ポンド払った）。課税口座では、ETFに9728ポンド投資し、２ポンドをキャッシュで残した。

毎年のチェックと会社のアクションに対する対応

　パトリシアの最初の仕事は、もっと良いファンドがないかをチェックすることだ。彼女は新興国市場の新たな債券ファンドであるAEEMを見つけ、値段の高いSEMLと入れ替える。SEMLは年間手数料が0.5％なのに対し、AEEMは0.25％と安い。年間で節約できた0.25％に20を掛けると、現在価値は５％になる（新興国市場債券の初期アロケーションの2000ポンドのうちおよそ100ポンド）。パトリシアが現在保有しているものの価値は変わってくるだろうが、７ポンド（**表72**より）

第17章　ポートフォリオのメンテナンス

という切り替えコストをはるかに上回っている。

　ファンドのなかで上場廃止になったものはなかった。彼女は個別株は買っていないので、配当利回りなどの評価法による株価のランク付けを見直す必要はない。

ポートフォリオの定期的なウエート調整

新たな最適リスクウエートの算出

　さて、ここでやらなければならないのは新たな目標ウエートの算出という骨の折れる作業だ。ファンドリストは基本的に変わっていないので、新たな新興国市場の債券ファンドと入れ替えたことを除き、最初の例と同じハンドクラフトウエートからスタートする。**表76**は**表53**の再掲だ。

　次のステップは、パトリシアが使った2つの予測モデル——配当利回りモデルとモメンタムモデル——からの新たな調整ファクターの再計算だ。計算方法はすでに第14章で示したので割愛する。**表77**は新たな調整ファクター（乗数）を示したものだ。

　表78は新たな乗数を適用したあとのアロケーションを示したものだ。パトリシアは私の提示したボラティリティの値を使っているので、ボラティリティは目標ウエートの計算では変わらない。ウエート調整のあとはキャッシュを残す必要はなく、資産ウエートの合計は100％になるように調整している。

ポートフォリオの現在の状態

　パトリシアのポートフォリオの現在の状態は**表79**に示したとおりである。保有口数は前と同じだが、価格と為替レートは変わった。また彼女は課税口座と非課税口座で配当を受け取った。

　パトリシアの今年のボーナスはあまり良くなかったため、投資に使

表76 初期アロケーション

	アセットクラス A	先進国市場または新興国市場 B	格付け C または信用	地域内 D	リスクウエート E = A×B×C×D	ボラティリティ	(資産ウエート) 目標ウエート
アメリカの株式	80%	75%	33.3%	60%	12%	15%	11.5%
カナダの株式	80%	75%	33.3%	40%	8%	15%	7.6%
イギリスの株式	80%	75%	33.3%	20%	4%	15%	3.8%
イギリスを除く欧州の株式	80%	75%	33.3%	80%	16%	15%	15.3%
日本の株式	80%	75%	33.3%	40%	8%	15%	7.6%
日本を除くアジアの株式	80%	75%	33.3%	60%	12%	15%	11.5%
EMの株式	80%	25%			20%	23%	12.5%
先進国の国債	10%	75%	40%		3%	6%	7.2%
先進国の社債	10%	75%	30%		2.3%	6.5%	5%
先進国の高利回り債	10%	75%	30%		2.3%	8%	4%
EMの債券	10%	25%			2.5%	8%	4.5%
金	10%				10%	15%	9.6%

表はポートフォリオウエートを示している。ウエートは特に定めのないかぎりリスクウエートを示している。数値は全ポートフォリオに対する比率を示している

表77　2つのモデルを合わせた新たな統合乗数

	アセットクラスA	新興国市場または先進国市場B	地域または信用格付けC	地域内D
アメリカの株式	1.2	0.85	0.84	1.21
カナダの株式	1.2	0.85	0.84	0.77
イギリスの株式	1.2	0.85	1.14	1.10
イギリスを除く欧州の株式	1.2	0.85	1.14	0.9
日本の株式	1.2	0.85	0.92	0.68
日本を除くアジアの株式	1.2	0.85	0.92	1.39
EMの株式	1.2	1.19		
先進国の国債	0.9	1.05	1.22	
先進国の社債	0.9	1.05	0.77	
先進国の高利回り債	0.9	1.05	1.12	
EMの債券	0.9	0.95		
金	1.05	1		

表は各グループの利回りモデルとモメンタムモデルに基づく、各アセットの乗数を示している

表78 新たな乗数によるアロケーション

	アセットクラス A	新興国市場または先進国市場 B	格付けまたは信用 地域 C	地域内 D	リスクウエート E = A×B×C×D	ボラティリティ	目標ウエート（資産ウエート）
アメリカの株式	83.1%	68.2%	29%	70%	11.5%	15%	11.5%
カナダの株式	83.1%	68.2%	29%	30%	4.9%	15%	4.9%
イギリスの株式	83.1%	68.2%	39.3%	23%	5.2%	15%	5.2%
イギリスを除く欧州の株式	83.1%	68.2%	39.3%	77%	17.1%	15%	17.1%
日本の株式	83.1%	68.2%	31.7%	25%	4.4%	15%	4.4%
日本を除くアジアの株式	83.1%	68.2%	31.7%	75%	13.6%	15%	13.6%
EMの株式	83.1%	31.8%			26.4%	23%	17.3%
先進国の国債	7.8%	76.8%	46.3%		2.8%	6%	6.9%
先進国の社債	7.8%	76.8%	21.9%		1.3%	6.5%	3.0%
先進国の高利回り債	7.8%	76.8%	31.8%		1.9%	8%	3.6%
EMの債券	7.8%	23.2%			1.8%	8%	3.4%
金	9.1%				9.1%	15%	9.1%

表は表76の初期ウエートに表77の乗数を適用したポートフォリオウエートを示している。ウエートは特に定めのないかぎりリスクウエートを示している。数値は全ポートフォリオに対する比率を示している

表79　1年後の資産ウエート（リバランス前）

	株数A	株価B	為替レートC	投資額D＝A×B×C	課税・非課税	現在ウエートD÷（Dの合計）
アメリカの株式	9	$205	0.85	£1,568	非課税	5.3%
カナダの株式	71	£36	1	£2,556	非課税	8.6%
イギリスの株式	124	£6.50	1	£806	課税	2.7%
イギリスを除く欧州の株式	59	€25.48	0.98	£1,473	非課税	5.0%
日本の株式	94	£25.00	1	£2,350	非課税	7.9%
日本を除くアジアの株式	30	£112.32	1	£3,370	非課税	11.3%
EMの株式	555	$3.90	0.85	£1,840	非課税	6.2%
先進国の国債	37	$88.17	0.85	£2,773	課税	9.3%
先進国の社債	36	$96.15	0.85	£2,942	課税	9.9%
先進国の高利回り債	17	$97.40	0.85	£1,407	課税	4.7%
EMの債券	36	$66.00	0.85	£2,020	課税	6.8%
金	143	$32.06	0.85	£3,897	非課税	13.1%
非課税キャッシュ				£2,531	非課税	8.5%
課税キャッシュ				£209	課税	0.7%

表は新たな投資で得たキャッシュを非課税口座に入れたあとの現在の資産ウエートを示している

える余剰金は2000ポンドしかない。これでは１万5240ポンドの非課税ISA枠の一部にしかならない。不足分は課税アセットを売って調達したいと思っている。

彼女の今のトータルポートフォリオ価値は2740ポンドのキャッシュを含む２万9742ポンドだ。

ウエート調整トレードの計算

さて、それではウエート調整トレードについて見ていこう。第16章では、ノートレードゾーンの幅として平均ポートフォリオウエートの半分、最小トレードサイズとして250ポンドを使うことを推奨した。パトリシアの現在のポートフォリオを見てみると、ノートレードゾーンの幅は（100%÷12）÷２＝4.2%で、最小トレードサイズは250÷29742＝0.9%（概算）になる。これに基づいて行ったトレードを示したものが**表80**である。

税金とトレード

パトリシアのキャピタルゲインの非課税枠はおよそ１万1100ポンドで、これを超える分については28%の税率で税金を支払う。

損失を出す売りトレードまたは税金のかからないトレードを行う

表81に示したウエート調整の売りトレードはすべて非課税だ。損失を出すトレードはない。

表80 調整トレード分析

	現在ウエートA	目標ウエートB	ノートレードゾーンB±(ゾーンの幅)÷2	ゾーンの端でのウエートC	トレードC−A
アメリカの株式	5.3%	11.5%	9.5% − 13.6%	9.5%	+4.3%
カナダの株式	8.6%	4.9%	2.8% − 7%	7%	−1.6%
イギリスの株式	2.7%	5.2%	3.1% − 7.3%	3.1%	小さすぎ
イギリスを除く欧州の株式	5.0%	17.1%	15% − 19.2%	15%	+10%
日本の株式	7.9%	4.4%	2.3% − 6.5%	6.5%	−1.4%
日本を除くアジアの株式	11.3%	13.6%	11.5% − 15.7%	11.5%	小さすぎ
EMの株式	6.2%	17.3%	15.2% − 19.3%	15.2%	+9%
先進国の国債	9.3%	6.9%	4.8% − 9%	9%	小さすぎ
先進国の社債	9.9%	3.0%	0.9% − 5.1%	5.1%	−4.8%
先進国の高利回り債	4.7%	3.6%	1.5% − 5.7%	5.7%	1.0%
金	13.1%	9.1%	7% − 11.2%	11.2%	−1.9%

数値はすべて資産ウエート。現在ウエートは表79より。目標ウエートは表78より。ノートレードゾーンの幅は、(100%÷12)÷2=4.2%で、最小トレードサイズは250÷29742=0.9%(概算)。ゾーンの端までトレードする。現在ウエートと目標ウエートとの差をトレードする

表81 1回目の売りトレード──非課税

	課税・非課税	トレード(ポンド)	トレード価値
カナダの株式	非課税	−1.6%	£476
日本の株式	非課税	−1.4%	£416
金	非課税	−1.9%	£565

表82　2回目の売りトレード──入れ替えトレード

	課税・非課税	古い価値	新しい価値	課税所得	トレード価値
EMの債券（古いファンド：SEML）	課税	£1,935	£2,020	£85	£2,020

課税所得は古い価値と新しい価値との差に等しい（売られた額の全額）

表83　3回目の売りトレード──課税調整トレード

	課税・非課税	古い価値	新しい価値	課税所得	トレード価値
先進国社債	課税	£2,855	£2,942	£42	£1,428

課税所得は古い価格と新しい価格との差に、売られた額の比率（トレード価値÷新しい価値）を掛けたもの

非課税枠をフルに使える利益を生みだす最良の入れ替えトレード

表82に示したように入れ替えトレードは1つしかない。

残りの入れ替え売りトレードについては税金を考慮する

このほかには入れ替え売りトレードはない。

できればウエート調整の売りトレードは非課税の範囲ぎりぎりまで行う

第16章で述べたように、ウエート調整トレードは税金がかからないときのみに行うようにする（第16章の「ウエート調整トレードを考えるときには税金を考慮せよ」を参照）。最も大きなトレードから行う。

表84　4回目の売り――課税調整トレード

	課税・非課税	古い価値	新しい価値	課税所得	トレード価値
イギリスの株式	課税	£851	£806	－£45	£806
先進国国債	課税	£2,742	£2,773	£31	£2,773
先進国社債	課税	£2,855	£2,942	£87	£2,942
先進国高利回り債	課税	£1,344	£1,407	£63	£1,407

課税所得は古い価値と新しい価値との差に等しい（売られた額の全額）。先進国社債トレードは表83のトレードと置き換え

引き出しのための目標キャッシュを残しておき、節税効果のある口座に対する資金調達を行う

　パトリシアは節税口座に非課税ぎりぎりまで資金を入れることで、節税口座を最大限に利用したいと思っている。これまでのところ、非課税ISAには2000ポンド入っている。受け取った配当金である209ポンドは課税口座に入れており、課税口座での売りトレードでこれまでに儲けた額は3436ポンド（新興国市場債券の売りで2020ポンド、先進国社債の売りで1428ポンド、それから12ポンドの手数料を差し引いた額）だ。残りの課税投資を売っても、年間投資限界の１万5240ポンドには届かない。

　残りのトレードは税金がかからないときにのみ行うべきだが、幸いにも残りのトレードを行ってもキャピタルゲイン税の非課税枠１万1000ポンドの範囲内だ。これを示したものが**表84**である。

　課税口座での売りから得たトータル利益は9918ポンド（新興国市場債券の入れ替え売りトレードから2020ポンド、**表84**のトレードから7928ポンド、これに５回のトレードの手数料30ポンドを差し引いた額）

だ。課税所得はわずか221ポンドで、年間キャピタルゲイン税の非課税枠の範囲内にある。彼女はこの利益を、課税口座にある配当209ポンドとともに非課税ISAに移す。最初に移した2000ポンドとともに、今年はトータルで１万2127ポンドをISAに移した。

最初の投資からの余剰キャッシュが６ドル、ISAの配当金が531ポンド、ISAからの売りによる1457ポンド（**表81**の売りトレードから手数料18ポンドを差し引く）を加えると、総計で１万4103ポンドのキャッシュがISAに入っている。

買いトレード

さて、これから買いトレードに入る。キャッシュはすべて非課税口座にあるので、どの資産からいくら稼いだかは気にする必要はない。深呼吸して今のポートフォリオをまとめてみた。それが**表85**だ。

まず、ISAの移転トレードを行うために売ったアセットをほかのものに置き換えて、次に入れ替え売りトレードを行うのが理想的だろう。これらのトレードによってそれぞれのアセットは新たな最適資産ウエートになるのが理想だ。次に、ウエート調整の買いトレードを行うが、ノートレードゾーンの下の境界までトレードする。しかし、このトレードは手数料を支払ったら今手持ちのキャッシュよりもおよそ940ポンド多くのキャッシュが必要になる。

ISAの移転トレードと入れ替えトレードは、ノートレードゾーンの範囲内にあり、最小トレードサイズを上回っているので、これらのトレードは若干減らすのがよいだろう。最終的な買いトレードを示したものが**表86**である。実際に買った株数は示していない。数値を丸めると実際の数値とは若干違ってくるからだ。

パトリシアの最終的なポートフォリオは**表87**に示したとおりである。実際の資産ウエートは、日本を除くアジアの株式以外、すべてノート

表85　売りトレードが完了したあとの資産ウエート

	価値A	課税・非課税	現在ウエートA ÷ （Aの合計）	目標ウエートB	ノートレードゾーンB± （ゾーンの幅）÷2
アメリカの株式	£1,568	非課税	5.3%	11.5%	9.5% － 13.6%
カナダの株式	£2,080	非課税	7%	4.9%	2.8% － 7%
イギリスの株式	£0	課税	0%	5.2%	3.1% － 7.3%
イギリスを除く欧州の株式	£1,473	非課税	5.0%	17.1%	15% － 19.2%
日本の株式	£1,934	非課税	6.5%	4.4%	2.3% － 6.5%
日本を除くアジアの株式	£3,370	非課税	11.3%	13.6%	11.5% － 15.7%
EMの株式	£1,840	非課税	6.2%	17.3%	15.2% － 19.3%
先進国の国債	£0	課税	0%	6.9%	4.8% － 9%
先進国の社債	£0	課税	0%	3.0%	0.9% － 5.1%
先進国の高利回り債	£0	課税	0%	3.6%	1.5% － 5.7%
EMの債券	£0	課税	0%	8.5%	6.4% － 10.6%
金	£3,332	非課税	11.2%	9.1%	7% － 11.2%
非課税キャッシュ	£14,103	非課税	47.5%		
課税キャッシュ	£0	課税	0%		

表は表81、表82、表84のトレード（売りトレード）を行ったあとのポートフォリオの状態を表している。目標ウエートは表78より。ゾーンの幅は（100%÷12）÷2＝4.2%

レードゾーンの範囲内にある。日本を除くアジアの株式は、資産ウエートと目標ウエートの差が最小トレードサイズよりも小さい。

表86　パトリシアがキャッシュ不足にならないように調整したあとの買いトレード

	現在ウエートA	目標ウエートB	ノートレードゾーンB±(ゾーンの幅)÷2	調整後ウエートC	トレードC－A
イギリスの株式	0%	5.2%	3.1% － 7.3%	4.6%	£1,366
先進国国債	0%	6.9%	4.8% － 9%	6.2%	£1,841
先進国社債	0%	3.0%	0.9% － 5.1%	2.3%	£683
先進国高利回り債	0%	3.6%	1.5% － 5.7%	3.0%	£891
EMの債券（AEEM）	0%	8.5%	6.4% － 10.6%	7.9%	£2,346
イギリスを除く欧州の株式	5.0%	17.1%	15% － 19.2%	15%	£2,969
EMの株式	6.2%	17.3%	15.2% － 19.3%	15.2%	£2,672
アメリカの株式	5.3%	11.5%	9.5% － 13.6%	9.5%	£1,277

最初の4つのトレードは移転トレードで、課税口座の資金調達のために売ったアセットをほかのものと置き換えた。最終的なキャッシュはコスト削減のために最適値よりも若干少ない。5番目のトレード（EMの債券）は入れ替えの買いトレードで、これもまたウエートが減少している。最後の3つのトレードは調整トレードで、これによって資産ウエートはノートレードゾーンの下の境界に達する。買いトレードに使った資金は1万4045ポンドと手数料の48ポンドで、トータルで1万4093ポンドだ。最適資産ウエートは表78より。ゾーンの幅は（100%÷12）÷2＝4.2%

表87　パトリシアの最終的なポートフォリオ

	価値A	最終資産ウエートA÷Aの合計	目標ウエートB	ノートレードゾーンB±（ゾーンの幅）÷2
アメリカの株式	£2,845	9.6%	11.5%	9.5％ － 13.6％
カナダの株式	£2,080	7.0%	4.9%	2.8％ － 7％
イギリスの株式	£1,366	4.6%	5.2%	3.1％ － 7.3％
イギリスを除く欧州の株式	£4,442	15.0%	17.1%	15％ － 19.2％
日本の株式	£1,934	6.5%	4.4%	2.3％ － 6.5％
日本を除くアジアの株式	£3,370	11.4%	13.6%	11.5％ － 15.7％
EMの株式	£4,512	15.2%	17.3%	15.2％ － 19.3％
先進国国債	£1,841	6.2%	6.9%	4.8％ － 9％
先進国社債	£683	2.3%	3.0%	0.9％ － 5.1％
先進国高利回り債	£891	3.0%	3.6%	1.5％ － 5.7％
EMの債券（AEEM）	£2,346	7.9%	8.5%	6.4％ － 10.6％
金	£3,332	11.2%	9.1%	7％ － 11.2％
キャッシュ	£10		0%	

値は表85と表86の買いトレードを合わせた値。目標ウエートは表78より。ゾーンの幅は（100％÷12）÷2＝4.2％

まとめ

- **毎年の見直し** さらなる分散をもたらすファンドやもっと安いファンドが新たに入手可能かどうか毎年チェックする。また、アクティブファンドのパフォーマンスもチェックする。配当利回りモデルなどを使って個別株を選ぶ場合、もっと良い選択肢がないか毎年チェックする。
- **外部イベントに対する対応** 買収、倒産、ファンドの上場廃止といった外部のイベントが発生したら、ただちにアクションを取る必要がある。買収する側の会社の株式を保有したいかどうかを判断する。今保有しているアセットとキャッシュを考慮して、ポートフォリオのウエート調整を行う。
- **定期的なウエート調整** ポートフォリオは定期的にウエート調整する必要がある――毎年、四半期ごと、あるいはもっと頻繁に。かつ、入れ替えを行ったあともチェックする。ノートレードゾーンと最小トレードサイズを使って目標ウエートと現在ウエートを比較し、ウエート調整トレードを行うべきかどうかをチェックする。
- **税金** 課税されるトレード口座が1つ以上ある場合、ポートフォリオのリターンにかかる税金を最少化するために「ポートフォリオのメンテナンスにかかる税金」のところで述べた手順に従う。

第18章
ポートフォリオの修復

Portfolio Repair

　第17章では使える状態にあるポートフォリオの定期的なメンテナンスについて見てきた。本章ではひどい状態にあるポートフォリオの修復について見ていく。

本章の概要

- **●ポートフォリオの修復とは何か**　どういった修復を行うのか。修復を正しく行うために必要なテクニック。
- **●ポートフォリオを修復するための6つのステップ**　ひどい状態にあるポートフォリオを修復するときの優先順位。
- **●修復するときの注意点**　修復するときどんな点に注意すべきか。
- **●ポートフォリオの修復例**　ポートフォリオの実際の修復例。

ポートフォリオの修復とは何か

　使わずに眠っている大金を見つけた。ETF（上場投資信託）や株式への投資の基本も学んだ。でも、まだ投資する機会に恵まれず、実際に投資するに至っていない。こんな理想的な読者は、私のテクニックを使えば理想的なスマートポートフォリオを一から構築することがで

きる。

　しかし、こんな理想的な読者などいない。本書を第17章まで読んできて理解できるだけの経験の持ち主は、すでにアセットは選択しているはずだ。しかし、そのポートフォリオは私が推奨してきたポートフォリオとは似ても似つかないポートフォリオである可能性が高い。ポートフォリオを改善するためにはかなり多くの買いや売りが必要になるだろう。

　これは第17章で説明したような軽いメンテナンスで事足りる比較的健全なポートフォリオを年に1回チェックするのとはまったく異なる。

　コストの高いアクティブファンドが含まれている、アセットアロケーションが正しく行われていない、自国のアセットに偏っているなどは、深刻な修復が必要なポートフォリオの典型的な症状だ。また、個別株を少量ずつたくさん保有しているのも症状の1つだ。

　本章ではたくさんの修復が必要なとき、どれを最初にやればよいか（優先順位）について説明する。深刻な問題から解決していくのがよい。

　すべての問題を、1日にたくさんのトレードを行うことで解決するのは非現実的だ。だから、優先順位を決めるのである。1日でたくさんのトレードを行うのは固定手数料を支払わなければならない個人投資家にとっては高いものにつき、さらに非課税の枠外のアセットに対してはキャピタルゲイン税が発生する。また、機関投資家にとってはマーケットインパクトコストが足かせになる。本章で述べる段階的なアプローチを取ることで、ポートフォリオ修復のトータルコストは大幅に削減することができる。

　ポートフォリオの修復には一連の入れ替えトレードが含まれる。したがって、トレードコスト（**表73**）が与えられた場合、その入れ替えトレードが行う価値のあるものかどうかを算出する方法について説明した第16章をもう一度読み直すことをぜひともお勧めする。

　また、個別株から業種、国、地域へと分散した場合の幾何平均の向

上を示した**図29**（第６章）も役立つはずだ。

ポートフォリオを修復する６つのステップ

優先順位１──ただちに分散

　1990年代のハイテクバブルが断末魔の叫びをあげていた2000年初期、私はオンラインの株式ブローカーで働いていた。私がやっていたのは高度なファイナンスといったものではなく、大学の経済学部の授業料を払うために、パートタイムでテレフォンサービス係として働いていた。

　電話がかかってくると、最初の仕事は顧客の口座がどういったものを保有しているかをチェックすることだった。当時、私はポートフォリオの分散理論の勉強をしていた。ブローカーに電話をかけてくる人々は、私が読んでいるような本を読んでいないことは明らかだった。１銘柄しか持っていない人が多かったが、５～６銘柄持っている人もいて、それらはすべてイギリスかアメリカのハイテク株だった。顧客のポートフォリオに含まれる銘柄が同時に崩壊することも考えられないことではなかった。数カ月後、そのほとんどは暴落した。

　さて、現在に戻ろう。ポートフォリオに１銘柄しか保有していない人がたくさんいる。その１銘柄は自分たちの会社であることが多い。従業員持株制度によって買った株なので、彼らはそれを売ろうとしない。あるいは、国営企業が民営化された会社の株だけからなるポートフォリオを持っている人もいたし、上場しているスポーツチームの株だけを持っている人もいた。こうした集中化ポートフォリオを持つようになった経緯など問題ではない。それは恐ろしいほどに危険なことなのである。

　理論的に言えば、**表73**（３行目。ブレイクイーブン初期コストは58

%）が示すように、1つの株式を売ることで得られる利益は莫大だ。1つのセクターや1つの国を売るのも同じように大きな利益になる（**表73**の4行目と5行目。ブレイクイーブン初期コストはそれぞれ48％と34％）。どんなにコストの高いブローカーでも、どんなに小さなポートフォリオでも、これらの利益は過度に集中化した株式ポートフォリオから時価総額加重グローバル株式パッシブファンドに切り替えるコストを大幅に上回る。

優先順位2──コストの削減

コストの高いアクティブマネジャーは排除せよ

リターンを上げる唯一保証された方法は、コストを削減することである。あなたのポートフォリオがたくさんのアクティブマネジャーで運用されているのなら、彼らを排除することがおそらくはあなたにできるベストなことだろう。アクティブファンドからパッシブファンドに切り替えることで、コストは年間1％以上節約できるはずだ。

でも、私のアクティブマネジャーは慎重に選んだ人たちだし、彼らは信じられないくらいのスキルを持っているし、よく働くんだ、とあなたは言うかもしれない。第15章のアクティブマネジャーとパッシブマネジャーの比較のところをもう一度読み直してもらいたい。彼らに高額の管理手数料を払う価値があるのかどうか、また彼らがファンドにおいて行うトレードに代価を払う価値があるのかどうかよく考えてもらいたい。

マネジャーを切り替えたことで得られる便益を算出するには、ファンド間のコストの差に20（20の法則）を掛け、得られた数値と、切り替えのために支払う初期トレードコストを比較する。税金が発生するときは税金を考慮するのを忘れないようにしよう。

アクティブマネジャーによる高い回転率を含めた正しいコストを計

算するのが理想だが、管理手数料の違いだけでも切り替えを正当化するのに十分なほど大きい。

非常に小さなポートフォリオを除いて、0.1％（現在価値は2％）節約するだけでも、将来的には高いファンドから安いファンドに切り替えるときの当面のトレードコスト以上の便益を与えてくれる可能性が高い（ただし、税金はかからないものとする）。

それほど安いわけではないパッシブファンド

リターンが上がらないのにコストだけ高いのは、何も評判の悪いアクティブファンドマネジャーに限ったわけではない。ETFは大概は安いが、安くないものもある。同じ商品でも提供者によって料金には大きな違いがある。新しいファンドは常に市場に登場しているため、あなたが初めてポートフォリオを構築したときにはなかったもっと安いファンドがあるかもしれない。

若干高いETFから安いETFに切り替える価値があるのかどうかをダブルチェックするには20の法則を使う。管理手数料の差に20を掛けて、得られた数値を初期コストと比較する。

通常、スマートベータETFは普通の時価総額加重型トラッカーよりもコストが高い。また、スマートベータETFは回転率も高いため、トータルコストは非常に高くなる。しかし、第15章でも指摘したように、これらのファンドは余分なコストを支払うだけの価値はない。スマートベータETFは使わないほうがよい。

優先順位3──正しいアセットアロケーション

コストをぎりぎりまで削減したら、次に考えなけばならないのはポートフォリオウエートだ。ポートフォリオウエートを決めるときにはトップダウンアプローチを使うのがよい。一から始めようと思ってい

る人は特にそうである。**表73**が示すように、ポートフォリオの奥深くに分け入ってより細かい入れ替えトレードを行えば、リターンは減少する。したがって、ポートフォリオウエートの修復はアセットアロケーションから始めなければならない。

優先順位４──新興国市場、先進国市場、地域、国に正しく配分する

表73を見ると分かるように、アセットクラス内でさらなる分散を行っても大した便益はない。しかし、6行目から11行目、および14行目と15行目は、国レベルまで分散することで現在価値で最低0.4％の便益が出ることを示している。ポートフォリオが非常に小さくないかぎり、トレードコストはこれよりもおそらくは低くなる。

優先順位５──株式セクター（債券の場合は、タイプと信用格付け）への正しいアロケーション

十分な資金があれば、国内で分散したり、株式の場合はセクター間で分散したり、債券の場合はタイプや信用格付けで分散したいと思うはずだ。こうした分散を行っても便益は比較的小さいが、口座が大きければ行う価値はあるかもしれない。

優先順位６──個別株やファンド

十分な資金があれば、個別株（特に自国の）を買いたくなるかもしれないし、海外の株式を保有する能力と希望があれば、おそらくはそうしたくなるはずだ（**表37**と**表38**を参照）。

すでに個別株を持っているが、ポートフォリオが小さすぎてそれら

を入れることができない場合、持っている個別株をすべて売って、国ETFや地域ETFを買わなければならないと思う必要はない。判断を下す前に、コスト（ETFには管理手数料がかかり、初期コストもかかる）対効果（少しだけ分散が高まる）を考える必要がある。

修復するときの注意点

完璧を望むな

第16章では、非常に小さなトレードは行う価値がないことを指摘し、ノートレードゾーンというテクニックを紹介した。ノートレードゾーンの大きさは平均ポートフォリオウエートの半分だ。したがって、例えば20アセットの場合、ノートレードゾーンは（100％÷20）÷2＝2.5％だ。これよりも小さなトレードはわざわざ行う必要はない。

この概念は主としてポートフォリオのウエート調整で使うが、ポートフォリオの修復においても重要だ。ポートフォリオウエートを最適レベルに近づけるには、トレード数はできるだけ減らしたほうがよい。おおよそ正しいポートフォリオが出来上がったら、それを完璧にするためのコストは、おそらく便益を上回るだろう。

自分の目標地点を知れ――逆戻りするな

6ステップからなるシンプルな連続プロセスを示してきたが、現実はもう少し複雑だ。上に示した順序に厳密に従えば、不必要なトレードをたくさんやることになるだろう。

例えば、ある投資家がテクノロジーセクターを中心にトレードするアメリカのアクティブ株式ファンドに50％、アップル株に50％のポートフォリオを持っているとしよう。上のプロセスに厳密に従えば、あ

なたはまずアップル株を売り（優先順位1──ただちに分散）、次にアクティブファンドをアメリカのパッシブハイテク株ETFと入れ替える（優先順位2──コストの削減）。そして、次にパッシブハイテク株ファンドを売って、持っているすべてのキャッシュを使ってグローバル債券ETFとグローバル株式ETFを買う（優先順位3──アセットアロケーション）。

そして次に、両方のグローバルETFを売って、他国をカバーした分散された1組の株式ETFを買う（優先順位4──地域と国イクスポージャー）。次に、アメリカイクスポージャーをセクターETFを通して取る（優先順位5）。したがって、アメリカ株式ETFを売って、その代わりに一連のセクターETFを買う。

そして最後に、個別株を買うことでアメリカの各セクターのイクスポージャーをとる（優先順位6）。各セクターから1銘柄選び、これらを買うためにETFを売る。ハイテクセクターではどの銘柄を選ぶだろうか。そう、あなたの予想どおり、アップルだ。

これらのトレードで懐が潤うのはブローカーだけで、あなたはアップル株を買い戻したことに愚かさを感じるだろう。しかも、これらのトレードのなかには、実際には発生しないものさえある。ポートフォリオを変更することでトータル純利益がプラスになったとしても、このステップのなかにはコストパフォーマンステストにパスしないものもあるだろう。

このようにステップに忠実に従うよりも、もっと良い方法がある。まず最初に、最終ポートフォリオをどのようなものにしたいかを決める。優先順位の高い順に問題を解決し、最終ポートフォリオを目指してトレードを行う。先ほどのアップル株を再び買うというような逆戻りを避け、常に最終目標を視野に入れることが重要だ。こうすれば各ステージで複数水準の分散を達成することができる。複数水準の分散で利益は累積されていく。

第18章　ポートフォリオの修復

　それでは前の例でやってみよう。修復前のポートフォリオは、アメリカのハイテク株のアクティブファンドが50％、アップル株が50％だ。株式への集中リスク——ティム・クックのバスケットに卵がすべて入っている——を排除するために、まずアップルを売る（優先順位１）。ただし、アップル株のすべてを売るわけではない。アメリカのITセクターのイクスポージャーをとるのに必要なだけのアップル株は残しておく。

　次に、債券を買う。これでアセットアロケーション問題は同時に解決する（優先順位３）。ただし、１つのグローバル債券ETFを買うのではなくて、最終的に持ちたいだけの債券ETFを買う（**ポートフォリオ60**を参照）。

　この段階が終わると、ポートフォリオの半分は株式、半分は債券という正しいアセットアロケーションが達成できる。しかし、株式は残したアップルを含めすべてアメリカのハイテク株だ。アクティブファンドは余分なコストがかかる（優先順位２）うえ、分散されていない（優先順位３と優先順位４）ため、アメリカのハイテクアクティブファンドを売ってハイテク株ポジションを減らす必要がある（税金がかからなければアップル株とハイテクファンドの両方を売るという方法もある）。

　ハイテク株ファンドを売る一方で、ある国の株式ETFを買う。このときも、最終的なアロケーションを念頭に入れておくのを忘れないようにしよう。まずはアメリカとの相関の低い国のETFを買う。まずは新興国市場から、そしてアメリカ外の先進国市場から。これによって、たちまちのうちに分散は高まる。アメリカ外の国の株式イクスポージャーをとったら、アメリカのハイテクファンドの残りの分をすべて売って、アメリカのほかのセクターの個別株を買う（すでにアップル株を持っているので、ITセクター以外の個別株）。

　これで終了だ。すでに売買したファンドを再び売買することなく売

605

ポートフォリオの修復例

「医者よ、汝自身をいやせ」という有名なことわざにあるように、私のポートフォリオの1つを例に取ってポートフォリオ修復のいやしのパワーを説明していきたいと思う。これは私が母のために運用しているポートフォリオなので、「医者よ、母をいやせ」のほうがしっくりくるかもしれない。このポートフォリオを構築したのは随分前のことで、私が本書で紹介しているようなテクニックを身につける前のことだ。正直言って、このポートフォリオはめちゃくちゃだ。

ポートフォリオ87は修復する前の母のポートフォリオだ。母の個人的な金銭的事情を暴露するのを避けるために、示した数値はポートフォリオのトータル価値が10万ポンドになるように任意の数値に調整してある。これらはすべて非課税ISA（個人貯蓄口座）で運用しているので税金のことを気にする必要はない。1トレード当たりの手数料として9ポンド払っている（個別株を購入するときは、これに加えて印紙税が0.5％かかる）。これはブローカーの最低手数料である6ポンドの1.5倍なので、1トレード当たりのコストと最低保有価値は1.5倍する必要がある。例えば、ETFの最低投資額は1800ポンド×1.5＝2700ポンドになる（第6章の**表40**を参照）。また母のトレードコスト（9ポンド）を反映するように**表72**（第16章）を修正したコスト表が**表88**である。

ポートフォリオ88は母のポートフォリオを分析したもので、さまざまなアセットグループにおける資産ウエートとリスクウエートを算出した。「自分の目標地点を知れ」というマントラに従って、最適リスクウエート（一から始めたときのポートフォリオの各部分の理想的なリスクウエート）も計算した。母は勇敢な投資家の部類に入り、高リス

ポートフォリオ87　私の母のポートフォリオ——修復前

	ティッカー	アセットクラス	エリア	国と地域またはタイプ	セクター	価値
ETF（グローバル高利回り債）	IGHY	債券	先進国	高利回り		£15,545
ETF（先進国社債。英ポンド建て）	SLXX	債券	先進国	社債		£8,919
ETF（アジア太平洋株式配当）	IAPD	株式	先進国	アジア		£3,582
バラット・デベロップメンツ	BDEV	株式	先進国	イギリス	一般消費財	£6,513
カリリオン	CLLN	株式	先進国	イギリス	資本財	£6,191
ドラックス	DRX	株式	先進国	イギリス	公益事業	£1,872
インターサーブ	IRV	株式	先進国	イギリス	一般消費財	£6,454
ロイズ銀行	LLOY	株式	先進国	イギリス	金融	£812
ETF（欧州株）	XEMU	株式	先進国	イギリスを除く欧州		£17,345
ETF（S&P500）	IUS	株式	先進国	アメリカ		£6,476
ETF（韓国株）	IKOR	株式	新興国	韓国		£3,864
ETF（グローバル株式）	VWRL	株式	グローバル			£15,921
ETF（先進国不動産）	IWDP	不動産	先進国			£6,506

クなポートフォリオを持つことに満足している。したがって、債券のリスクウエートはわずか10％で、純正なオルタナティブへのアロケーションも10％だ。

　第16章の方法を使ってノートレードゾーンの幅（平均ポートフォリ

表88　1トレード当たり9ポンド払っているイギリスの投資家のコスト表

	直接投資	ETF
£100	£9.3	£9.1
£500	£11.25	£9.2
£1,000	£12	£9.5
£5,000	£24	£11.5

数値は任意のトレードサイズのトータルコスト(買いと売りの平均コスト)を示している。仮定については付録Bを参照

オウエートの半分)を計算した――(100%÷13)÷2＝3.8％。母はブローカーの最低手数料として6ポンドではなく9ポンド払っているので、デフォルトの最小トレードサイズの250ポンドに1.5を掛ける必要がある。したがって最小トレードサイズは250ポンド×1.5＝375ポンドになる。

優先順位1――ただちに分散

　このポートフォリオは欠点はいろいろあるものの、1つの銘柄に集中してはいない。住宅建設最大手のバラットのポートフォリオに占める割合はわずか6.5％と低いため、株式ポジションを売ってただちに分散する必要はない。

優先順位2――コストの削減

　コストの高いアクティブファンドは含まれていないが、パッシブファンドのなかには**表88**のように安くないものもある。
　IUSは明らかに高い。アメリカイクスポージャーにはもっと安いフ

ポートフォリオ88　母のポートフォリオイクスポージャー——修復前

		資産ウエート	リスクウエート	最適リスクウエート
	株式	75.5%	89%	85%
	債券	24.5%	11%	10%
	純正なオルタナティブ	0%	0%	5%
株式	伝統的な株式		91%	95%
	株式のようなオルタナティブ		9%	5%
伝統的な株式	先進国	92%	88.2%	75%
	新興国	8%	11.8%	25%
先進国株式	北アメリカ		21.2%	33.3%
	欧州		69.5%	33.3%
	アジア		9.3%	33.3%
新興国市場	韓国*		70%	6%
	そのほかの新興国		30%	94%
欧州株式	イギリス		53%	20%
	イギリス以外の欧州		47%	80%
北アメリカ株式	アメリカ		95%	60%
	カナダ		5%	40%
イギリス株式	一般消費財	59.4%	62.7%	9.1%
	資本財	28.3%	24.7%	9.1%
	公益事業	8.6%	8.3%	9.1%
	金融	3.7%	4.7%	9.1%
伝統的な債券	先進国		100%	75%
先進国債券	社債**	63.5%	59%	30%
	高利回り債	36.5%	41%	30%

最適リスクウエートは、10%をオルタナティブに投資した高リスクポートフォリオのリスクウエートを示している。不動産は株式のようなオルタナティブに属する。ポートフォリオのなかには純正なオルタナティブや債券のようなオルタナティブは含まれない。グローバル株式ファンドVWRLのイクスポージャーはそれを構成する国に分割した
* 韓国の最適ウエートは新興国アジアの地域ウエート40%と、そのなかの国のウエート15%に基づく
** SLXXは英ポンド建ての社債のみをカバーし、示した最適ウエートは先進国社債に対する比率

表89 母の保有するETFの手数料

	ティッカー	エクスペンスレシオ（%）	エクスペンスレシオ（ポンド）
ETF（グローバル高利回り債）	IGHY	0.5%	£78
ETF（先進国社債）	SLXX	0.2%	£18
ETF（アジア太平洋株式配当）	IAPD	0.59%	£21
ETF（欧州株式）	XMEU	0.3%	£52
ETF（S&P500）	IUS	0.4%	£26
ETF（韓国株式）	IKOR	0.74%	£29
ETF（グローバル株式）	VWRL	0.25%	£40
ETF（先進国不動産）	IWDP	0.59%	£38
合計			£302

ァンドを使える。IAPDは配当を使ったシングルファクター・スマートベータファンドだ。理想的には、これはもっと安いファンドに切り替えたいところだが、イギリスのアジアイクスポージャーの選択肢はこれしかない。

どのファンドを捨ててどのファンドを維持するかについてはすぐには判断しないが、この表はアセットアロケーションを考えるときの助けになるだろう。

優先順位3——アセットアロケーション

このポートフォリオは株式に80％、債券に10％、そして純正なオルタナティブに10％のリスクウエートを配分すべきだが、母のポートフォリオは伝統的な株式に80.8％、伝統的な債券に11.5％、そして株式のようなオルタナティブ（不動産ファンドのIWDP）に7.6％のリスクウ

ポートフォリオ89　母のポートフォリオイクスポージャー──IWDPを売って、SGLNを買ったあと

	資産ウエート	リスクウエート	最適リスクウエート
株式	69%	80.9%	80%
債券	24.5%	11.5%	10%
純正なオルタナティブ	6.5%	7.6%	10%

最適リスクウエートはオルタナティブに10%投資した高リスクポートフォリオを前提とする

エートを配分している。

　目標ポートフォリオに近づけるには、IWDPを売って（年間コストはおよそ0.34%）、金ETFのような純正なオルタナティブ（SGLNが最も安く、エクスペンスレシオは0.25%）を買う必要がある。

　この取引は**表73**に示した取引枠に収まりきれない。しかし、計算してみたところ、このトレードを行うことによる分散効果は年間およそ0.08%であることが分かった。これに加えさらに0.09%のコストを削減することができる。したがって、将来的なトータル利益は年間0.17%である。20の法則を適用する（20を掛ける）と、初期利益の現在価値は3.4%になる。

　表88から、このトレードを行うコストはおよそ30ポンド（0.46%）だ。したがって、IWDP（不動産ファンド）を売って、SGLN（金ETF）に置き換えるのがよい。これによって母のアセットクラスイクスポージャーは**ポートフォリオ89**に示したようになる。

行うトレード——IWDPを売って、SGLNを買う

優先順位4——エリア、地域、国のアロケーション（株式）

ポートフォリオ88を見ると、イギリスのウエートが多すぎ、イギリスを除く欧州と韓国のウエートが若干オーバーウエート気味で、先進国アジアのウエートが大幅に少なく、韓国を除く新興国市場のウエートが少なく、カナダのウエートが非常に少ないことが問題なのは明らかだ。

韓国のファンド（IKOR）は高額なので、それをもっと安い新興国市場ファンドに置き換えることで分散を向上させることができる。AEEMはお勧めのファンドで、年間コストは0.20%だ。これに対してIKORの年間コストは0.74%と高い。

コストの削減による価値は0.74%−0.2%＝0.54%で、これに20の法則を適用すると現在価値は10.8%になる。分散効果や目に見えないトレードコストの節約など考える必要はない。IKORを売ってAEEMを買う。ただそれだけだ。

母のポートフォリオは新興国市場イクスポージャーがもっと必要だ。その資金源となる最大の候補がイギリスの株式だ。母は一般消費財セクターに2つの銘柄（カリロンCLLNとインターサーブIRV）を保有し、そのほかのセクターのイクスポージャーはゼロなので、CLLNとIRVの両方を持ち続けるのは正気とは思えない。これらの銘柄は元々は配当利回りで選んだものだ。今のCLLNの推定利回りは6%で、IRVは4.7%だ。利回りの低いIRVを売れば、ポートフォリオ全体のキャッシュで言えば6%、株式のリスクウエートの比率でいえば9.1%が自由になる。

この資金で新興国市場のAEEMを買えば、新興国市場のリスクウエートは24.3%に上昇する。これで目標ウエートに近づいた。イギリス

の株式を保有してもコストはかからないが、AEEM ETFは管理手数料を支払わなければならないので、コストは年間で0.2％増える。しかし、分散効果はそのおよそ5倍の1％だ（**表73**の3行目［1つの株式からグローバルMCポートフォリオに移行］を見ると、その年間便益は2.9％であることが分かる。1つの株式からグローバル新興国市場ポートフォリオへの移行の場合、便益は若干低い）。純便益は年間で0.8％（1％－0.2％＝0.8％）で、20を掛けると16％になる。これはトレードコストよりもはるかに高い。

行うトレード──IKORとIRVを売って、AEEMを買う

ポートフォリオ90は母のアセットクラスと株式イクスポージャーを更新したものだ。それでも北アメリカのカナダと先進国アジアが手薄だ。イギリスを除く欧州を減らしたほうがよさそうだ。XMEUの30％を売れば、目標水準にまで減らせる。XMEUの管理手数料は年間0.3％だ。XMEUを売った資金で、もっとアジアを買うことができる（IAPDの管理手数料は0.59％）。

このトレードで分散効果は高まり、先進国株式ポートフォリオのコスト差引前の幾何平均はおよそ0.04％上昇する（先進国株式地域間の相関は**付録B**より0.68と仮定。初期ウエートは北アメリカが23.6％、欧州が66.1％、アジアが10.3％だ。IAPDを買えば、ウエートは北アメリカ23.6％、欧州が56.9％、アジアが19.5％になる）。これは私がトレードを考えているポートフォリオの10％に対して0.4％に相当する。管理手数料は0.29％高くなるので、コスト差引後の年間純便益は0.11％で、これに20を掛けて現在価値に換算すると2.2％になる。

トレード価値は5200ポンドで、**表88**によれば売って買い直すのに0.46％のコストがかかる。したがって、これはやるべきトレードだ。

ポートフォリオ90　母のポートフォリオイクスポージャー——最初の数トレードのあと

		資産ウエート	リスクウエート	最適リスクウエート
伝統的な株式	先進国	83%	75.7%	75%
	新興国	17%	24.3%	25%
先進国株式	北アメリカ		23.6%	33.3%
	欧州		66%	33.3%
	アジア		10.2%	33.3%
欧州株式	イギリス		45%	20%
	イギリス以外の欧州		55%	80%
北アメリカの株式	アメリカ		95%	60%
	カナダ		5%	40%
イギリス株式	一般消費財	42.3%	45.8%	9.1%
	資本財	40.2%	35.9%	9.1%
	公益事業	12.1%	12%	9.1%
	金融	5.3%	6.2%	9.1%

最適リスクウエートはオルタナティブに10%投資した高リスクポートフォリオを前提とする。グローバル株式ファンドVWRLのイクスポージャーはそれを構成する国に分割

行うトレード——XMEUを5200ポンド売り、IAPDを買う

次は、残りの4つのイギリス株だ。5分の4を売らなければ、イギリス、したがって欧州へのイクスポージャーが多すぎ、アジアとカナダが少なすぎるという残りの問題を解決することはできないだろう。一番良いのはすべてのイギリス株を売って、その一部でFTSE100トラッカーを買って、イギリスのイクスポージャーを正常にすることだ。図29から分かるように、4つのセクターから国全体をカバーするファン

ドに移行することで、幾何平均は年間およそ0.9％上昇する（母は全セクターで1銘柄ではなく、各セクターで1銘柄保有しているため、実際の便益はこれよりも少し大きくなる）。最も安いFTSEトラッカーはISFで、これは年間のエクスペンスレシオが0.07％だ。これに加えファンドによる推定トレードコストが0.1％だ。このトレードの便益の現在価値は20×（0.9％−0.17％）＝14.6％で、しかも極めて簡単だ。

イギリスの残りの4つの株式を売って得た利益1万5388ポンドのうち、およそ8000ポンドをアジアのIAPDに投資する。そして5000ポンドでカナダのETFであるUC24を買う。管理手数料は上がるが初期トレードコストと分散効果を考えるとこれらのトレードは理にかなっている。そして残りの2388ポンドをISFに投資する。

カナダに比べるとアメリカのイクスポージャーがまだ若干多すぎる。母は今IUSを保有している。これの管理手数料は0.4％と高めだ。これに対してIVVの管理手数料はわずか0.04％だ。したがって、6476ポンド分のIUSをすべて売り、5000ポンド分のIVVを買うのがよいだろう。残りのキャッシュはUC24に投資する。

行うトレード──BDEV、CLLN、DRX、LLOY、IUSを売って、ISF（2388ポンド）、IAPD（8000ポンド）、UC24（6476ポンド）、IVV（5000ポンド）を買う

優先順位4と優先順位5──エリアアロケーション（債券）、および債券のタイプと信用格付け

債券への目標アロケーションは2万4000ポンドを少し上回る程度だ。理想的なポートフォリオは**ポートフォリオ63**（第12章）のようになる。**ポートフォリオ91**は**ポートフォリオ63**の再掲だ。ただし、1カ所だけ変更した。母はすでに英ポンド建て先進国社債（SLXX）を保有し

ポートフォリオ91　母の最適債券ポートフォリオ

ポートフォリオ £100,000							
債券　£24,464							
先進国 75%						新興国 25%	
名目債 90%				インフレ連動債 10%	名目債 55%	外債 45%	
国債 40% SAAA	社債 30%		高利回り債 30% IGHY	国債 100% SGIL	国債 100% SEML	国債 40% LEMB	社債 60% EMCP
	米ドル 50% CRPS	英ポンド 50% SLXX					
27.0% (31.2%) 7,632ポンド	10.2% (10.8%) 2,642ポンド	10.2% (10.8%) 2,642ポンド	20.3% (17.5%) 4281ポンド	7.5% (8.7%) 2128ポンド	13.8% (11.9%) 2,911ポンド	4.5% (3.9%) 954ポンド	6.8% (5.2%) 1,272ポンド

普通の文字はリスクウエート、太字は資産ウエート。投資額も太字。最後の行は債券サブポートフォリオにおけるウエートを示している。SLXXのイクスポージャーを含むポートフォリオ63の再掲

ているので、先進国社債アロケーションをGBPとUSDに分割した。

　このポートフォリオに達するには母は大量のトレードを行わなければならないだろう。IGHYの大部分とSLXXをおよそ4分の3売って、そのほかのものを買う必要がある。こんなことをする価値はあるのだろうか。最初に保有していた2つの債券ファンドの平均管理手数料は0.39%だが、**ポートフォリオ91**の年間手数料は0.32%なので、0.07%の節約になる。これは20の法則を適用すると1.4%だ。これはトレードコストを大幅に上回る（各トレードのトレードコストが9ポンドなので、8トレード行うと72ポンドになり、これはトレード総額1万7541ポンドの0.4%）。しかもこれには分散効果は入っていない。

行うトレード——SLXX（6276ポンド）とIGHY（1万1265ポンド）を売り、SAAA（7632ポンド）、CRPS（2642ポンド）、SGIL（2128ポンド）、SEML（2911ポンド）、LEMB（954ポンド）、EMCP（1272ポンド）を買う

優先順位5——個別株による株式セクターアロケーション

イギリスのセクターイクスポージャーを個別株を通して取る価値はないことはすでに分かっている。

母の最終ポートフォリオ

必要なすべてのトレードを行ったあとの母のポートフォリオは**ポートフォリオ92**に示したとおりである。

ポートフォリオ93はイクスポージャーを示したものだ。初期**ポートフォリオ88**に比べるとはるかに改善されている。ポートフォリオに含まれるアセットは16個なので、新たなノートレードゾーンの幅は（100％÷16）÷2＝3.1％だ。新たなウエートはすべてこの範囲内にある（厳密に言えば、リスクウエートの比較ではなく現在の資産ウエートと目標資産ウエートを比較しなければならないが、結果は同じ）。

表90は母の支払っている手数料の最新データを示したものだ（以前の手数料データは**表89**）。

手数料は年間15ポンド上昇した。これはIAPDのアロケーションが上昇し、手数料のかからない個別株をポートフォリオから取り除いたことによる。私が母に代わって行った24回のトレードのトータルコストはおよそ340ポンドだ。個別株の売りやETFのトレードには印紙税がかからないので思ったよりは安い。1トレードの手数料は9ポンド

ポートフォリオ92　母の最終ポートフォリオ

	ティッカー	アセットクラス	エリア	国・地域・タイプ	資産ウエート
ETF（グローバル高利回り債）	IGHY	債券	先進国	高利回り	4.3%
ETF（先進国社債、英ポンド建て）	SLXX	債券	先進国	社債（英ポンド建て）	2.7%
ETF（先進国国債）	SAAA	債券	先進国	国債	7.4%
ETF（先進国社債——米ドル建て）	CRPS	債券	先進国	社債（米ドル建て）	2.7%
ETF（先進国インフレ連動債）	SGIL	債券	先進国	インフレ連動債	2.1%
ETF（新興国国債、現地通貨建て）	SEML	債券	新興国	国債（現地通貨建て）	2.9%
ETF（新興国国債、米ドル建て）	LEMB	債券	新興国	国債（米ドル建て）	1%
ETF（新興国社債、米ドル建て）	EMCP	債券	新興国	社債（米ドル建て）	1.3%
ETF（アジア太平洋株式配当）	IAPD	株式	先進国	アジア	18.1%
ETF（イギリス株式）	ISF	株式	先進国	イギリス	2.4%
ETF（カナダ株式）	UC24	株式	先進国	カナダ	6.5%
ETF（欧州株式）	XMEU	株式	先進国	イギリスを除く欧州	10.9%
ETF（S&P500）	IVV	株式	先進国	アメリカ	5%
ETF（新興国株式）	AEEM	株式	新興国		10.4%
ETF（グローバル株式）	VWRL	株式	グローバル		16%
ETF（金）	SGLN	金	先進国		6.5%

ポートフォリオ93　母の最終ポートフォリオイクスポージャー——すべてのトレード終了後

		キャッシュウエート	リスクウエート	最適リスクウエート
	株式（伝統的な株式のみ）	69%	80.9%	80%
	債券（伝統的な債券のみ）	24.5%	11.5%	10%
	純正なオルタナティブ	6.5%	7.6%	10%
伝統的な株式	先進国	82.6%	75.6%	75%
	新興国	17.4%	24.3%	25%
先進国株式	北アメリカ		32.4%	33.3%
	欧州		34.1%	33.3%
	アジア		33.4%	33.3%
欧州株式	イギリス		20.5%	20%
	イギリスを除く欧州		79.5%	80%
北アメリカ株式	アメリカ		61.6%	60%
	カナダ		38.4%	40%
伝統的な債券	先進国		75%	75%
	新興国		25%	25%
先進国名目債	社債		30%	30%
	国債		40%	40%
	高利回り債		30%	30%

最適リスクウエートはオルタナティブに10%投資した高リスクポートフォリオを前提とする。グローバル株式ファンドVWRLのイクスポージャーはそれを構成する国に分割。先進国と新興国（表示せず）のイクスポージャーは最適水準にある

　なのでトータルで216ポンド、残りがマーケットインパクトコストだ。初期コストの340ポンドを年次換算（20で割る）すると、年間17ポンドだ。

　管理手数料が年間15ポンド上昇し、初期トレードコストが17ポンド

表90　母の保有するETFの手数料（修復後）

	ティッカー	エクスペンスレシオ（%）	エクスペンスレシオ（ポンド）
ETF（グローバル高利回り債）	IGHY	0.5%	£21
ETF（先進国社債、英ポンド建て）	SLXX	0.2%	£5
ETF（先進国国債）	SAAA	0.2%	£15
ETF（先進国社債――米ドル建て）	CRPS	0.2%	£5
ETF（先進国インフレ連動債）	SGIL	0.25%	£5
ETF（新興国国債、現地通貨建て）	SEML	0.5%	£15
ETF（新興国国債、米ドル建て）	LEMB	0.5%	£5
ETF（新興国社債、米ドル建て）	EMCP	0.5%	£7
ETF（アジア太平洋株式配当）	IAPD	0.59%	£107
ETF（ユーロ株式）	XMEU	0.3%	£33
ETF（S&P500）	IVV	0.04%	£2
ETF（イギリス株式）	ISF	0.07%	£2
ETF（カナダ株式）	UC24	0.28%	£18
ETF（新興国株式）	AEEM	0.20%	£21
ETF（グローバル株式）	VWRL	0.25%	£40
ETF（金）	SGLN	0.25%	£16
合計			£317

合計は丸めない数値の合計

なので、年間トータルコストは32ポンドになる。これはポートフォリオ全体の価値に対してわずか0.032%だ。分散の向上による期待リターンの上昇は控えめに見積もってもおよそ0.3%で、これは年間コストのおよそ10倍だ。これで母のクリスマスカードリストに私は残れそうだ。

まとめ

- **●一般的なアドバイス**　今のポートフォリオを分析し、目標ポートフォリオをどうしたいのかを決める。目指す目標地点を知り、逆戻りはしない。完璧を目指すのはやめよう。第16章で紹介したノートレードゾーンおよび最小トレードサイズという2つの概念を使って、大きな価値をもたらさない小さな調整をするのは避ける。手数料の変動と分散効果（現在価値を求めるには20を掛ける）を初期コストと比較する。
- **●優先順位1**　保有している銘柄が1つか2つなら、ただちに分散する必要がある。
- **●優先順位2**　価値のない高いアクティブファンドは削除し、もっと安いパッシブファンドがあるときは高いパッシブファンドも削除せよ。
- **●優先順位3**　まずはアセットアロケーションから始めよ。残りはそのあと。
- **●優先順位4**　エリア、地域、国、タイプ、信用格付けに正しくアロケーションせよ。
- **●優先順位5**　特定の株式セクターに集中しないようにせよ。
- **●優先順位6**　個別株への投資を考えよ。

エピローグ

　序論では私の好きな投資本の1つはリチャード・オールドフィールドの『シンプル・バット・ノット・イージー（Simple But Not Easy）』だと述べた。今あなたが読んでいるこの本はけっして「簡単」だとは言えないかもしれない。しかし、最後の数百ページはいくつかのシンプルなスマート投資原理に集約することができる。

- **●将来を予測しようとするな**　リスク調整済みリターンを予測するのは非常に難しい。市場よりも将来をうまく予測することができると言っている人のことは疑ってかかれ。そして、将来を予測する自分の能力も疑え。自分の予測を正当化するために極端なリバランスを勧めてくるような人は強く疑え。彼らは自分の予測能力に自信を持ちすぎている。将来を予測したいのなら、シンプルな予測モデルを使い、そのモデルを使ってポートフォリオウエートを調整せよ。
- **●分散、分散、そして分散**　リスク調整済みリターンが予測できないのなら、期待リターンを向上させる唯一の方法は分散だ。持てる資金を最大限に利用して、買うことができる最大数のファンドや株を買え。資金の分散にはハンドクラフト法を使え。
- **●コストの削減**　リスク調整済みリターンは予測できるかもしれないし、分散によって利益は向上するかもしれない。しかし、コストを削減できればリターンは確実に上昇する。コストの高いファンドは避けよ。そして、トレードはゆっくりと、低い頻度で行え。
- **●信念を曲げるな**　正しいアロケーションよりも、一貫したアロケーションのほうが重要だ。正しい1つのアロケーションなどないが、ポートフォリオを何のプランもなく独断的に変更するのは絶対に間違っている。

付録A──参考文献

お勧めの本

ETF

デビッド・スティーブンソン著『FTガイド・トゥ・エクスチェンジ・トレーディッド・ファンズ・アンド・インデックス・ファンズ［FT Guide to Exchange Traded Funds and Index Funds］』（2012年、Financial Times）。イギリスの投資家のためのETFの参考書。

リチャード・フェリ著『ジ・ETFブック［The ETF Book］』（2009年、ワイリー・アンド・サンズ）。アメリカの投資家のためのETFの参考書。初心者向け。

デーブ・アブナー著『ジ・ETFハンドブック［The ETF Handbook］』（2010年、ワイリー・アンド・サンズ）。アメリカの投資家のためのETFの参考書。『ジ・ETFブック』よりも専門的。

不確実性

ナシーム・タレブ著『まぐれ』（ダイヤモンド社）。哲学者トレーダーのタレブは、金融リターンの不確実性と統計学的モデルを使うことの落とし穴に関しては、だれもが認める教祖的存在だ。専門書ではないが、やや難解。

ナシーム・タレブ著『ブラック・スワン』（ダイヤモンド社）。上記とほぼ同様。

リスクファクター

ラッセ・ペダーセン著『エフィシェンシー・イネフィシェント［Efficiently Inefficient］』（2015年、Princeton）。ヘッジファンド投資の世界を垣間見る。数式が満載の比較的専門的な本だが、ファンドマネジャーとのくだけたインタビューも含まれ、この組み合わせが興味をそそる。
アンティ・イルマネン著『エクスペクティッド・リターンズ［Expected Returns］』（2011年、ワイリー・ファイナンス）。リターンの源泉とリスクプレミアムについての完全ガイド。

専門書

フランク・ファボッツィ著『ロバスト・ポートフォリオ・オプティマイゼーション・アンド・マネジメント［Robust Portfolio Optimization and Management］』（2007年、ワイリー・アンド・サンズ）。正式なポートフォリオ最適化にこだわる必要はない。もしこう思うのであれば、まずは**本書**と**付録C**の「ポートフォリオ最適化のほかの方法」を読んでもらいたい。
ジョン・クリストファーソン、デビッド・カリノ、ウェイン・ファーソン著『ポートフォリオ・パフォーマンス・アンド・ベンチマーキング［Portfolio Performance and Benchmarking］』（2009年、マグローヒル）。自分の困惑（自分のポートフォリオとベンチマークのパフォーマンスの違い）の程度を正式に測定したい人は必読。

その他

ピーター・バーンスタイン著『証券投資の思想革命』（東洋経済新報社）。ポートフォリオ理論の発展の歴史を描いた秀作。

リチャード・オールドフィールド著『シンプル・バット・ノット・イージー［Simple But Not Easy］』（2007年、Doddington Publishing）。私の投資原理に極めて近いが、本書よりも短くて簡単。

エドワード・ソープ著『**ディーラーをやっつけろ！**』（パンローリング）。投資は難しいと思っている人は、本書を読んでプロのブラックジャックプレーヤーになる方法を学ぼう。

ロバート・カーバー著『**システマティックトレード**』（パンローリング）。レバレッジやリターンを予測するのにもっと複雑な方法を使いたい人にとっての必読書。

ウェブサイト

これらのサイトは本書執筆の時点では存在したが、変更されたり、なくなっている可能性もある。

- https://www.systematicmoney.org/smart（本書のウェブサイト）
- https://etfdb.com/（アメリカのETFを調べるときに使う私のお気に入りのサイト）
- https://www.etf.com/（アメリカのETFを調べる別のサイト）
- https://www.justetf.com/uk（イギリスのETFを選ぶうえで最高のサイト）
- http://financetoys.com/portfolio/portfolio.html（ポートフォリオ最適化について参考となるサイト）
- http://www.fintools.com/resources/online-calculators/volatilitycalc/（アメリカに上場している株式やETFのボラティリティを計算してくれるサイト）
- https://uk.finance.yahoo.com/lookup?s=CLLN（ファンドや株式の価格を入手するためのYahooの使い方。これはロンドン［.L］に上

場している会社、カリロン［CLLN］の例）。

- https://www.bloomberg.com/quote/CLLN:LN（価格を入手するためのブルームバーグの使い方）
- https://www.msci.com/end-of-day-data-search（MSCI指数のデータ）
- https://www.interactivebrokers.co.jp/jp/home.php（本書を書くときに使ったブローカー。このブローカーの良いところは、手数料が非常に安く、いろいろな市場をトレードできること。このブローカーを特に勧めているわけではない。自分でもほかのブローカーを調べてみよう）

付録B——コストとリターンの統計量

トレードコスト

本セクションではトレードコストを推定するときに私が用いる仮定と、なぜその仮定を使うのかを説明する。プラットフォーム手数料と口座管理料は無視する。なぜならこれらの費用は行った投資にかかわらず必ず支払わなければならず、意思決定には何らの影響も及ぼさないからだ（ファンドの年間プラットフォーム手数料とプラットフォームから投資家に支払われるファンド手数料のリベートは若干複雑だ。これらは簡単な公式にすることすらできない。プラットフォーム手数料を課しても、アクティブファンドの悪いパフォーマンスをほんの少しだけ改善する程度の効果しかない）。

トレードコスト

税金

イギリスでは購入するときだけ印紙税が0.5％かかる。購入額が1万ポンドを超えた場合、売買約定代金が1ポンドかかる。アメリカの場合、購入するときは税金はかからない。

手数料

ETF（上場投資信託）と株式の直接投資については私のブローカーのレートを使った。なぜならこれらのレートは非常に安く、多くの国で入手可能だからだ（私が使ったブローカーはInteractive Brokers）。レートは2017年5月現在の数値。

- **イギリスの個人投資家** 5万ポンド以下は1トレードにつき6ポンド。5万ポンド超は投資額の0.05％。上限は29ポンド。
- **アメリカの個人投資家** 1株につき0.005ドルだが、1注文につき最低1ドル、最大は投資額の0.5％。アメリカの場合、大型株のコストは100ドル、中型株は50ドル、小型株は5ドルと仮定。
- **アメリカの機関投資家** 1株につき0.0035ドル。
- **イギリスの機関投資家** 1トレードにつき0.015％。

スプレッドとマーケットインパクト

株式の直接投資のスプレッドは**表91**に示したとおり。これらの数値は2016年にサンプリングしたアメリカ、イギリス、欧州の市場の平均を取ったもの。

個人投資家にはマーケットインパクトはかからないものと仮定。ポートフォリオのサイズが大きいときはこの仮定は現実的ではないかもしれないが、そんなときは注文を平滑化するとよい。機関投資家に対しては、**表91**の2列目と3列目の数値を使った。

アクティブファンドのコスト

イギリスのユニットトラストやアメリカの投資信託のようなアクティブファンドは年間管理手数料が高いことで評判が悪い。しかも、アクティブファンドにはたくさんの目に見えないコストも存在する。パフォーマンスの数値にはこれらの手数料をすべて含む必要がある。

当初販売手数料

これは初期費用の1つで、ブローカー手数料（％）のようなもの。私はポートフォリオを分析するとき、アメリカのアクティブ運用ファンドの当初販売手数料としては0.90％、イギリスのユニットトラストの

表91　株式の直接投資──スプレッド、初期マーケットインパクト、回転インパクト

	スプレッド	初期インパクト	回転インパクト
先進国大型株	0.1%	0.3%	0.15%
先進国中型株	0.5%	0.75%	0.4%
先進国小型株	1%	1.5%	0.8%
新興国市場	5%	3%	1.5%

スプレッドはビッド（買い気配値）とアスク（売り気配値）の差（著者がサンプリングした価格の平均）。アメリカでは若干安めという具合に、スプレッドは市場によって若干異なる。初期インパクトは最初に機関投資家サイズで購入したときのマーケットインパクト。回転インパクトは最初の購入サイズの10%のトレードを行ったときのマーケットインパクト。インパクトの数値は表92から導き出した

場合は４％を用いる。いろいろなプロバイダーや業界紙を調べたところ、妥当な平均値はこれらの数値になるようだ。

この手数料はファンドのパフォーマンスからは差し引かないのが普通だ。年間コストに換算するには20で割る。

二重価格スプレッド、希薄化賦課手数料

アメリカの投資信託のスプレッドは通常、ゼロだ。イギリスのユニットトラストには二重価格構造が存在する。二重価格とは株式やETFの投資に対するビッドアスクスプレッドがかかることを意味する。ただし、この場合のスプレッドは通常のスプレッドよりもはるかに大きい。単一価格ファンドはビッドアスクスプレッドはないが、希薄化賦課手数料を課すことが多い。これはビッドアスクスプレッドと同じようなものだ。これらの手数料によって初期コストもリバランスコストも増加する。

私自身のポートフォリオを分析した結果、イギリスのユニットトラストの場合、スプレッドは0.5%が妥当という結論に達した。スプレッ

ドには差があるが、多くのプロバイダーを調査した結果、0.5％というのが妥当な平均値だ。

この手数料はファンドのパフォーマンスからは差し引かないのが普通だ。年間コストに換算するには20で割る。

管理手数料

アクティブファンドの保有コストの大半を占めているのが管理手数料だ。アメリカの株式投資信託の場合、年間管理手数料の業界平均はおよそ0.85％だ。アクティブファンドにはいくつかのパッシブファンドも含まれているため、アクティブファンドだけの平均はおそらくはこれよりも高くなる。一方、イギリスのアクティブ運用の株式ユニットトラストの年次平均管理手数料はおよそ0.75％だ。これにほかの費用が0.20％かかる。これらの手数料がパフォーマンスの数値に含まれているかどうかを確認する必要がある。

販売手数料、トレールコミッション、管理コスト、マーケティングコスト

これらは管理手数料には含まれない保有コストだ。目論見書には小さな字で書かれていることが多い。ファンドのパフォーマンスの数値に含まれているかどうかを確認する必要がある。

ファンドにおける回転コスト

この目に見えない保有コストはパッシブファンドよりもアクティブファンドのほうがはるかに高い。**表93**を参照のこと。公表されたパフォーマンスの数値にはすでにこれらのコストが含まれている。

ファンドによるトレードコスト

　ファンドによる回転コストについて調査が行われたが、それをまとめたものが**表92**である（この表は**表91**の作成にも使った。イギリスの数値は「When is a TER not a TER」［フロンティア・インベストメント・マネジメント、2007］に基づく。アメリカの数値は『The Intelligent Asset Allocator』［W・バーンスタイン、2001］および「Shedding Light on Invisible Costs」［ロジャー・エデレンほか。『Financial Analysts Journal』2013］に基づく。グローバルな数値は「Trading Costs of Asset Pricing Anomalies」［アンドレア・フラッツィーニほか。Chicago Booth Paper No. 14-05］に基づく）。

　表93はこの調査結果に基づいて作成した。

　そのほかのアセットクラスの回転率は**表94**に示したとおりで、スマートベータファンドについては**表95**を参照のこと。

表92 ファンドにおける推定執行コスト

	手数料	ビッドアスクスプレッド	マーケットインパクト	合計	回転率	インプライドCPT
イギリスのパッシブ大型株				0.2%	10%	2.0%
イギリスのパッシブバランス型				0.1%	10%	1.0%
イギリスのパッシブグローバル株式				0.2%	10%	2.0%
イギリスのパッシブ新興国市場				0.8%	10%	8.0%
イギリスのアクティブ大型株				3.1%	100%	3.1%
イギリスのアクティブバランス型				1.9%	100%	1.9%
イギリスのアクティブグローバル株式				3.0%	100%	3.0%
イギリスのアクティブ新興国市場				11%	100%	11%
アメリカのパッシブ新興国市場	0.1%	0.4%	0.4%	0.9%	10%	9%
アメリカのアクティブ新興国市場	1%	3%	3%	7%	100%	7%
アメリカのすべての大型株	0.18%	0.1%	0.33%	0.61%	130%	0.42%
アメリカのすべての中型株	0.23%	0.19%	1.1%	1.44%	164%	0.90%
アメリカのすべての小型株	0.24%	0.41%	1.67%	2.32%	168%	1.49%
グローバル大型株			0.10%			
グローバル小型株			0.20%			

最初の4つの列はファンドによるトレードに対して実際に支払われたコストで、入手可能なかぎりカテゴリー別に分類。5列目は回転率を表し、入手不可能なときは、パッシブファンドに対しては10%、アクティブファンドに対しては100%を使用。最後の列は回転ごとのインプライドコスト（CPT = cost per turnover）。回転率とは毎年ポートフォリオ内で行われる買いと売りの数を示す

表93　株式の内部回転コストの推定値

	CPT	回転率 （パッシブ）	コスト （パッシブ）	回転率 （アクティブ）	コスト （アクティブ）
アメリカの大型株	0.4%	10%	0.04%	100%	0.4%
アメリカの中型株	0.9%	10%	0.09%	100%	0.9%
アメリカの小型株	1.5%	10%	0.15%	100%	1.5%
アメリカ以外の先進国大型株	1.0%	10%	0.10%	100%	1.0%
新興国市場	8.0%	10%	0.80%	100%	8.0%

内部回転コストとは回転ごとのコスト（CPT = cost per turnover）に回転率を掛けたもの。回転率とは毎年ポートフォリオ内で行われる買いと売りの数を示す

表94　債券とオルタナティブの内部回転コストの推定値

	CPT	回転率 （パッシブ）	コスト （パッシブ）	回転率 （アクティブ）	コスト （アクティブ）
グローバル債券	0.5%	20%	0.1%	100%	0.5%
オルタナティブ	2.0%	10%	0.2%	100%	2.0%

内部回転コストとは回転ごとのコスト（CPT）に回転率を掛けたもの

表95　スマートベータファンドの回転コスト

サイズ	時価総額	均等加重	1つのバリューファクター	複数のバリューファクター	1つのモメンタムファクター	バリュー＋モメンタム
小型株	0.15%	1%	1.2%	1.2%	1.6%	1.6%
中型株	0.09%	0.7%	0.9%	0.9%	1.3%	1.3%
大型株	0.04%	0.34%	0.55%	0.55%	0.85%	0.85%

数値はアメリカ株式についての数値だが、相対価値はほかの場所とほぼ同じ

標準偏差

本書ではリターンの標準偏差として以下の推定値を使用。

表96　アセットクラスごとの年次標準偏差の推定値

	標準偏差
伝統的な債券	6.1%
伝統的な株式	15.2%
債券のようなオルタナティブ	6.1%
株式のようなオルタナティブ	15.2%
純正なオルタナティブ	15.2%

数値は時価総額加重型指数に基づく

表97　株式の年次標準偏差の推定値

	先進国	新興国
個別株――大型株	27.0%	43.0%
個別株――中型株	32.0%	
個別株――小型株	40.0%	
業種全体	25.0%	40.0%
国全体	22.2%	35.3%
地理的地域	17.5%	26.7%
先進国全体または新興国全体	14.8%	23.2%
グローバル株式	15.2%（すべて）	

個別株を除いて、数値は時価総額加重型指数に基づく

表98　株式セクターの年次標準偏差の推定値

	先進国	新興国
一般消費財	26.4%	42.2%
生活必需品	16.0%	25.7%
エネルギー	19.5%	31.2%
金融	28.6%	45.8%
不動産	26.4%	42.2%
ヘルスケア	25.2%	40.3%
資本財	21.8%	34.8%
情報技術	39%	62.3%
素材	21.8%	34.8%
電気通信	26.4%	42.2%
公益事業	24.1%	38.5%

数値は時価総額加重型指数に基づく

表99　債券の年次標準偏差の推定値

	先進国	新興国
国債	5.5%	7.3%
社債	6.0%	8.0%
高利回り債	7.3%	9.7%
先進国全体または新興国全体	6.0%	8.0%
グローバル債券	6.1%（すべて）	

数値は時価総額加重型指数に基づく。債券指数の平均デュレーションはおよそ8年とする

相関

次の表は本書で使う相関推定値を示したものだ（75％の信頼区間で計算）。

表100　アセットクラスのリターンの相関

	伝統的な債券	伝統的な株式	債券のようなオルタナティブ	株式のようなオルタナティブ	純正なオルタナティブ
伝統的な債券	1				
伝統的な株式	0.1	1			
債券のようなオルタナティブ	0.5	0.1	1		
株式のようなオルタナティブ	0.1	0.5	0.1	1	
純正なオルタナティブ	0	0	0	0	1

表101　株式の相関の推定値

	先進国	新興国
個別株──同じ国、同じ業種	0.85	0.85
業種──同じ国	0.75	0.75
株式──同じ国、異なる業種	0.80	0.80
国──同じ地域	0.56	0.44
地域	0.6	0.75
新興国全体と先進国全体	0.7	

表102　債券の相関の推定値

	先進国と新興国
同じタイプ、同じ信用格付け、異なる満期	0.90*
同じタイプ、異なる信用格付け	0.8
同じ信用格付け、異なるタイプ	0.7
国——同じ地域	0.56
地域	0.6
新興国全体と先進国全体	0.7

債券のタイプは、インフレ連動債、名目債、外債。債券の信用格付けは、国債、社債、高利回り債。データ不足によって先進国と新興国をまとめた要約推定値を使用
* 似たような満期の密接な関係のある債券の相関はここに示した数値よりもはるかに高い

付録C――専門的なこと

この**付録C**は名前が示すように極めて専門的で、本書でカバーする基本的なテクニックでは飽き足らない人、あるいは私が出した結果に至る経緯を知りたい人のためにまとめたものだ。専門的な文章がたくさん出てくるが、説明は割愛する。

統合リターン

ポートフォリオのアセットグループに対して統合リターンを計算しなければならないときもたくさんある。例えば、あなたが保有するアメリカ株のリターンを知りたい場合、リターンにはいくつかの種類がある。望ましい順にリストアップすると以下のようになる。

1. すでにアセットを保有している場合、ポートフォリオの関連する部分のリターンを足し合わせる。
2. 各グループ内で望みのポートフォリオウエートを使って、各アセットのリターンの加重平均を算出する。
3. 関連するアセットグループに似た指数のリターンを使う(例えば、アメリカ株の場合はS&P500)。
4. 関連するアセットグループの構成に似たETF(上場投資信託)のリターンを使う(例えば、アメリカ株の場合は関連するETFの1つのリターンを使う)。
5. 似たような指数やETFのリターンを使う。例えば、エジプト株のリターンを知りたいが、エジプトの指数やETFが見つからない場合、イスラエルなど同じ地域の新興国市場のリターンを使う。

標準偏差

一連のリターン$r_0 \cdots r_N$が与えられたとき、標準偏差は$\sqrt{[(1 \div N) \Sigma (r_t - r)^2]}$と表すことができる。ただし、rは算術平均リターン。

標準偏差は、日々のリターンの場合は日次標準偏差、毎週のリターンの場合は週次標準偏差……になる。頻度を変換するには、営業日数の平方根を掛ける（これは自己相関が存在せず、リターンが正規分布に従うことを仮定した概算値であるが、ほとんどの目的においては十分）。

例を見てみよう。日々の標準偏差の推定値が1.5％で、年次標準偏差を知りたい場合、1.5％に１年の営業日数の平方根を掛ける。１年の営業日数は256日なので、年次標準偏差は1.5％×$\sqrt{256}$＝1.5％×16＝24.0％になる。

本書で用いる標準偏差はすべて年次標準偏差だが、できれば日々のリターン、毎週のリターン、毎月のリターンを使って年次標準偏差を計算したほうがより正確な数値が得られる。

標準偏差の推定には１年分（最後の256営業日）のデータを使うことを推奨する。これをスプレッドシートを使って計算するには次のように行う。列Ａに日々の価格が入力されているとすると、列Ｂにリターンを入力する。

B2＝（A2－A1）/A1
B3＝（A3－A2）/A2
……

そして、前年の営業日数（256リターン）を使って、行257以降に標準偏差を計算していく。日次標準偏差から年次標準偏差に変換するには16（256の平方根）を掛ける。

C257 = STDEV（B2:B257）*16
C258 = STDEV（B3:B257）*16
……

データが毎週のリターンのときは16の代わりに52の平方根（＝7.211）を使い、データが毎月のリターンのときは12の平方根（＝3.464）を使う。

あるいは、ボラティリティの指数加重移動平均（EWMA）を使ってもよい。これはもっと滑らかな推定値が得られる。一般に、ある変数Xに対して昨日のEWMAがE_{t-1}だとすると、平滑パラメーターをAとすると、今日のEWMAは次式で与えられる。

$$(A \times X_t) + [X_{t-1}(1-A)]$$

まずパラメーターAの値を決めなければならない。推奨値は日々のリターンの場合はA＝0.0054、毎週のリターンの場合はA＝0.026、毎月のリターンの場合はA＝0.11だ（これは過去256日のリターンを均等加重で使ったときと同じ半減期［128日］になるように設定している）。

Aの値をセルAA1に入力する。価格がA列に入力されているとすると、リターンはB列に入力されており、C列にはリターンの二乗を入力する。

C2 = B2^2
C3 = B3^2
……

最初の分散推定値を最初の二乗リターンに等しくなるように設定す

る。

D2 = C2

そのあと平滑パラメーターに基づいて分散推定値を再帰的に設定する。

D3 = C3*AA1 +（(1 − AA1)*D2）
D4 = C4*AA1 +（(1 − AA1)*D3）
……

最後にDの平方根を取って実際のボラティリティを求め、それに16を掛けて年次換算する。

E2 = SQRT（D2）*16
E3 = SQRT（D3）*16
……

幾何平均、標準偏差、シャープレシオ

幾何平均は数学的には式 $[\sqrt[n]{(1+r_1)(1+r_2)\cdots(1+r_T)}] - 1$ で求めることができる。ただし、r_Tはそれぞれのリターンを表す（この場合、T = n）。あるいは $\exp[(1 \div N)\Sigma \ln(1+r_t)] - 1$ で求めることもできる。ただし、lnは自然対数、expは指数関数を表す。

リターンがすべて入手可能とは限らない場合、あるいは面倒な場合は、$\mu_g = \mu_a - 0.5\sigma^2$ を使って、算術平均と標準偏差から近似値を求めることもできる。だたし、μ_gはリターンの幾何平均、μ_aは算術平均、σは標準偏差を表す。本書ではこの近似式を使った。

ただし、この近似値はファットテールで歪度が負のリターン分布の場合、過大評価されることに注意しよう。

リターンの標準偏差は幾何平均リターンと算術平均リターンとではほぼ同じだ。したがって、幾何シャープレシオの近似値は $\mu_g = (\mu_a - 0.5\sigma^2) \div \sigma$ として求めることができる。これは算術シャープレシオ（$\mu_a \div \sigma$）からリスクの相関（0.5σ）を差し引いたものに等しい。

幾何平均を使うのは正しいのか

ポートフォリオ価値を最大化するには幾何平均を最も高くするのが正しい戦略かどうかについては、学術界でも業界の専門家たちの間でもかなりの議論が行われた（2014年に『ジャーナル・オブ・ポートフォリオ・マネジメント』に発表されたドナルド・チェンバースとジョン・ツダノーウィッチュの「ザ・リミネーションズ・オブ・ダイバーシフィケーション・リターン［The Liminations of Diversification Return］」）。

表103を見てみよう。これは**表10**（第4章）と同じ分析だが、今回は幾何平均分布ではなくて、最終ポートフォリオ価値の分布だ。「すべての株式」と「幾何平均が最大」のポートフォリオはリターンの幾何平均の平均は同じになるように設定してある。

最終ポートフォリオ価値の分布の平均は、「すべての株式」ポートフォリオが「幾何平均が最大」のポートフォリオよりも高いことに注意しよう。あなたがリスク中立的な投資家であるため、ポートフォリオの期待最終価値を最大化しようとし、その期待値を評価する正しい関数が分布の平均であると考えているのであれば、算術平均リターンを最大化し、すべての株式ポートフォリオに投資すべきである。

しかし、最終ポートフォリオ価値の分布のメジアンは「すべての株式」ポートフォリオと「幾何平均が最大」のポートフォリオとでは同

表103　最終ポートフォリオ価値の分布の統計量（20年分のリターン）

	平均	メジアン	確率＜100％
すべての株式	265％	184％	24.6％
幾何平均が最大	232％	184％	19.5％
妥協	204％	177％	14.8％
シャープレシオが最大	170％	158％	14.3％

1928〜2015年までのアメリカ株とアメリカ債券のブートストラップ法による年次リターンに基づく。1列目は復元抽出したサンプルの最終ポートフォリオ価値の平均（100％＝ゼロ成長）、2列目は復元抽出したサンプルの最終ポートフォリオ価値のメジアン（100％＝ゼロ成長）、3列目はポートフォリオが20年のなかで損失を出した時間の比率を表す

じ（幾何平均が同じ）だ。幾何平均が同じということは、最終ポートフォリオ価値のメジアンが同じということを意味する。私は個人的には、分布のメジアンは平均よりも期待値のより良い測度になると思っている。さらなる議論については私のブログの記事を参照してもらいたい（https://qoppac.blogspot.com/2017/02/can-you-eat-geometric-return.html）。

これは第6章でも行ったように、分散効果を考えるときに非常に重要になる。同じ国の株式のように似たようなアセットを分散しても、標準偏差とシャープレシオが同じであれば、算術平均は上昇しないが、コストと幾何平均は上昇する。最終ポートフォリオ価値の分散のメジアンが期待値を予測する最良の方法であると思っているのであれば、幾何平均リターンが上昇しても、その上昇分で分散コストの上昇分を賄えるにすぎない。

ガウス分布

第2章では投資ゲーム（平均リターンが0.086％、標準偏差が0.322

%）で0.5％以上の損失を出す確率は3.4％と算出した。スプレッドシートでこの結果を再現するにはどうすればよいのだろうか。まず、変数の初期値を設定する。

A1 = 0.086％
B1 = 0.322％
C1 = − 0.5％

使える方法は2つある。

●**方法1**　結果を正規化するまでの過程をすべて示す。
D1 = C1 − A1 = 0.586％
E1 = D1/B1 = 1.83125
F1 = NORMDIST（E1,0,1）= 0.03353

●**方法2**　正規化するまでのステップを省いて、スプレッドシートにすべてをやらせる。
F1 = NORMDIST（C1,A1,B1）= 0.03353

相関

まず、あなたの興味のあるアセットのリターン（％）を取得する。これはどういった時間枠でもよいが、週次または月次のリターンを推奨する。年次リターンの推定量はやや正確さに欠け、日次リターンでは相関が過小評価されるおそれがある。特に異なる時間帯でトレードされるアセットはそうである。相関を推定するときには少なくとも5年分のデータを使うことを推奨する。

リターンが入手できたらスプレッドシートに入力する。例えば、2

つのアセットのリターンがセルA1:A100とB1:B100に入力されているとすると、相関は次式で与えられる。

= CORREL（A1:A100,B1:B100）

ブートストラップ法と標本分布

パラメーター推定量の標本分布

ブートストラップ法はパラメーター推定量の標本分布を推定する最良の方法だ。推定された標本分布から過去の不確実性を数値化することができる。

ブートストラップ法は適切なコンピューターソフトがあれば簡単に行えるが、スプレッドシートだけでは難しい。また長々としたプロセスを省略した簡易法もある。

平均分布の平均はサンプルの推定平均だ。十分なデータポイントがある場合、平均分布の標準偏差の概算はサンプルの推定標準偏差をリターン（データポイント）の数の平方根で割ったものに等しい。これは中央極限定理により、元となる分布の性質によらず一定である。

例えば、第2章では平均が0.0857％、標準偏差が0.322％の35枚のカードの例が出てきた。この場合、平均の標本分布の標準偏差は0.322％ ÷ $\sqrt{35}$ = 0.0544％となる。標本平均が正になる確率を知りたいのであれば、スプレッドシート関数を使って算出することができる。

F1 = NORMDIST（0,0.0857％,0.0544％）= 0.058

したがって、標本の平均分布の値の5.8％がゼロを下回るので、標本平均が正になる確率は、1 - 0.058 = 94.2％ということになる。

付録C──専門的なこと

　推定標準偏差についても同様の計算が可能だ。標準偏差の標本分布の平均は標本の推定標準偏差に等しい。したがって、20を上回る観測数がある標本の場合、標準偏差の標本分布の標準偏差は、0.72に元々の標本の推定標準偏差を掛けて、標本サイズの平方根で割った値になる。

　したがって第２章のシンプルな例では、推定標準偏差の分布は平均が0.322％、標準偏差が（0.322％×0.72）÷$\sqrt{35}$＝0.0392％ということになる。

　相関の標本分布は非対称なので、標本分布の標準偏差を推定する簡単な公式はない。この場合はフィッシャー変換を使うとよいだろう。フィッシャー変換については統計学の本やインターネットを参照してもらいたい。

　幾何平均の標本分布も非対称だ。幾何平均は対数リターンの平均なので、その分布は対数正規分布に従い、正の歪度を持つ。しかし、歪度は比較的小さいので、算術平均にも標本と同じ不確実性を概算値として用いることができる。

ポートフォリオパフォーマンスの標本分布

　ポートフォリオパフォーマンス推定量の標本分布も、幾何平均と同様に、ブートストラップ法で算出することが可能だ。元となるデータは特定のポートフォリオのヒストリカルリターンである。

　ただし、ポートフォリオのリターンをブートストラップ法で算出するときは、一度に１カ月分の日々のリターンをサンプリングするといった具合に、リターンを一定の塊（ブロック）でサンプリングするブロックブートストラップ法を使わないかぎり、ポートフォリオリターンのブートストラップ法では時系列相関は無視する。

ポートフォリオの最適化

正式なポートフォリオ最適化の詳細を見てみよう。これは巨大で複雑なテーマなので、本格的に学習したい人はフランク・ファボッツィの『ロバスト・ポートフォリオ・オプティマイゼーション・アンド・マネジメント［Robust Portfolio Optimization and Management］』（詳細については**付録A**を参照）などを読むことをお勧めする。

最適化の基本的な数学

期待平均リターンが r （$r_1, r_2, \cdots, r_N$）、期待分散マトリックスがΣのポートフォリオウエートベクトルw （$w_1, w_2, \cdots, w_N$）が与えられたとき

ポートフォリオの期待リターン = w'r （w'はwの転置ベクトル）
ポートフォリオの期待標準偏差 = $\sqrt{w'\Sigma w}$

したがって、**付録C**の幾何平均概算値を使えば、

ポートフォリオの期待幾何平均 = w'r － 0.5（w'Σw）
ポートフォリオの期待幾何シャープレシオ = [w'r ÷ $\sqrt{w'\Sigma w}$] － 0.5$\sqrt{w'\Sigma w}$

正式なポートフォリオ最適化には通常、シャープレシオの最大化、または最大リスクの制約の下で期待リターンを最大化することが含まれる（最適化の経験のある人は、負の効用関数［シャープレシオや期待リターン］を最小化するほうが簡単）。この制約以外に、ポートフォリオウエートは負にはならない、つまり借り入れはしない（ウエートの

合計は100％以上になることはない）というほかの制約もある。

期待便益の計算

ポートフォリオ最適化は推奨しないが、期待リターンについて適切な仮定が与えられたとき、関連する公式を使って異なるポートフォリオウエートの期待パフォーマンスを求めることができる。この計算は、一定のコスト水準に対して分散を行う価値があるかどうかを調べるのに第6章で使った。

この計算を行うに当たっては、**付録B**の相関と標準偏差についての仮定を使った。さらに、コスト差引前のリスク調整済みリターンはどのアセットでも同じであると仮定した。これによって期待リターンを算出し、これらの値を公式に代入した。

ポートフォリオの期待幾何平均 $= w'r - 0.5\,(w'\Sigma w)$
ポートフォリオの期待標準偏差 $= \sqrt{(w'\Sigma w)}$

ポートフォリオ最適化のほかの方法

リスクウエートを使ったハンドクラフト法はポートフォリオを最適化する私の好みの方法だが、もっと正式な方法もある。ただし、正式な方法を使うときは純粋なアウトオブサンプル・データを使う必要があるので注意しよう。このテーマについては私の前著『**システマティックトレード**』（パンローリング）の第3章と4章も参照してもらいたい。

ブートストラップ法

最適ポートフォリオウエートをブートストラップ法で求めることが

できる。ほかのブートストラップ法と同じように、過去の期間をランダムに復元抽出して、元のデータと同じ長さの一連のアセットリターン（標本）を生成する。そして、標本のそれぞれに対して標準的なポートフォリオ最適化手法を使って、それぞれの標本の最良のポートフォリオウエートを求める。

最適ポートフォリオウエートとはすべてのヒストリカル期間にわたるウエートの平均である。各標本のウエートは極端になる傾向があるが、平均ウエートは適切な値になるのが普通だ。ブートストラップ法は過去のリターン履歴の情報量を自動的に補正するという好ましい性質を持つ。したがって、もし一定のポートフォリオが一貫して高いパフォーマンスを上げてきたとすると、平均化のなかではこれらのポートフォリオが大きな比率を占め、逆に一貫して高いパフォーマンスを上げたポートフォリオがなかった場合、最終的なウエートは均等ウエートに近いものになる。

しかし、ブートストラップ法は時間がかかり、実行するにはプログラミング能力を必要とする。また制約に対処できないという欠点もある。例えば、個々の最適化を制約すれば、最終的な平均ウエートはその制約値を大幅に下回るのが普通で、効率が悪い。これを防ぐ方法もあるにはあるが、非常に難しい。最後に、ブートストラップ法が生みだす結果は直感的ではない。ブートストラップ法はブラックボックス的手法なのである。

ブートストラップ法はリスクウエートとの組み合わせが可能だ。個々の最適化では平均やシャープレシオを同じであると仮定することができる。したがって相関推定量の不確実性のみを考えればよい。

シュリンケージ

ブートストラップ法はたくさんの最適化を行うが、シュリンケージでは最適化は1回しか行わない。ただし、変更した統計パラメーター

推定値を使う。シュリンケージでは、あなたが使おうと思っている平均、標準偏差、相関の事前推定値と実際の推定値の加重平均を取る。加重の程度を「シュリンケージ」と言う。フルシュリンケージ（1.0）は事前推定値のみを使い、高いシュリンケージ（0.5から1.0）は事前推定値のウエートを高くし、実際の推定値のウエートは低くする。ゼロシュリンケージは実際の推定値のみを使い、事前推定値は無視する。

フルシュリンケージでは、事前推定値は良識的なポートフォリオが構築されるように選ばなければならない。例えば、事前推定値として等しい平均と等しい標準偏差を使えば、分散が最大のポートフォリオが構築される。データのなかに分散の最大化を正当化するような情報が十分に含まれていれば、実際のポートフォリオは分散が最大化されたものからは逸脱し、シュリンクしたパラメーター推定量が示唆するようなものに傾いていく。これによって非常に直感的な結果が導き出される。

ブートストラップ法と同様、シュリンケージもリスクウエートと組み合わせることができる。しかし、シュリンケージには2つの大きな欠点がある。①用いる適切な事前推定値、②用いるシュリンケージの程度――が分かっていなければならないことである。

適切な事前推定値を取得するには、フィッシャー・ブラックとボブ・リターマンが開発したテクニックを使うとよい（1992年9月の『ファイナンシャル・アナリスト・ジャーナル』の「グローバル・ポートフォリオ・オプティミゼーション［Global portfolio optimzation］」）。まずポートフォリオウエートの事前集合を準備し、ポートフォリオ最適化を逆から行い事前推定値を導き出す。通常、相関と標準偏差のあなたの推定値は適切であると仮定する。そして逆最適化を使って平均リターンの事前推定値を導き出す。

よく使われる事前ポートフォリオウエートは、①時価総額加重、②均等加重――である。事前ポートフォリオは、ヒストリカルなバック

テストがオーバーフィットしないように、将来的な情報は使わないのが理想だ。事前推定値としてはハンドクラフト法によるポートフォリオを使うことができるが、アセットのリターンがどれくらい似ているかをある程度事前に知る必要があるため、これは将来的な情報に相当する。

シュリンケージの正しい量は関連する推定量の標本分布に依存するため、相関や標準偏差よりも平均（リスクウエートを使っている場合はシャープレシオ）をより多くシュリンクするのが賢明だ。またデータ量が少ない場合もシュリンケージ量を多くする。私の経験から言えば、シュリンケージパラーメーターはシャープレシオに対しては0.9、相関に関しては0.5を推奨する。

ブートストラップ法と同様、シュリンケージでも制約を取り入れるのは難しい。

異なるグループサイズを扱う正式な方法

ハンドクラフト法ではグループ間での最も適切な加重は、各グループに均等加重することであると仮定する。しかし、グループのサイズが大きく異なるときや、各グループの内部分散の程度が異なるときはこれは当てはまらない。

グループサイズが異なるときは次の方法を使う。

各グループの分散乗数を算出する

各グループに含まれるアセットの数をN、リターンの相関マトリックスをρ、リスクウエートをw（合計すると1になる）とすると、分散乗数は $1 \div [\sqrt{(w'\rho w)}]$ で表すことができる。

均等加重に近く相関が低い大きなグループの分散乗数は大きくなる。3つのアセットからなるポートフォリオの場合、スプレッドシートで

は次のように計算することができる。相関マトリックスがセルA1:C3に入力され、ウエートがセルF1:F3に入力されているとすると、分散乗数は次式で算出することができる。

1/SQRT(MMULT(TRANSPOSE(F1:F3),MMULT(A1:C3,F1:F3)))

各グループのウエートに分散乗数を掛ける

各グループのウエートに分散乗数を掛けると、大きなグループ、相関の低いグループ、均等加重に近いグループのウエートは比較的大きくなる。

ウエートの再正規化

各グループのウエートの合計は100%をはるかに上回っているはずだ。各グループのウエートをその合計で割って、合計が100%になるように再正規化する。

予測モデル

独自の予測モデルを作る

予測モデルといえどもリターンを正確に予測することはできないが、一定の情報が与えられれば、リスク調整済みリターンがどれくらいになるかは教えてくれる。例えば、第14章で説明したモメンタムモデルは将来のリターンのいろいろな期待値を与えてくれる。モメンタムモデルでは、過去12カ月の価格が上昇したとすると、将来的にも上昇する可能性が高いことを仮定するが、必ずしも上昇するという保証はない。

システマティックな予測モデルを作成するときには、ヒストリカル

データに対して予測値を計算してモデルを検証する必要がある。ヒストリカルデータは多いほどよい。変数としてはリスク調整済みリターンを使ったものを選ぶのがよい。こうすることで、さまざまな投資対象のデータをプールして、それを使って検証を行うことができる。そして次に、平均を計算するためのメジアンを使って、予測変数の平均絶対値を計算する。

実際の例を見てみよう。予測変数としては45の株式市場国のリターンの12カ月トレーリングシャープレシオを使った（月次データでは1970年までさかのぼった国もいくつかあった）。これらのデータに対する予測変数（リスク調整済みトレーリングリターン）の平均絶対値は0.48だ。この値をマジックナンバーと呼ぶことにする。

極端な予測値には賭けたくないので、予測値の範囲は－2マジックナンバー～＋2マジックナンバーとする。したがってこの例では、予測値の範囲は－0.96（＝0.48×－2）～＋0.96（＝0.48×＋2）となる。上限と下限においては、予測値に0.6（予測値が－0.96以下のとき）と1.48（予測値が0.96以上のとき）を掛けて初期ハンドクラフトウエートを調整する。

これらの乗数（0.6と1.48）は予測モデルの威力を反映するように慎重に選んだ（具体的には、これらの乗数は、予測値が比較的高いか低いという条件の下、リターン分布に基づいてブートストラップ法を使って決めたウエートを持つポートフォリオの差を調べることで導き出した）。中間的な数値に対する調整ファクターは**表104**に示したとおりである。

モメンタム予測モデルにマジックナンバーの乗数ではなくて実際の予測値の値を使ったときの表は**表105**に示したとおりである（丸めた数字もある）。これは**表46**と同じものだ。

このテーマに興味があって、もっと詳しく知りたい人は私の最初の本『**システマティクトレード**』（パンローリング）を読んでもらいたい。

付録C──専門的なこと

表104　予測値が与えられたとき、ハンドクラフトウエートはどれくらい調整すべきか

マジックナンバーの乗数	調整ファクター
−2以下	0.60
−1.6	0.66
−1.2	0.77
−0.8	0.85
−0.4	0.94
0	1.00
0.4	1.11
0.8	1.19
1.2	1.30
1.6	1.37
2以上	1.48

表は予測値（マジックナンバーの乗数）が与えられたときのハンドクラフトウエートの調整ファクター（2列目）を示している

表105　トレーリングリターンが与えられたとき、ハンドクラフトウエートはどれくらい調整すべきか

トレーリングSR	調整ファクター
−1以下	0.60
−0.80	0.66
−0.60	0.77
−0.40	0.85
−0.20	0.94
0	1.00
0.20	1.11
0.40	1.19
0.60	1.30
0.80	1.37
1以上	1.48

表はトレーリングシャープレシオ（SR）が与えられたときのハンドクラフトウエートの調整ファクター（2列目）を示している

独自の株式ランク付けシステムを作る

第3部では、主として配当利回りに基づく株式ランク付けシステムについて紹介した（もっと安全なポートフォリオを作成するための推奨フィルターも紹介）。株式ランク付けシステムには2種類ある——定量的システムと定性的システム。

定量的モデル

定量的株式スコアリングシステムは、株式に年次値または現在価値を明示的に割り当てることができるシステムだ。例えば、第3部で紹介した配当利回りモデルは配当支払いに年次値を割り当てる。

しかし、現在価値も計算することができる。これを行う1つの簡単な方法が配当割り引きモデルだ。このモデルでは配当は将来的に受け取るという事実を反映するように、割り引きした年次配当流列の現在価値を足し合わせる。本書では以前に、これを行うには20の法則を使うことについて述べた——ある株式の現在価値を求めるには現在配当に20を掛ける。あるいは実際の金利を使って、年次配当を適切な金利で割り引いて現在価値を出すことも可能だ。

初期値を求めるためのモデルもある。ゴードン成長モデル（配当が成長するものと仮定）と簿価成長モデルだ（さまざまなモデルについては詳しくはラッセ・ペダーセンの『エフィシェントリー・イネフィシェント［Efficiently Inefficient］』を参照のこと。**付録A**も参照）。

初期値が得られたら、これを現在の株価と比較して、株価が初期値まで上昇したら得られるであろう期待リターンを算出する。そのあと、株式を期待リターンでランク付け（高いものがランクが高い）し、ポートフォリオサイズを満たすだけの株式を選ぶ。

例を見てみよう。配当利回りモデルによる年次モデルはすでに第3章で言及したので、ここではイギリスの投資トラストなどのクローズ

ドエンド型ファンドのトレードに依存するモデルを見ていくことにする。クローズドエンド型ファンドはアセットを保有し、証券取引所に上場している集団投資ファンドの一種だ。ファンドに投資するには、ETFと同じように株式を買うだけだ。

ETFと違うのは、クローズドエンド型ファンドの価格は保有するアセットの純資産価格（NAV, net asset value）とは大きく異なることだ。このファンドをトレードする簡単な戦略は、大きな割引価格でクローズドエンド型ファンドを買うことだ。つまり、原資産を割引価格で効果的に買うのである。このトレードの初期価値は、NAVと株価の比較によって示唆される成長である。例えば、本書執筆の時点では、ドルフィン・キャピタル・インベスターズ・ファンドはNAVが29.09ポンドで、取引価格は9.88ポンドだ。これは（29.09ポンド−9.88ポンド）÷29.09ポンド＝66.6％の割り引きになる。もし明日、割引率が低下すれば、（29.09ポンド−9.88ポンド）÷9.88ポンド＝194％の儲けになる。

割引率が低下するのに1年かかったとしても、1年で194％の利益は依然として188％の価値がある（現在の金利を3％とする）。

こんなに高いリターン予測は信じられないと思うかもしれない。私もそう思っている。でも、ドルフィンがこれほど大きな割引率で取引されているのにはおそらく理由があるはずだ。どうなっているのか自分で調べてみることもできる（ドルフィン・キャピタル・インベスターズは現在［2017年1月現在］、イギリスでは規制当局の警告対象になっている。これは良い兆候ではない。しかも、このファンドのNAVは下落してきた。この割引率は、NAVはおそらくは古い値で、今のNAVはもっと低いことも反映しての値だろう）し、もっと良い方法（少し複雑だが）を使うこともできる。

私が推奨するもっと良い戦略は、現在の割引率を過去の平均と比較するというものだ。ドルフィンの割引率の過去の平均が20％だったとすると、株価は29.09ポンドから20％を差し引いた23.27ポンドまで上昇

する可能性がある。割引率が平均まで下がれば、(23.27ポンド－9.88ポンド)÷9.88ポンド＝135％の儲けになる。依然として良い値だが、過去の平均を考慮しなかったときに比べればよくない。

個人的には私は依然としてドルフィン・キャピタルについては懐疑的で、配当利回りによるランク付けモデルのときと同じように、この戦略を使うにはフィルターをかけて調べてみる必要があるだろう。考えられるフィルターとしては、NAVが昨年上昇したかどうか、配当利回りがプラスかどうか、割引率が40％を下回っているか、などがある。

定性的モデル

株式を評価する場合、すべての評価法が数値に換算できるわけではない。例えば、異なるさまざまな会計レシオを、1つの数値にまとめることなく個別に見たい場合があるだろう。また簡単に数値には換算できない経営の質といった定量的なファクターもある。

私が推奨するのはスコアリングアプローチだ。あなたが興味があるすべてのファクターをリストアップして、そのおのおのにスコア（0から10）を割り当てるのである。例えば、会社を3つの定性的ファクター——経営の質、ブランドネームの強さ、参入障壁——でランク付けしたいと思っているとしよう。この場合、スコアは完全に主観的なものになる。

これに5つの財務ファクターを追加する。配当利回り、PER（株価収益率）、PBR（株価純資産倍率）、ROE（自己資本利益率）、レバレッジの5つだ。これらのファクターは0から10までのスコアに換算する必要がある。例えば、配当利回りの場合、配当利回りが0％であればスコアは0、10％であればスコアは10で、その間の配当利回りには外挿法によってスコアを割り当てるといった具合だ。非常に高い利回りは危険なので、利回りが11％のときはスコアは9、12％のときはスコアは8、20％のときはスコアは0になる。ほかの財務レシオについ

ても同じだ。

次に、銘柄ごとにスコアを足し合わせる。スコアを足し合わせたら、そのスコアに基づいて会社をランク付けする（スコアが高いものがランクは高い）。最後に、ポートフォリオを満たすだけの銘柄をランクの上から順に選ぶ。

リバランスのときの株式のランク付けの変更への対応

定量的モデル

第4部で配当利回り銘柄選択モデルのリバランスについて議論したとき、配当の高い銘柄に変更したときの利益を計算する方法を示した。

配当の高い銘柄に変更するときの利益を計算するには、まず配当がどれくらい上昇するかを算出する。例えば、配当が4.5％から4.7％に上昇すると、0.2％の上昇になる。これは5000ドルのポジションだと年間10ドルだけ配当が増えることを意味する。次に、年間10ドル配当が増えると、あなたがこの銘柄を保有している期間にどれくらいの配当を手にできるかを算出する。

株式やファンドを買うときの初期コストを年間コストに換算するには20の法則を使う（20で割る）ことについては第5章で述べた。逆の計算も可能だ。将来の利益を確実に知ることができたとすると、現在価値を求めるには20を掛ければよい。

しかし、利回りの高い銘柄に変えたときにどれくらいリターンが増えるかは不確実だ。不確実性を考慮するには5で割ればよいことについてはすでに述べた。例えば、この例の場合、利回りの上昇分である10ドルを5で割ると2ドルだ。これが不確実性を考慮した将来の利回りの増加分になる。これに20を掛けて現在価値を算出すると、これは40ドルになる。これをあなたが持っている利回りの低い銘柄を売るコストと比較し、コストが40ドルよりも低ければ利回りの低い銘柄を利

回りが高い銘柄に置き換える。

　株式をランク付けする独自の方法を使うときも同様だ。株式の将来のキャッシュフローの計算を含むどんな手法でも、「5の法則」を使って不確実性を含めた数値に換算する。同様に、株式の本質的価値を計算するときは、その株式よりも安い株式を買うことで得られる利益を5で割ればよい。

　それではクローズドエンド型ファンドを買う先ほどの例に戻ろう（取引価格がNAVよりも大幅に安いときに買う）。例えば、ニューコ（NewCo）というファンドの現在の取引価格は通常はNAVよりも5％安いが、今は10％安くなっている。あなたはすでにオールドコ（OldCo）というファンドを保有しており、そのファンドは割引率の過去の平均は1％だが、今は割引率が2％で取引されている。また、すぐに割り引きがなくなると仮定する。したがって、期待利益を現在の金銭的価値に換算する必要がない。

　もしニューコが今90ポンド（10％の割り引き）で取引されていて、95ポンド（5％の割り引き）になることが予想される場合、5.6％（5ポンド÷90ポンド）のリターンを手にすることができる。今持っているファンドであるオールドコは98ポンド（2％の割り引き）から99ポンド（1％の割り引き）になることが予想される。したがって、リターンは1％である。したがって、オールドコをニューコに置き換えることで、4.6％（5.6％－1％）の追加的リターンを手にすることができる。

　不確実性を含めるために5の法則を使うと、これは4.6％÷5＝0.92％になる。つまり、オールドコをニューコに置き換えることによる期待利益は0.92％ということになる。これは年間利益ではなくて1回きりのリターンなので20の法則は使わない。この利益を初期トレードコスト＋税金と比較して、古いファンドから新しいファンドに切り替える価値があるのかどうかをチェックする。

定性的モデル

　定性的な銘柄ランク付けモデルでは、コストと比べる期待リターンは存在しないので、この方法は使えない。その代わりに「最小スコアの上昇」を使って切り替える価値があるのかどうかを判断することを推奨する。最小スコアの上昇としては最大スコアの10％を使うことを推奨する。例えば、最大スコアが80だとすると、最小スコアの上昇は8になる。

　例えば、アメリカのヘルスケアセクターの銘柄を１つ保有しているとしよう。それはアムジェンだ。アムジェンのスコアは68である（最大スコアは80）。１年後、アムジェンのスコアは62に下落し、今ヘルスケアセクターで最大スコアを持つ銘柄はギリアド・サイエンシズで、スコアは69だ。しかし、これらの銘柄を入れ替えることによるスコアの上昇は69－62＝7で、これは最小スコアの上昇条件である8を下回る。スコアの差が8以上になるまでアムジェンとギリアド・サイエンシズは入れ替えないほうがよい。

　これは本質的には16章で述べたノートレードゾーンに似ている。もう１つ言っておきたいのは、スコアは主観的な部分もあるため、置き換えトレードをするためにスコアを改竄してはならない。

用語集

20の法則（Rule of 20）　一連の将来の年次コストや利益を、それらの値に20を掛けて1つの現在価値に変換する方法。第5章の「概念——20の法則」を参照。

CTA（Commodity Trading Advisor）　商品投資顧問業者。マネジドフューチャーズタイプの戦略で資金運用する一種のヘッジファンド。私が以前働いていたAHLはCTAの一例。

ETF（Exchange Traded Fund）　上場投資信託。普通の株式のように売買して保有することができるファンド。

アクティブファンド、アクティブ運用（Active fund, Active management）　市場をアウトパフォームすることを目指して証券を積極的に売買するファンド。一般に、パッシブファンドよりも値段が高い。アクティブファンドマネジャーは、自分たちは超過リターンを生みだす能力があるため、それだけ手数料が高くて当然だと思っている。「パッシブファンド」「パッシブ運用」を参照。

アセットクラス（Asset class）　投資対象となる証券の種類や分類。株式、債券、コモディティ先物、商業用不動産などはすべてアセットクラス。第8章を参照。

オルタナティブアセット（Alternative assets）　株式や債券とは異なるアセットクラス。例としては、コモディティ、金、ヘッジファンドなどが挙げられる。本書ではオルタナティブアセットを3つの種類に

分類している——純正なオルタナティブ、債券のようなオルタナティブ、株式のようなオルタナティブ。第9章を参照。

安全な避難先アセット（Safe haven asset） 市場が大混乱したときに高いパフォーマンスが期待できるアセット。例えば、安定した国が発行した国債、保険通貨、金など。

入れ替え（Substitution） ポートフォリオリバランスの一形態で、1つ以上のアセットをまったく別のアセットと入れ替えること。第16章の「ファンドや株式を丸々入れ替えるべきときと、入れ替えるべきではないとき」を参照。

インデックストラッカー（Index tracker） 「パッシブファンド」を参照。

インバースETF（Inverse ETF） アセット価格が下落すると価値が上昇するETF。

インフレ連動債（Inflation-linked bonds） インフレに対して保護された債券。支払われるのは実質金利。

ウエート調整（Reweighting） 1つのアセットを別のアセットと丸々入れ替えるのではなくて、ポートフォリオのウエートを調整すること。ポートフォリオリバランスの一形態。第16章の「ウエートを調整するだけの価値はあるのか。あるとすればどれくらい調整しなければならないのか」を参照。

エージェンシー債（Agency bond） 政府系機関（アメリカの場合は

ファニーメイなど、イギリスの場合は住宅協会など)によって発行される債券。エージェンシー債は通常、暗示的・明示的に政府によって保証されている。中央政府や地方政府が発行する国債や公債よりも若干リスクが高い。

大型株(Large capitalisation, large cap) 時価総額が大きな会社。大型株指数の例としては、アメリカのS&P500やイギリスのFTSE100などが挙げられる。「中型株」「小型株」を参照。

回転率(Turnover) ポートフォリオをどれくらいの頻度でリバランスするかを測定したもの。回転率が2ということは、1年間で全ポートフォリオを買って売ることを意味する。

ガウスの正規分布(Gaussian normal distribution) 鐘のような形をした統計分布(ベルカーブ)。リターンの統計学的モデルによく使われる。もしリターンが正規分布に従うならば、リターンが平均±1シグマの範囲内に収まる確率は68%、平均±2シグマの範囲内に収まる確率は95%。第2章の「統計学的モデリング」を参照。

過去の不確実性(Uncertainty of the past) 「パラメーターの不確実性」の非公式な呼び方。私はパラメーターの不確実性よりも過去の不確実性という言い方のほうが好きだ。

カバードボンド(Covered bond) 住宅ローン債券や有料橋・道路トンネルなどのインフラ債券など、資産の裏付けのある社債。

株式のようなオルタナティブ(Equity-like alternatives) 株式と相関の高いオルタナティブアセット。第9章の「株式のようなオルタナ

ティブ」を参照。

空売り（Short selling） 株価が下落することを想定して売り、株価が実際に下落したら利益を得る。

完全最適化（Full optimisation） シャープレシオ、相関、標準偏差を含む過去のリターンの完全統計学的モデルを使ったポートフォリオの最適化。これは非常に不安定なので推奨はしない。第3章を参照。

幾何平均（Geometric mean） リターンなどの平均を取る1つの方法で、私の好みの方法。最終的に正しいポートフォリオ価値を得るためには一貫したリターンが必要で、幾何平均はこの一貫したリターンを意味する。「算術平均」を参照。また、第1章の「幾何平均リターン」と**付録C**の「幾何平均、標準偏差、シャープレシオ」を参照。

幾何平均が最大のポートフォリオ（Maximum geometric mean portfolio） 債券などの安全資産に対するアロケーションに制限があり、リスク許容量の高い投資家に向くポートフォリオ。第4章の「異なるリスク選好をどう扱うべきか」を参照。

機関投資家（Institutional investor） 投資可能な資産が1000万ポンドまたは1000万ドル超の大口投資家。

均等加重（Equal weighting） ポートフォリオウエートをアセットグループ間で均等に配分すること。

グローバルマクロ（Global macro） マクロ経済学的予測や政治的見通しに基づいてグローバルにさまざまなアセットクラスに投資するヘ

ッジファンド。ジョージ・ソロスのクオンタムファンドが代表例で、このファンドは1992年にイギリスが欧州為替相場メカニズムから脱退することに賭けて大儲けした。グローバルマクロファンドは、純正なオルタナティブのサブカテゴリーの１つである独立型オルタナティブに属する。第９章の「独立型オルタナティブ」を参照。

クロスオーバー債（Cross over bond） 信用格付けが投資最適債よりも低いが、高利回り債よりは高い債券。

現在ウエート（Current Weight） 今保有しているものの数量、価格、為替レートから予測される資産ウエート。第16章の「なぜリバランスが必要なのか」を参照。

高利回り債（High yield bonds） 非常に高リスクな社債。ジャンクボンドとも呼ばれる。

小型株（Small capitalisation, small cap） 小規模の会社。FTSEやS&P小型株600は小型株指数の例。小型株はリスクが高く、流動性が低く、トレードコストが高くつく傾向がある。「中型株」「大型株」を参照。

個人投資家（Retail investor） 比較的小さい投資口座を持つ投資家。反意語は「機関投資家」。

債券のようなオルタナティブ（Bond-like alternatives） 債券と相関の高いオルタナティブアセット。第11章の「債券のようなオルタナティブ」を参照。

最小トレードサイズ（Minimum-Trade-Size） ポートフォリオをリバランスするときにトレードコストを削減するテクニック。第16章の「最小トレードサイズ」を参照。

最小分散（Minimum variance） ポートフォリオ最適化の1つ。第15章の「スマートベータ」を参照。

最大分散（Maximum diversification） ポートフォリオ最適化の一種。第15章の「スマートベータ」を参照。

算術平均（Arithmetic mean） リターンなどの平均を計算する一般的な方法。例えば、＋10％、＋30％、－10％の算術平均は10％（［＋10＋30－10］÷3）。「幾何平均」を参照。

時価総額加重（Market capitalisation weighted） ポートフォリオの加重方式の一種で、発行された株式や債券の価値に応じてウエートを配分する。大部分の市場指数は時価総額加重型。インデックストラッカーのほとんどもこの加重方式を使っている。

資産ウエート（Cash weighting, Cash weights） 資産の金額ベースによるポートフォリオウエート。例えば、あるアセットの資産ウエートが10％で、資金として10万ドル持っているとすると、そのアセットに1万ドル投資することを意味する。「リスクウエート」を参照。

執行コスト（Execution cost） 買うときの執行価格は高いが、売るときの執行価格は安いため、トレードするときには目に見えないコストがかかる。ビッド（買い気配値）とアスク（売り気配値）の中間の値と実際に売買した額との差であるビッドアスクスプレッドコストとマ

ーケットインパクトを合わせたものがトータル執行コストになる。

実質リターン（Real returns）　インフレ率で補正したリターン。反意語は「名目リターン」。第1章の「実質リターン」を参照。

シャープレシオが最大のポートフォリオ（Maximum Sharpe Ratio portfolio）　債券などの安全資産に対するアロケーションに制限のない、リスク許容量が低い投資家に向くポートフォリオ。第4章の「異なるリスク選好をどう扱うべきか」を参照。

シャープレシオ、SR（Sharpe Ratio, SR）　トレード戦略の運用成績を表す測度で、リターンをリスクで調整したもの。一定期間の平均リターンを同じ期間のリターンの標準偏差で割って算出する。私は通常は年次シャープレシオを使う（年次リターン÷年次標準偏差）。第3章の「概念――シャープレシオ」を参照。

社債（Corporate bonds）　会社が発行する債券。「投資適格債」「クロスオーバー債」「高利回り債」を参照。

ジャンクボンド（Junk bonds）　「高利回り債」を参照。

シュリンケージ（Shrinkage）　ポートフォリオ最適化の一形態で、より堅牢な結果が得られるようにシャープレシオと相関を調整する。**付録C**の「シュリンケージ」を参照。

純正なオルタナティブ（Genuine alternatives）　株式や債券のような伝統的なアセットと相関性のないオルタナティブアセット。本書では純正なオルタナティブを独立型アセットと保険のようなアセットとい

う2つのサブカテゴリーに分けている。第9章の「純正なオルタナティブ」を参照。

商品投資顧問業者　「CTA」を参照。

上場投資信託　「ETF」を参照。

ショートバイアス（Short biased）　過大評価された会社を探して空売りし、その会社の株価が下がったら利益になるヘッジファンド戦略。第9章の「保険のようなオルタナティブ」を参照。

初期コスト（Initial cost）　投資ポートフォリオを構築するのにかかる初期費用。初期コストにはブローカー手数料、税金、執行コストが含まれる。「保有コスト」「リバランスコスト」、第5章の「初期コスト、保有コスト、リバランスコスト」を参照。

スマートベータ（Smart beta）　代替的なポートフォリオアロケーションを使ってパッシブインデックスを作り、時価総額加重とは異なる方法で運用する。スマートベータ加重はリターンを向上させるために一定のリスクファクターへのイクスポージャーを増やすこともある。第15章の「スマートベータ」を参照。

絶対モメンタム（Absolute momentum）　モメンタム予測モデルの1つ。このモデルでは常に全額投資する必要はない。その結果、1つ以上のアセットの価格が下落すれば、ポートフォリオに余剰キャッシュが発生する。第14章の「モメンタムモデル」を参照。反意語は「相対モメンタム」。

選択的投資（Selective investment）　ポートフォリオに一定のアセットのみを含み、ほかは排除する。例えば、FTSE100株価指数から10銘柄を買う。

相関（Correlation, Correlated）　2つの物がどれくらい同じ動きをするかを測定したもの。つまり、リターンがどれくらい似ているかを測定したもの。通常は、異なるアセットの日々のリターンの類似性を測定する。−1の相関は、2つの物が常に逆方向に動くことを意味し、＋1は2つの物が常に同じ方向に動くことを意味し、0は2つの物に線形関係がない（無相関）ことを意味する。第3章の「概念――相関」と**付録C**の「相関」を参照。

相対モメンタム（Relative momentum）　モメンタム予測モデルの1つ。1つ以上のアセットの価格が下落することが予想されても、常に全額投資するモデル。対義語は「絶対モメンタム」。

地方債（Municipal bond, Muni bond）　地方自治体（町、州、郡などの地方政府）によって発行される公債。

中型株（Mid capitalisation, mid cap）　中規模の会社。中型株指数の例としては、イギリスのFTSE250やアメリカのラッセル中型株指数などが挙げられる。「大型株」「小型株」を参照。

直接投資（Direct investment）　ファンドを使わずに、個別株や債券を直接買うこと。

通貨ヘッジ（Currency hedging）　外国通貨に投資したとき、為替レートの変動から自分自身を守る方法。例えば、アメリカのS&P500に

投資したイギリスの投資家は、米ドル（USD）が英ポンド（GBP）に対して下落したとき、たとえ株価が変わらなくても被害を被る。デリバティブをトレードすることでファンドマネジャーはGBP/USDレートの変動から身を守ることができる。第1章の「通貨」を参照。

定期分配型ファンド（Distributing） 原資産である株式の配当や債券のクーポンがすべて投資家に分配されるファンド。定期分配型ファンドの配当利回りは、株式の配当利回りか、債券の満期利回りにほぼ等しい。「分配金再投資型ファンド」を参照。

ティッカー（Ticker） 証券取引所で個々の銘柄を識別するための記号。例えば、MSFTはマイクロソフトのティッカー。

定数予測（Fixed point expectation） 不確実性をまったく伴わない予測。例えば、「FTSE100はきっかり7015.76で本年を終わるだろう」といった予測。第1章の「期待値」を参照。

デュレーション（Duration） 債券の金利変動に対する感応度（金利が1％上がったら、債券価格は何％下がるか）。満期までの期間の長い債券は短い債券よりもデュレーションは高い。第12章の「債券の世界」を参照。

テールリスク対応（Tail protect） 市場の極端な下落に賭けるヘッジファンド戦略。テールリスク対応型ファンドは、純正なオルタナティブアセットのサブカテゴリーである保険のようなアセットの部類に入る。第9章の「保険のようなオルタナティブ」を参照。

デリバティブ（Derivative） 実際にアセットを保有することなく、ア

セット価格の上下動から利益を得る方法。先物、サヤ取り、オプション、差金決済取引などはすべてデリバティブ。取引当初に証拠金を払い込むだけで取引ができるなど、一般に取引時に発生する金額は原資産の取引よりも少額ですむ。少ない投資金額で大きな取引ができることをレバレッジ効果という。

転換社債（Convertible bond） 一定の条件の下で、債券を発行した会社の株式に転換される社債。

統計学的モデル（Statistical model） 平均的な結果と予想される変動を記述することでヒストリカルリターンまたは期待リターンをモデル化すること。統計学的パラメーターを使い、リターン分布は正規分布に従うと仮定する。

統計学的推定値（statistical estimates）「ブートストラップ法」を参照。

投資家の困惑（Embarrassment） 時価総額加重のコンセンサスから逸脱することで、仲間や市場をアンダーパフォームするのではないかと心配すること。トラッキングエラーは潜在的困惑を正式に測定したもの。第1章の「困惑——絶対リターンと相対リターン」、第4章の「投資家の困惑」を参照。

投資適格債（Investment grade bonds） 大手優良企業によって発行される比較的安全な社債。

トータルリターン（Total return） 価格の変動と配当利回りを合わせたリターン。

独立型オルタナティブアセット（Standalone alternative asset） 株式や債券と無相関のリターンを提供してくれる純正なオルタナティブアセット。正のリターンが期待できる。第9章の「独立型オルタナティブ」を参照。

トップダウン（Top-down） ポートフォリオアロケーションの一形態。トップダウンのポートフォリオアロケーションでは、まずアセットアロケーションを決め、次に各アセットのなかでアロケーションを決める。ハンドクラフト法はトップダウンのポートフォリオアロケーション法。対義語は「ボトムアップ」。第7章を参照。

トラッキングエラー（Tracking error） 時価総額加重ポートフォリオというコンセンサスから逸脱しすぎたときに、どれくらいの困惑を感じるかを測定したもの。トラッキングエラーとは、あなたのリターンと時価総額加重ポートフォリオの差の標準偏差を測定したもの。第1章の「困惑──絶対リターンと相対リターン」を参照。

ノートレードゾーン（No-Trade-Zone） ポートフォリオをリバランスするときにトレードコストを削減するテクニック。第16章の「ノートレードゾーンでリバランスコストを最少化する」を参照。

配当利回り（Divided yield） 株式の場合は、1株当たりに支払われた年間配当を現在株価に対する比率で表したもの。ETFの場合、投資金に対してどれくらい分配金があったかを表したもの。

パッシブインデックス 「パッシブファンド」を参照。

パッシブ運用 「パッシブファンド」を参照。

パッシブファンド、パッシブインデックス、パッシブ運用（Passive fund, Passive index, Passive management） あらかじめ決められたウエートに従ってインデックスに連動するように投資・運用されるファンド。FTSE100やS&P500のような指数と似たような動きをするように設計されたインデックストラッカーを指すことが多い。パッシブファンドは市場全体に投資する（ベータを得る）安価な方法。複雑なパッシブファンドはスマートベータ（普通のベータよりも賢い運用）を提供してくれる。「アクティブファンド」を参照。

パラメーター（Parameters） リターンの幾何平均、標準偏差、シャープレシオ、相関など、統計学的モデルを記述するのに使われる数値。第1章の「期待値」を参照。

パラメーターの不確実性（Parameter uncertainty） ヒストリカルリターンを使った統計学的モデルのパラメーター予測に伴う本質的な不確実性。個人的には「過去の不確実性」という言葉のほうが好きだ。第2章の「不確実な過去」を参照。

バリュー（Value） リターンを予測するモデルで、リスクファクターでもある。配当利回りの高い株式のように割安のアセットは、配当利回りの低い株式のように割高のアセットをアウトパフォームする。

ハンドクラフト法（Handcrafting） ウエートを手動で設定するポートフォリオ最適化手法で、まず似たようなアセットごとにグループ分けし、各グループ内でウエートを決める（通常は均等加重を用いる）。第4章の「ハンドクラフト法」を参照。

ビッドアスクスプレッドコスト（Bid-ask spread cost） アセットを

買うときの執行コストの１つ。例えば、ビッド（買い気配値）が100、アスクが101だとすると、ビッドアスクスプレッドコストはビッドとアスク（売り気配値）の中間の値（この場合、100.5）と支払った価格（買いの場合は101、売りの場合は100）との差のことを言う。ビッドアスクスプレッドコスト（この場合は、0.5）は、ビッドアスクスプレッド（1.0）の半分。第５章の「概念――目に見えないトレードコスト」を参照。

標準偏差（Standard deviation） データの平均周りのばらつき具合を測定したもの。データポイントを$x^1, x^2, \cdots, x^n$とすると、平均は$x^* = (x^1 + x^2 + \cdots + x^n) \div n$と表され、標準偏差は$\sqrt{\{(1 \div n)[(x^1 - x^*)^2 + (x^2 - x^*)^2 \cdots + (x^n - x^*)^2]\}}$と表される。第２章の「概念――標準偏差」、**付録C**の「標準偏差」を参照。

ファンド（Collective fund） 参加者の出資額に応じて、参加者に証券ポートフォリオの一部を割り当てる集団投資スキーム。ファンドにはETF、投信（アメリカ）、投資トラストやユニットトラスト（イギリス）などがある。ファンドはアクティブなものとパッシブなものがある。

ファンド・オブ・ファンズ（Fund of funds） ほかのファンドに投資するファンド。

ファンドによるトレードコスト（Trading cost inside the fund） 目に見えないコストの１つ。ETFのようなファンドでファンドマネジャーが行ったトレードの保有コスト。第５章の「ETFの保有コスト――ファンドによる目に見えないトレードコスト」を参照。

ブートストラップ法、ポートフォリオの最適化（Bootstrapping, portfolio optimisation） ヒストリカルデータの不確実性を考慮に入れたポートフォリオの最適化手法。付録Cの「ブートストラップ法」を参照。

ブートストラップ法、統計学的推定値（Bootstrapping, statistical estimates） パラメーターの不確実性の程度を推定する方法。第2章の「概念――平均の不確実性を推定する」を参照。

不動産担保証券、MBS（Mortgage-backed security, MBS） 住宅ローンを裏付けにして発行される債券。金融機関が発行する社債やエージェンシー債がこれに当たる。

分配金再投資ファンド（Accumulating） 原資産の配当がファンド内に蓄積（再投資）され、投資家には支払われないファンド。その結果、ファンドの価格は上昇する。分配金再投資型ファンドの配当利回りはゼロ。対義語は「定期分配型ファンド」。

ベーシスポイント、bp（Basis point） 1％の100分の1。つまり、0.01％。

ベータ（Beta） 個人のスキルとは無関係な市場全体の平均的なリターン。例えば、フランスのCAC30株価指数に連動するETFのようなパッシブインデックスファンドに投資することで得られるリターン。「スマートベータ」を参照。

ヘッジファンド（Hedge fund） レバレッジや空売りを用いるファンド。

ベルカーブ　「ガウスの正規分布」を参照。

ポートフォリオの最適化（portfolio optimisation）　「ブートストラップ法」を参照。

ポートフォリオウエート（Portfolio weights）　ポートフォリオにおける各アセットのウエート。あなたの資金をいろいろなアセットにどれくらいの比率で投資するか。「リスクウエート」「資産ウエート」を参照。

ポートフォリオの最適化（Portfolio optimisation）　リターンのシャープレシオ、相関、標準偏差の予測に基づいて、各アセットにどれくらいのポートフォリオウエートを割り当てるかを決めることで最適な（ベストな）ポートフォリオを決定すること。ポートフォリオの最適化手法には、シンプルなハンドクラフト法、少し複雑なブートストラップ法やシュリンケージなどがある。完全最適化は奨励しない。第3章を参照。

ポートフォリオの修復（Portfolio repair）　ポートフォリオに大幅な変更が必要なときに行う深刻なリバランス。第18章を参照。

ポートフォリオメンテナンス（Portfolio maintenance）　余剰コストを伴うことなくウエートが今必要なウエートにできるだけ近くなるように定期的にリバランスを行うこと。第17章を参照。

ホームバイアス（Home bias）　投資家が自国に投資するのを好む傾向のこと。

保険通貨（Insurance currencies） 日本円や米ドルのように市場が暴落したときに安全な避難場所になる通貨。純正なオルタナティブアセットのサブカテゴリーである保険のようなアセットの部類に入る。第9章の「保険通貨」を参照。

保険のようなアセット（Insurance-like asset） 純正なオルタナティブアセットの1つで、リターンは長期的には負になることが予想されるが、ポートフォリオのほかのアセットの下落から保護してくれるアセット。第9章の「保険のようなオルタナティブ」を参照。

ボトムアップ法（Bottom up） ポートフォリオを構築する1つの手法。異なるアセットクラス、国、業種に対する全体的なイクスポージャーを考えることなく、好きなアセット（ファンドや株式）を選ぶポートフォリオ構築法。対義語は「トップダウン法」。

保有コスト（Holding cost） リバランスをやるやらないにかかわらず、投資を保有するのにかかる年間コスト。保有コストには、ファンドの年間管理手数料とファンドによるトレードコストが含まれる。「リバランスコスト」「初期コスト」、第5章の「初期コスト、保有コスト、リバランスコスト」を参照。

ボラティリティ（Volatility） 標準偏差のこと。

ボラティリティパリティ（Volatility parity） ポートフォリオ最適化の一形態。第15章の「スマートベータ」を参照。

マーケットインパクト（Market impact） 大口投資家のニーズを満たすだけの十分な株式の売買が行われないため、彼らは余分なコスト

を支払わなければならない。これをマーケットインパクトコストという。買いのときの売り気配値（売りのときは買い気配値）と実際に支払われた（売りの場合は受け取られた）平均価格との差に等しい。執行コストの一種。第5章の「マーケットインパクト」を参照。

マネージドフューチャーズ（Managed futures）　システマティックなトレードルールを使って先物に投資するヘッジファンド戦略。一種のデリバティブ。ほとんどのマネージドフューチャーズ戦略は、原資産市場やほかの戦略がうまくいかないときに利益を上げてきた。純正なオルタナティブアセットのサブカテゴリーである独立型オルタナティブアセットの一種。第9章の「独立型オルタナティブ」を参照。

満期、債券の満期（Maturity of a bond）　額面金額である償還金を受け取れるまでの期間。

満期利回り（Yield to maturity）　将来的に受け取るクーポンと満期になったときの償還金を合わせた債券の利回り。

名目債（Nominal bond）　インフレに対して保護されない債券。「インフレ連動債」を参照。

名目リターン（Nominal return）　インフレ率で補正していないリターン。第1章の「実質リターン」を参照。

目に見えるコスト（Visible cost）　公表されているため見つけるのが簡単なコスト。例えば、ブローカー手数料、購入時の税金、ファンドの管理コストなどがこれに当たる。

目に見えないコスト（Invisible cost） 投資対象をトレードしたり保有したりするためのコストで、通常は公開されない。第5章の「目に見えるコストと目に見えないコスト」を参照。

目標ウエート（Target weight） ポートフォリオの各アセットの最適リスクウエートと標準偏差が与えられたとき、目標とする資産ウエートのこと。

モデルの不確実性（Model uncertainty） リターンの統計学的モデルが正しいかどうかが不確実なこと。モデルの不確実性の代表がパラメーターの不確実性。第2章の「不確実な過去」を参照。

モメンタム（Momentum） リターンを予測するためのモデル。リスクファクターの1つ。アセット価格が上昇したら上昇し続け、下落したら下落し続けることを前提とする。第15章の「モメンタムモデル」を参照。

リスク（Risk） アセットのリターンや投資ポートフォリオの予想される変動。私は標準偏差を使って測定する。第1章の「リスクと投資期間」、第2章の「概念――標準偏差」を参照。

リスクウエーティング、リスクウエート（Risk weighting, Risk weights） ポートフォリオ最適化に用いられるテクニックで、最初にすべてのアセットのリターンを標準偏差が同じになるように調整する。その結果得られる最適ポートフォリオウエートがリスクウエート。そのあとリスクウエートを各アセットのボラティリティで割って資産ウエートに換算し、そのあとウエートの合計が100％になるように正規化する。「資産ウエート」、第4章の「リスクウエーティング」を参照。

リスクパリティ、リスクパリティファンド（Risk parity, Risk parity fund） ポートフォリオ最適化の一種。第4章の「余談——リスクパリティファンド」、第15章「スマートベータ」を参照。

リスクファクター（Risk Factors） 学術理論によれば、リスクが大きな投資は大きなリターンをもたらさなければならない。こうした超過リターンの源泉のことをリスクファクターと言う。リスクファクターには利回りやモメンタムなどがある。第15章の「リスクファクター」を参照。

リターン分布（Distribution of returns） アセットやポートフォリオの過去のリターンまたは期待リターンのパターンを示したもの。分布は統計学的モデルを使って表すことができる。第2章の「統計学的モデリング」を参照。

リバランス（Rebalancing） 初期投資のあとポートフォリオウエートを調整すること。リバランスのタイプには、入れ替えとウエート調整がある。定期的なリバランスはポートフォリオのメンテナンスと言い、大規模なリバランスはポートフォリオの修復と言う。第4部を参照。

リバランスコスト（Rebalancing cost） リバランスにかかるトレードコスト。「保有コスト」「初期コスト」、第5章の「初期コスト、保有コスト、リバランスコスト」を参照。

利回り（Yield） リターンを予測するモデルの1つ。バリューモデルのサブカテゴリー。利回りの高い株式のみを買う（「選択的投資」を参照）か、利回りの高いファンドに大きなポートフォリオウエートを配分する。「配当利回り」「満期利回り」、第14章の「利回りモデル」を参

照。

レバレッジ（Leverage） 明示的にあるいは先物取引やスプレッド取引などのデリバティブを通して投資のための資金を借り入れること。証拠金として最初に用意した資金の何倍ものイクスポージャーがとれる。

ロボアドバイザー（Robo advisor） システマティックな方法を使ってポートフォリオウエートを決定し、ETFのようなパッシブファンドポートフォリオに投資するファンドマネジャー。第15章の「ロボアドバイザー」を参照。

ロングボラティリティ（Long volatility） ヘッジファンド戦略の1つで、デリバティブを使って市場の下落に賭ける戦略。市場が下落したときにポートフォリオを保護してくれるため、純正なオルタナティブアセットのサブカテゴリーである保険のようなアセットと言える。第9章の「保険のようなオルタナティブ」を参照。

参考資料

参考のために本書で使った資料や表をまとめた。

投資家タイプと各タイプにお勧めのポートフォリオ

●超安全志向タイプの投資家
　①リスク許容量──非常に低い。レバレッジは使わない
　②例──定年退職した投資家が大部分を占めるクローズド型年金プラン
　③お勧めのポートフォリオ──シャープレシオが最大のポートフォリオ＋キャッシュ
　④債券に対するリスクウエートの制限はない

●注意深い投資家
　①リスク許容量──低い。レバレッジは使わない
　②例──少ない年金を補うために投資する高齢の定年退職者
　③お勧めのポートフォリオ──シャープレシオが最大のポートフォリオ
　④債券に対するリスクウエートの制限はない

●平均的投資家
　①リスク許容量──中程度。レバレッジは使わない
　②例──年金額が少ない、定年退職間際の中年労働者
　③お勧めのポートフォリオ──妥協ポートフォリオ
　④債券に対するリスクウエートは30％に制限

●勇敢な投資家
　①リスク許容量——高い。レバレッジは使わない
　②例——債務はなく、投資によるキャッシュフローも必要としない比較的若くて収入の高い投資家。
　③お勧めのポートフォリオ——幾何平均が最大のポートフォリオ
　④債券に対するリスクウエートは10％に制限

●借り入れ可能な投資家
　①リスク許容量——中程度から高い。レバレッジを使う
　②例——銀行家や株式ブローカーのように、比較的若くて収入が高く、金融の知識が豊富な投資家
　③お勧めのポートフォリオ——シャープレシオが最大のポートフォリオ＋レバレッジ
　④債券に対するリスクウエートの制限はない

コスト

主要なコスト

	目に見えるコスト	目に見えないコスト	初期コスト	保有コスト	リバランスコスト	変動比率コスト(%)	固定比率コスト(%)
ブローカーの最低手数料	✓		✓		✓	✓	
1株当たりまたは投資額によるブローカー手数料	✓		✓		✓		✓
税金（固定）	✓		✓		✓	✓	
税金（比率）	✓		✓				✓
ビッドアスクスプレッドコスト		✓	✓		✓		✓
マーケットインパクト		✓	✓		✓	✓*	✓*
ファンドの年間管理手数料		✓		✓			✓
ファンドによるトレードコスト		✓		✓			✓

* マーケットインパクトは個人トレーダーにはかからず、機関投資家の場合は取引サイズが大きくなると増加する

コストの公式

ビッドアスクスプレッドコスト＝（売り気配値−買い気配値）÷2
執行コスト＝ビッドアスクスプレッドコスト＋マーケットインパクト
初期コスト＝手数料＋税金＋執行コスト
ETF保有コスト＝年間管理手数料＋ファンドによるトレードコスト
トータル年間コスト＝（初期コスト÷20）＋保有コスト
ETFパフォーマンス＝ベンチマークのリターン−ETF保有コスト

最少投資額

ETF（上場投資信託）

ブローカーの最低手数料を考慮したとき、コストの過剰な支払いを防ぐための1ファンド当たりの最低投資額（**表40**の再掲）

最低手数料	イギリスの投資家	アメリカの投資家
無料		$300
1ポンド/ドル	£300	**$300**
2ポンド/ドル	£600	$600
5ポンド/ドル	£1,500	$1,500
6ポンド/ドル	**£1,800**	$1,800
10ポンド/ドル	£3,000	$3,000
15ポンド/ドル	£4,500	$4,500
20ポンド/ドル	£6,000	$6,000

1つのファンドに投資したほうがよいのか、もっと分散したほうがよいのかを決めるときの1ファンド当たりの最低投資額。各行はブローカーの最低手数料に対する対応する通貨の投資サイズを示している。各列はイギリスの投資家の場合とアメリカの投資家の場合を示している。太字は本書で使うデフォルト値（アメリカの投資家の場合は最低手数料が1ドルのときの最低投資額、イギリスの投資家の場合は最低手数料が6ポンドのときの最低投資額）を示している。太字の最低投資額で投資するとき、分散による利益と増加した保有コストが同じになると仮定する。そのほかの仮定については**付録B**を参照のこと

個別株――アメリカ

直接投資を選んだほうがコストが安くなるときの最低投資額と各セクターに投資する銘柄を増やすときの最低投資額（**表37**および**表39**の再掲）

ブレイクイーブン投資額	ブローカーの最低手数料（ドル）			
	$1	$2	$5	$10
ETFの保有コストが0.1％のとき	$15,000	$30,000	$65,000	$150,000
ETFの保有コストが0.2％のとき	$6,000	$12,000	$30,000	$60,000
ETFの保有コストが0.3％のとき	$4,000	$8,000	$20,000	$40,000
ETFの保有コストが0.4％のとき	$3,000	$6,000	$15,000	$30,000
ETFの保有コストが0.5％のとき	$2,350	$4,700	$12,000	$24,000
ETFの保有コストが0.75％のとき	$1,600	$3,200	$8,000	$16,000
ETFの保有コストが１％のとき	$1,200	$2,400	$6,000	$12,000
ETFの保有コストが1.25％のとき	$950	$1,900	$4,700	$9,500
ETFの保有コストが1.5％のとき	$800	$1,600	$4,000	$8,000
ETFの保有コストが２％のとき	$600	$1,200	$3,000	$6,000
１銘柄追加したときの最低投資額	$2,000	$4,000	$10,000	$20,000

一番下の行は各セクターにすでに１銘柄投資していると仮定して、ブローカーの最低手数料を考えたときに、各セクターに投資する銘柄を増やすべきかどうかを判断するときの最低投資額を表している。そのほかの行は、時価総額加重ETFを買うよりも任意に選んだ銘柄に直接投資したほうが安くなるブレイクイーブンポイントを示している。ブレイクイーブンポイントはコスト差引後の幾何平均リターンに基づく。直接投資は各セクターから１銘柄を買い、均等加重で配分するものとする。リバランスコストとしては、ポートフォリオの回転率は年間10％と仮定する。ETF保有コストには管理手数料とファンドによるトレードコストが含まれる。そのほかの仮定については**付録B**を参照のこと

個別株——イギリス

直接投資を選んだほうがコストが安くなるときの最低投資額と各セクターに投資する銘柄を増やすときの最低投資額（**表38**および**表39**の再掲）

	ブローカーの最低手数料（ポンド）			
ブレイクイーブン投資額	£6	£10	£15	£20
ETFの保有コストが0.1％のとき	£120,000	£200,000	£300,000	£400,000
ETFの保有コストが0.2％のとき	£45,000	£80,000	£120,000	£160,000
ETFの保有コストが0.3％のとき	£27,000	£45,000	£65,000	£90,000
ETFの保有コストが0.4％のとき	£20,000	£32,000	£48,000	£65,000
ETFの保有コストが0.5％のとき	£15,000	£25,000	£37,000	£50,000
ETFの保有コストが0.75％のとき	£10,000	£17,000	£24,000	£34,000
ETFの保有コストが1％のとき	£7,500	£12,000	£18,000	£24,000
ETFの保有コストが1.25％のとき	£6,000	£10,000	£15,000	£20,000
ETFの保有コストが1.5％のとき	£4,700	£8,000	£12,000	£16,000
ETFの保有コストが2％のとき	£3,500	£6,000	£9,000	£12,000
1銘柄追加したときの最低投資額	£10,000	£18,000	£27,000	£35,000

一番下の行は各セクターにすでに1銘柄投資していると仮定して、ブローカーの最低手数料を考えたときに、各セクターに投資する銘柄を増やすべきかどうかを判断するときの最低投資額を表している。そのほかの行は、時価総額加重ETFを買うよりも任意に選んだ銘柄に直接投資したほうが安くなるブレイクイーブンポイントを示している。ブレイクイーブンポイントはコスト差引後の幾何平均リターンに基づく。直接投資は各セクターから1銘柄を買い、均等加重で配分するものとする。リバランスコストとしては、ポートフォリオの回転率は年間10％と仮定する。ETF保有コストには管理手数料とファンドによるトレードコストが含まれる。そのほかの仮定については**付録B**を参照のこと

参考資料

リバランス

リバランスするときの最小トレードサイズとノートレードゾーン。

ファンドのサイズ	最小トレードサイズ	ノートレードゾーン
イギリスの投資家		
25万ポンド未満	250ポンド	
25万〜2500万ポンド	ポートフォリオ価値の0.1%	平均資産ウエートの半分
2500万ポンド超	2.5万ポンド	
アメリカの投資家		
15万ドル未満	150ドル	
15万〜5000万ドル	ポートフォリオ価値の0.1%	平均資産ウエートの半分
5000万ドル超	5万ドル	

ブローカーの最低手数料は1ドルまたは6ポンドと仮定。これ以上の手数料を支払うときは、この額にあなたの支払う手数料の最低手数料に対する比率を掛ける

予測モデルを使ったときの最低ポートフォリオサイズ

	モメンタムモデル	利回りモデル
イギリスの投資家	1万ポンド	7500ポンド
アメリカの投資家	2000ドル	1500ドル

ブローカーの最低手数料は1ドルまたは6ポンドと仮定。これ以上の手数料を支払うときは、この額にあなたの支払う手数料の最低手数料に対する比率を掛ける

ETFの選択

同じ原資産を含む競合ETFを比較するときに考慮すべきファクター。

- **分配金再投資型ファンドと定期分配型ファンド**　配当の税金が心配なら分配金再投資型ファンドを買い、配当の税金に対する心配が不要なら定期分配型ファンドを買う（第1章の「概念——分配金再投資型ファンドと定期分配型ファンド」を参照）。
- **通貨ヘッジ**　通貨ヘッジは余分な費用がかかるのでできれば避けること（第1章の「通貨」を参照）。
- **コスト——管理手数料**　管理手数料はできるだけ低いほうがよい。
- **コスト——ファンドによるトレードコスト**　ファンドによるトレードコストはファンドのパフォーマンスとベンチマークを比較することで算出できる。第5章の「異なるETFのコストの比較」を参照。
- **レバレッジ型**　レバレッジ型ETFは避けよ。危険なうえに高い。第4章の「余談——レバレッジ型ETF」を参照。
- **ショートETF（またはインバース型ETF）**　価格の下落に賭けるショートETFは避けよ（インバースETFとも呼ばれる）。これはレバレッジ型ETFと似たような悪しき特徴を持つ。ショートボラティリティETF（例えば、ショートVIX）は隠れたレバレッジを含むため特に危険。
- **満期の短い債券**　これは投資家タイプによって異なる（第4章の「さまざまな投資家のタイプ」を参照）。注意深い投資家、平均的な投資家、勇敢な投資家の場合、満期の短い債券ファンド（デュレーションが5年未満）は避けよ。これは資本がムダになるだけだ。超安全志向の投資家の場合、これらの債券に投資して、低いリターンを穴埋めするためにキャッシュ保有量を減らす。借り入れ可能な投資家の場合、これらの債券に投資して、低いリターンを穴埋めするため

にレバレッジを上げる。

- **ETN（上場投資証券）、シンセティックETF**　普通のETFにはないカウンターパーティリスクを含むため、できれば避けよ。第5章の「余談——シンセティックファンド」と第9章の「概念——コモディティETFとは」を参照。
- **運用資産の少ないファンド**　小さなファンドは運用経費が高くかかるため、上場廃止になる危険性のある「オーファンファンド」（みなし子ファンド）になる可能性がある。アメリカの場合、運用資産が5億ドルを下回るファンド、イギリスの場合は1億ポンドを下回るファンドは避けよ。
- **アセット価値に対して割り引きやプレミアムが大きなファンド**　アセット価値に対して大きなプレミアムが付いたETFを買ってはならない。また、アセット価値に対する割り引きの大きなファンドはオーファンファンド（みなし子ファンド）になる可能性が高い（上記の「運用資産の少ないファンド」を参照）。
- **セクターETF**　大型株ETFよりも管理手数料が0.04％以上高い場合、セクターETFは買ってはならない（第11章の「セクターアロケーションのメリット」を参照）。
- **小型株ETFと中型株ETF**　同等のファンドよりも管理手数料が0.2％以上高い場合、中型株ファンドを買ってはならない。小型株ファンドの場合は管理手数料が0.35％以上高い場合は買ってはならない（第11章の「小型株および中型株ETF」を参照）。
- **スマートベータ——均等加重と制約のあるウエート**　同等の時価総額加重ファンドよりも年間管理手数料が0.3％以上安くなければ、均等加重ファンドを買ってはならない。第6章の「実際にはどの加重方法が最も効果的か」を参照。同等の時価総額加重ファンドよりも年間手数料が0.1％以上安くなければ、キャップドファンドを買うのは避けよ。第6章の「キャップドインデックス」を参照。

- **スマートベータ——ほかの加重方法** ほかの加重方法には、最大分散、リスクパリティ、ボラティリティパリティなどがある。セクター集中を防ぐほかの方法がなく、年間管理手数料が同等の時価総額加重ファンドよりも0.5％以上安くなければ、これらの方法を使うのは避けよ。
- **スマートベータ——リスクファクター** 追加的管理手数料が利益からファンドによるトレードコスト上昇分を差し引いたものより大きい場合は、買ってはならない。第3章の「不確実なリターンと不安定なポートフォリオ」、**表64**および**表65**を参照。

加重に関する情報

均等ウエートから逸脱する理由

1. グループの大きさが大きく異なる。
2. 均等加重が時価総額加重のコンセンサスから大きく外れ、困惑を引き起こす。
3. トレードや保有がほかのアセットに比べて高いアセットが存在する。
4. 予測不可能なリスクを含んでいたり、正規分布から大きく逸脱するリスクを含んでいるアセットが存在する。

オルタナティブアセットのカテゴリー

- **純正なオルタナティブ**
  ①独立型——マネージドフューチャーズ、グローバルマクロヘッジファンド
  ②保険のようなオルタナティブ——ロングボラティリティ、テール

リスク対応型ヘッジファンド、ショートバイアスヘッジファンド、保険通貨や安全な逃避先通貨、金や貴金属
- **株式のようなオルタナティブ**　プライベートエクイティ、ベンチャーキャピタル、不動産、コモディティ（貴金属は除く）、ほとんどのヘッジファンド戦略
- **債券のようなオルタナティブ**　私募債券、ソーシャルレンディング、インフラ、不動産、資産担保証券、ロングバイアス債券ヘッジファンド

現在のMSCIの国の分類

- **先進国**
    - ①北アメリカ──アメリカ、カナダ
    - ②EMEA──イギリス、アイルランド、ドイツ、オーストリア、スイス、オランダ、ベルギー、スウェーデン、フィンランド、ノルウェー、フランス、イタリア、スペイン、ポルトガル、イスラエル
    - ③アジア──日本、オーストラリア、ニュージーランド、香港、シンガポール
- **新興国**
    - ①ラテンアメリカ──ブラジル、メキシコ、チリ、コロンビア、ペルー
    - ②EMEA──ロシア、ポーランド、ハンガリー、チェコスロバキア、ギリシャ、トルコ、カタール、UAE、エジプト、南アフリカ
    - ③アジア──中国、インド、台湾、韓国、マレーシア、インドネシア、タイ、フィリピン

現在MSCIの株式セクター

一般消費財	生活必需品	エネルギー	金融	不動産	ヘルスケア
資本財	情報技術	素材	電気通信	公益事業	

謝辞

多くの人々からいろいろなことを学んだポートフォリオ最適化というこの信じられないほど素晴らしいアイデアに最初に出合ったのはおよそ20年前のことである。本書は、彼らがいなければ存在しなかっただろう。彼らの名前を思い出すのは私の衰えつつある記憶力には過酷なことなので、1人ひとりの名前を挙げるのは控えさせていただくが、マンチェスター大学、バークベック・カレッジ、ロンドン大学の学者たち、AHLとオックスフォード・マン研究所のリサーチチーム、そしてプレゼンテーション、論文、著書などがこのシンプルではあるが難しいポートフォリオ最適化という問題について深く考えるきっかけを与えてくれた多くの人々に心より感謝する。

本書は3人の査読者がいなくても書けるには書けただろうが、彼らの助けがなければ、おそろしいほど長大なものになり、知性のかけらもないひどい本になっていただろう。

本書を読んでくれた3人の1人、リッカルド・ロンコは、「これはおそらくは私の知識不足なのだろうが、この部分、それにあの部分、それとこの部分が理解できない」といった形で役立つフィードバックを提供してくれた。悪いのはあなたではなくて、私の書き方が悪かったのだ。

私はポートフォリオ最適化の専門家ではないが、本書の執筆では幸運なことにその道の専門家に参加してもらうことができた。それがタンシュ・デミルビレックだ。アメリカのETF（上場投資信託）と税金に関する私の知識不足を埋めてくれたのが彼である。

そして3人目の書評家がトーマス・スミスで、彼は建設的な批判をしてくれたわけではない。彼には「くだらないたわごとだ」「言うことは何もない」「何て退屈なセクションなんだ」などなどいろいろなこと

を言われたが、これは私にとってはありがたいコメントだった。本書は私の2冊目の本になるが、金銭的な報酬を一切もらわずに彼は前著同様に辛辣な批評をしてくれた。いつか借りはお返ししたいと思っている。彼は私よりも優れた著者だ。彼の本を読むのは楽しくてしかたない。

なぜ自費出版しないのかとよく聞かれるが、経済学には比較優位理論というものがある。この理論は一言で言えば、物事は専門家に任せよ、である。本書の出版社であるハリマン・ハウスのチームは間違いなく全員が専門家だ。特に、最初の本が本屋の棚に並んだわずか数週間後に2冊目を書いてくれと依頼してくれたスティーブン・エケットには本当に感謝する。また、本書を対象読者向けに作成するための戦略的フィードバックを与えてくれ、文法の誤りを忍耐強く修正してくれたクレイグ・ピアスにも感謝する。

最後に、難解な言葉をタイプしてはスクリーンに見入り、空を見つめては次の章を考えるだけの気難しい男のわがままに付き合ってくれた家族に感謝する。君たちの愛情と支えがどれほど大切なものであるかは言葉では言い尽くせない。

■著者紹介
ロバート・カーバー（Robert Carver）
独立した投資家でありトレーダーであり、作家でもある。10年以上にわたってロンドンのシティーで働き、2013年に引退。バークレイズ投資銀行でエキゾチックデリバティブのトレーダーとして勤務したのち、世界最大のヘッジファンドの1つであるAHLに移り、ポートフォリオマネジャーとして勤務。2008年の世界的金融危機を目の当たりにし、その前後も市場にかかわってきた。AHLではファンダメンタルグローバルマクロ戦略の構築や同ファンドの数十億ドルの債券ポートフォリオの運用に携わった。経済学の学士・修士号を修得。2016年には最初の本『システマティックトレード――独自のシステムを開発するための完全ガイド』（パンローリング）を出版。今は本書に書かれたメソッドを使って自身の株式・ファンド・先物ポートフォリオをトレードしている。

■監修者紹介
長岡半太郎（ながおか・はんたろう）
放送大学教養学部卒。放送大学大学院文化科学研究科（情報学）修了・修士（学術）。日米の銀行、CTA、ヘッジファンドなどを経て、現在は中堅運用会社勤務。全国通訳案内士、認定心理士。訳書、監修書多数。

■訳者紹介
山下恵美子（やました・えみこ）
電気通信大学・電子工学科卒。エレクトロニクス専門商社で社内翻訳スタッフとして勤務したあと、現在はフリーランスで特許翻訳、ノンフィクションを中心に翻訳活動を展開中。主な訳書に『EXCELとVBAで学ぶ先端ファイナンスの世界』『リスクバジェッティングのためのVaR』『ロケット工学投資法』『投資家のためのマネーマネジメント』『高勝率トレード学のススメ』『勝利の売買システム』『フルタイムトレーダー完全マニュアル』『新版　魔術師たちの心理学』『資産価値測定総論1、2、3』『テイラーの場帳トレーダー入門』『ラルフ・ビンスの資金管理大全』『テクニカル分析の迷信』『タープ博士のトレード学校　ポジションサイジング入門』『アルゴリズムトレーディング入門』『クオンツトレーディング入門』『スイングトレード大学』『コナーズの短期売買実践』『ワン・グッド・トレード』『FXメタトレーダー4 MQLプログラミング』『ラリー・ウィリアムズの短期売買法【第2版】』『損切りか保有かを決める最大逆行幅入門』『株式超短期売買法』『プライスアクションとローソク足の法則』『トレードシステムはどう作ればよいのか　1 2』『トレードコーチとメンタルクリニック』『トレードシステムの法則』『トレンドフォロー白書』『スーパーストック発掘法』『出来高・価格分析の完全ガイド』『アメリカ市場創世記』『ウォール街のモメンタムウォーカー』『グレアム・バフェット流投資のスクリーニングモデル』『Rとトレード』『ザ・シンプルストラテジー』『システマティックトレード』『市場ベースの経営』『世界一簡単なアルゴリズムトレードの構築方法』『システムトレード 検証と実践』『アルゴリズムトレードの道具箱』『ウォール街のモメンタムウォーカー【個別銘柄編】』『プライスアクション短期売買法』『新訳 バブルの歴史』『トレンドフォロー大全』（以上、パンローリング）、『FOR BEGINNERSシリーズ90　数学』（現代書館）、『ゲーム開発のための数学・物理学入門』（ソフトバンク・パブリッシング）がある。

2019年７月２日　初版第１刷発行

ウィザードブックシリーズ㉘③

アセットアロケーションの最適化
――ポートフォリオの構築とメンテナンスのための統合的アプローチ

著　者　ロバート・カーバー
監修者　長岡半太郎
訳　者　山下恵美子
発行者　後藤康徳
発行所　パンローリング株式会社
〒160-0023　東京都新宿区西新宿7-9-18　6階
TEL 03-5386-7391　FAX 03-5386-7393
http://www.panrolling.com/
E-mail　info@panrolling.com
編　集　エフ・ジー・アイ（Factory of Gnomic Three Monkeys Investment）合資会社
装　丁　パンローリング装丁室
組　版　パンローリング制作室
印刷･製本　株式会社シナノ

ISBN978-4-7759-7251-9
落丁・乱丁本はお取り替えします。
また、本書の全部、または一部を複写・複製・転訳載、および磁気・光記録媒体に
入力することなどは、著作権法上の例外を除き禁じられています。

本文　©Emiko Yamashita／図表　©Pan Rolling　2019 Printed in Japan